开放视野下的
航海历史与文化

互鉴交融

上海中国航海博物馆
开馆十五周年纪念文集

上海中国航海博物馆 编

复旦大学出版社

编 委 会

主　　任：赵　峰

副 主 任：陆晓莉　王　煜　陆　伟　傅　晓

主　　编：赵　峰　王　煜

执行主编：顾宇辉　陈婉玲

编　　辑：严春岭　武世刚　赵　莉　叶　冲　任志宏

序　言

　　文化是民族生存和可持续发展的重要力量。习近平总书记在文化传承发展座谈会上指出："在新的起点上继续推动文化繁荣、建设文化强国、建设中华民族现代文明，是我们在新时代新的文化使命。"

　　航海历史是人类探索与交流的见证，航海文化是多元文明碰撞、交融与共生的产物。中国航海学会航海历史与文化研究专业委员会（以下简称"航专委"）是中国航海学会下设的分支机构之一，自2014年依托于中国航海博物馆以来，航专委充分利用其学术交流平台，借助全体会员的智慧和力量，共同致力于航海文化的传承与发展。

　　2024年，中国航海博物馆与航专委充分利用航海历史与文化学术特长和资源特色，相继在天津、福建漳州承办中国航海日航海文化论坛暨学术年会、"漳州月港与航海文明"专题学术研讨会。共有来自涉海类科研院所、高等院校及港航企事业单位的数十位专家学者与会研讨交流，并提交学术论文。此外，中国航海博物馆研究人员亦围绕航海历史文化与博物馆运营管理等选题，结合工作实践，在思考和总结基础上，积极撰写多篇论文。借此，本文集所收论文内容涵盖郑和研究、航海历史文献、港埠海洋贸易、海防史迹、舟船历史、港口建设、港航企业文化、海事航标、航政管理、文化遗产、博物馆运营、综合管理、博物馆学等诸多方面，研讨主题体现出近年来航海历史文化研究领域的新成果和新动态。

　　因篇幅所限，难免有遗珠之憾。我们选取其中30余篇文章，以"互鉴交融：开放视野下的航海历史与文化"为题公开结集出版。全书设置"航海历史"与"港航文化"两大专题栏目，从各个领域，具体而微地探讨航海历史文化的内涵、价值和现实意义。

2025年适逢郑和下西洋620周年,亦是中国航海博物馆开馆15周年,本书的出版更具纪念意义。十五载风雨共济,波澜壮阔绘华章。衷心希望中国航海博物馆在新时代航海事业发展中乘风破浪,披荆斩棘;愿航专委锐意创新,继续谱写新篇;亦盼此成果能成为航海历史文化爱好者、研究者及从业者之间交流的桥梁和纽带,传承和发扬航海文化,助力航海文化事业如帆高悬,破浪远航!

编者
2025年6月

目 录

序言 I

航海历史

郑和下西洋研究回顾
——以"郑和下西洋"周年纪念文集为中心
  吴　鹏 003

正使与接替者
——王景弘在郑和下西洋中的身份问题
  时　平 016

十藏九寺
——郑和下西洋的另一面
  祁海宁 030

郑和下西洋发生的海难问题初探
  苏月秋 047

中国古代航海实践与航海书写的互动和背离
——以萧崇业、谢杰琉球书写为中心
  倪浓水 057

海岛地方文献与海洋石刻史料互证
——以明天启六年《副帅何公生祠碑记》及明天启七年
  《副总戎去思碑》为例
  吴博文 064

乾隆时期中英统治阶层艺术与科技追求对比及其对国家
发展影响研究
　　　　杜树志 ———————————————— 074

从航标历史沿革看上海航标历史与文化
　　　　吴　彬、陈　磊、江道伟 ———————— 083

近代上海港外销画的源流与价值述略
　　　　赵　莉 ———————————————— 090

旧日本海军气象教学及其保障业务研究
　　　　杨　凯、张　瑞 ————————————— 106

牛庄灯船相关问题考证
　　　　王　煜、杜树志 ————————————— 116

中国旧海关彩绘《厦门内港图》研究
　　　　姚永超 ———————————————— 126

20世纪30年代初期交通部接管海关兼管航政管理权及
其实践活动述略
　　　　顾宇辉 ———————————————— 139

重庆舰起义：历史背景、经过与影响
　　　　周　颖 ———————————————— 148

中国古代帆船的复原及其意义
　　——以浙江"鸟船"为中心的考察
　　　　胡　牧 ———————————————— 156

港航文化

以中国航海文化赋能新时代航运强国建设研究
　　　　朱雪峰、林于暄、卢淑娴 ———————— 165

新时期港航施工企业创新文化建设的路径研究
　　　　陈建林、田琳莉 ————————————— 177

试论航海文化在漳州旅游发展中的作用
　　　　柳成林、吴晓芳 ————————————— 185

浅谈洋山深水港的建设与展望
  黄尚谕　　　　　　　　　　　　　　　　　　 195

北方港口能源运输历史实践初探
  ——以国能(天津)港务有限责任公司为例
  柳成林 、李延磊 、刘　祺 、王宇川　　　　　 201

浅析"航运江南：长三角水上交通历史文化展"中的意境营造
  张　沁　　　　　　　　　　　　　　　　　　 209

中国航海博物馆社会教育特色实践探究
  曾凌颂　　　　　　　　　　　　　　　　　　 216

博物馆青少年科普图书的策划与探索
  周　甜　　　　　　　　　　　　　　　　　　 226

中国航海博物馆志愿服务工作的实践与探索
  王灵林　　　　　　　　　　　　　　　　　　 236

世界桦树皮文化中的特色舟船：桦皮船
  叶　冲　　　　　　　　　　　　　　　　　　 247

试论当代航海类博物馆航海文化的传承功能
  ——以中国航海博物馆为例
  亓玉国　　　　　　　　　　　　　　　　　　 263

从远洋船舶视角看新中国航运事业发展历程（1949—2024年）
  顾申琳 、陶　峰　　　　　　　　　　　　　　 271

上海市国有博物馆公共文化服务供给研究
  ——以中国航海博物馆为例
  陈婉玲　　　　　　　　　　　　　　　　　　 281

行业博物馆文物征集工作刍议
  沈　捷　　　　　　　　　　　　　　　　　　 296

行业博物馆的藏品管理实践与思考
  ——以中国航海博物馆为中心
  武世刚　　　　　　　　　　　　　　　　　　 308

博物馆库房藏品装具应用探索
——以中国航海博物馆为例
朱金龙 _____ 315

文化创意产品成本管理的多维剖析与创新路径
李科勤 _____ 328

博物馆展览项目预算评审优化
——以中国航海博物馆临展项目为例
朱姻莹 _____ 337

中国航海类博物馆 2023—2024 年度发展报告
蔡亭亭、崔夏梦 _____ 351

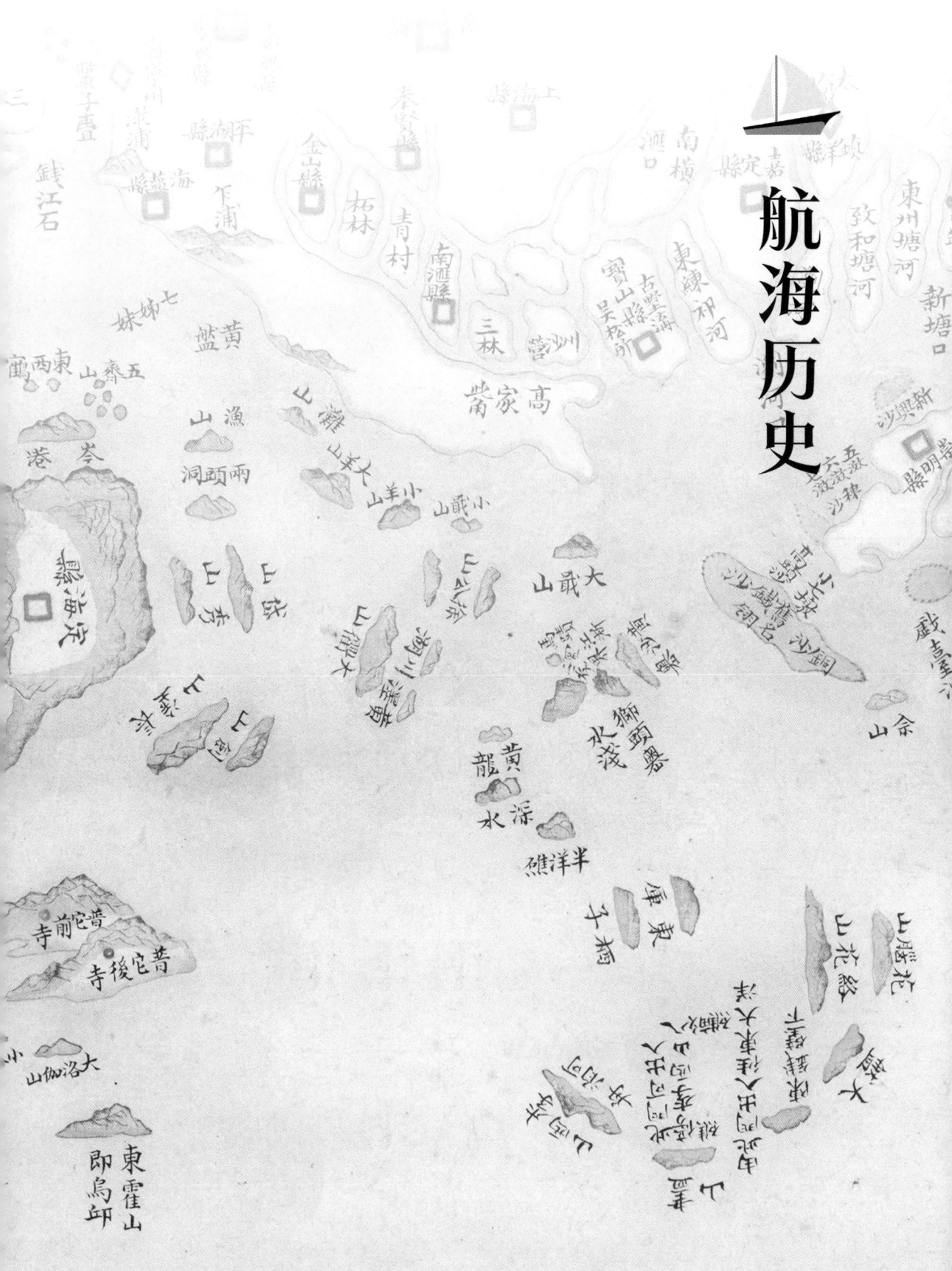

一 航海历史

郑和下西洋研究回顾
——以"郑和下西洋"周年纪念文集为中心

吴 鹏

摘 要：郑和下西洋自19世纪末就被世界关注。本文通过聚焦20世纪80年代以来多次举办的郑和下西洋主题研讨会中的核心问题，即郑和下西洋的性质、郑和下西洋的路线、郑和与哥伦布及郑和与中国这四个问题，回顾近四十年来郑和下西洋的研究成果及讨论方向，可以发现郑和研究趋于成熟，核心问题中的一些观点被学界认可和采纳。本文还探讨了影响郑和下西洋研究的主要历史书写潮流与观念。

关键词：郑和　郑和下西洋研究　哥伦布　现代化

郑和研究迄今已超过一百年。一般而言，学界认为郑和研究开始于英国人迈耶思（W. E. Mayers）。1874—1876年，他发表论文《十五世纪中国人在印度洋的探险》（"Chinese Explorations of the Indian Ocean during the 15th Century"），摘译《西洋朝贡典录》中有关郑和下西洋的部分史料，并考证其中地名。① 而国内研究则始于梁启超的《祖国大航海家郑和传》。② 改革开放以来，郑和下西洋受到广泛的关注，20世纪80年代、90年代和21世纪初（即在郑和下西洋580周年、590周年和600周年）举办了纪念活动和研讨会，并出版相应论文集，相对集中地展示不同时期、不同学科领域对郑和下西洋的认识。③

---

① 转引自陈忠平：《走向全球性网络革命：郑和下西洋及中国与印度洋世界的朝贡—贸易关系》，载陈忠平主编《走向多元文化的全球史：郑和下西洋（1405—1433）及中国与印度洋世界的关系》，生活·读书·新知三联书店，2017年，第29页。

② 邹振环指出拉开近代郑和研究序幕的文章应该是1903年发表在《大陆报》上的《支那航海家郑和》，并且指出梁启超的《祖国大航海家郑和传》发表于1905年。这里还是沿用学术界最常见到的说法。详见邹振环：《〈支那航海家郑和传〉：近代国人研究郑和第一篇》，《社会科学》2011年第一期。

③ 相关著作可参见纪念伟大航海家郑和下西洋580周年筹备委员会、中国航海史研究会编：《郑和下西洋论文集》（第一集），人民交通出版社，1985年；纪念伟大航海家郑和下西洋580周年筹备委员会：《郑和下西洋论文集》（第二集），南京大学出版社，1985年；南京郑和研究会编：《走向海洋的中国人》，海潮出版社，1996年；王天有、徐凯、万明编：《郑和远航与世界文明——纪念郑和下西洋600周年论文集》，北京大学出版社，2005年；陈忠平主编：《走向多元文化的全球史：郑和下西洋（1405—1433）及中国与印度洋世界的关系》，生活·读书·新知三联书店，2017年；江苏省纪念郑和下西洋600周年活动筹备领导小组编：《传承文明　走向（转下页）

总体而言,郑和下西洋研究回顾的文章成果十分丰富。① 郑和下西洋研究史回顾文章中一般按照研究的年代和问题进行分类。按年代分期,一般是将解放前后和改革开放前后作为分期节点,几乎没有分歧。按照问题分类,每位评述的学者都有自己的分类方式。范金民在《20世纪的郑和下西洋研究》中总结的郑和研究中十二种问题比较有代表性。② 笔者认为这十二种问题有的趋于完善,近期几乎没有讨论;有的则可以和其他问题合并成一个重大议题,由此形成本文所涉及的四个重要问题:郑和下西洋的目的、郑和下西洋的路线、郑和与哥伦布及郑和与中国。这四个议题贯穿郑和下西洋研究始末,阐明了郑和下西洋研究中不同的观点是怎样在不同时期被采纳。

一、郑和下西洋的目的:战争、贸易与朝贡体系

关于郑和下西洋的目的讨论是郑和下西洋研究中最为持久和常见的议题。周运中对郑和下西洋研究史进行梳理,认为郑和下西洋的起因、下西洋过程是郑和下西洋研究的基础。他在范金民把1949年之前有关郑和下西洋目的的观点分为四种的基础上,在《郑和下西洋新考》中补充了两种。③ 而笔者认为不同的观点可以归纳为战争目的和贸易目的。表1、表2是结合前人的研究,按照战争和贸易目的分类的观点概况。

表1　1949年以前郑和下西洋目的的代表观点

目　的	代表人物或文献	观　点
军事目的	许道龄、李晋华、范文澜	"踪迹建文"。明清文人对于《明史·郑和传》的总结
	梁启超、李长傅、张锡纶	"耀兵异域"。另外,梁启超认为郑和下西洋带有殖民属性

(接上页)世界　和平发展——纪念郑和下西洋600周年国际学术论坛论文集》,社会科学文献出版社,2005年。
① 例如彭勇:《重实证,跨学科,全球化:改革开放以来郑和下西洋研究》,《暨南学报》(哲学社会科学版)2020年第8期;毛睿:《2006年以来郑和下西洋研究述评》,《中国史研究动态》2020年第2期;等等。
② 范金民:《20世纪的郑和下西洋研究》,载朱鉴秋主编《百年郑和研究资料索引》,上海书店出版社,2005年,第324—357页。十二种问题分别是:下西洋时间、目的和性质,宝船大小尺寸结构和航海图及航海技术,下西洋地域范围,下西洋的作用和影响,香料贸易,下西洋对南洋华侨的影响,海权意识,下西洋与明初外交,下西洋中断的原因,下西洋与天妃信仰,刘大夏焚毁郑和出使水程,中西航海对比。
③ 周运中著:《郑和下西洋新考》,中国社会科学出版社,2013年。

续 表

目 的	代表人物或文献	观 点
军事目的	李士厚、刘铭恕	帮助满剌加(马六甲)等地建立回教国家,对抗爪哇帝国的统治
	陈佳荣	剿灭海寇
贸易目的	《蒲氏家谱》的《蒲和日传》	取宝说。"至永乐十五年,与太监郑和奉诏敕往西域寻玉玺,有功,加封泉州卫镇抚,司圣墓,立碑犹存。"可看作贸易说的开始
	吴晗	经济动机,经营国际贸易

表2 1949年以后郑和下西洋目的的代表观点

目 的	代表学者	观 点
军事目的	朱伯康	坚持"踪迹建文"的说法
	潘群	解决沿海问题
贸易目的	杨熺	建立朝贡关系,怀柔远人
	龚缨晏	是朝贡贸易发展的高峰;又认为是政治性质的外交活动,而非为了国际贸易
	王赓武	扩大朝贡制度,使之成为新的世界秩序
	侯仁之、田培栋、李金明	偏重经济

注:据周运中《郑和下西洋新考》(中国社会科学出版社,2013年)第6—12页整理。

从实际看,不是每位学者都坚定地支持一种目的,而完全排斥另一种目的。从两种目的说法的诞生时间看,战争目的一说最早可追溯到明清文人对于郑和下西洋的目的和性质的看法。徐泓提到:"明人、清人对郑和下西洋目的和性质,皆偏重于政治、外交层面的解释。"[1]20世纪初期,近代学者针对郑和下西洋进行了大范围的讨论。范金民在《20世纪的郑和下西洋研究》里已将各类说法依研究史分作四个时期:1934年前、1935—1949年、1949—1984年、1985—2000年。[2] 范金民提到在郑和下西洋研究的开拓阶段就已经开始讨论郑和下西洋的目的和性质,且这个阶段以军事目的的观

---

[1] 徐泓:《郑和下西洋目的与性质研究的回顾》,载《东吴历史学报》(第十六期),东吴大学,2006年,第25—31页。

[2] 范金民:《20世纪的郑和下西洋研究》,载朱鉴秋主编《百年郑和研究资料索引》,上海书店出版社,2005年,第324—357页。

点为主。

吴晗、许道龄之争在这个阶段郑和下西洋目的的讨论中最有代表性。吴晗因明代史料中多记载南洋的"奇货重宝",认为郑和下西洋是出于经济动机,是为"经营国际贸易"以解决国内经济问题。① 许道龄则用三个反面证据反驳:"(一)永乐年间曾下令禁民间海船,可见其不以国际贸易为致富之道。(二)郑和下西洋多赍金币,赐给诸番国君长,与'经营国际贸易'恰相反。(三)郑和第一次下西洋擒旧港巨侨陈祖义以归,再往又擒锡兰国王亚烈苦奈儿。前者戮于都市,后者赦而不诛。厚于番君而薄于侨民,可见其非欲发展'国际贸易'。"② 许道龄认为郑和与"番君"更为紧密,且不许民间贸易。最终,以童书业《重论"郑和下西洋"事件之贸易性质》为此次讨论作总结,认为郑和下西洋兼具有两种目的。

从表2看,朝贡贸易是贸易目的说法在1949年之后的主流说法,但朝贡体系的具体内涵则有不同的解释。"朝贡"一词很早就在郑和研究中出现。1910年马士就注意到中国与朝贡国的关系。③ 陈忠平提到:"20世纪40年代以来,费正清等学者认为从汉代至清末的中华帝国为了强化其统治'天下'的权力、华夏文化的优越地位以及国防安全等原因,在对外关系中发展了一整套以自身文化、礼仪和政治制度为基础的朝贡体系。……但费正清本身是站在西方的角度看待整个事件,他认为以华夏文化为中心的朝贡体制在中国文明影响的区域之外具有根本性的缺陷,缺乏对该区域之外国家在文化上的吸引力,只能以对华贸易的实际利益来吸引这些国家加入朝贡关系。"④ 在费正清等人看来,朝贡体系是以贸易的实际利益为中心才能顺利进行的"脆弱"经济体系,且对航程沿途国家缺乏文化吸引力。

然而朝贡体系的前提就是郑和所到之国与中国之间具有稳定的外交关系。"朝贡是中国皇帝与各国君长相互往来时的外交礼仪制度。海禁则是以海防为目的,所实施的航海及居住限制。至于互市在广义上虽然算是一种交易活动,但就贸易制度而言,它其实是一种管理贸易,也就是在政府管理下,于有限的场所展开交易,并进行征税、人员及货物临检等行动。"⑤ 岩井

---

① 吴晗:《十六世纪前之中国与南洋》,载纪念伟大航海家郑和下西洋580周年筹备委员会、中国航海史研究会编《郑和研究资料选编》,人民交通出版社,1985年,第40—51页。
② 童书业:《重论"郑和下西洋"事件之贸易性质——代吴春晗先生答许道龄、李晋华二先生)》,载王天有、万明编《郑和研究百年论文选》,北京大学出版社,2004年,第60页。
③ 马士著:《中华帝国对外关系史》,张汇文等译,上海书店出版社,2000年,第55—56、696页。
④ 陈忠平:《走向全球性网络革命:郑和下西洋及中国与印度洋世界的朝贡—贸易关系》,载陈忠平主编《走向多元文化的全球史:郑和下西洋(1405—1433)及中国与印度洋世界的关系》,生活·读书·新知三联书店,2017年,第34页。
⑤ 岩井茂树著:《朝贡、海禁、互市——近世东亚五百年的跨国贸易真相》,廖怡静译,八旗文化出版社,2022年,第11页。

茂树认为,朝贡体系是一种明政府主导的管理体系,并不以经济目的为主。

后来的学者都对郑和时期的朝贡体系为何能成功推行提出自己的看法。滨下武志把明代的朝贡体系理解为国内统治手段的延续,也就是"同心圆"的概念。① 与费正清等人不同,滨下武志是以经济为内涵进行的研究,而减弱了文化主义上的倾向。

国内学者在外国学者影响的基础上提出自己对于朝贡体系的理解。李庆新沿用了滨下武志的看法,并将学者理解朝贡关系的情况分为两种:"有些学者把朝贡(册封)作为支撑'排外的'中华帝国体系的手段来理解,有些则把它作为中国国内基本统治关系即地方分权在对外关系上的延续和应用来理解。"他通过论述"一、恢复市舶司建制,以市舶太监主持朝贡贸易;二、'厚往薄来',优待贡使;三、赐夷王以宫爵敕封外国山川;四、允许外国子弟入国子监学习,参加科举"等举措,以证明明朝财政上大力支持朝贡贸易。② 在这里,李庆新认为朝贡体系在经济方面对外国的影响远超中国。但随着明政府投入的减少,朝贡体系的双方需求不对等导致朝贡体系逐渐弱化。

外国向中国朝贡的行为从东汉开始,直到《马关条约》时朝鲜成为独立国家时为止。对郑和下西洋目的的讨论,也是对郑和下西洋是"向外"还是"向内"的讨论。支持"向外"的学者认为,郑和下西洋是中国航海史上的突破,而下西洋的结束是中华文明衰落的开始;支持"向内"的学者则更偏向于,郑和下西洋是中华文化圈的最后一次确立。以上观点都认为,明政府在朝贡关系上只获得政治上的认同,而没有获得经济上的利益。

而立足国内经济角度,陈忠平指出朝贡关系在郑和下西洋中至关重要,并认为明初的朝贡贸易事实上为明朝政府带来大量经济收益,但这种模式在后期由于缺乏明政府的继续赞助和民间海外贸易的多样化活力而部分解体。③ 这种观点与之前的观点有较大的分歧,肯定了郑和下西洋在经济上的积极作用。

起初,学者在讨论郑和下西洋性质时,通常表明下西洋有着多重性目的,并会明确指出自己更倾向于是政治导向还是经济导向。国家政体、民间经济及郑和身份,哪一项对于整个航行开始和结束的影响更大,是过往学者支持"政治说""战争说"还是"贸易说"的依据。早期的郑和研究者普遍认为郑和下西洋是一个偶然、孤立的事件。"朝贡关系"这一术语逐渐进入郑和下西洋目的研究视野后,下西洋被看作是亚洲海域中各国间的互动传统。

---

① "同心圆"概念可参见滨下武志著:《近代中国的国际契机:朝贡贸易体系与近代亚洲经济圈》,朱荫贵、欧阳菲译,中国社会科学出版社,1999年。
② 李庆新:《郑和下西洋与朝贡体系》,载王天有、徐凯、万明编《郑和远航与世界文明——纪念郑和下西洋600周年论文集》,北京大学出版社,2005年,第228页。
③ 陈忠平:《走向全球性网络革命:郑和下西洋及中国与印度洋世界的朝贡—贸易关系》,载陈忠平主编《走向多元文化的全球史:郑和下西洋(1405—1433)及中国与印度洋世界的关系》,生活·读书·新知三联书店,2017年,第60页。

郑和下西洋性质的讨论逐渐倾向于中华文化圈的讨论,无论是"疏散的帝国"还是"有机的近代国家",学者的视角已从郑和下西洋这个事件转向明清史研究的再思考:"中华世界帝国"究竟是基于中华文化认同还是基于中国与其他国家的经济利益的暂时交往。

二、郑和下西洋的航路:路线与极点

郑和下西洋研究中关于路线的研究,可以参考《瀛涯胜览》《西洋番国志》《星槎胜览》《郑和航海图》等史料。在郑和史料考证方面,中国学者具有先天优势。向达在1929年4月就已考证郑和下西洋相关史料。① 但是就下西洋路线上的地理名物考证,外国学者却有"迈耶斯,随后有格伦威尔德、菲利普斯、罗克希尔诸人的研究,最后有兑温达的研究,同伯希和"。② 明代相关史料里的地名信息在20世纪30年代初得到全面总结,这一时期研究卓有成就的代表作有李长傅的《郑和小传及其航行南洋之概略》、荷兰戴闻达(J. J. L. Duyvendak)的《马欢书新研》(Ma Huan Re-examined)、法国学者伯希和(P. Pelliot)的《十五世纪初年中国人的伟大海上旅行》(Les Grands Voyages Maritimes Chinois au Debut XV Siecle)、夏璧的《郑和七使西洋往返年月及其所经诸国》、张星烺的《中西交通史料汇编》等。

郑和下西洋的路线的终点是学者讨论郑和下西洋航程的重要议题。首先是关于非洲地点的讨论。20世纪70年代前,郑和航行最远处一般认为是慢八萨(蒙巴萨),当时认为麻林或麻林地为今马林迪。③ 沈福伟认为郑和船队在第一次下西洋时(1405年)最西到过霍尔木兹、马尔代夫、亚丁和吉达;第三次下西洋时,最远到达索马里南部的摩加迪沙、布腊瓦和朱巴;第四次下西洋时,到达了坦桑尼亚的基尔瓦、莫桑比克的莫桑比克港和索法拉港。他还特别提到:"1420年,中国海船已绕过非洲南端的厄加勒斯角,探索通向大西洋的航路。"④沈福伟主要参考了之前的学者关于郑和航线地名的考证,并认为《郑和航海图》上有14个非洲地名,从北向南分别为:木儿立哈必儿(霍尔迪奥)、哈甫泥(哈丰角)、黑儿(埃尔)、刺思那呵(拉斯阿诺德)、者即刺哈则刺(加勒哈加尔)、抹儿干别(梅雷格)、起答儿(伊塔拉)、木骨都束

---

① 向达:《关于三宝太监下西洋的几种资料》,《小说月报》1929年第4期,第47—64页。
② 伯希和著:《郑和下西洋考 交广印度两道考》,冯承钧译,中华书局,2003年,第5页。
③ 朱鉴秋:《郑和航海最远到哪里——兼评"郑和发现美洲"说》,载范金民、孔令仁主编《睦邻友好的使者——郑和》,海潮出版社,2003年,第220—228页。
④ 沈福伟:《郑和宝船队的东非航程》,载纪念伟大航海家郑和下西洋580周年筹备委员会、中国航海史研究会编《郑和下西洋论文集》(第一集),人民交通出版社,1985年,第166页。

(摩加迪沙)、木鲁旺(梅尔卡)、卜剌哇(布腊瓦)、慢八撒(曼布鲁伊)、门肥赤(蒙巴萨)、葛答干(基林迪尼)、麻林地(基尔瓦)。

第一次明确提到郑和下西洋终点的是2002年金国平、吴志良发表的《郑和航海的终极点——比剌及孙剌考》。《明史》记载:"又有国曰比剌,曰孙剌。郑和亦尝赍敕往赐。以去中华绝远,二国贡使竟不至。"比剌和孙剌二国是郑和下西洋的西南方终点,就是今天莫桑比克共和国的莫桑比克港和索法拉港遗址。金国平、吴志良通过梳理前人对孙剌的研究成果,结合葡萄牙文史料,得出"比剌"是"Bilād-al-Sufāla"中"Bilād"的对音,比剌和孙剌指莫桑比克和索法拉。① 郑和航程的极点至少就在非洲。

郑和到达非洲是目前学者的共识,但有文章表示郑和曾到达澳洲和美洲。朱鉴秋总结以往有关郑和到达澳洲和美洲的研究,提出了郑和有到达澳洲和美洲的可能性。赵志华根据《郑和航海图》上与苏门答腊岛相连处绘有一大片海岸线很长的无名陆地,认为是澳洲大陆,从而判断郑和有到达澳洲的可能性。而"郑和发现美洲"一说,朱鉴秋首先介绍之前中国人发现美洲的学术成果,认为郑和下西洋的史料不充分,并不能排除郑和去过美洲的可能性。截至本文撰写时,尚无法通过现有的史料确定郑和是否到过澳洲和美洲。

与郑和下西洋受到的关注和丰富的研究文献成果资料相比,相关考古材料的发现显得十分寂寥。② 从考古学角度看,与传统的历史结论相比,郑和下西洋受到的关注比它的材料要多得多。所以在回顾郑和学术史时要考虑到材料考证外的因素。在考古学者看来,东非地区的中国瓷器是郑和下西洋所及之处的证明。③ 其他地区的考古材料则有待发掘、研究。

关于郑和下西洋终点的争论,无法用历史学和考古学上的证据平息,需要借助其他学科。关于郑和下西洋动因的讨论,也是对下西洋航线与极点问题的思考。在航海远近问题上,不仅要考虑航海技术与载具的先进程度,也需要考虑到人为的能动性。因此,郑和下西洋的动因越强烈,目的地越远,那下西洋极点就可以推测到更远的地方。

首先,科学知识体系可以反映航海活动范围。刘迎胜指出,从地理学、航海学方面看,郑和航海是基于中国和伊斯兰航海经验下的知识体系进行的。④ 达·伽马1498年从非洲东海岸到印度次大陆的航行中,领航员是阿

---

① 金国平、吴志良:《郑和航海的终极点——比剌及孙剌考》,载王天有、万明编《郑和研究百年论文选》,北京大学出版社,2004年,第270页。
② 王冠宇、吴震霖:《从陶瓷考古看郑和下西洋的性质》,《故宫博物院院刊》2014年第1期。
③ 叶文程:《明代我国瓷器销行东南亚的考察》,载《中国古外销瓷研究论文集》,紫禁城出版社,1988年,第117—139页。
④ 刘迎胜:《开放的航海科学知识体系——郑和下西洋与中外海上交流》,载陈忠平主编《走向多元文化的全球史:郑和下西洋(1405—1433)及中国与印度洋世界的关系》,生活·读书·新知三联书店,2017年,第76—110页。

拉伯水手而非华人海员。① 两个航海活动的航海经验都取自伊斯兰地区,并且都需要本地领航员的指导。目前还没有研究表明伊斯兰地区的人探索过美、澳两洲。

其次,航海技术不是影响航程的唯一因素。外国学者认为早期航海活动船上充满压力,但是东亚与欧洲的传统差异有待讨论。萧婷认为:"相比之下,中国人从未像我们在近代早期的欧洲,尤其是在荷兰所看到的那样,发展出这种系统的海事或海军医学传统——这一事实主要可以追溯到中国不同的政治经济环境。中华帝国从未系统地探索或试图探索整个海洋世界——蒙古的尝试和著名的郑和远航是这一规则的例外。不受这种全球扩张主义和对最大利润的不断追求的驱动,他们没有将船员推到危及他们生命的极限(没有低质量的口粮,没有巨大的航行距离)。此外,中国船员的社会经济背景也很可能比西方船员的问题要少得多。"② 中国航海传统难以让中国航海活动突破自己认知极限去远航,虽然萧婷认为郑和远航是例外,但目前还没有学者确认郑和下西洋有突破认知极限的行为。郑和下西洋是否超出亚、非两洲范围,还有待考证。

从结果上看,对郑和下西洋航路的讨论涉及不同方面。在关注航线信息的学者看来,采用多种方法综合考证全部地名是最令人信服的——既从历史学的角度查阅了大量古代文献来考证,又用航海学的方法在海图上标划航线来验证地点;既从地理特征来考证,又用各种现代地图集、地图来校核,从而对以往有多种见解的地名,通过分析得出明确的结论。但考虑到文献的局限性,学者又从科学技术史的角度,从社会、心理等方面去判断,明初郑和有没有能力比哥伦布航行得更远。

三、中西航海比较视野下的
哥伦布与郑和研究

西方学者最早关注作为航海家的郑和。1934 年冯承钧翻译了法国著名汉学家伯希和的《郑和下西洋考》,并在序言中说:"西方史书言新地之发现者,莫不盛称甘马(即达·伽马)、哥伦布等的丰功伟业。就是我们中国人编的世界史,也是如此说法。好像在讲座中很少有人提起在这些大航海家几

---

① 南炳文:《关于15到16世纪世界性大航海的几点浅见》,载王天有、徐凯、万明编《郑和远航与世界文明——纪念郑和下西洋600周年论文集》,北京大学出版社,2005年,第43—44页。
② 萧婷、马修·托克、闻·温特:《印度洋—太平洋水域外科医生与医师的流动(15—18世纪)》,载李庆新、陈博翼、罗燚英主编《海洋史研究》(第十八辑),社会科学文献出版社,2022年,第245—302页。

十年前的中国航海家郑和。"① 此时,哥伦布是郑和形象的标杆,作为新世界的发现者,郑和在印度洋世界里的地位应与美洲世界里的哥伦布一样。

从东西方航海技术角度而言,中国学者普遍认为郑和下西洋时期及之前,中国航海技术居于世界前列,并认为当时具备了在印度洋航行的条件。哥伦布时期的航海技术,则是在亨利八世时期(1509—1547)才迅速发展起来的。另外《郑和航海图》上的部分内容,有学者认为是编译自外国航海图,并且确定郑和的船队里有东南亚的华侨和外国领航员。两者的航海技术有相同的源头——印度洋海域内的航海技术。早期哥伦布与郑和都以航海家闻名,但后期学界对于两者评价出现了分歧。

除了航海技术上对两者进行比较,哥伦布与郑和的身份的争议也一直存在。在郑和下西洋目的的讨论中,"踪迹建文"(也就是取宝说)与传统民族观念类似,认为郑和是出于皇帝个人目的而出航。② 梁启超则在清末提出"耀兵异域"一说,认为郑和下西洋是政治殖民行动。梁启超认为郑和与哥伦布等欧洲殖民者一样,是为了西征欧洲。③ 在今天看来,殖民说不符合现代的价值观。

邹振环认为郑和研究是因晚清以梁启超为代表的一批学者为了唤起中国的冒险进取意识,增加中国人的海权意识而诞生。④ 所以"殖民"一说在近代历史的特定语境中算得上褒义。康有为游历北美和欧洲时,在维多利亚华侨处见古钱、在北美见印第安人相貌,以及与圣路易斯"水利长"谈话,就得出了北美大陆"皆吾华种之土地"的假设及所谓"证据确凿"的结论。⑤ 康有为的话语里也带着早期殖民主义的倾向。

而在近来出版的英文论著中,少数西方学者声称郑和在战争中使用暴力并推行了与达·伽马等欧洲航海家一样的"初级殖民主义"。⑥ 与此相反,东南亚华人学者陈达生则一反亨廷顿的文明冲突理论,强调"文明交流在欧洲人那里通常通过暴力,如战争、侵占领土、殖民统治等方式来进行",而郑和下西洋,特别是其在东南亚推动伊斯兰化的活动,"是以和平方式达至文化交流目的的最佳事例"。⑦ 在中文研究中,郑和的主流形象从"初级殖民主

---

① 伯希和著:《郑和下西洋考》,冯承钧译,中华书局,1955年,第1页。
② 庄景辉:《泉州郑和行香碑考》,载《泉州港考古与海外交通史研究》,岳麓书社,2006年,第165—181页。
③ 梁启超:《祖国大航海家郑和传》,载纪念伟大航海家郑和下西洋580周年筹备委员会、中国航海史研究会编《郑和研究资料选编》,人民交通出版社,1985年。
④ 邹振环:《晚清航海探险史研究中的郑和》,《学术研究》2005年第12期。
⑤ 康文佩:《康南海先生年谱续编》,文海出版社,1972年,第128—129页。关于维多利亚华侨购得中国古钱的记载,见李东海著:《加拿大华侨史》,加拿大自由出版社,1967年,第28、189页。
⑥ 陈忠平主编:《走向多元文化的全球史:郑和下西洋(1405—1433)及中国与印度洋世界的关系》,生活·读书·新知三联书店,2017年,第12页。
⑦ 陈达生著:《郑和与东南亚伊斯兰》,海洋出版社,2008年。本文观点大体形成于20世纪60年代。

义"转向"和平使者"。

在中国发现美洲的研究中,最突出的就是大量业余历史学者的参与。英国业余史学家孟菲斯在2002年出版了《1421:中国发现世界》一书。书中认为郑和第六次下西洋时,由洪保、周满率领的分队,分别从两条航线调查澳洲和美洲。并认为郑和跟哥伦布不一样,不是出于殖民目的而来到澳洲和美洲。在这里不再赘述学界如何反驳孟菲斯论点的不合理之处。孟菲斯对于航海技术十分熟悉,并且对于中国古代的航海技术给予高度评价。李金明提出偶然的发现必须有反馈的能力才能称之为"真正的发现者","发现美洲"与郑和下西洋的"和平之师"的形象相悖。① 这里把"发现美洲"与哥伦布的殖民行为挂钩,不再推崇郑和与哥伦布"发现美洲"一样"伟大"了。

如果将郑和下西洋的意义和葡萄牙人航海东来进行比较就可知,郑和下西洋与西方航海目的迥异。研究者从两者的政治背景入手,何芳川引用了马克思主义下权力扩张和资本主义经济扩张的理论,认为"郑和的远航是植根于封建帝国国势鼎盛与皇权膨胀需要的土壤",而哥伦布和达·伽马的航海活动主要"植根于社会经济发展的土壤"。② 这里把郑和与哥伦布的形象进一步分割开来。罗荣渠继续说明为何郑和与哥伦布的航海影响不同。由"为什么中国没有早于西欧产生资本主义"的问题意识出发,分析15世纪中西大航海的不同发展取向。罗荣渠着重于郑和下西洋的历史背景,并提出明代的国家政治结构是郑和下西洋虽场面浩大,但"失去了扮演哥伦布或达·伽马角色的可能性"的原因。③ 两位学者都从社会角度,平等地讨论哥伦布和郑和航海的各自不同的意义。

作为发现美洲的先驱者,哥伦布在世界航海史上可以成为第一人。但哥伦布本身身份也值得探究。张箭对15至16世纪初中西航海家进行比较总结,从两者的首航年、终航年、航次、航海持续期、单向最远航程、总航程、航行最大人数、航行总人数等数据看,除了单向航程,其余都是郑和占优势,可恰巧哥伦布最值得称赞的就是发现新大陆——美洲。并且张箭认为:"郑和主要是一位大航海家,而基本不是探险家和地理发现者。"④

从上述研究看,郑和不是新航路的开拓者,而是旧航路集大成者。在西方中心主义者眼里,非西方历史部分是与现代文明矛盾的。从对西方自身历史的反思,到对于非西方传统历史的反思,这种思潮影响了学者对于郑和

---

① 李金明:《郑和船队有可能发现美洲吗?》,载王天有、徐凯、万明编《郑和远航与世界文明——纪念郑和下西洋600周年论文集》,北京大学出版社,2005年,第571—583页。
② 何芳川:《十五世纪中西三大航海活动比较初探》,《北京大学学报》(哲学社会科学版)1983年第6期。
③ 罗荣渠:《15世纪中西航海发展取向的对比与思索》,《历史研究》1992年第1期。
④ 张箭:《郑和下西洋与西葡大航海的若干比较》,载王天有、徐凯、万明编《郑和远航与世界文明——纪念郑和下西洋600周年论文集》,北京大学出版社,2005年,第350—365页。

下西洋的分析。

四、郑和与中国：现代化的郑和

郑和下西洋研究作为近代产生的一项研究，与近代世界的诞生有着密切的关系。恰恰郑和下西洋整合了多门学科的知识，而这些学科是奠定近代世界的基础，支撑起郑和下西洋对于现代社会的意义。因此，在整个郑和下西洋研究中，"现代性"的讨论对理解郑和下西洋研究史有重要作用。

郑和下西洋这个事件本身如何体现现代化？郑和下西洋本身是否能看作是中国现代化的事件就值得思考。陈尚胜从中国传统文化角度，分析了中国传统的政治权威与外交行为下的郑和下西洋的关系。① 从中国传统文化去理解郑和下西洋的动机与目的，郑和下西洋在主观上是君主意识的产物，并未有主观地推动现代化的作用。

从郑和下西洋研究史看，梁启超作为研究郑和最早的一批人，他将郑和下西洋研究和中国传统史学的现代化结合在一起。郑和是梁启超在中国新旧交替之际，用来重回"华夏中心"的工具。梁启超在1898年变法革新运动失败之后，在日本政治流亡了十余年，通过对日译本的翻译，他在中国成功地传播了西方社会科学。在当时，这是一次引进社会科学术语的公共实践；社会科学术语的使用被认为是有同时代特色的和现代化的，在20世纪早期的中国被广泛接受。② 还有一部分历史学家把郑和下西洋的终结看成是"中国文明"本身在历史上的转折。从此以后中国人变得更加"虚伪"和"堕落"，重诗文、哲理、书画，而轻技艺、强身、政治与大海。③ 梁启超从郑和下西洋研究带来西方史学研究视野。梁启超提倡中体西用。在郑和下西洋起因的讨论中，不同学者有不同见解。郑和研究吸收不同的研究方法，"梁启超式"输入是西学东渐的一种模式，指的是将传入日本的西学"无组织、无限制、无章法"地译入中国。④ 梁氏把郑和下西洋行为放在世界航海探险史大背景下，是近代中国知识分子意图与日本一样进入西方世界的方式。20世纪80年代以后，中国开始反思西方中心主义问题，哥伦布不再是航海家郑和的标杆。到了21世纪初，讨论重点从传统"华夷"观念下的讨论走向更关注中国与世界关系的讨论。郑和研究的史学视角从西方中心转变为东方中心。

---

① 陈尚胜：《中国传统文化与郑和下西洋》，《文史哲》2005年第3期。
② Bettina Gransow and Theodore M. Porter, "The Social Sciences in China," *The Cambridge History of Science* 7(2008): 500.
③ 龙村倪：《郑和航海：中国文明与伊斯兰科技》，载王天有、徐凯、万明编《郑和远航与世界文明——纪念郑和下西洋600周年论文集》，北京大学出版社，2005年，第367页。
④ 熊月之著：《西学东渐与晚清社会》，中国人民大学出版社，2011年，第38页。

也有学者认为郑和下西洋虽然没有促进现代化,但堪称现代化的雏形。学者研究时会把郑和下西洋这一行为与西方现代化过程进行比较。晁中辰认为,郑和远航可以是中国发展的一个历史机遇。他从郑和下西洋的政治背景出发,认为明政府主导的郑和下西洋不符合社会发展的规律,所以痛失发展机会。① 从经济角度看,哥伦布的"地理大发现"促进了全球化。宋正海、陈传康认为,"地理大发现"促进了近代化进程,而仅从航海技术和规模看,郑和是可以完成"地理大发现"的。文中将失败的原因总结为三点:一是政府的不支持;二是狭隘的大地观;三是传统地图的缺陷。并提到"中国古代似乎从来没有从科学上来论证未知世界的存在,也没有提出横越太平洋到西欧去的设想或论证其可能性",最后将最根本条件归结为经济动因。② 在这些观点里,郑和下西洋还没能够称得上"现代化"。

从文明发展的角度看,郑和下西洋带来现代性起点。郑和下西洋建立在前人丰富的航海经验上,却是中国航海史最后的绝响。邹振环在《晚清航海探险史研究中的郑和》里提出:"中国文明发展的总趋势是由西北而东南,由大陆向海洋推进……同时,中国现代化的过程也可以说是从一个'大陆性格'向'海洋性格'逐渐转变的过程……"③这里则把中国文明视为流动的文化,而郑和下西洋是流动的起点。郑和下西洋被视为中国现代化的起点。

关于郑和研究与现代化问题,也有学者看作是郑和与现代中国的连接点。陈显泗的《郑和研究与现代化》提出,郑和精神是我们民族的优良传统,将敢开世人之先河的精神、先进科技技术及各国通好之路归为郑和远航与现代化的连接点。④ 陈显泗将郑和下西洋看作是中国传统文化中的优秀部分,并且想将其视为现代化中国的一个特色。

郑和下西洋研究对于现代化中国向内的作用和向外的作用同样重要。吴小安的《现实与历史:郑和下西洋与中国—东南亚关系》,从实时的国际形势和历史上的对外开放政策分析中国与东南亚之间互动关系的变化。⑤ 他认为,郑和下西洋时走向海洋的开放态势,是现代化中国所需要的。

郑和与中国之间关系的讨论,是对于从郑和时代以来的中国文化的再思考。郑和下西洋研究不仅仅局限于历史学上的讨论,而是为过去及现在

---

① 晁中辰:《郑和远航与中国的历史性机遇》,载王天有、徐凯、万明编《郑和远航与世界文明——纪念郑和下西洋600周年论文集》,北京大学出版社,2005年,第267—271页。
② 宋正海、陈传康:《郑和航海为什么没有导致中国人去完成"地理大发现"?》,《自然辩证法通讯》1983年第1期。
③ 邹振环:《晚清航海探险史研究中的郑和》,《学术研究》2005年第12期。
④ 陈显泗:《郑和研究与现代化》,载南京郑和研究会编《走向海洋的中国人》,海潮出版社,1996年,第1—18页。
⑤ 吴小安:《现实与历史:郑和下西洋与中国—东南亚关系》,载王天有、徐凯、万明编《郑和远航与世界文明——纪念郑和下西洋600周年论文集》,北京大学出版社,2005年,第645页。

的政治的多元文化主义提供新的视角。

五、总　　结

郑和在学术史上与中国民族意识崛起、发展关系紧密。学者们已经意识到"以欧洲史的展开过程来构想中国思想史"的局限之处。① 冯承钧也表示,郑和研究是双面的研究。"我还有一种希望,郑和之遗事可作两面观,一面是历史的郑和,一面是故事民话的郑和。后一郑和也很重要,曾为种种民话的干题,至今南洋一带尚盛传之。见之载籍的固然要搜辑,传之委巷的也要记录。"②民族主义思潮带来了郑和与哥伦布之间比较的讨论热潮,但这种讨论其实并没有持续多久。因为学者们立刻发觉郑和下西洋是中国独有的事件,郑和下西洋研究正逐渐带来更多的反思和成果。

学科在发展时,讨论的中心总是会变动的。有时是新材料的发现推翻了过往的认识,也有新的社会思想成果影响到史学研究。郑和研究内容繁多,参与者涉及各个门类,也少有人专门研究郑和下西洋。本文没有力求将郑和下西洋研究中所有的问题一一列举出来,而是考虑这一研究中兼具学术与通俗角度的较有争议的问题,以引起更多关于郑和下西洋的讨论与思考。

[吴鹏,中国航海博物馆学术研究部(藏品保管部)馆员,主要研究方向为航海历史研究。]

---

① 葛兆光:《宅兹中国:重建有关"中国"的历史论述》,中华书局,2011年,第8页。
② 伯希和撰:《郑和下西洋考;交广印度两道考》,冯承钧译,上海古籍出版社,2014年,第7页。

正使与接替者
——王景弘在郑和下西洋中的身份问题

时 平

摘 要: 由于缺少历史文献记录,长期以来对王景弘的评价并不全面和准确,有些评价停滞在逻辑上的推论。这是王景弘研究中面临的问题。从明朝历史观察,王景弘是明初对外交往的重要使者,也是永乐、宣德时期经略西洋的主要代表人物。从郑和下西洋船队指挥和航行需要评价,身为钦差正使的王景弘无疑是郑和最重要助手,担负船队统帅郑和接替者的身份。

关键词: 王景弘　下西洋身份　航海视角　接替者

王景弘是郑和下西洋历史中的主要代表人物之一。随着近30年来陆续发现新资料,学术界对王景弘的历史形象认识逐渐清晰,对他的历史地位也大体形成一个整体性认识,基本搞清他的故里、生卒①、前九世后裔和在海内外一些活动的史迹、传说。对他的评价呈现愈来愈高的倾向。

一、评价王景弘中的几个问题

依据朱鉴秋主编的《百年郑和研究资料索引》、闫彩琴整理的《王景弘研究论著目录索引》的不完全统计②,21世纪以来先后有《明代大航海家王景弘》《王景弘与郑和下西洋》《王景弘研究》《明代航海家王景弘学术研讨会论文集》四部研究文集③,陈贞寿的《纵横驰聘越重洋——郑和王景弘七下西

---

① 时平:《明代航海家外交家王景弘生平考略》,载李新烽、曹放主编《郑和下西洋与21世纪海上丝绸之路》,中国社会科学出版社,2020年,第327页。
② 朱鉴秋主编:《百年郑和研究资料索引》,上海书店出版社,2005年;漳平市王景弘研究会编:《王景弘研究》,海洋出版社,2019年,第292—306页。
③ 福建省国际文化经济交流中心、中国人民政治协商会议漳平市委员会编:《明代大航海家王景弘》,2003年;朱明元主编:《王景弘与郑和下西洋》,天马出版社,2004年;漳平市王景弘研究会编:《王景弘研究》,海洋出版社,2019年;《明代航海家王景弘学术研讨会论文集》,2023年。

洋》著作①，黄瀚的《游仙绝唱——解读王景弘》、张永和及王笑芳的《王景弘传》两部文学作品②。自20世纪80年代以来，陆续发表了相关论文、文章约200篇。其中对王景弘身份或历史地位的评价，主要涉及以下三个方面：

第一，关于王景弘参加下西洋次数。这个问题直接牵涉王景弘与王贵通的关系。迄今学术界还存在分歧，有部分学者质疑两者为同一人，多数学者认同王景弘即王贵通。早年有日本山本达郎，现代有郑一钧、陈学霖、徐晓望等研究认为，在明洪熙年间（1425）王贵通改称王景弘。清朝官修《明史》叙郑和下西洋事迹，凡涉及王贵通人事皆用"王景弘"一名替代，表明清朝史官把王贵通和王景弘视为一人。③《明史》总纂修王鸿绪编撰《明史稿》中记载"（永乐）六年（1408）九月，复命和偕景弘等往赍诸国。"④记录王景弘参加了第二次下西洋，与"永乐七年（1409）岁次己丑二月甲戌朔日"在锡兰山勒立布施碑所记"大明皇帝遣太监郑和、王贵通等昭告"署名时间相符，进一步印证王贵通即王景弘的观点。表明清官修《明史》时采取认同态度。

梳理王景弘出使西洋史料，表明他参加了七次下西洋。

第一次下西洋（1405—1407）。《明史·郑和传》记载：

> 永乐三年六月，命和及其侪王景弘等通使西洋，将士卒二万七千八百余人。

第二次下西洋（1407—1409）。王鸿绪《明史稿·宦官上》记载：

> （永乐）六年九月，复命和偕景弘等往赍诸国。⑤

锡兰山布施碑记载：

> 永乐七年岁次己丑二月甲戌朔日大明皇帝遣太监郑和、王贵通等昭告于佛世尊……

郎瑛《七修类稿》记载：

---

① 陈贞寿著：《纵横驰骋越重洋——郑和王景弘七下西洋》，中国大百科全书出版社，2018年。
② 黄瀚著：《游仙绝唱》，中国文联出版社，2005年；张永和、王笑芳著：《王景弘传》，中国文史出版社，2019年。
③ 陈学霖：《明王景弘下西洋史实钩沉》，载漳平市王景弘研究会编《王景弘研究》，海洋出版社，2019年，第56—57页。
④ 张廷玉等撰：《明史》，中华书局，1974年，第7766页；王鸿绪等撰：《明史稿》，厦门大学图书馆藏本，第337页。
⑤ 王鸿绪等撰：《明史稿》，厦门大学图书馆藏本，第337页。

> 永乐丁亥,命太监郑和、王景弘、侯显三人往东南诸国,赏赐宣谕。①

明《卫所武职选簿》第73册"史斌"条记载:

> 永乐五年跟太监王贵通往爪哇、西洋公干,七年回还,复下西洋。

第三次下西洋(1409—1411)。费信《星槎胜览》记载:

> 永乐七年己丑,上命正使太监郑和、王景弘等统领官兵二万七千余人,驾使海船四十八号,往诸番国开读赏赐。

陆容《菽园杂记》记载:

> 永乐七年,太监郑和、王景弘、侯显等统率官兵二万七千有奇,驾宝船四十八艘,赍奉诏旨赏赐,历东南诸蕃,以通西洋。

郑晓《吾学编》卷37《皇明四裔考》记载:

> 永乐七年,太监郑和、王景弘、侯显统三万人往西洋。

第四次下西洋(1413—1415)。马欢《瀛涯胜览》中记载:

> 官八百六十八员,军二万六千八百二名。正使太监七员,少监十员,监丞五员,内官、内使五十三员,户部郎中一员,都指挥二员。②

《明太宗实录》永乐十年(1412)十一月丙申记载:

> 遣太监郑和等赍敕往赐满剌加、爪哇、占城、苏门答剌、阿鲁、柯枝、古里、南渤利、彭亨、急兰丹、加巽勒忽鲁谟斯、比剌、溜山、孙剌诸国王锦绮纱罗采绢等物有差。

按:上述两则文献没有直接记载王景弘名字。《瀛涯胜览》记载有七位正使太监参加第四次下西洋,虽没有记录名字,当中应包括郑和、王景弘等。对于《明太宗实录》的记载,陈学霖认为"是次载籍虽未见王贵通或景弘之名,但纪事皆言'郑和等'赍敕往赐番国,故此贵通显然偕行,或充当

---

① 郎瑛著:《七修类稿》,上海书店出版社,2001年,第124页。
② 马欢著:《明本〈瀛涯胜览〉校注》,万明校注,广东人民出版社,2018年,第5页。

分艅远航的统帅"。①

第五次下西洋(1417—1419)。《明太宗实录》永乐十四年(1416)十二月丁卯条记载:

> 古里、爪哇、满剌加……诸国及旧港宣慰使司臣辞还,悉赐文绮、袭衣。遣中官郑和等赍敕及锦绮、红罗、采绢等物偕往,赐各国王。

《天妃显圣录·历朝袭封致祭祀》记载:

> 永乐十五年,钦差内官王贵通、莫信、周福率领千户彭佑、百户韩翊并道士诣庙,修设开洋清醮。②

按:郑一钧、陈学霖认为《明太宗实录》所言"郑和等"应包括王景弘在内。"诣庙,修设开洋清醮",说明王景弘负责下西洋筹备工作,佐证他"必曾随舟师出洋"参加了第五次下西洋。③

第六次下西洋(1421—1422)。《明太宗实录》永乐十九年(1421)正月癸巳条记载:

> 忽鲁谟斯等十六国使臣还国,赐钞币表里,复遣太监郑和等赍敕及锦纱绮罗绫绢等物,赐诸国王,就与使臣偕行。

《天妃显圣录·历朝袭封致祭》中记载:

> 本年(永乐十九年),太监王贵通等又奉命往西洋,祷祝显应。奏上,遣内官修整祖庙、备礼致祭。④

第七次下西洋(1431—1433)。《明宣宗实录》卷67记载:

> 宣德五年六月戊寅……兹特遣太监郑和、王景弘等赍诏往谕,其各敬顺天道,抚辑人民,以共享太平之福。

分析以上文献记录,表明王景弘(王贵通)参加了全部七次下西洋,始终

---

① 陈学霖:《明王景弘下西洋史实钩沉》,载漳平市王景弘研究会编《王景弘研究》,海洋出版社,2019年,第62页。
② 《天妃显圣录》,台湾银行,1960年,第9页。
③ 陈学霖:《明王景弘下西洋史实钩沉》,载漳平市王景弘研究会编《王景弘研究》,海洋出版社,2019年,第63页。
④ 《天妃显圣录》,台湾银行,1960年,第39页。

位居郑和之后第二位。这一现象不只反映了他在下西洋中的正使太监身份,而且显示他在这支远航船队中仅次于郑和的地位。

第二,关于王景弘与郑和关系的评价。历史文献中可以看到诸如"(郑)和及其侪王景弘等""郑和、王景弘""郑和、王景弘、侯显"等表述。有研究从词义学角度诠释"侪"的含义,认为郑和与王景弘在使团中处于"相等"的地位,以此提出两人"并列"的主张。并以宣德皇帝在第七次下西洋前分别赐诗郑和、王景弘补充说明钦差正使太监地位相等,一些著述采用了"郑和王景弘下西洋"的提法。截至2023年10月,发表了10余篇文章论述,还出版了《纵横驰骋越重洋——郑和王景弘七下西洋》著作。郑一钧研究员对王景弘与郑和的关系定位进行过评论,提出王景弘"是与郑和并驾齐驱的首脑人物",钦差正使太监身份是"相等"的;区别在于郑和"拥有外交、通商、军事等方面的绝对权力",而"王景弘作为船队主要负责人,负责航海的针路和管理船队,侧重于航海事务"。① 陈学霖教授从署名位置分析,认为王景弘是下西洋使团位列第二的钦差正使,"长期作为郑和的助手"。② 徐晓望研究员认为下西洋船队领导人大体是固定的,王景弘与郑和形影不离,"为其助手而又监视他",带有监军性质。③

在明朝永乐初期,明成祖建立了宦官监军制度。《明史·宦官传》中记载:"明代宦官出使、专征、监军、分镇、刺臣民隐事诸大权,皆自永乐间始。"从下西洋活动和传统航海活动考察,王景弘与郑和的关系看上去并非监军属性那么简单,下文将涉及这一问题。

第三,关于王景弘八下西洋问题。在有关王景弘的评价中,一些研究在讨论郑和七下西洋时,提出了王景弘八次下西洋的观点④,突出王景弘下西洋的次数。《明史·苏门答剌国》记载:"宣德九年(1434),王弟哈利之汉来朝,卒于京。帝悯之,赠鸿胪少卿,赐诰,有司治丧葬,置守冢户。时景弘再使其国,王遣弟哈尼者罕随入朝。"从王景弘此次奉旨出使看,是因苏国朝贡的王弟哈利之汉亡故北京,作为天下共主的皇帝派遣王景弘作为使者前往处理宗藩之间礼制上的事务。类似的事在此之前也发生过,如《明太宗实录》记载,永乐十年明朝闻知榜葛剌国王去世,即刻派遣使者代表皇帝前往致祭,并册封新王,表现天下宗藩礼制。依据《卫所武职选簿》参加郑和下西洋军人档案和《明太宗实录》的记载,此行使者应是宦官杨敏,是郑和下西洋使团的副使。下西洋期间,类似单独出使海外活动并非个案。文献中没有发现王景弘此行与郑和下西洋船队的关系,也没有记载访问他国。王景弘

---

① 漳平市王景弘研究会编:《王景弘研究》,海洋出版社,2019年,第17、19、29、79页。
② 陈学霖:《明王景弘下西洋史实钩沉》,载漳平市王景弘研究会编《王景弘研究》,海洋出版社,2019年,第79页。
③ 徐晓望:《与郑和齐名的航海家王景弘》,载漳平市王景弘研究会编《王景弘研究》,海洋出版社,2019年,第5页。
④ 徐晓望:《八次下西洋的王景弘》,《海交史研究》1995年第2期,第23—26页。

此行是单独处理苏国突发性事件,与郑和下西洋大规模船队出访多国不同,属于单一处理两国间礼节上事务性质,既不是大规模船队,也没有率领大型使团。目前学界尚未就此展开进一步的讨论。如果仅讨论王景弘出访西洋次数,八次下西洋则无异议,但不能与郑和下西洋等同起来,两者之间的规模和使命存在明显的区别。

事实上,有关王景弘历史地位的评价,直接涉及对郑和下西洋性质及传统航海特点的再认识。单纯从词义学和文献记录名字位序评价王景弘地位仍然存在着局限,并不能准确地反映他在郑和下西洋大规模航海活动、经略天下中的身份及历史作用。本文从郑和下西洋的性质、传统航海特点及下西洋活动实践讨论王景弘在下西洋活动中的身份问题。

二、王景弘身份及历史地位的再认识

永乐三年(1405)至宣德八年(1433)近30年间,明朝皇帝派遣钦差正使郑和、王景弘率领庞大船队出使西洋,先后访问东南亚和印度洋沿岸30多个国家及地区,进行外交、贸易、宗教和文化等交往,打击海盗势力,维护东西方海上通道安全,传播中华文化,被称为世界航海史上的壮举,也成为人类海洋文明史上一段佳话。至今在东南亚一些地方仍流传着王景弘的故事,受到当地人民的崇拜。在斯里兰卡保留着王景弘与郑和当年勒立的布施碑,表达明朝对当地佛教、印度教和伊斯兰教信仰的尊敬及敬献。王景弘与郑和是谱写这段文明历史篇章的统帅人物。因此评价王景弘应从郑和下西洋性质和远洋航行活动的作用来观察。

(一)从郑和下西洋性质角度评价

明朝对外交往建立在中国传统的天下观认知基础上。明朝建立,朱元璋就向多国派遣使者诏告天下。洪武元年(1368)在致各国诏书中说:"昔帝王之治天下,凡日月所照,无有远近,一视同仁,故中国奠安,四方得所。"①洪武三年(1370)又赍诏国外:"自古为天下主者,视天地所覆载,日月所照临,若远若近生人之类,莫不欲其安土而乐生。……朕仿前代帝王治理天下,惟欲中外人民各安其所。"②表明明朝皇帝的对外态度。朱元璋继承了前朝的天下势力范围和传统"奉天命为天下主"的定位,吸取元朝武力征讨天下的教训,集中精力治理国内,对外采取谨慎、安邻的政策,维护明朝皇帝"天下共主"的地位,治理天下的态度比较保守。

---

① 《明太祖实录》(卷三十七),收入《明实录》(第一册),"中研院"历史语言研究所,1984年,第750页。
② 张廷玉等撰:《明史》,中华书局,1974年,第8403页。

明成祖朱棣即位后,立即调整了洪武时期谨慎、保守的对外政策。永乐元年(1403)六月在向全国文武官员的敕谕中表明自己的态度:"朕惟天生一代之君,必成一代之治。……今天下一家,四海一统。"以一种主动姿态积极经略天下,派遣大批使者全方位出使,尤其是改派身边的亲信宦官领衔,几近替代了礼部行人,反映出他大举经营天下的雄心,追求明朝大一统盛世,彰显他的创世功业。清人徐继畲在《瀛寰志略》中评论历史上中外朝贡关系时,指出"明成祖好勤远略"的特点。依据《明太宗实录》的记载,自永乐元年七八月间,明成祖派遣了几批宦官使者奔赴海外,不久后出现了《明史》上所描绘的大明使者"北穷沙漠,南极溟海,东西抵日出日没之处,凡舟车可至者,无所不届"的繁忙景象。在明初对外交往、经营天下的行动中,可以发现以往研究鲜有提及的王景弘,是永乐宣德时期经略天下的代表性人物。

首先,王景弘是明初对外交往的重要使者。

对于明初对外交往和经略天下的宦官使者,《明史·宦官传》有一个评论:"当成祖时,锐意通四夷,奉使多用中贵。西洋则(郑)和、(王)景弘,西域则李达,迤北则海童,而西番则率使侯显。"①据蔡石山教授在《明代宦官》中的研究,统计永乐朝有75位宦官奉命出使东南亚和印度洋地区,招募24个番邦"纳入明朝势力范围",他们在"外交上扮演举足轻重的角色"。② 王景弘与郑和共同担负经略西洋的领导之责,足见王景弘在明初对外交往中地位显赫。从明初对外政策转型伊始,王景弘就担负了明朝经略天下的使命,负有开拓新局的重任。而且西洋是当时明成祖全方位经略天下最主要的方向,投入大量的国家力量和资源。所以,从明朝对外交往历史角度评价,王景弘不仅是明初对外交往的重要使者,而且也是开创明初经略西洋的主要人物,在中国对外交往历史上做出了杰出贡献。

其次,王景弘是经略西洋的统帅之一。

西洋是明初经略天下的主要方向,沿着亚欧大陆向西的陆海两路——西域、西番和西洋拓展经营,也是历史上中国经略最远的地方,抵达西亚和东非沿岸地区。据《明实录》《明史》的记载,出使西域最多的是宦官李达、行人陈诚,出使西番最多的宦官是侯显,出使西洋的先行者是永乐元年的宦官尹庆,为明朝大规模下西洋铺垫③,主要经营者是后来的郑和与王景弘统率的大型船队。通察明朝经略西方天下的活动,经略西洋规模最大,动用举国之力;持续时间长,经略范围最远,到访南海和印度洋沿岸30多个国家及地区;交往内容包含了政治、经济、文化等多个领域。《明实录》中记载,永乐时期有318次使者访华,还有4个国家11位国王先后访问中国,最多时有16个国家使团同时朝贡。可以看到,明朝下西洋规模庞大,由大艅和几个分艅

---

① 张廷玉等撰:《明史》,中华书局,1974年,第7766页。
② 蔡石山著:《明代宦官》,黄中宪译,浙江大学出版社,2019年,第123页。
③ 时平:《尹庆与满剌加官厂关系初步研究》,载陈达生、李培峰编《三佛齐、龙牙门与郑和官厂》,马来西亚国际郑和研究院,2022年,第176页。

组成;使团面临的国际环境及各项事务复杂,危险和风险最多,都需要在外独自应对和解决。王景弘与郑和能被两任皇帝选中担此重任,表明他们深受皇帝信任,也说明他们在领导、组织、指挥、交流和航海业务方面的综合素质,具备独挡一面的能力。清嘉庆年间师范在编纂《滇系》时撰有《三保太监郑和传》,评价郑和"信笃而挺拔",视为国家栋梁。① 实际上王景弘也同样如此。他们多次下西洋的努力,创造了永乐时期天下一家的大一统盛世。王景弘无疑是开拓和经略西洋的领军人物,与郑和一样是著名的外交家、和平使者,也当之无愧是中国海上丝绸之路辉煌时代的代表性人物。

(二) 从船队指挥和航海活动角度评价

郑和下西洋船队规模远超同时代经略东北的亦失哈,经略漠北的海童,经略西北的李达、陈诚,以及经略西番的侯显等百人、千人规模的使团。郑和与王景弘成为统率这支庞大船队的领导,除了学者研究指出的皇帝信任、个人才智、战争历练和太监地位等原因外,还可以从下西洋航海实践中分析,具体考察王景弘在船队管理和航海活动中的身份、地位及作用。

首先,王景弘担负了下西洋使团钦差正使和船队预备统帅身份。

这支船队的规模和使命可以反映王景弘的身份和地位。英国著名学者李约瑟教授在《中国科学技术史》中评价郑和船队说:"在历史上可能比任何亚洲国家都出色,甚至同时代的任何欧洲国家,以致所有欧洲国家联合起来,可以说都无法与明代海军匹敌。"

下西洋船队是远航大型船队,集中表现在船队人数、船舶数量和远航范围等方面。从历史文献中可找到第一、第三、第四、第七次四次下西洋人数,每次出使都在 27 000—28 000 人之间,可谓人数众多。至于出使船舶的数量,文献中有宝船 62(或 63)、48 艘等记载,也有第一次下西洋船舶 208 艘、240 余艘等记录,学界一般认为每次下西洋船舶有一二百艘。从世界航海历史来看,船队 27 000 多人和一二百艘船舶组成大综和若干分综,从西太平洋沿海至印度洋东非沿岸,每次前往一二十个甚至更多的国家及地区,在 19 世纪前的世界航海历史上鲜有匹敌。对致力于经略天下的永乐皇帝来说,这支船队的统帅当是宦官中出类拔萃的人物,在忠诚和能力方面无疑都是明成祖最信任的人。郑和被任命为船队的统帅钦差正使,王景弘被选为郑和最主要的助手,位居第二位的钦差正使。显然出于这支庞大船队远航的需要,王景弘是皇帝事先准备的预备统帅,一个接替者身份。

从使团几位正使职位观察,也可以看到王景弘身份及地位的特殊性。马欢的《瀛涯胜览》记载下西洋官员 868 名,包括正使太监、少监、监丞、户部郎中、都指挥、指挥、千户、百户、教谕、阴阳官、舍人、余丁、医官、医士。其中

---

① 时平著:《郑和研究思潮与学术评论》,马来西亚国际郑和研究院、尚书院文化出版,2024 年,第 2 页。

正使太监7名,少监10名,监丞5名,内官、内使53人。① 按照明朝宦官制度,《明史·职官志》中记载内府设立12监4司8局。每监设太监一员,正四品;左右少监各一员,从四品;左右监丞各一员,正五品。太监是宦官中职务最高的官员,职位有限,人数不多。从船队编制看,使团领导成员包括了正使、副使等品位官员。太监郑和、王景弘被任命为正使。随郑和船队出使的马欢参加了第四、第六、第七次出使西洋,书中记录船队有7名正使太监。② 徐玉虎教授、张铁牛研究员等认为所记应指第四次下西洋正使人数。③ 此行也是七次下西洋当中记载正使人数最多的一次,其他几次下西洋正使太监人数记载为"郑和等""郑和、王景弘""郑和、王景弘、侯显"等。统计下来,每次下西洋船队正使人数在2—7名之间,留下名字只有郑和、王景弘、侯显、洪保等人。从记录的文献和太仓、长乐、斯里兰卡的下西洋碑刻及北京国家博物馆收藏的郑和铜钟署名看,王景弘都名列郑和之后,从第一次至第七次都是位居第二的正使太监,在使团中的位置是固定的。所以陈学霖教授、郑一钧研究员都指出,王景弘是"与郑和并驾齐驱的首脑人物"。④

还可以比较使团其他正使太监的地位,如正使太监身份的侯显。明人郎瑛在《七修类稿》中记载:"永乐丁亥,命太监郑和、王景弘、侯显三人往东南诸国,赏赐宣谕。"陆容《菽园杂记》也记录:"永乐七年,太监郑和、王景弘、侯显等统率官兵二万七千有奇,驾宝船四十八艘,赍奉诏旨赏赐,历东南诸蕃,以通西洋。"有研究提出侯显参加了第二、第三、第五次下西洋,与郑和、王景弘并列为正使太监。同王景弘比较后可以发现,两人在身份及地位上是有区别的:第一,王景弘自始就是太监级正使,皇帝身边重要宦官,参加全部七次下西洋活动。而侯显于永乐元年出使西番,是以少监身份赍诏迎请乌斯藏活佛哈立麻,永乐四年(1406)"以奉使劳,擢太监"。⑤ 擢升太监后只参加了三次下西洋活动,当属临时性派遣。第二,王景弘始终与郑和并列,位居第二,形影不离。而侯显位居王景弘之后。虽然《明史·宦官传》中有《侯显传》而无王景弘传,评价侯显"有才辨,强力敢认,五使绝域,劳绩与郑和亚";但在下西洋船队中王景弘拥有接替郑和统帅的地位,侯显主要统率分舼访问榜葛剌等国,似与他担负交往西番事务有关联。第三,宣德皇帝在给下西洋太监赐诗时,只分别赐予郑和与王景弘两人,侯显没有这项待遇。事实上,类似的还有李兴、洪保等宦官,参加七次下西洋,也担任太监正使,但都是在下西洋过程中逐步晋升太监和正使的,只负责率领分舼等任务,与

---

① 马欢著:《明本〈瀛涯胜览〉校注》,万明校注,广东人民出版社,2018年,第5页。
② 同上。
③ 徐玉虎著:《明郑和之研究》,德馨室出版社,1980年,第20页;张铁牛:《试论郑和舟师》,《军事历史研究》1992年第1期,第84页。
④ 漳平市王景弘研究会编:《王景弘研究》,海洋出版社,2019年,第29、79页。
⑤ 杨士钰著:《侯显传》,甘肃民族出版社,2008年,第126页;张廷玉等撰:《明史》,中华书局,1974年,第7768页。

王景弘随时接替郑和的特殊使命不同。

显然，明成祖任命太监郑和与王景弘为钦差正使，是作为指挥船队的统帅和预备统帅安排的，其他使团成员则奉命各司其职，分管各自具体事务。因此考察船队中正使身份及职责是评价王景弘地位的关键因素。郑一钧研究员、陈学霖教授在介绍下西洋船队领导成员地位时，郑和之后第一成员就是王景弘。① 表明对王景弘地位的认同是学界的基本共识。

另外，与使团中其他正使比较，也是审视王景弘在下西洋中身份及地位的一个重要方面。因下西洋要同时前往的一些国家方位不同，船队编成主船队和分船队，即大綜和分綜，同时执行前往不同国家的任务。《郑和航海图》中标注了大綜和分綜针路。分綜由正使或副使率领，副使更多，见诸文献记录的有侯显、洪保、李兴、杨敏等正副使。而王景弘正使地位有别于其他正使，主要随郑和一起行动。

郑和下西洋是有较大风险的远航行动。海上航行时间长，每次往返需要一两年时间。航行海域范围大，海区从东海、南海至北印度洋的南亚、西亚和东非沿岸，海况复杂。这些海外活动要直接面临许多危险和意外情况，如海洋大风险浪、触礁沉船海难、海上发生的疫病、海盗袭击和发生战事等境况。《明太宗实录》中就记载，永乐十六年（1418）五月"卫卒王周镇等随诏使西洋，风漂其舟至班卒儿国（今苏门答腊岛西岸的巴鲁斯），为番人所羁"。② 《明英宗实录》中记载，府军卫卒赵旺等"随太监洪保入西洋，舟败漂至卜国，随其国俗为僧。后颇闻其地近云南八百大甸，得间遂脱归。始西洋发碇时，舟中三百人，至卜国仅百人，至是十八年，惟旺等三人还"。③ 明《卫所武职选簿》档案记载，豹韬卫朱大眼"永乐四年西洋公干，杀贼有功，升小旗。永乐十二年溺死"。④ 太仓发现的《故陈母淑人俞氏墓志铭》记载，"永乐元年，太宗文皇帝临御"，陈庆"蒙恩钦升指挥佥事，既而奉使西洋公干。番有不享，征之，斯杀有功。□□感疾，卒于海隅"。⑤ 从历史文献记录可知，郑和下西洋时期还发生过武装冲突和多次战事，如第一次下西洋抵达爪哇岛时，郑和船队一靠岸就被麻喏八歇国误杀170人。郑和船队在旧港、旧港外洋、棉花屿、阿鲁洋、锡兰山和苏门答剌都发生了激烈战事。第一次下西洋时，海盗陈祖义集团在旧港偷袭郑和船队；第三次下西洋时，锡兰山国亚

---

① 徐玉虎著：《明郑和之研究》，德馨室出版社，1980年，第21页；郑一钧著：《论郑和下西洋》，海洋出版社，2005年，第54页。
② 《明太宗实录》（卷二百），收入《明实录》（第二册），"中研院"历史语言研究所，1984年，第2084页。
③ 《明英宗实录》（卷一百六十九），收入《明实录》（第四册），"中研院"历史语言研究所，1984年，第3260页。
④ 中国第一历史档案馆、辽宁省档案馆编：《中国明朝档案总汇》（第73册），广西师范大学出版社，2001年，第305页。
⑤ 王志高：《一方涉及郑和下西洋史料的珍贵明代墓志——明〈故陈母淑人俞氏墓志铭〉跋》，《郑和研究》2011年第2期，第39页。

列苦奈儿诱骗郑和使团访问王城,在途中山路设置障碍,派五万人围攻郑和使团;第四次下西洋时,郑和船队在苏门答剌"白沙岸与苏干剌对敌厮杀",战况激烈。① 从文献统计来看,有相当的死伤数量。郑和下西洋途中还发生了大量的病亡现象。永乐十年随少监杨敏出使榜葛剌的松江人、阴阳法师张璇,第二年因病在榜葛剌官厂病逝,"卒海外,而葬其国凤凰山左翼"。②《卫所武职选簿》记载:"刘和,新城县人。……永乐十三年下西洋回还,升实授百户,复下西洋。病故。"③"刘移住,……宣德五年仍往西洋公干,八年回还,为患手足残疾。"④徐恭生教授从《卫所武职选簿》中发现169名参加下西洋的军官档案,统计死亡67人,其中明确"病故"的有36人,占死亡人数一半以上。⑤ 足见下西洋途中病亡现象时有发生,郑和也于第七次下西洋时病故在途中古里。下西洋随时可能发生意外境况,而王景弘在船队中的接替者身份——钦差正使,与其他正使职权不一样,一旦统帅发生意外,可以随时接替统帅职务,所以其地位与郑和"相等"。这就明白了王景弘为什么与统帅郑和形影不离,长期位居郑和之后,所有碑刻署名皆两人共署,这是由下西洋航海活动的风险决定的。在船队中担负预备统帅人选的身份,是其他正使没有的。

其次,王景弘担负了船队航海事务管理的主要负责人。

郑和船队由使团领导人员、辅助人员、技术人员、庶务人员和武装部队五个部分组成,承担航海事务的技术部分由火长、舵工、班碇手、水手、阴阳官生、医官医士及铁锚、木捻、搭材等匠人组成。⑥ 涉及船舶建造和船员培训及管理,航海技术准备,航海环境调查及航线勘测,航行保障基地及海外官厂、官屿设立,下西洋物资的筹办准备等事项。这些航海事务是船队管理与指挥中的重要工作,需要船队领导中有人负责管理。这是航海活动的重要特征。从现有文献记载及学者的研究成果看,王景弘因熟悉航海业务,是这项工作的主要负责人。这或许也是选择他作为接替者人选的重要原因。

清人蔡永蒹在《西山杂志·四监通异域》中记载:"王景弘,闽南人,雇泉州船,以东石沿海名导引,从苏州刘家港入海至泉州寄泊。"结合后来学者考证的龙岩漳平籍身份,表明他早已了解福建沿海的海上活动。清人郁永河

---

① 中国第一历史档案馆、辽宁省档案馆编:《中国明朝档案总汇》(第61、64册),广西师范大学出版社,2001年,第114、307页。
② 张鼐撰:《宝日堂初集》(卷十三),收入《四库禁毁书丛刊》编纂委员会编《四库禁毁书丛刊》(第76册),北京出版社,2000年,第352页。
③ 中国第一历史档案馆、辽宁省档案馆编:《中国明朝档案总汇》(第73册),广西师范大学出版社,2001年,第145页。
④ 中国第一历史档案馆、辽宁省档案馆编:《中国明朝档案总汇》(第49册),广西师范大学出版社,2001年,第191页。
⑤ 徐恭生:《再谈郑和下西洋与〈卫所武职选簿〉》,《海交史研究》2009年第2期,第32页。
⑥ 参见郑一钧著:《论郑和下西洋》,海洋出版社,2005年,第54页,第79—81页。

在《稗海纪游》(又名《采硫日记》)记载:"太监王三保《赴西洋水程》有'赤嵌汲水'一语。"清代黄叔璥《台海使槎录》中说:"舟子各洋皆有《秘本》,云王三宝所遗,余借录,名曰《洋更》。"王景弘曾编纂《赴西洋水程》航海指南手册,表明王景弘熟知航海事务。郑一钧研究员研究认为,王景弘熟悉福建的航海业,了解福建造船及船舶性能、福建驶往各地的航路和航海技术人员情况。从下西洋的航海需要和王景弘所担负的职责看,在下西洋前,王景弘重点负责船舶征集、航海技术人员甄选、航海针路确认等一系列准备工作。① 在整个下西洋过程中,王景弘在下西洋船舶和航海技术人员准备、军事人员训练、物质保障方面发挥了领导作用,领导的航海技术专家开辟了横渡印度洋直抵东非沿岸的三条新航路。② 可以肯定王景弘在下西洋过程中航海事务负责人的身份。

史籍中记载:"永乐元年,奉旨差官郑和、李兴、杨敏等,出使异域,前往东西洋等处。一开谕后,下文索图,星槎、山峡、海屿与水势,图为一书。务要选取山形水势,日夜不致误也。"③为了保障下西洋航行,领衔出使西洋的宦官们事先对航路进行勘察和探测活动,参加的宦官多是下西洋使团的正使、副使。可见他们掌握下西洋航路航线情况。这段文献中没有见到王景弘的名字。郑一钧研究员认为,熟悉航海又是负责船队航海事务指挥的王景弘,也参加了这些海洋调查及相关筹备活动。④

《郑和航海图》上,在满剌加、苏门答剌和马六甲海峡东部、印度洋溜山分别标注两座官厂和三个官屿,对于郑和船队航行来说,这些基地至关重要,为船队往返西洋提供重要保障。福建长乐和马来西亚满剌加基地构成下西洋季风航行的依托,前者保障东北季风期在南海方向的航行活动,后者保障印度洋方向的船队航行活动。在南海周边的交往,通过沿岸航行,依托原有的口岸提供航海保障。在印度洋周边的交往,由于航行线路分布广泛,还要穿越中印度洋航路,永乐时期在东印度洋沿岸满剌加、苏门答剌、榜葛剌沿海口岸分别建立官厂。满剌加官厂位于两洋季风转换最远的地方。巩珍在《西洋番国志》中记载为"外府",黄省曾在《西洋朝贡典录》中称赞郑和航海的"区略"功能。⑤ 满剌加官厂担负保障郑和船队候风、补给、货物中转、分綜并綜、海外休整、保障朝贡使团等功能。郑和下西洋长期分为大綜和分綜航行,满剌加官厂是并綜之地,苏门答剌官厂是船队分綜航行的依托。主持这项调整、派遣工作,及时处理海外要务,许多要在"外府"处理,而在下西

---

① 漳平市王景弘研究会编:《王景弘研究》,海洋出版社,2019年,第18页。
② 《明代航海家王景弘学术研讨会综述》,《郑和研究动态》2024年第1期,第40页。
③ 庄为玑著:《古刺桐港》,厦门大学出版社,1989年,第80页;福建集美航海学校收集:《宁波温州平阳石矿流水表》,载郑鹤声、郑一钧编《郑和下西洋资料汇编》(下册),齐鲁书社,1989年,第253页。
④ 《明代航海家王景弘学术研讨会综述》,《郑和研究动态》2024年第1期,第40页。
⑤ 时平:《"智哉,其区略":黄省曾对满剌加官厂的评价》,载苏智良主编《海洋文明研究》(第五辑),中西书局,2020年,第62—69页。

洋船队中具备这一职权的只有郑和、王景弘等正使太监。作为主要助手的王景弘具备这样的资历。《明宣宗实录》记载,宣德三年(1428)八月"命南京守备太监郑和、王景弘等,以内府见贮大绢十万匹、棉布二十三万匹,令部户遣官运往北京"。① 宣德四年(1429)二月"命内官杨礼移郚王育王宫眷居南京旧内,敕太监王景弘等,凡岁时朝暮衣服饮食百需,皆内府依期给之,仍时遣人省视,不许怠慢"。② 虽记录的事发生在第六次下西洋之后,但可以说明王景弘具有组织、调集和督运物资的能力。所以熟悉航海事务又具备督运能力的王景弘,有可能也主持过"外府"事务,调整和调动郑和各支船队,保障大规模的下西洋航行活动。这是基于明朝大规模、远距离、持续航海和经略西洋具体实践特点的分析及认识。总体来说,受限于资料,想要评价王景弘地位还有许多研究要做。

三、结　　语

明初经略西洋的大航海活动,离不开一批杰出的航海人物。他们几乎都是出自内府的宦官,除了郑和之外,还有尹庆、侯显、李兴、杨敏、洪保、周满等数十人。徐玉虎教授曾专门评论说:"成祖之出使西洋,亦以宦官为领导核心,其重要职务,皆委彼等充任之。"③这批前赴后继的宦官,事先就学习掌握许多航海、造船技术及海洋知识,把天下一家、共享太平的皇帝的声音传递到西洋各国,彰显了明初不同以往海上丝绸之路的格局。而王景弘作为这些宦官中的主要领军人物之一,在下西洋中的地位,不仅因与郑和齐名、担任接替者身份而举足轻重,而且因他熟悉航海活动,勤于专业,担负了下西洋航海事务的筹备和管理领导工作,保证了明朝经略西洋的航海活动。从而出现了明朝的盛世局面,也成为15世纪初期世界航海历史上辉煌一页。

梁启超先生曾评价郑和下西洋是"国史之光",郑和是"航海伟人",把这段灿烂历史与杰出的航海人物紧密联系起来。作为与郑和并驾齐驱的钦差正使,王景弘也无愧于这一评价。囿于历史文献记载的匮乏,长期以来对他的身份和历史地位认识有一定的局限。至今对他的评价,还是缺少充足的文献记录,更多是基于他位居次席排名、太监地位和皇帝信任、闽籍出身和了解航海活动、编纂航海指南等资料形成的评论,难免包涵一些逻辑上的推断。因此,对于王景弘的研究和评价,除了继续挖掘新材料外,还应从郑和下西洋性质和具体航海活动中分析。从目前的研究看,王景弘是深得皇帝

---

① 《明宣宗实录》(卷四十六),收入《明实录》(第三册),"中研院"历史语言研究所,1984年。
② 《明宣宗实录》(卷五十一),收入《明实录》(第三册),"中研院"历史语言研究所,1984年。
③ 徐玉虎著:《明郑和之研究》,德馨室出版社,1980年,第21页。

信任的宦官，与郑和一起统帅明朝大型船队七次出使西洋，经略天下，担负了船队主要领导者、统帅接替者、航海事务管理者的身份，是中国历史上杰出的航海家、外交家、和平使者。

[时平，上海海事大学教授，研究方向为郑和历史文化。]

十藏九寺

——郑和下西洋的另一面*

祁海宁

摘 要：从永乐五年至宣德五年，郑和先后向南北二京、云南、福建等地的九座重要寺院，捐舍了十部大藏经。郑和捐藏的行为贯穿了他的后半生，捐藏时间与其完成七下西洋的壮举几乎同时。郑和捐舍大藏的目的主要为实现"三大愿"：一是加强与皇室的联系，巩固自身权力基础；二是为下西洋行动祈福，鼓舞下西洋官兵；三是为他自己和家族祈福。基于三大愿，郑和挑选的九座捐藏寺院，要么是皇家寺院，要么位于下西洋航路的关键节点，要么与郑和本人和家族有特殊关系。透过十藏九寺这个视角，我们可以看到郑和下西洋的另一面，看到一个伟大历史人物的信仰、权谋和忧虑，看到一个更加鲜活、丰满的郑和。

关键词：郑和 大藏经 下西洋 皇后寺 金山寺

1947年，冀县人李杏南获得明初刻本《优婆塞戒经》的第七卷，于卷末发现一条郑和刊刻的题记（以下所称"题记"，皆专指此条），记载了从永乐五年至宣德五年（1407—1430），郑和先后向南北二京、云南、福建等地的九座寺院捐舍十部大藏经的情况。① 题记发现以来，其真实性为学界主流所肯定，为多个领域的研究提供了重要支持。郑鹤声、李希沁、何孝荣等用其说明郑和的佛教信仰②，陈明清用其考证福建长乐的下西洋史迹③，朱惠荣用其推

---

* 本文为国家社科基金重大项目"南京大报恩寺遗址考古发现与研究"（项目编号：18ZDA221）的阶段性成果。
① 邓之诚著：《骨董琐记》，邓珂增订点校，中国书店，1991年，第593—594页。
② 郑鹤声、郑一钧编：《郑和下西洋资料汇编》（增编本），海洋出版社，2005年，第15页（以下引用皆为此本）；李希沁：《郑和印施〈大藏经〉题记——郑和皈依佛门的左证》，《文献》1985年第3期；何孝荣：《佛教抑或伊斯兰教？——也论郑和的宗教信仰》，《古代文明》2018年第3期。
③ 陈明清：《郑和下西洋在长乐的史迹》，载《郑和与福建》编辑组《郑和与福建——福建省纪念郑和下西洋580周年学术讨论会论文选》，福建教育出版社，1988年，第154—168页。

断郑和出生于"庚戌年三月十一日"①,何颖、夏维中等用其证明《南藏》经板未毁于永乐六年的火灾②。也有少数学者质疑题记的真实性,进而提出郑和信仰佛教不成立的观点。③ 不过,已有多位学者予以驳议。④

虽然相关成果不断,然而学界对于郑和捐舍大藏经(以下简称"大藏")和题记本身重视不够,研究相对薄弱。首先,对题记记载的九座受捐寺院缺乏深入探究,一些寺院的基本面貌、与郑和的关系并未厘清;其次,对于明清方志、寺志中保存的相关线索利用不足,未对题记进行合理的验证和补充;另外,在全国众多佛寺中,郑和为何选择这九座寺院作为捐舍对象,考量的标准是什么,也未见解答。鉴于此,本文从基础史料入手,明确十部大藏的受捐对象,分析郑和捐舍大藏的原因与目的。进而对九座受捐寺院进行全面梳理,把握它们的关键特征,探讨它们为郑和生前事业与身后安排发挥的作用。在此过程中,对以往研究中忽视的北京皇后寺、镇江金山寺等寺院的相关问题,给予补充考证。

一、郑和十捐大藏的基本情况

郑和十捐大藏主要记载于题记中,现将此条引录如下:

> 大明国奉佛信官内官监太监郑和,法名速南吒释,即福吉祥。切念生逢盛世,幸遇明时,谢天地覆载,日月照临,感皇上厚德,父母生成。累蒙圣恩,前往西洋等处公干,率领官军宝船,经由海洋,托赖佛天护持,往回有庆,经置无虞。常怀报答之心,于是施财,陆续印造大藏尊经,舍入名山,流通诵读。伏愿皇图永久,帝道遐昌;凡奉命于四方,常叩恩于庇佑。次冀身安心乐,福广寿长,忏除曩劫之愆,永享现生之福,出入起居,吉祥如意。四恩等报,三有齐资,法界群生,同成善果。今开陆续成造大藏尊经,计一十藏:
>
> 大明宣德四年岁次己酉三月十一日,发心印造大藏尊经一藏,奉施喜舍牛首山佛窟禅寺流通供养;

---

① 朱惠荣:《郑和"庚戌三月十一日"索解》,第三届昆明郑和研究国际会议会议论文,昆明,2014年,第236—241页。
② 何颖:《有关〈永乐南藏〉论证的考辩》,《图书馆界》2015年第4期;夏维中、陈波:《从郑和印造大藏经论明初两部〈南藏〉的雕刻时间及相互关系》,《清华大学学报》(哲学社会科学版)2019年第4期。
③ 杨军:《关于郑和佛教信仰两条史料的辨伪》,《北方民族大学学报》(哲学社会科学版)2011年第1期。
④ 邵磊:《对郑和佛教信仰质疑的驳议——兼述郑和佛教信仰的新发现与新认识》,《南京晓庄学院学报》2016年第2期。另外,前注何孝荣、夏维中等人的论文亦对于杨军的观点予以辩驳。

大明宣德五年岁次庚戌三月十一日,发心印造大藏尊经一藏,奉施喜舍鸡鸣禅寺流通供养;

　　大明宣德五年岁次庚戌三月十一日,发心印造大藏尊经一藏,奉施喜舍北京皇后寺流通供养;

　　大明永乐二十二年岁次甲辰十月十一日,发心印造大藏尊经一藏,奉施喜舍静海禅寺流通供养;

　　大明永乐十八年岁次庚子五月吉日,发心印造大藏尊经一藏,奉施喜舍镇江金山禅寺流通供养;

　　大明永乐十三年岁次乙未三月十一日,发心印造大藏尊经一藏,奉施喜舍福建南山三峰塔寺流通供养;

　　大明永乐九年岁次辛卯仲冬吉日,发心印造大藏尊经一藏,奉施喜舍天界禅寺毗卢宝阁流通供养;

　　大明永乐八年岁次庚寅三月十一日,发心印造大藏尊经一藏,奉施喜舍云南五华寺流通供养;

　　大明永乐五年岁次丁亥三月十一日,发心印造大藏尊经一藏,奉施喜舍灵谷禅寺流通供养。①

根据此条,从永乐五年至宣德五年,郑和陆续印造十部"大藏尊经",捐至九座寺院。其中南京②有五寺:灵谷寺、天界寺、静海寺、鸡鸣寺、佛窟寺。镇江一寺:金山寺。北京一寺:皇后寺。云南一寺:五华寺。福建一寺:三峰塔寺。

　　题记列举了郑和九次捐藏行为,缺记一藏。1951年,云南省图书馆整理来自云南五华寺的明代刻本大藏经时,在叔字三号《沙弥尼离戒文》的卷末又发现一条郑和题记(以下称"云本题记"):

　　大明国奉佛信官太监郑和,法名福吉祥。谨发诚心施财命功,印造大藏尊经一藏,计六百三十五函,喜舍于云南五华寺,永远长生供养。以此殊勋,上祝皇图永固,帝道遐昌,佛日增辉,法轮常转,海晏河清,民康物阜。所冀福吉祥凡奉命于四方,经涉海洋,常叩恩于三宝。自他俱利,答报四恩,均资三有法界有情同缘种智者。永乐十八年岁次庚子五月吉日,福吉祥谨题。③

根据此条与佛经实物,可以确证永乐十八年(1420)郑和向云南五华寺捐藏的史实。然而题记中未载此次捐藏,只有永乐八年(1410)向五华寺捐藏的

---

① 邓之诚著:《骨董琐记》,邓珂增订点校,中国书店,1991年,第593—594页。
② 明代的南、北二京实指南、北直隶。此处"南京"指现今南京市的范围,即明代的应天府。
③ 引自李希沁:《郑和印施〈大藏经〉题记——郑和皈依佛门的左证》,《文献》1985年第3期。该文中附有此题记的实物照片。

记录。对此"抵牾",学界存在不同认识。多位学者基于一寺不可能获赠两藏的判断,推测是题记将"永乐十八年"误刻为"永乐八年"所致。① 而郑自海、何孝荣两位学者先后提出,五华寺获捐两部大藏并非不可能,题记未刊错,只是漏记了永乐十八年的这次捐藏。② 笔者认同郑、何两位先生的判断,理由如下:

第一,郑和向各寺捐舍大藏是非常郑重的宗教活动,题记又是对其历次捐藏行为的总结。因此无论郑和本人还是刻工,对题记的刊刻、校对必定十分慎重,即使出现刊误也会更改,任错版流传的可能性极低。

第二,"永乐八年"与"永乐十八年"两条向五华寺的捐藏记录,并非只有一个"十"字之差。两者年份之后的岁次、发心的日期皆不相同,说明不是误刻,而是两次不同的记录。

第三,永乐十八年的捐藏有云本题记和佛经实物为证,永乐八年的捐藏除了题记外,也有重要佐证。永乐九年末,郑和获朱棣批准回乡祭扫祖茔,在家乡云南昆阳(今昆明市晋宁区)省亲月余。③ 永乐八年三月郑和发心向五华寺捐藏,与他第二年回乡省亲的时间安排与实际需要相互吻合。此次捐藏应是郑和精心准备的回乡大礼。

最后还应看到,题记"漏记"永乐十八年的这次捐藏,很可能是郑和故意为之。因为在所有受捐寺院中,只有五华寺独得两藏,而两京众多皇家大寺仅获一藏。云南与郑和的关系众所周知,隐去一藏,有利于郑和自我保护,防止授人以柄。

综合两条题记,郑和捐舍十部大藏的基本情况和所有受捐寺院得到厘清,笔者按年代制成表1,以便检索。

表1 郑和历年捐舍大藏经一览表

序号	开造年代	发心日期	受捐对象
1	永乐五年(1407,丁亥)	三月十一日	南京灵谷禅寺
2	永乐八年(1410,庚寅)	三月十一日	云南五华寺

---

① 参见陈楠:《三宝太监郑和奉佛事迹考》,《传统文化与现代化》1997年第6期;陈玉女:《郑和施印佛经与兴建佛寺的意义》,载《明代的佛教与社会》,北京大学出版社,2011年,第28—59页;朱惠荣:《郑和"庚戌三月十一日"索解》,第三届昆明郑和研究国际会议会议论文,昆明,2014年,第236—241页。
② 郑自海:《金陵大报恩寺〈妙法莲华经〉惊现平湖报本寺之谜新探——论明代郑和赠经和陆光祖建寺》,《浙江佛教》2006年第4期;何孝荣:《佛教抑或伊斯兰教?——也论郑和的宗教信仰》,《古代文明》2018年第3期。
③ 现存云南昆阳的郑和之父马哈只墓志碑铭,碑阴右上角刻有铭文:"马氏第二子太监郑和,奉命于永乐九年(1411)十一月二十二日到于祖宗坟茔祭扫追荐,至闰十二月吉日回还,记耳。"见郑鹤声、郑一钧编:《郑和下西洋资料汇编》(增编本),海洋出版社,2005年,第4—5页。

续　表

序号	开造年代	发心日期	受捐对象
3	永乐九年（1411,辛卯）	仲冬吉日	南京天界禅寺毗卢宝阁
4	永乐十三年（1415,乙未）	三月十一日	福建南山三峰塔寺
5	永乐十八年（1420,庚子）	五月吉日	镇江金山禅寺
6	永乐十八年（1420,庚子）	五月吉日	云南五华寺
7	永乐二十二年（1424,甲辰）	十月十一日	南京静海禅寺
8	宣德四年（1429,己酉）	三月十一日	南京牛首山佛窟寺
9	宣德五年（1430,庚戌）	三月十一日	南京鸡鸣禅寺
10	宣德五年（1430,庚戌）	三月十一日	北京皇后寺

二、郑和捐舍大藏的原因与目的

对于为何捐藏，郑和在两条题记中皆有涉及，以题记阐述得最为清楚。

在题记首段，郑和层次分明地表达了四层意思：第一，他是佛教信徒——"大明国奉佛信官"；第二，他身受五重大恩，即"天地覆载""日月照临""皇上厚德""父母生成"，以及率领官军下西洋时"佛天护持"之恩；第三，为了回报上述五恩，他"陆续印造大藏尊经，舍入名山，流通诵读"；第四，通过捐藏，他有心愿期望实现："伏愿皇图永久，帝道遐昌；凡奉命于四方，常叨恩于庇佑。次冀身安心乐，福广寿长，忏除曩却之愆，永享现生之福，出入起居，吉祥如意。"很明显，"伏愿"是为国事祈福，"次冀"是为个人祈福，在"伏愿"中其实包含了两个愿望，因此我们可以将郑和的愿望概括为"三大愿"：（1）祈愿大明王朝永固；（2）祈愿出使平安，当然主要指下西洋活动；（3）祈愿本人永享福报。

上述四条，前两条郑和说明了捐舍大藏的原因：出于信仰与受恩。后两条郑和说明了捐舍大藏的目的：报恩与祈福。

尽管郑和多次自称"奉佛信官"[1]，姚广孝也指认郑和为"菩萨戒弟子"[2]，学界却对郑和的信仰问题一直争论不休。主要原因在于，郑和出身穆

---

[1] 除了本文已提及的两条题记外，2002年浙江平湖报本塔天宫发现的泥金手书《妙法莲华经》长卷卷首，再次发现郑和题记，内称"大明国奉佛信官郑和"。该条题记撰写于宣德七年（1432）九月初三日，距离郑和离世仅隔数月。参阅程杰：《浙江平湖发现署名郑和的〈妙法莲华经〉长卷》，《文物》2005年第6期。

[2] 见明刻本《摩利支天经》卷末姚广孝所撰题记，实物现藏于北京国家图书馆。姚广孝记载，永乐元年（1403）"今菩萨戒弟子郑和，法名福善，施财命工，刊印流通，所得胜报非言所能尽矣。"参阅白化文、李际宁：《摩利支与摩利支天经典》，《文献》2014年第1期。

斯林世家,生平除了积极投身佛教活动外,也带头参与创建天妃宫、书写《天妃经》、重修清真寺、去回回人墓地行香等道教、伊斯兰教活动。根据郑和一生行事,有的学者主张:"郑和主要的或根本的宗教信仰是伊斯兰教,奉佛崇道只是表面现象,只是为适应他所面临的社会环境。"① 而有的学者主张:"郑和的宗教信仰复杂而多元,主要崇奉佛教,尤其是藏传佛教;其次是道教,主要是天妃信仰;再次是伊斯兰教。"②

笔者认为,了解郑和真实的宗教信仰,看他在关键时刻的抉择应是最好的突破口。永乐三年六月至五年九月,郑和首次率领船队出使西洋曾遭遇巨险③,幸遇"神迹",方才化险为夷。南京龙江天妃宫所立《御制弘仁普济天妃宫之碑》对此事件有详细描述:

> 其初,使者涉海洋,经浩渺,飓风黑雨,晦冥黯惨,雷电交作,洪涛巨浪,摧山倒岳,……惊心骇目,莫不错愕。乃有神人,飘飘云际,隐显挥霍,下上左右,乍有忽无,……已而烟消霾霁,风浪帖息,海波澄镜,万里一碧。④

此次经历给予船队上下强烈刺激。由于下西洋官军普遍信奉妈祖,大都认为"此天妃神显灵应,默加佑相"⑤。因此归国后,郑和立即奏请朱棣,于龙江之畔创建了天妃宫。⑥ 而根据题记,永乐五年三月,船队尚在归国航行途中,郑和已向灵谷寺发心捐舍了首部大藏。说明在佛、道、回三教之中,郑和本人最先想到的报恩对象是佛教。另据金山寺大悲殿的记载,郑和确实将海上所见之神人视作千手观音的化身(详见后文)。

另一个关键事例是,根据已为学界熟知的《非幻庵香火圣像记》,步入晚年的郑和在牛首山为自己预建了坟寺,精心打造了成组的佛像与供具,并将后事明确托付给佛窟寺住持。⑦ 这种对人生的终极安排无疑最能展现真实的信仰。

---

① 林松:《论郑和的伊斯兰教信仰——兼评郑氏"奉佛""崇道"说》,载《中国伊斯兰教研究文集》编写组《中国伊斯兰教研究文集》,宁夏人民出版社,1988年,第374页。
② 何孝荣:《佛教抑或伊斯兰教?——也论郑和的宗教信仰》,《古代文明》2018年第3期。
③ 参见郑鹤声、郑一钧:《郑和下西洋资料汇编》(增编本),海洋出版社,2005年,第48—49页;苏秋月:《郑和下西洋年谱》,载林超民主编《西南古籍研究》,云南大学出版社,2010年,第397—401页。
④ 葛寅亮撰:《金陵玄观志》,南京出版社,2011年,第108—110页。
⑤ 同上。
⑥ 《明太宗实录》永乐五年"九月戊午"条记载:"新建龙江天妃庙成,遣太常寺少卿朱焯祭告。时太监郑和使古里、满剌加诸番国还,言神多感应,故有是命。"见《明太宗实录》(卷七十一),收入《明实录》(第二册),"中研院"历史语言研究所,1984年,第994页。
⑦ 《非幻庵香火圣像记》原刊附于北京图书馆藏明万历刻本罗懋登《三宝太监西游记通俗演义》正文之后。今见郑鹤声、郑一钧:《郑和下西洋资料汇编》(增编本),海洋出版社,2005年,第1147—1148页。

通过上述两个事例，郑和作为一名虔诚的佛教徒应该被承认。他一再自称的"大明国奉佛信官"，反映了他对于个人宗教信仰明确的认知与定位。这种定位奠定了他捐舍十藏的思想基础。至于郑和积极参与其他宗教的活动，有两个重要因素不应被忽略：其一，郑和是下西洋船队的统帅，船队成员具有不同的信仰，他必须兼顾各方需求。也就是说，郑和积极参与其他宗教的活动不一定是出于信仰，很可能是出于职责。其二，三教合一是明代佛教发展的基本特点。洪修平指出："明清时期，以儒学为主导，佛道相辅助，三教在融合中合一，这仍然是儒佛道三教关系的总趋势。"①三教合一得到朱元璋、朱棣的大力提倡与推动，将孔子、佛陀、老子并祀于一堂的"三教堂"在民间涌现。② 正规大寺同样不能脱离这一趋势。嘉靖年间，日僧策彦周良在镇江金山寺见到：正殿中除了供奉佛、罗汉、观音、达摩、百丈等像外，还供奉"皇帝万万岁""皇后齐年""太子千秋"的牌位；寺内的"江天阁"供奉江神"敕封晏公平浪侯"。③ 这虽然是明代中期的情况，但是这一供奉格局很可能早已形成。总之，在三教合一的大背景下，郑和以佛教徒的身份尊崇天妃，甚至融通回教，不仅不会被视为离经叛道，反而是合乎时宜之举。

郑和将身受五重大恩作为发心捐藏的直接原因，又将回报五恩作为捐藏的主要目的，这是他受到佛教知恩报恩思想影响的表现。知恩报恩自佛教创立之初就被提倡，《杂阿含经》中有佛陀要求僧众向野狐学习知恩报恩的记载④。唐代《大乘本生心地观经》称："世恩有其四种：一父母恩，二众生恩，三国主恩，四三宝恩。"⑤由此出现了四恩相连的体系。黄夏年指出，"报四恩"体系的形成是佛教报恩思想发展成熟最重要的标志。⑥ 宋代，"上报四重恩，下济三途苦"的观念深入人心，"四恩"的概念也在向民间传播的过程中更加世俗化。《如来广孝十种报恩道场仪》记载了宋代法事活动中常用的赞词，其中一首唱曰："一报天地盖载恩，二报日月照临恩，三报国王水土恩，四报父母养育恩。"⑦郑和五恩之中的前四恩与此说相同，说明他接受此种观念的途径很可能就来源于日常的佛教法事活动。

对于普通民众而言，四恩之中只有报父母之恩具有实际意义，其余三恩不过是虚词套话。但对郑和而言，五恩之中除了前两项之外，其余三项皆有实际意义。郑和自靖难立功，被朱棣赐姓重用，历经成、仁、宣三朝，始终深受皇

---

① 洪修平著：《中国佛教文化历程》，江苏教育出版社，2005年，第254页。
② 参阅陈宝良：《明代儒佛道的合流及其世俗化》，《浙江学刊》2002年第2期。
③ 策彦周良著：《策彦入明记》，崇文书局，2022年，第168—169页。
④ 求那跋陀罗译：《杂阿含经》（卷四七），收入《大正新修大藏经》（第2册），新文丰出版公司，1983年，第346页。
⑤ 般若译：《大乘本生心地观经》（卷二），收入《大正新修大藏经》（第3册），新文丰出版公司，1983年，第297页。
⑥ 黄夏年：《报恩思想的现代意义》，《传承》2011年第16期。
⑦ 思觉集：《如来广孝十种报恩道场仪》，赵文焕、侯冲整理，载方广锠主编《藏外佛教文献》（第八辑），宗教文化出版社，2003年，第141页。

帝信任，身居高位。回报"皇上厚德"之恩，应是他真实的想法。在郑和选择的九座受捐寺院中，五座为皇家寺院，这是郑和回报皇恩的一种切实表现。

郑和是在洪武十四年至十七年（1381—1384）明军平定云南的过程中，遭掳掠北上成为宦官的。其时郑和大约十岁，对父母、家族已有明确的认知。① 根据其父墓志记载，郑和之父卒于洪武十五年，而其母温氏、长兄马文铭、多位姐妹等亲属挺过了战事，仍然留居家乡。永乐九年岁末，郑和专门请旨回乡省亲，祭扫祖茔，说明"父母生成"之恩他并未忘怀。永乐八年、十八年，郑和两次向五华寺捐舍大藏，报父母之恩、为家族祈福应是最主要的考量。

"佛天护持"是郑和在传统的"四恩"之外，专门添加的第五恩，可见他对此恩感受之深，渴望回报之切。前文已述，首航遇险与观音显圣的经历催生了郑和捐舍大藏的初心。郑和船队其后又多次遇险，比如永乐十一年，西安清净寺掌教哈三随郑和第四次下西洋途中，"海中风涛横作，几至危险"。哈三等穆斯林向穆罕默德祈祷，最终也幸运脱险。② 回国之后，郑和帮助清净寺进行了重修。③ 不过从同行的佛教徒的角度看，这应该又是一次"佛天护持"的经历。

在科技不发达的时代，面对惊涛骇浪，宗教信仰是航海者信心与希望的重要来源。郑和率领船队在下西洋航线上穿梭二十余年，虽然屡经危险，但是从未发生过重大海难，"往回有庆，经置无虞"。因此，郑和将"佛天护持"列为对他有特别意义的第五恩，并加以回报。在九座受捐寺院中，位于下西洋沿线的寺院有七座，其中多座寺院在郑和的帮助下得到重建、扩建。

知恩报恩本质上是对过去的回应，祈福则是对未来的期盼。日本学者镰田茂雄将中国的佛教分为两种："知识分子的佛教"与"群众佛教"。前者是哲学佛教，专注于开创中国化的佛学思想体系，以天台宗、华严宗、禅宗为代表；后者是普通民众信仰的佛教，关注现世的福报是其主要内容。郑和对于佛教的信仰显然属于后一种。

云南大学朱惠荣教授最先注意到，郑和十次捐藏中有六次发心于三月十一日④，而且在宣德五年（1430）的该日一次捐舍两藏。结合吴晗对郑和生

---

① 参阅吴晗：《十六世纪前之中国与南洋》，《清华学报》1936年第1期，第161页注文；谢方：《郑和生卒年及赐姓小考》，《海交史研究》1994年第1期。
② 刘序撰：《重修清净寺记》，引自杨晓春著《元明时期汉文伊斯兰教文献研究》，中华书局，2012年，第288页。
③ 大学习巷清真寺保存的明天启六年（1626）冯从吾撰《敕赐清真寺碑记》记载："永乐十一年，又敕命重修，而与有劳者太监郑和也。"见杨晓春著：《元明时期汉文伊斯兰教文献研究》，中华书局，2012年，第325页。
④ 2015年，国外新发现一件磁青纸质、金粉书写的《郑和写经》，后被上海龙美术馆购回。该经尾部再次发现郑和题记，记载永乐十二年，郑和发心书写《金刚经》《观音经》《弥陀经》《摩利支天经》等经文，永远看诵供养之事。题记落款日期为"永乐十二年三月吉日"。这里的"三月吉日"推测也应是"三月十一日"。由此，郑和于三月十一日发心的记录又多见一条。参见万明：《新发现〈郑和写经〉初考》，《安徽史学》2017年第1期。

年约为1371年的考证①,朱惠荣推断郑和出生于洪武三年(1370)三月十一日,宣德五年该日是其六十整寿,因而一次捐舍两藏②。有意思的是,本文将永乐十八年五华寺一藏补入后可以发现,永乐十八年郑和年满五十,同样一次捐舍两藏。该年他发心的"五月吉日",应是另一个对于郑和有特殊意义的日子,笔者推测可能为其母温氏的生日。③ 另外,永乐八年郑和回乡省亲,恰为其四十不惑之年。郑和十捐大藏,八次与其生日、寿辰相关,说明为自己及父母祈福是他屡捐大藏的一个重要出发点。

通观九座受捐寺院,共包括三大类:其一是皇家寺院,其二是与下西洋航路密切相关的寺院,其三是与郑和本人及其家族有特殊关系的寺院。它们与郑和的三大愿形成了较为明显的对应关系,说明受捐寺院是精心选择的结果,每一座都至少有助于郑和某一大愿的实现。下面我们分别进行考察。

三、郑和捐藏的皇家寺院

此类寺院共有五座,灵谷寺、天界寺、鸡鸣寺、静海寺和皇后寺,分布于南、北两京。这些皇家寺院,都符合如下标准:(1)皇帝下诏建立,即敕建;(2)国家负责建造和维修,即官造、官修;(3)国家出资供养,主要表现为御赐大量田产;(4)服务皇室或者承担国家重要职能。

郑和捐舍的首部大藏,入藏南京灵谷寺。该寺前身是梁武帝为高僧宝志所建的开善寺,明初改称蒋山寺,原址位于钟山西侧。洪武十四年(1381),明太祖朱元璋看中此地营建孝陵,将该寺迁至钟山东侧重建,赐新额曰"灵谷"。灵谷寺号称"孝陵香火",是朱元璋的坟寺。该寺占地500亩,拥有御赐田产3.4万余亩,是明代南京地位最高、经济实力最强的皇家寺院。④ 将灵谷寺确定为第一座受捐寺院,不仅因其为南京寺院之首,更是郑和将皇家放在首位的表现,显示出他清醒、敏锐的政治头脑。

永乐九年(1411),郑和向南京另一座重要的皇家寺院天界寺捐舍大藏,入藏该寺的毗卢阁。天界寺的前身为元代大龙翔集庆寺,原址位于城内。天历元年(1328),元文宗图帖睦尔从金陵入京即位,下令将潜邸改建为寺,

---

① 吴晗:《十六世纪前之中国与南洋》,《清华学报》1936年第1期。
② 朱惠荣:《郑和"庚戌三月十一日"索解》,第三届昆明郑和研究国际会议会议论文,昆明,2014年,第236—241页。
③ 根据永乐三年(1405)李至刚所撰《故马公墓志铭》记载,郑和之父马哈只出生于元至正四年(1344)十二月初九日,卒于洪武十五年(1382)七月初三日。故"五月吉日"与其父无关。墓志中记载郑和之母为"温氏",但未载她的生卒年月,说明永乐三年时温氏仍然健在,"五月吉日"或与她有关。见郑鹤声、郑一钧编:《郑和下西洋资料汇编》(增编本),海洋出版社,2005年,第4—5页。
④ 葛寅亮撰:《金陵梵刹志》,南京出版社,2011年,第93—103页。

成为元代南京地位最高的寺院。入明以后,该寺继续受到朱元璋的重视,赐名"天界善世"寺。洪武二十一年(1388),寺院因灾被毁。朱元璋下令迁址于城外凤山重建,所有费用内帑支出。重建后的天界寺占地600亩,超过灵谷寺,是明代南京规模最大的寺院;拥有赐田1.3万余亩,经济实力仅次于灵谷寺。① 明代僧录司长期设于该寺,使其具有行政管理职能。②

郑和向天界寺捐藏,有一条重要佐证。《金陵梵刹志》收录有姚广孝所撰《天界寺毗卢阁碑》,碑文记曰:

> (永乐)八年庚寅,(住持道成)募缘创造毗卢阁若干楹间。……皆以刻画髹彩,金壁丹垩为饰。……十年壬辰冬,始乐成。上供法、报、化三佛,及设万佛之像,左右庋以大藏诸经。③

根据此条,天界寺于永乐八年至十年(1410—1412)创建毗卢阁,阁内除供设佛像外,两侧库房专门用于保存大藏经。碑文所记之建阁时间、用途,与题记中郑和的捐藏时间、对象完全契合,可以证明题记所述为真。

宣德五年,郑和同时向两京的两座皇家寺院捐舍大藏。其中鸡鸣寺位于南京城北鸡笼山,始建于西晋永康年间。洪武二十年(1387),朱元璋命崇山侯李新督工重建,"尽撤故宇而开拓之"。鸡鸣寺工程与孝陵有关。为了营建孝陵,朱元璋不仅将蒋山寺迁址,而且将宝志舍利函迁至鸡笼山重新建塔供养,并因此重建了鸡鸣寺。鸡鸣与灵谷同源,是灵谷寺的别院,岁祀宝志是朱元璋交给该寺的专属任务。鸡鸣寺的规模虽然不及灵谷、天界等大刹,但亦为明代南京八大寺之一,占地百亩,拥有御赐田产3 700余亩。④

与鸡鸣寺同时获得捐藏的北京皇后寺,是九座受捐寺院中最不为人所知的一座。因为该寺之名史籍无载,以往也未有学者对其深入考证。不过笔者发现,明宣宗御制《大功德寺记》存有重要线索:

> 皇后孙氏笃志于善,心之所存惟孝为切。……欲辍己之服用,创建梵寺一区奉佛菩萨,上以资宗庙圣灵在天之福,以益□□皇太后齐天之寿。……朕嘉其善志,既俞允之,命有司相土所宜,于北京西北隅距城一舍许玉泉山之麓得胜地焉。……中建二殿,后为法堂,……缭以周庑,……外作钟鼓楼,又外建三门。盖宏壮丽密,称释氏所谓大道场者也。……经始于宣德四年某月某日,竣事于六年某月某日,赐名曰"大

---

① 葛寅亮撰:《金陵梵刹志》,南京出版社,2011年,第321—322页。
② 僧录司设于洪武十五年(1382),初设于天界寺。洪武二十一年(1388)天界寺因灾被毁后,僧录司迁至南京天禧寺。永乐六年(1408),天禧寺因灾被毁,僧录司又回迁天界寺,直至明末。
③ 葛寅亮撰:《金陵梵刹志》,南京出版社,2011年,第326—328页。
④ 同上书,第352—353、784—785页。

功德寺"。一切之费，悉出于中宫。①

据此可知，宣德四年至六年（1429—1431），朱瞻基应皇后孙氏所请，下诏于京郊西北玉泉山麓新建了一座皇家寺院——大功德寺。该寺由山门、钟鼓楼、中部的两座大殿及其后的法堂等建筑组成，四周围绕廊庑，规制严整。所有建设费用皆由中宫所出。对比此条，郑和捐藏的所谓北京皇后寺，无论是寺名显示的地点、建寺背景，还是宣德五年的捐藏时间，都与大功德寺的创建相吻合，无疑应为该寺。

郑和称该寺为皇后寺，是因为捐藏时它尚未建成，未获正式赐名。皇后寺应是当时宫内和相关建设人员对它的临时称谓。郑和时任南京守备太监，与北京相隔数千里，但是他密切关注皇后寺的建设情况，及时捐献大藏，其政治智慧再次可见。大功德寺落成后，宣宗按照皇家寺院惯例，赐田400余顷②，又赐"泥金《华严经》百卷，作镇山门"③。

早在永乐元年（1403），郑和就曾捐资印造《佛说摩利支天经》，以使流通。④ 其时靖难之役刚刚结束，无论国家还是皇室，都经历巨大冲击。而此经称："国王、大臣、一切人等有诸难时，但当至心诵此摩利支陀罗尼，不待加功，随诵随成，远离诸难。"⑤可见通过施印、捐舍佛经，为皇帝和国家祈福是郑和早已采用的做法。捐舍大藏乃是这一做法的升级版。灵谷、皇后等四座皇家寺院，本身地位尊崇，经济实力雄厚，并不缺少获取大藏的资金与来源。郑和向这些寺院捐藏，看中的是它们在皇帝心中的分量，以此向皇帝表达忠诚，加强与皇室的联系，巩固自身的权力基础。这是其他受捐寺院无法为郑和达成的目标。

四、与下西洋航路直接相关的受捐寺院

此类寺院主要有三座，包括南京静海寺、长乐三峰塔寺和镇江金山寺。它们的共同特点是：均位于下西洋航路的沿线城市，扼守航道。根据《武备

---

① 《大明宣宗皇帝御制集·大功德寺记》，收入《四库全书存目丛书·集部》（二四），齐鲁书社，1997年，第132—133页。
② 明河撰：《补续高僧传·天泉渊公传》，收入慧皎等撰《高僧传合集》，上海古籍出版社，1991年，第828页。
③ 卢维祯撰：《醒后集·游西山前记》，收入《四库全书存目丛书·集部》（一四九），齐鲁书社，1996年，第69页。
④ 该经明刻本实物现藏于北京国家图书馆，卷末有姚广孝撰写的题记，记述郑和施印此经始末。参阅白化文、李际宁：《摩利支与摩利支天经典》，《文献》2014年第1期。
⑤ 不空译：《佛说摩利支天经》，收入《大正新修大藏经》（第21册），新文丰出版公司，1983年，第260页。

志》中保存的《郑和航海图》①，郑和下西洋的航线是从南京宝船厂开船，经龙江关入江，沿长江向东，在入海口处的太仓刘家港整补，入海至福建长乐太平港候风开洋，然后驶向西洋诸番。

静海寺位于南京西北仪凤门外，紧临龙江关，敕建于永乐八年。② 寺院占地30余亩，拥有御赐田产430余亩，名列明代南京八大寺之一。③ 该寺左侧即为敕建于永乐五年的龙江天妃宫。④ 1936年郑鹤声先生发现的静海寺残碑记载："帝敕建弘仁普济天妃之宫于都城外龙江之上。……帝复建静海禅寺，用显法门。"⑤静海寺是专门为下西洋创设的皇家寺院。"静海"之名由朱棣御赐，寓意四海无警，风平浪静，将创立该寺的目的揭示无遗。郑和与该寺的关系非常密切。《客座赘语》记载，郑和将从西洋取回的海棠、水陆罗汉像等珍奇异物先后捐舍该寺。⑥ 不过，郑和向该寺捐舍大藏的时间较晚，是在永乐二十二年（1424）。笔者推测，静海寺中的毗卢阁有可能建成于该年，郑和因而于此时捐藏。⑦

三峰塔寺位于长乐西部的南山。此山紧邻长乐太平港，山下是下西洋官军长期驻扎之所。该寺初创于北宋崇宁年间，岁久颓圮。永乐十一年（1413），郑和与寺僧联手重修⑧，"数载之间，殿堂禅室，弘胜旧观"⑨。此前一年，郑和还在该寺之左创建了"南山之行宫"（即天妃宫），"用作官军祈报之所"。⑩ 三峰塔寺与南山行宫的配置关系，与南京静海寺与天妃宫如出一辙。永乐十三年（1415），郑和于三峰塔寺重建完工之际，向它捐舍大藏。

金山寺位于镇江市西北部，因山为名。金山本是长江中的一座岛屿，大江绕此曲流，成为一处航行险要之地。明代《海道经》记载："自南京开洋，出龙江关，……中洪北到金山寺，西首十余里，水紧不可抛锚。寺北中洪都好，行到焦山，仔细戳水。"⑪金山寺始建于东晋，代为京口名寺。根据题记，郑和于永乐十八年五月向该寺捐舍大藏。但是对于此次捐藏，鲜有学者进行深

---

① 茅元仪辑：《武备志》（第22册），华世出版社，1984年，第10180页。该图本名"自宝船厂开船从龙江关出水直抵外国诸番图"，学界通常将其简称为"郑和航海图"。
② 徐必达、施沛纂修：《南京都察院志·职掌十五》，收入《金陵全书·乙编》（第28册），南京出版社，2015年，第323页。
③ 葛寅亮撰：《金陵梵刹志》，南京出版社，2011年，第361—362页。
④ 《明太宗实录》（卷六十四），收入《明实录》（第二册），"中研院"历史语言研究所，1984年，第994页。
⑤ 郑宽涛：《南京静海寺郑和下西洋残碑发现始末》，《东方收藏》2011年第12期。
⑥ 顾起元撰：《客座赘语》，中华书局，1987年，第16、298页。
⑦ 静海寺内建有毗卢阁，见于《金陵梵刹志》卷十八《卢龙山静海寺》卷首的《静海寺全图》。
⑧ 夏允彝纂修：《长乐县志·礼典志·寺观》，收入方宝川、陈旭东主编《福建师范大学图书馆藏稀见方志丛刊》（第6册），北京图书馆出版社，2008年，第677页。
⑨ 见于郑和、王景弘等人所立长乐天妃宫《天妃之神灵应记》碑文，详见郑鹤声、郑一钧编：《郑和下西洋资料汇编》（增编本），海洋出版社，2005年，第18—19页。
⑩ 同上。
⑪ 《海道经》，清嘉庆《借月山房汇抄》本，第4页。

入研究,有学者甚至怀疑金山寺是五华寺之误。其实在金山寺的史料中,有多条与郑和相关的线索。比如明张莱所撰《京口三山志》记载:

> 金山寺在山之西麓。……国朝永乐中,僧道澜重创廊阁,绘涌壁。洪熙改元,葺大悲殿。……藏经殿之后为观音殿(原注:永乐间内侍郑吉祥建①,洪熙初僧道澜重修)。
> 毗卢阁在大雄殿之后,永乐中僧道澜建。……千佛阁在大雄殿左,永乐中僧道澜建。②

康熙年间金山寺住持释行海所撰《金山龙游禅寺志略》,提供了更为重要的记载:

> 大悲殿:在半山之中,永乐年太监郑和浮海至大洋,空中现千手观音,得无风波之险。于是命工塑所见像,造殿于兹祀之。
> 回澜亭:在大藏经殿右,俱郑公重建,有记。③

行海还对道澜的生平进行了介绍:道澜字文海,苏州常熟人,原任浙江阿育王寺住持,后奉旨入职南京天界寺、承恩寺,宣德初担任金山寺住持。④ 另外,乾隆《金山志》中也有相关记载:

> 毗卢阁在大雄殿后,一名金鳌阁,明永乐间释道澜建成。
> 观音殿即大悲殿,在江天寺(笔者注:康熙年间金山寺改称江天寺)后半山。
> 回澜亭在大藏阁右,明太监郑和重建。⑤

综合上述各条可知,郑和与金山寺关系深厚。大约在永乐前期,他已为金山寺新建了大悲殿(观音殿)、重建了回澜亭。大悲殿的创建缘由与龙江天妃宫相同,皆是为了答报神人护佑之功。只是在郑和眼中,示现的神人不是天妃,而是千手观音。永乐后期至洪熙年间,在寺僧道澜的主持下,金山寺新建了毗卢阁、千佛阁,并且重修了大悲殿。道澜曾任职于南京天界寺,应与郑和早有往来。道澜建造毗卢阁的时间与郑和向该寺捐藏的时间吻

---

① 此处所谓内侍郑吉祥显然是指郑和,系将郑和的本名与福吉祥的法名混合而成。
② 张莱撰:《京口三山志》(卷一),南京图书馆藏明正德七年刻本。
③ 释行海撰:《金山龙游禅寺志略》(卷一),收入杜洁祥主编《中国佛寺史志汇刊》(第一辑),明文书局,1980年,第36、43页。
④ 同上书,第37—38页。
⑤ 卢见曾撰:《金山志》(卷一),收入杜洁祥主编《中国佛寺史志汇刊》(第一辑),明文书局,1980年,第94、97、107页。

合,不仅印证了题记记载的可靠性,而且表明永乐后期金山寺系列工程很可能也得到了郑和的支持。

在科技不发达的时代,面对海上的不测风险,航海者们往往从宗教信仰中获得巨大的勇气、信心与希望。郑和向位于航线上的寺院捐舍大藏,并且帮助部分寺院重建、扩建,目的就是给自己及其他信仰佛教的下西洋官军以继续前行的力量。更为重要的是,郑和对于其他宗教一视同仁,让所有同行者都能感受到鼓舞与慰藉。郑和能够成功地带领船队七下西洋,对各种信仰的尊重与扶持功不可没。

五、与郑和家族及本人直接相关的受捐寺院

此类寺院共有两所,一是云南五华寺,二是南京佛窟寺。它们与郑和家族及其本人葆有特殊关系,提供特定服务。

五华寺位于昆明北部的五华山,该山是昆明境内的最高峰。至正时期中庆路总管支渭兴所撰《重修五华寺记》记载:

> 至元十四年,忽哥赤云南王、平章赛典赤公及郁匹麻师谋为保国安民之计,于中庆城北隅高隅之上创建五华大殿,匾曰"五华寺"。……其殿制高美,而廊庑重檐叠拱异乎他构,真一方兰若之甲者也。又置田庄以给苾刍之饘粥,备人户以隶院宇之使。……省府宪司诸公、僚属祀香于兹,遐迩人民祷禳者亦时集焉。八九十年香火之盛,有隆无替。①

已有学者考证指出,忽哥赤死于至元八年(1271),创建五华寺他"未预其事",真正的主导者应是赛典赤。② 赛典赤全名为赛典赤·赡思丁,回回人,至元十一年(1274),出任云南行省平章政事,统管全省事务,在任期间政绩卓著,深受各族人民拥戴。至元十六年(1279),赛典赤死于任所,葬于昆明东北郊,元廷追封他为咸阳王。赛典赤的长子纳速剌丁、三子忽辛、五子马速忽,其后又先后出任云南行省高官。③ 其家族在云南开枝散叶,深耕发展。据李士厚先生的研究,云南回族中的纳、哈、马、撒、赛、忽、沙等姓,都是赛典

---

① 支渭兴撰:《重修五华寺记》,收入《新纂云南通志》(第五册),云南人民出版社,2007年,第292—293页。另外,明景泰《云南图经志书》卷八亦收此文,题为"悯忠寺记",见《续修四库全书》编纂委员会编:《续修四库全书》(六八一),上海古籍出版社,2002年,第133—134页。前者的史料来源是法国学者收录的原碑拓片,而后者虽然成书年代较早,但内容比前者删减约200字,本文据前者录。
② 《重修五华寺记》文后按语。
③ 宋濂撰:《元史》,中华书局,1976年,第3063—3070页。

赤的后裔。① 郑和本姓马,有明确的证据表明,他出自赛典赤家族,是"咸阳王六世孙"。②

五华寺是赛典赤亲创,该寺的田产、人户皆拜赛典赤所赐,而且其家族世守此土,在当地拥有强大势力,因此该寺很可能具有岁祀赛典赤的职能,与郑和家族长期保持特殊关系。郑和虽然于洪武十四年左右被掳掠北上,成为宦官,但是其母温氏、长兄马文铭,以及多位姐妹等直系亲属仍然生活在当地,旁系亲属无疑更多。郑和分别在永乐八年、十八年,即他四十、五十整寿之年,向五华寺捐舍大藏,延续家族与该寺的关联。

佛窟寺位于南京南郊的牛首山,创建于梁天监年间。明初寺名佛窟,正统以后改称弘觉寺。宣德七年至十年(1432—1435),佛窟寺由住持宗谦主持,进行过一次大规模建设:"募资金,拓故址,而广其缔构。……其毗卢之阁,大雄之殿,则尤极宏丽。莲跌猊座,像以妥灵。……前耸三门,翼之两庑,丈室、禅房、次第俱备。"③经过此轮大建,该寺跻身明代南京八大寺之一。

而据《非幻庵香火圣像记》记载,郑和与宗谦及其师非幻,自永乐时即交往密切。正是由于宗谦的关系,郑和与牛首山结下不解之缘:

> 至宣德改元,师(宗谦)主牛头,时灵监公(郑和)深契往谒,览兜率崖,辟支佛洞,愕然有感。乃伐木鸠材,复崇栋宇,像设起人之瞻敬。尝谓师曰:"吾因经番邦诸国,其往返叨安,感戴皇上佛天之呵护,出己缯,命工铸金铜像一十二躯、雕妆罗汉一十八位,并古铜炉瓶及钟声乐师、灯供具等,今安于宅,尚虑后之乏人崇侍。逮吾西洋回还,俱送小碧峰退居供奉,以为永远香火……"所以言者,有深旨哉,盖其遗嘱。有本户侯郑均曰义,有侄曰珩,皆目击耳闻哉。不期宣德庚戌,钦承上命前往西洋,至癸丑岁卒于古里国。……众同计议,不违先太监公曰前遗嘱之言,反将前项圣像、若炉瓶钟磬灯床,尽皆送付碧峰之退居供奉,以满太监公生前之愿。专祈冥福,追悼神魂,超跻净界,次冀福祉,荫庇生存。④

---

① 李士厚:《郑和的伟大贡献与其家世渊源》,载纪念伟大航海家郑和下西洋580周年筹备委员会、中国航海史研究会编《郑和下西洋论文集》(第一集),人民交通出版社,1985年,第360页。
② 该记载出于郑和十二世孙妇墓碑,彭嘉霖《马哈只郑和族系里居考》对此作过考证,此文收录于郑鹤声、郑一钧编:《郑和下西洋资料汇编》(增编本),海洋出版社,2005年,第7—8页。
③ 道遐撰:《牛首山佛窟寺兴造记略》,收入葛寅亮撰《金陵梵刹志》,南京出版社,2011年,第529页。
④ 《非幻庵香火圣像记》,刊附于北京图书馆藏明万历刻本罗懋登《三宝太监西游记通俗演义》正文之后。今引自郑鹤声、郑一钧编:《郑和下西洋资料汇编》(增编本),海洋出版社,2005年,第1147—1148页。

此记是有关郑和研究的重要文献。郑一均先生据此考证,宣德八年郑和卒于印度古里,得到学界公认。① 根据记文同样可以得知,宗谦入主牛首之后,郑和决意以此作为退隐及死后安身之所。郑和在山上"伐木鸠材,复崇栋宇",发生于宣德元年至五年之间,其时宗谦主持的佛窟寺工程尚未开始,郑和所建应是他本人的"小碧峰退居"。郑和明确嘱托宗谦和家人,此处是其"永远香火",即坟寺。营建坟寺是明代太监的一种风尚,刘若愚《酌中志》记称:"中官最信因果,好佛者众,其坟必僧寺也。"② 与郑和同列下西洋领导核心的王景弘、洪保、罗智等人,皆建有坟寺,郑和自然不会落于人后。③

郑和坟寺长期以来只知地处牛首,具体位置与名称无考。2014 年,郑和墓园文物保护管理所在南京征集到一块郑和家族后裔墓志,终于解开这一谜团。该碑立于光绪甲申十年(1884),碑额题为"咸阳世家",碑文虽部分漫漶,但总体可识。

> 安人讳大姑,德星陈公之长女,外祖锡萱郑公之元配室人也。麟按:公家本姓马,其先祖瞻思丁公佐有元德,封爵为咸阳王,墓在云南大理府南郊。……(太)监出使西洋印度诸国者,赐姓郑,守备南京,马府街即赐第处也。殁敕奠于牛首山西偏,……建广缘寺,以祀之礼也。……上元县邑庠生外孙丁赵麟末首拜撰并书,光绪甲申十年九月吉日奉祀子积仁、孙厚陶敬立。④

据此,郑和坟寺的正式名称应为"广缘寺"。《金陵梵刹志》对该寺有载,它位于佛窟寺之西二里处,主要建筑包括山门三楹、佛殿五楹,占地一亩六分,拥有寺产五十五亩六分。⑤ 广缘寺对于郑和的作用,正如《非幻庵香火圣像记》中所称,为他本人"专祈冥福,追悼神魂,超跻净界",同时为他的家族"次冀福祉,荫庇生存"。广缘寺依托佛窟寺而建,是该寺的九座下院之一。应是基于这一原因,宣德四年郑和发心向佛窟寺捐舍大藏;而宣德七年宗谦开建的佛窟寺工程,郑和无疑也是其中的重要施主。若非郑和意外卒于古里,他与佛窟寺的联系将更加紧密。

永乐五年首次捐藏时,郑和正值壮年;宣德五年捐舍第十藏时,他的人生已近终点。通过本文的梳理,可知捐舍十藏既是郑和信仰佛教的表现,又

---

① 郑一均:《郑和死于一四三三年》,《光明日报》1983 年 3 月 16 日"史学"副刊。
② 刘若愚著:《酌中志》,北京古籍出版社,1994 年,第 200 页。
③ 王景弘的坟寺依托崇因寺所建,地点位于南京安德门外,今凤凰村附近;洪保所立坟寺名为宁海寺,依托祖堂寺所建,位于牛首山南侧的祖堂山,与佛窟寺相距仅 1.1 千米;罗智所立坟寺名为静明寺,在牛首山东北部,为佛窟寺下院,与佛窟寺相距约 2.5 千米。可参阅祁海宁、龚巨平:《南京"王景弘地券"的发现与初步认识》,《东南文化》2014 年第 1 期。
④ 刘文庆:《大航海家郑和的坟寺:广缘寺之新发现》,《大众考古》2015 年第 6 期。
⑤ 葛寅亮撰:《金陵梵刹志》,南京出版社,2011 年,第 562 页。

是他巩固自身权力基础,鼓舞下西洋官兵,同时为自己与家族祈福的重要手段。捐舍十藏的行为贯穿了郑和的后半生,而与之同时,他完成了七下西洋的壮举。由此可见,"十藏九寺"就是郑和七下西洋的另外一面。透过这个视角,我们可以看到一个伟大历史人物的信仰、权谋和忧虑,看到一个更加鲜活、丰满的郑和。

[祁海宁,南京师范大学文博系教授,研究方向为秦汉至宋元明考古、郑和下西洋、南京历史文化等。]

郑和下西洋发生的海难问题初探

苏月秋

摘　要：明朝时期郑和七次下西洋，因其人数之多、航线之远、规模之大、影响之深，成为人类航海历史上的壮举。然而古今中外，航海是一件极具危险性的活动，多有海难事故发生。翻检关于郑和下西洋的官方正史、游记碑刻、小说杂剧等文献资料，发现不少有关郑和下西洋发生的海难记载。考察郑和下西洋发生的海难原因，主要与地理环境、飓风、战争及疾病有关。通过释读郑和下西洋发生的海难，我们可以了解古代海难救助的政策规定和成功案例、与海难有关的宗教信仰、海难预测的方法和效果等情况，丰富了人们对郑和下西洋的全景解析和认识。

关键词：明朝　郑和下西洋　海难

关于"海难"的解释，《辞海》定义为："船舶在航行过程中遭遇自然灾害或其他意外事故所造成的危难。"①具体而言，海难事故可分为船舶搁浅、触礁、碰撞、火灾、爆炸、失踪，以及船舶主机和设备损坏而无法自修以致船舶失控等许多种。② 以上关于"海难"的定义和阐释都基于现代的理解和范畴。值得注意的是，中国历史上虽然没有"海难"的概念，但是存在大量的海难事件。

作为15世纪人类历史上规模最宏大的航海活动，郑和下西洋时发生了不少海难事故，但是由于现存资料的局限，人们对于郑和下西洋时发生的海难事故认识不足。就笔者所及，学术界关于郑和下西洋时期的海难问题还未有系统研究。直接以"郑和下西洋海难"为关键词检索，查到一篇师里所写题为"郑和第七次出使西洋的一桩海难事故"的600余字的文章。③ 该研究关注的是发生在郑和第七次下西洋时期发生海难个案，但是由于资料的限制，作者对于这次海难发生的具体时间、地点、过程等因素并未作详细的研究。即便如此，作者还是推断出"如果我们详细披阅有关中外史料，尤其

---

① 辞海编辑委员会编：《辞海》（1989年版），上海辞书出版社，1990年，第1059页。
② 百度百科"海难"词条，https://baike.baidu.com/item/%E6%B5%B7%E9%9A%BE/52859?fr=aladdin。
③ 师里：《郑和第七次出使西洋的一桩海难事故》，《东北师大学报》1993年第2期。

是东西洋各国的史料,此类海难不止这一次"的结论。① 此外,在关于郑和下西洋专题研究、海洋环境史和海洋灾害史的研究著作中,已有不少成果涉及郑和下西洋时发生的海难,如陈晓珊著《长风破浪——郑和下西洋航海技术研究》第四章"下西洋航路上的航行风险与应对技术"、周运中著《郑和下西洋新考》第八章"郑和下西洋人物研究"、于运全著《海洋天灾:中国历史时期的海洋灾害与沿海社会经济》第四章"海洋自然灾害与海难"等研究中也有部分涉及郑和下西洋时发生的海难。② 本文借用现代"海难"这一概念,考察郑和下西洋时期遭遇的危险及困顿,通过列举郑和下西洋时期发生的海难事件,分析海难产生的原因,以及解读海难与宗教信仰、海难救助、海难预测等的关系,以期窥探郑和下西洋的细微之处。

一、郑和下西洋发生的海难举要

郑和下西洋时期发生的海难事件,零星保留在正史资料、方志、游记、碑刻、家谱中。通过爬疏整理,将涉及郑和下西洋时期发生的海难记载进行举要。

(一) 正史记载

永乐十六年四月丙辰,爪哇国西王杨维西沙遣使惟叔等奉表,献白鹦鹉及方物。先是卫卒王周镇等随诏使西洋,风漂其舟至班卒儿国,为番人所羁。爪哇村主珍班闻之,以金赎王周镇等还之王所,王付惟叔来归。上嘉之,命礼部宴赉惟叔等,而赐敕奖劳国王,并赐之金织文绮纱罗凡五十五匹,赐珍班文纺纱罗二十四匹。③

宣德六年,朝廷下西洋官军二十余人,乘船值风,飘到王国地方,亦被拘收。敕至,王即将原留暹罗人口方物,及下西洋官军,尽数放回。使彼此人民,各得遂其父母妻子完聚之愿,王亦长享安乐。否则天地鬼神,必有所不容者。王其省之,体朕至怀!④

以上两则《明实录》史料,分别记录了永乐十六年(1418)和宣德六年

---

① 师里:《郑和第七次出使西洋的一桩海难事故》,《东北师大学报》1993年第2期。
② 陈晓珊著:《长风破浪——郑和下西洋航海技术研究》,山东教育出版社,2020年,第123—184页;周运中著:《郑和下西洋新考》,中国社会科学出版社,2013年,第331—354页;于运全著:《海洋天灾:中国历史时期的海洋灾害与沿海社会经济》,江西高校出版社,2005年,第160—235页。
③ 《明太宗实录》(卷二百),收入《明实录》(第二册),"中研院"历史语言研究所,1984年,第2084页。
④ 《明英宗实录》(卷十七),收入《明实录》(第四册),"中研院"历史语言研究所,1984年,第342页。

(1431)郑和船员因为遭遇狂风大浪,漂到班卒儿国(今印度尼西亚苏门答腊岛西岸的巴鲁斯)等海外其他国家,船员被当地国家拘留。

(二)笔记小说记载

只见乌天黑地,浪滚涛翻,正西上一阵狂风刮地而到。正是:

来无踪影去无形,不辨渠从那处生。

费尽宝船多少力,颠南倒北乱蓬瀛。

这一阵风不至紧,把这些前后船只打开了不成队伍,连天师的船也不在帮,连国师的船也不在帮,只是两只中军船还在一帮。三宝老爷却就埋怨王尚书,说道:"王老仙儿,你只道是有个国师,今番你去寻个国师来也。"尚书道:"天有不测之风云,人有旦夕之祸福。怎怕得这许多哩!"两位元帅虽强在辩论,风却是狂,浪却又大,船却也有些不骼节处。三宝老爷道:"怎么处哩?"王尚书道:"付之天命而已!"老爷道:"与其付之天命,不如拜天恳求他一番。"尚书道:"这也说得有理。"二位元帅即时跪着,稽首顿首,说道:"信士弟子郑某、王某,供奉南膳部洲大明国朱皇帝钦差前往西洋,抚夷取宝,不料海洋之上风狂浪大,宝船将危,望乞天神俯垂护佑,回朝之日,永奉香灯。"祷告已毕,只见半空中划喇一声响,响声里吊下一个天神。天神手里拿着一笼红灯,明明白白听见那个天神喝道:"甚么人作风哩?"又喝声道:"甚么人作浪哩?"那天神却就有些妙处,喝声风,风就不见了风;喝声浪,浪就不见了浪。一会儿风平浪静,大小宝船渐渐的归帮。二位元帅又跪着说道:"多谢神力扶持,再生之恩,报答不尽。伏望天神一个名姓,待弟子等回朝之日,表奏朝廷,敕建祠宇,永受万年香火,以表弟子等区区之心。"只听得半空中那位尊神说道:"吾神天妃宫主是也。奉玉帝敕旨,永护大明国宝船。汝等日间瞻视太阳所行,夜来观看红灯所在,永无疏失,福国庇民。"刚道了几句话儿,却又不见了这个红灯。须臾之间,太阳朗照,大小宝船齐来拢帮。天师、国师重聚。二位元帅叩头伸谢而起。这一节可见的朱皇帝万岁爷是个真命天子,宝船所在,百神护呵。①

在《三宝太监西洋记通俗演义》第22回"天妃宫夜助天灯,张西塘先排阵势"中,描写郑和船队遭遇狂风巨浪,船队两位首领郑和、王景弘在船上跪倒祈祷天妃宫主庇佑下西洋船队能够平安渡过危难。

(三)碑刻记载

永乐元年,太宗文皇帝临御,蒙恩钦升指挥佥事,既而奉使西洋公

---

① 罗懋登著:《三宝太监西洋记通俗演义》,陆树仑、竺少华校点,上海古籍出版社,1985年,第283—284页。

干。番有不享,征之,斯杀有功。□□感疾,卒于海隅。①

据这方墓志铭记载,墓主人跟随郑和下西洋途中患病,在航行中去世。

二、郑和下西洋发生的海难原因

由于海洋具有未知性及变幻莫测的特点,所以海难发生的原因也很复杂。根据史料记载,郑和下西洋发生的海难原因可分为地理原因、飓风原因、战争原因及疾病原因。

(一)地理原因

郑和下西洋航海环境很是恶劣。根据《郑和航海图》的标识,郑和航线上有些区域是很危险的,尤其是几个重点区域。地理原因是郑和下西洋时海难发生的最主要原因。

跟随郑和下西洋的费信曾在《星槎胜览》中有航行船只因"针迷舵失"而发生事故的记载:"其山节然瀛海之中,与占城及东、西竺鼎峙相望。山高而方,根盘旷远,海之名曰昆仑洋。……俗云:'上怕七洲,下怕昆仑,针迷舵失,人船莫存。'"②该文献中的"昆仑"指越南南端以东的昆仑岛及其附近海域。李约瑟所著《中国科学技术史》从地理原因对《星槎胜览》中"针迷舵失"引发海难的记载作出解释:西沙群岛属于多礁区域,加之水文状况复杂,异常潮汐和潮流增加了海难风险的发生。③ 也有学者认为是地磁作用使指南针迷失了南北方向,无法导航而引起船只失事。④

除地磁原因之外,洋流也是引发郑和海难的又一主要地理原因。溜山国(或溜洋国,今马尔代夫),因洋流复杂危险而令人丧胆,素有"弱水三千"之称。马欢《瀛涯胜览》对溜山国八处洋流名称有详细记载:"各有其名:曰沙溜、人不知溜、起来溜、麻里奇溜、加半年溜、加加溜、安都里溜、官屿溜。此处皆有所至而通商船。再有小窄之溜,传云三千有余,所谓弱水三千,正此处也。"⑤《瀛涯胜览》中对航船在洋流湍急之处可能遇到危险情形有生动描写:"设遇风水不便,舟师失钉舵船过其溜,落泻水,渐无力而沉没。"因此

---

① 《故陈母淑人俞氏墓志铭》,转引自王志高《一方涉及郑和下西洋史料的珍贵明代墓志——明〈故陈母淑人俞氏墓志铭〉跋》,《郑和研究》2011年第2期。
② 费信:《星槎胜览校注》,冯承钧校注,中华书局,1954年,第8—9页。
③ 李约瑟著:《李约瑟中国科学技术史·物理学及相关技术·物理学》,科学出版社,2003年,第299页。
④ 谭其骧:《七洲洋考》,载《长水集续编》,人民出版社,1994年,第160页;刘义杰:《"去怕七洲,回怕昆仑"解》,《南海学刊》2016年第1期,第28—37页。
⑤ 马欢原著:《明钞本〈瀛涯胜览〉校注》,万明校注,海洋出版社,2005年,第71—73页。

马欢提示船行此处应"谨防此也"。① 费信的《星槎胜览》对溜山国洋流作了"若商船因风落溜,人船不得复矣"的描述②,深切地透露出避恐不及的情绪。为此,费信还专门写了一首诗:"溜山分且众,弱水即相通。米谷何曾种,巢居亦自同。盘针能指侣,商船虑狂风。结叶遮前后,裸形为始终。虽云瀛海外,难过石门中。"③由以上史料记载,我们可以解读出如下几点信息:第一,溜山国有八处比较险恶之地,分别是沙溜、人不知溜、起来溜、麻里奇溜、加半年溜、加加溜、安都里溜、官屿溜,每一处都暗藏着危险;第二,由于受到地球磁场的影响,船只经过此地,船上的铁钉便会吸住,很容易发生船毁人亡的事故。

郑和下西洋航行经过苏门答腊岛一处名为急水湾(今金刚石角以西)的地方,《西洋朝贡典录》卷中《苏门答剌国》记载:"(船队)又五更至巴剌之屿,又五更至急水之湾。"④元朝文献中把这一带水域称为急水湾,从名字上就可以看出此处航行的凶险。⑤ 这一带海多暗沙和礁石,水流湍急,极易发生海难。

此外,船队航行于大海中,船只会受到大型海洋生物(例如鲸鱼、鲨鱼)的撞击,成为海难发生的潜在威胁。元朝《马可波罗游记》中有类似记载:"一些吨位较大的船,舱壁的厚度多达十三层,都是厚板造成,用榫眼相互结合。其目的在于预防意外事故。忽然触礁或引起饥饿的水生动物的注意,它们希望获得食物,便勇猛地向行船的地点冲来,把船底某一部分撞击成洞。"⑥虽然在郑和航行记录中并未发现大型海洋生物把船只撞破的类似记载,但是并不能排除发生过类似情况。

(二)飓风原因

风帆时代,飓风对于航海安全有重要的影响。于运全认为:"飓风及其引发的巨浪是引起海难的最常见原因,它引发的海难即文献中所称的漂风难船。"⑦此类原因在郑和下西洋的海难中也最为常见。宣德六年,郑和下西洋船队二十多人因为遭遇飓风,"乘船值风",发生漂海事件,船队一行来到交栏山(今印度尼西亚格兰岛),被当地人收留。⑧

---

① 马欢原著:《明钞本〈瀛涯胜览〉校注》,万明校注,海洋出版社,2005年,第71—73页。
② 费信著:《星槎胜览校注》,冯承钧校注,中华书局,1954年,第22—23页。
③ 同上。
④ 黄省曾撰:《西洋朝贡典录》,谢方校注,中华书局,1982年,第64页。
⑤ 汪大渊原著:《岛夷志略》,苏继庼校释,中华书局,1981年,第231页。
⑥ 马可·波罗口述,鲁思梯谦笔录:《马可波罗游记》,陈开俊等译,福建科学技术出版社,1981年,第197页。
⑦ 于运全著:《海洋天灾:中国历史时期的海洋灾害与沿海社会经济》,江西高校出版社,2005年,第160页。
⑧ 《明英宗实录》(卷十七),收入《明实录》(第四册),"中研院"历史语言研究所,1984年,第342页。

《明英宗实录》还保留了一条史料,记载了明朝初年三百余人跟随太监洪保出使西洋,后来遇到风暴飘到了卜国(今缅甸南部勃固)。直到永乐十八年(1420)才有三人回到明廷,永乐帝给予赏赐。"至是十八年,惟旺等三人还。上赐之衣钞,令为僧于南京报恩寺。"①

(三)战争原因

郑和下西洋过程中,为了维持海外世界的秩序,发生不少战争,分别是爪哇东西王之役、旧港之役、锡兰山之役和苏门答腊之役。郑和下西洋时期发生了多次战争,每次战争都引起减员,成为引发海难的又一重要原因。

《明实录》记载,在永乐五年(1407)的爪哇东西王之役中,明朝军队被西王误杀170人。"时朝廷遣使往诸番国,经过东王所治,官军登岸市易,为西王所杀者一百七十人。"②又如在锡兰山之役中,杜子忠等四名锦衣卫被抓,后来乘坐苏门答腊朝贡使者的船安全回国。"锦衣军杜子忠等四人,永乐中从太监郑和使西洋,至锡兰山遇寇,四人被掠。"明宣宗深感不易,给予四人奖励,并允许回家看望亲人。"上曰:'四人以王事流难远夷,父母妻子莫知所存,情甚可悯。'其赐衣服钞布,俾还乡省亲,而后复役。"③

从元朝开始,倭寇就对我国沿海地区进行骚扰。明朝,倭患在浙江一带日益严重。永乐十五年(1417),郑和船队来到浙江金乡卫时就曾遭遇倭寇的入侵。当时双方人数悬殊,"官军在舡者才百六十余人,贼可四千"。郑和船队内官张谦领导军队英勇奋击,"鏖战二十余合,大败贼徒,杀死无算,亲众遁去",取得这场抗倭战役的胜利。④

(四)疾病原因

郑和下西洋每次船队人员数量均在两万七千左右,需要从全国各地招募人员。"郑和下西洋活动,其中的一些人来自今日的河北、山东等地,……同样来自内陆地区,此前没有参加过航海活动,但由于与新政权之间的关系密切,开始以军人身份参与国家航海业。"⑤这些人中有很多人在此之前并没有航海经历,不能适应长期的航海生活而出现一些反应,例如出现晕船、脱水等症状。虽然目前发现的文献中没有直接反映郑和下西洋人员出现晕船

---

① 《明英宗实录》(卷一百六十九),收入《明实录》(第四册),"中研院"历史语言研究所,1984年,第3260页。
② 《明太宗实录》(卷七十一),收入《明实录》(第二册),"中研院"历史语言研究所,1984年,第997页。
③ 《明宣宗实录》(卷十八),收入《明实录》(第三册),"中研院"历史语言研究所,1984年,第480页。
④ 《明太宗实录》(卷一百九十),收入《明实录》(第二册),"中研院"历史语言研究所,1984年,第2013页。
⑤ 陈晓珊著:《长风破浪——郑和下西洋航海技术研究》,山东教育出版社,2020年,第34页。

的记载,但在明朝夏子阳记录万历年间出使琉球的《使琉球录》中记载了人员晕船的场景:"黎明开洋,南风迅发,一望汪洋,渺渺连天;海波起伏,前激后拥,澎湃有声。封舟初在内港,安然若山;至此随波荡漾,飘如一叶,舟中人晕者、呕者、昏迷欲倒者纷如矣。"[1]从这些文献可以窥见古代航海人的不易。

除晕船外,郑和船队经过之处多为东南亚、南亚、阿拉伯地区,气候炎热,病毒肆虐,船队人员备受瘴气的折磨。例如,吉里地闷记载:"居重迦逻之东。满山茂林,皆檀香树,无别产。马头商聚十二所。有酋长,田肥谷盛。气候朝热暮寒。凡其商船染病,十死八九,盖其地甚瘴气。"[2]在这样的航海环境中,下西洋人员的身心健康受到很多危害,甚至可能被剥夺生命。

总之,郑和下西洋整个航程危险重重。车驾郎中刘大夏曾说:"三保下西洋费钱粮数十万,军民死且万计。纵得奇宝而回,于国家何益!"[3]当时下西洋的官兵对险象环生的海上之旅感到畏惧,想尽办法逃避征兵。这样的历史事实在陈贤墓志中也有反映:"会中官奉使,将航海通西域,选壮士江南,时行伍士率百方避。"[4]明人文集中对此也有论述:"先被命使西洋,万里涉海,以投异域,人皆难之,而君不恤也。"[5]此外,《故陈母淑人俞氏墓志铭》中更反映了西洋之行的险恶和悲壮:"□□感疾,卒于海隅。"[6]陈庆由于身患疾病,命丧大海。墓志又有"祖兮考兮,骸未安葬"之记载[7],海外病亡的陈庆遗骸可能永远漂流在大海之中,似乎并未随船队返回故里安埋。

三、郑和下西洋发生的海难释读

通过对郑和下西洋时期有关海难记载的解读,我们可以了解古代海难救助、与海洋有关的宗教信仰、海难预测等情况,丰富人们对郑和下西洋的全景解析。

(一)海难与海难救助

郑和下西洋发生海难时,如果受到幸运之神的眷顾,会及时得到救助。

---

[1] 夏子阳撰:《使琉球录》,收入黄润华、薛英编《国家图书馆藏琉球资料汇编》(上),北京图书馆出版,2000年,第423页。
[2] 费信著:《星槎胜览校注》,冯承钧校注,中华书局,1954年,第54页。
[3] 严从简著:《殊域周咨录》,余思黎点校,中华书局,1993年,第307页。
[4] 《明昭信校尉陈公安人董氏合葬墓志铭》,转引自邵磊、朱巍《浅析与郑和下西洋有关的两种武官墓志》,《南京晓庄学院学报》2014年第3期。
[5] 林登撰:《林登州集·书周君玉安恚轩记后》,收入《景印文渊阁四库全书》(第1227册),台湾商务印书馆,1986年,第195页。
[6] 《故陈母淑人俞氏墓志铭》,转引自王志高《一方涉及郑和下西洋史料的珍贵明代墓志——明〈故陈母淑人俞氏墓志铭〉跋》,《郑和研究》2011年第2期。
[7] 同上。

我们从海难救助的方式、对海难人员的赏赐、对家属的抚恤,可以就明朝对国家治理的行为和思想进行深入探讨。永乐十六年四月,爪哇国西王杨维西沙遣使惟叔等来明朝朝贡。跟随郑和下西洋的王周镇"风漂其舟至班卒儿国,为番人所羁。爪哇村主珍班闻之,以金赎王周镇等还之王所,王付惟叔来归"。① 皇帝给予救助过西洋官兵的爪哇以嘉奖,"命礼部宴赉惟叔等,而赐敕奖劳国王,并赐之金织文绮纱罗凡五十五匹,赐珍班文纺纱罗二十四匹"。② 这反映出皇帝不忘恩情的思想和品德。

当然,郑和船队发生海难时,也有船员借助工具获得自救。有文献就曾记载,乌金安下西洋时买了一个壶,后来发生海难,依靠这个壶幸免于难。"从中黄门三宝奴下西洋,望气知有风,购同人一壶,悬之,未几风发舟覆,以壶免。"③

(二) 海难与宗教信仰

天妃是我国四大海神之一,郑和航行前都要祭拜天妃,以祀平安。永乐年间,明朝在南京、太仓、长乐、湄洲等沿海沿江各处奉祀天妃庙宇,就是为郑和航海安全而建。例如,郑和第七次下西洋前夕,在福建长乐立碑,集中表达了对待天妃信仰的虔诚。碑文写道:"若长乐南山之行宫,余由舟师累驻于斯,伺风开洋,乃于永乐十年奏建,以为官军祈报之所。"④ 又据杨浚《湄洲屿志略》记载:"兹遣郑和等道涉江海,往返诸番,惟神有灵,默加佑助,俾风波无虞,人船利涉,浮达之际,咸赖永绥。特以牲醴祭告,神其飨诸。"⑤

郑和下西洋时遭遇风浪时祭拜天妃,留下很多向天妃祈祷并获得保护的故事。《敕封天后志》记载,永乐元年,郑和往暹罗国公干,来到广州大星洋,遇到风浪,于是赶忙祷告天妃保佑。"舟人请祷于神,和祝曰:'和奉使出使外邦,忽风涛危险。身固不足惜,恐无以报天子。且数百人之命,悬于呼吸,望神把救之。'"⑥郑和的虔诚果然灵验,"俄闻喧然鼓吹声,一阵香风,飘飘来,宛见神立于桅端,风恬浪静",船队躲过风浪得以顺利航行。⑦ 同样的情景在永乐七年(1409)也曾出现,"钦差太监郑和往西洋,水途适遇狂风,祷神求庇,遂得安全"。⑧

---

① 《明太宗实录》(卷二百),收入《明实录》(第二册),"中研院"历史语言研究所,1984年,第2084页。
② 同上。
③ 李维桢撰:《大泌山房集·王处士墓表》,收入《四库全书存目丛书·集部》(一五三),齐鲁书社,1996年,第283—285页。
④ 庄景辉:《长乐〈天妃灵应之记〉碑考》,《厦门大学学报》(哲学社会科学版)1988年第4期。
⑤ 郑鹤声、郑一钧编:《郑和下西洋资料汇编》(上册),齐鲁书社,1989年,第46页。
⑥ 同上书,第46页。
⑦ 同上。
⑧ 同上书,第47页。

跟随郑和下西洋的不少船员信仰伊斯兰教,在航行过程中遇到海难,便会求助自己的信仰祈求平安。《重修西安羊市大清净寺记》中有这样的生动记述:永乐十一年(1413),郑和到西安羊市大清净寺寻求懂阿拉伯语的掌教哈三一同前往西洋。西洋航海中遇到风浪,哈三祷告教宗马圣人保佑,风浪遂停。"及回航,海中风涛横作,几至危险,乃哈三吁天,恳恳默祷于教宗马圣人者。已而,风恬波寂,安妥得济,遂发宏誓重修所谓清净寺者。"①

(三)海难与海难预测

虽然航海环境瞬息万变,但是我国古代先民经过长期航海实践和探索活动,总结出一些预测海难的方法,例如观测天象、占卜、生物预测等,可以有效避免海难发生或者伤亡事故。

毋庸置疑,对于没有太多航海经验的人来说,遇到海上风涛,会很惊恐,显得手足无措。明朝内监柴山出使琉球时就曾遇到这样的情况:"天风一作,烟雾忽蒙,潮门澎湃,波涛之声振于宇宙,三军心骇,呼佛号天。"②为了安抚人心,需要有懂天象、会占卜的阴阳官、阴阳生同行。跟随郑和下西洋的马欢在他所写的《瀛涯胜览》中就曾记载:下西洋人员中有"阴阳官一员",专门掌天文、历法、气象、占卜,做好气象预报。③

卜筮是古代民间占问吉凶的方法,指用龟甲、蓍草等工具预测某些事项,是古代巫术的一种表现。古代航海中遇到的各种情况变化莫测,所以需要招纳懂占卜之术的人预测吉凶,更重要的是能够在危机来临的时刻安抚人心。据明代长洲县(今江苏苏州)人吴宽《匏翁家藏集》卷七十五收录的《封文林郎、广东道监察御史林公墓表》记载,墓主人林昌的父亲林贵和"通《易》,善卜筮之说,国朝永乐间,五从中贵人,泛西海,入诸夷邦,往返辄数年,竟无恙,考终于家"。④ 林贵和能够五次跟随郑和下西洋,必定与他擅长卜筮有关。

除了占卜预测海难之外,还能依靠生物预测,体现了古人航海的智慧和经验。清朝《海国闻见录》记载七洲洋中有种尾部带箭的海鸟,这种鸟"啄尖而红,脚短而绿,尾带一箭,长一尺许"。位于南海的七洲洋是海难的高发区,这则关于箭鸟的传说可以说是对航海者的预警。"船到洋中,飞而来,示与人为准,呼是则飞而去。间在疑似,再呼细看,决疑仍飞而来。献纸谢神,则翱翔不知所之。"相传王景弘下西洋时,呼来鸟插上箭,命它在大洋中做标

---

① 郑鹤声、郑一钧编:《郑和下西洋资料汇编》(上册),齐鲁书社,1989年,第173页。
② 郭汝霖、李际春编:《(重编)使琉球录》,收入殷梦霞、贾贵荣主编《国家图书馆藏琉球资料续编》(上),北京图书馆出版社,2002年,第166页。
③ 马欢原著:《明钞本〈瀛涯胜览〉校注》,万明校注,海洋出版社,2005年,第6页。
④ 吴宽撰:《匏翁家藏集》,收入《景印文渊阁四库全书》(第1255册),台湾商务印书馆,1986年,第744—748页。

记。"相传王三保下西洋,呼鸟插箭,命在洋中为记。"①据此记载,有箭鸟守护的航船,航路不会偏移。

四、结　　语

在笔者目前所搜集的相关史料中尚未发现郑和下西洋时发生过大规模的海难,究其原因应该主要有两点:一是资料记载的不完全或者资料遗失,导致很多海难事故记载的缺漏;二是与郑和下西洋本身准备充分、航海人员对航海环境熟悉、精湛的航海技术有着密切关系。郑和下西洋是在我国封建社会强盛时期举全国之力举行的航海活动,不论是船只、人员、配置、组织、医疗、技术都是其他航海活动不能与之相比较的。可以说郑和下西洋时期的航海,代表了木帆船时代中国航海技术的超高水平。通过考察郑和下西洋时期的海难问题,我们可以从海难发生的环境、海难与宗教信仰的关系、海难救助经验等方面丰富和拓展对郑和下西洋问题的认识和思考。

［苏月秋,上海海事大学马克思主义学院海洋文化研究所讲师,主要从事航海历史与文化研究。］

---

① 陈伦炯撰:《海国闻见录》,台湾学生书局,1984年,第121页。

中国古代航海实践与航海书写的互动和背离
——以萧崇业、谢杰琉球书写为中心*

倪浓水

摘　要： 古代中国有丰富的航海实践，催生了众多的航海书写作品。两者之间，既有相互促进的正面"互动"，也有名曰航海书写却缺少航海本身有关（诸如水文、技术、抗击风暴经过等）内容，以致造成名曰航海却不见航海的错位"背离"。究其原因，与古代中国航海审美的观念有关。它既是与西方航海文学的差异所在，也是中国独特海洋审美品质的显示。

关键词： 航海实践　航海书写　互动　背离

海洋书写是航海实践活动的文学性反映。海洋书写与海洋实践活动之间存在着紧密的内在关系。唐宋元的国际贸易航海活动、明代的郑和下西洋、元明的海洋漕运、历代历朝的海洋地区邦交活动和自宋代开始的海防活动等航海实践，都有力促进和催生了大量的海洋书写。如果仔细考察海洋书写对于海洋实践活动的文学反映，可以看出两者之间存在着"互动"和"背离"两种情形。这是很有意思的一种航海文化现象。本文以明万历年间萧崇业出使琉球的航海实践和相应的文学书写为例，对此作粗浅的分析。

一

所谓"互动"是指航海实践催生了文学书写，文学书写则又从相当方面推进了航海实践的进一步发展。没有航海活动就没有航海书写，而航海活动者又通过阅读航海书写作品，进一步熟悉了航道、海图、目的地等航海信息，使下次的航海能有更充分的准备。一些从来没有航海经历的人，或许也会通过航海书写作品的阅读，激发起纵横大海的豪情。

---

* 本文为国家社会科学基金重大项目"中国古代海洋珍稀文献抢救性整理研究与数据库建设"（项目编号：21&ZD233）阶段性成果之一。

五代时期北部湾航海活跃,于是就有孙光宪《北梦琐言》中有关"高骈开海路"航道开辟的叙事文本生成。唐代海洋贸易繁荣,所以有柳宗元《招海贾文》产生。宋代国际海洋活动更加频繁,周去非《岭外代答》等应运而生。如果没有宋朝政府与朝鲜半岛的邦交活动,也就不会有徐兢《宣和奉使高丽图经》一书的诞生。元代海洋漕运与宋无《鲸背吟集》、明代郑和下西洋与马欢《瀛涯胜览》等"西洋三书"等,都存在着对应关系。这些作品都是那个时代海洋活动的多方面反映,而这些作品问世后,又在不同程度上促进了相关海洋活动的进一步发展。

其中明代萧崇业、谢杰因出使琉球册封而产生了一系列航海书写文本,两者之间所显示出来的这种"互动"关系,就非常典型。

萧崇业(?—1588),字允修,号乾养,云南临安卫(今云南建水)人。隆庆五年(1571)进士,官至右佥都御史,提督操江。

谢杰(1535—1604),福建长乐人。万历甲戌(1574)进士,官至户部尚书,总督仓场。

明万历四年(1576)夏,琉球中山王驾崩,其子尚永继位,但需要宗主国明朝政府的正式册封。万历帝下诏,由时任户科给事中的萧崇业任册封琉球王国正使,时任行人谢杰为副使,出使琉球,代表朝廷举行册封大典。在经过两年多精心准备后,万历七年(1579)五月二十二日,使团船队于福建梅花所(今福建长乐东北海边)出发。历经近半个月的海上航行,船团于六月五日抵达琉球。同年十月回到福建。

这次渡海出使共产生了四篇(部)航海文献。一是萧崇业和谢杰共同编著完成的《使琉球录》二卷;二是萧崇业创作的民歌式作品《见山谣》;三是他们还各自写了一篇海赋作品,即萧崇业《航海赋》、谢杰《海月赋》。

《使琉球录》主要用于向朝廷报告出使经过和收获等,属于"公务汇报"。全书由"卷首""卷上"和"卷下"三部分组成。"卷首"包括《琉球过海图》《自序》《诏敕》《谕祭文》《谕祭祈海神文》和《谕祭报海神文》,其中《琉球过海图》价值巨大,因为萧崇业等人在这份海图上再次明确标注了钓鱼岛的位置。明嘉靖年间陈侃《使琉球录》第一次明确记载了"钓鱼屿"岛名,但没有说清具体位置。《琉球过海图》补上了这一笔。"卷上"包括《请留诏敕》《使事纪》《礼仪》《造舟》《用人》《敬神》六篇。"卷下"包括《群书质疑》《题奏》《艺文》,后面还附有《夷语》《夷字》《皇华唱和诗》。"皇华"指奉命出使,《皇华唱和诗》收录萧崇业与谢杰因出使琉球而产生的几十首唱和诗。这些都是非常珍贵的历史文献资料。

《使琉球录·艺文》部分,收录了萧崇业创作的《见山谣》。这首长诗记载和描述了他琉球行中所见到的各个岛屿,文中的"山"即指"岛"。

水国迢迢几万里,天涯浩浩无穷已。封舟一去森何之?更忆岛中山可指。少女倏忽反东风,四方易位晦朦胧。舵工迷路随波逐,海客无谋任转篷。平嘉岭已逾,鸡笼屿安在?花瓶隐不浮,钓鱼沉翠黛。洪涛白浪如梦中,长年三老虚相待。武夷盘九曲,八闽峰钩连。铁障与鳌顶,巉岩不可攀。青山盈睫不用一钱买,沧海之山何太艰!魂飞思山处,目断望山时。精卫费木石,安得愚公移!舟人日日频指点,谓云是山还复疑。蓦看波前鸭头绿,邈然太仓一粒粟。须臾突起喜欲狂,譬若迁乔出空谷。有山海可渡,见山舟可行。开醑使君饮,操觚使君吟。如此风波俱度外,只有苍苍解我心!①

其中"钓鱼沉翠黛"中的"钓鱼",指的就是钓鱼岛。

不仅如此,在完成《使琉球录》和《见山谣》后,萧崇业又创作了杰出的海赋作品《航海赋》,以赋文的形式和强烈的情感,记载和描述了他的琉球之行。或许是受此影响和刺激,他的副手谢杰也创作了一篇《海月赋》。他另辟蹊径,略写出使过程和航海本身,而是大量使用排比想象,极力描写海上明月之美,成为经典的海洋抒情之作。

二

明万历七年的琉球之行,催生了萧崇业和谢杰诸多海洋书写和抒情作品,一唱三叹,充分证明了航海实践与海洋书写之间的互动关系。但是如果仔细分析和考察萧崇业、谢杰的航海经历与他们的海洋书写之间的关系,可以发现另外一种现象,那就是两者之间的"背离"。这主要体现为他们的书写对于航海活动本身的忽视。他们的海洋书写,或者重在反映和描述出发前的准备和抵达目的地后的遭遇和场景,或者重点表达对于大海、海月的审美和抒情;而对于如何航行、航行中碰到什么技术性问题、航海者如何解决航海难题等"航海技术话语",却几乎没有任何涉及。

如果深入研究,可知这种"背离"情形并不是萧崇业、谢杰航海书写的个别现象,而是在中国古代海洋书写中比比皆是的"通病"。早在五代十国时期,孙光宪所撰《北梦琐言》中的《张建章泛海遇仙》一文,就有这样的处理。

> 张建章为幽州行军司马,后历郡守,尤好经史,聚书至万卷,所居有书楼,但以披阅清净为事,经涉之地,无不理焉。曾赍府戎命往渤海,遇风涛,乃泊其船。忽有青衣泛一叶舟而至,谓建章曰:"奉大仙命请大夫。"建章乃应之,至一大岛,见楼台岿然,中有女仙处之,侍翼甚盛,器

---

① 转引自罗时进:《明清钓鱼岛诗歌及其相关文献考述》,《文学遗产》2014年第1期。

食皆建章故乡之常味也。①

所有精彩故事都在张建章上岛后展开,而航海本身,却只有"往渤海,遇风涛"六个字。

萧崇业的《航海赋》以"航海"为题,按照一般的理解,"航海"过程和航海中的各种遭遇,本应是作品的核心内容,但其实不然。

《航海赋》全文结构上可分为四层:第一层记述造船等出海前的准备;第二层描述航海途中情形;第三层记叙抵达目的地后受到隆重欢迎的场景;第四层是尾声,写回国后向朝廷的报告和建议。从内容上可以看出,《航海赋》书写航海本身极少——造船等出海前的准备是在港口陆地上进行,抵达目的地后受到隆重欢迎和回国向朝廷报告也是在陆地。只有第二部分描述航海途中的内容,然而却是这样寥寥几句:

> 尔乃顺飚鼓帆,凌波骤舳。不行而周不至,不疾而靡不速。飏然若翔云绝岭之翼,倏乎如驰隙遗风之足。陋登仙以矜荣,拟乘槎而仿佛,此非海外之壮游、人世之奇瞩也耶。若乃阳侯磅磕以跳沫,天吴激礴而鼓涛。②

如果撇去一些形容夸张性描述和个人感受,真正与航海有关的,只有八个字:"顺飚鼓帆,凌波骤舳。"意思是海风很大,船速很快。这是缺少个性化的套语,可以用在任何一次航海行动中。

谢杰《海月赋》与航海本身更有距离,只有一句看起来似乎与航海有关:"帝嘉声教之被讫,鉴孤逗之款诚。爰命二臣以于迈,泛艅艎而东征。"③但其实是在交代他们为什么要渡海去琉球。

可能或许有人会认为:萧崇业的《见山谣》,不是有清晰的航线图吗?它记载和描述船队一路南下经过的岛屿,不就是航海内容吗?

我们认为,《见山谣》的确有清晰的航线轨迹,但是它类似于游记作品中的"游踪"记叙,而非"航海"叙事。我们这里所说的"航海",是一种"海洋技术"性范畴,指的是航行路上发生了什么、见到了什么、困难是如何克服的、意外是如何处理的,譬如何依靠船的设备和海图航行、如果遭遇风暴当如何应对、遭遇海上纠纷当如何处理、船上有人生病如何医治、淡水粮米断绝如何生存,乃至漫长的航线产生的心理变化如何化解等等。凡是这些,不要说萧崇业、谢杰的"琉球行书写"没有任何涉及,在整个古代航海文献和海洋书写中都是一种缺失。

---

① 孙光宪撰:《北梦琐言》,中华书局,1960年,第112页。
② 萧崇业著:《航海赋》,收入陈元龙辑《历代赋汇》,清文渊阁四库全书本,第2766页。
③ 谢杰著:《海月赋》,收入陈元龙辑《历代赋汇》,清文渊阁四库全书本,第397页。

三

那么为什么古代中国有非常丰富的航海实践,却基本上没有生动扎实的"航海书写"?

我们认为,这并不是由于缺少航海技术等"物"的原因。因为从技术上论,宋代的航海技术已经相当成熟。孙光圻《宋代航海技术综论》对此有相当深入的梳理研究。他的研究所得告诉我们:"中国古代的航海史,到宋代已经从'原始航海'时期进入'定量航海'时期,比西方领先了2—3世纪。"①

正因为宋代的航海技术已经相当发达,所以宋代徐兢《宣和奉使高丽图经》已经有一些包含"技术含量"的内容,其"海道""神舟""客舟"所详记海路和航船,还有"海驴礁"等岛礁和"白水洋""黄水洋"等海域水文资讯,都可以证明这一点。另外宋代朱彧《萍洲可谈》一书中,也有一些富有技术性内容的记载,如《舶船航海法》一文里就有"船忽发漏,既不可入治,令鬼奴持刀絮自外补之,鬼奴善游,入水不瞑。舟师识地理,夜则观星,昼则观日,阴晦观指南针,或以十丈绳钩,取海底泥嗅之,便知所至"的记载和描述②,非常具有航海技术的内涵。

然而纵观古代航海书写,这种具有"技术含量"的作品,实在寥寥,司空见惯的是对航海本身一笔带过的"回避"式跳跃处理。

或许有人会认为,这与一些作者本人没有深入海洋、亲身经历航海实践不无关系。我们不否认许多海洋书写的作者的确没有航海的经历,无法体验航海技术,但是对于萧崇业、谢杰这样的书写者,这种情况是不存在的。

我们认为,之所以会出现航海文学对于航海实践活动的"背离"现象,是由航海观念所致。

大量的航海性海洋书写文本表明,在古人看来,或许航海只是一个过程,并非行为目的。航海的目的需要抵达目的地后才会呈现。萧崇业、谢杰的琉球行,目的是册封琉球新主,而册封是必须抵达琉球王宫后才能举行的。这与西方海洋文学所表达的航海观,形成了显著的差异。

西方航海书写的核心内容就是人在船上,船在海中航行,人战胜航海中的一切困难。人、船和海洋环境,构成了西方航海书写的三大要素。在西方航海书写者看来,海洋航行和探险,仅仅有勇气是不够的,还需要大量的技术和智慧,包括造船技术、航海技术及解决航行途中困难的智慧。也就是说,海洋航行和探险需要"智力"。美国海洋文化学者玛格丽特·科恩称之为"实践智慧"。她还认为,不但是荷马的奥德修斯航海经历显示了这种"实

---

① 孙光圻:《宋代航海技术综论》,《中国航海》1984年第2期。
② 朱彧著:《萍洲可谈》,收入《宋元笔记小说大观》,上海古籍出版社,2001年,第2309页。

践智慧",继承奥德修斯传统的后人们也是如此。她举出的第一个例子就是笛福的《鲁滨逊漂流记》。还有笛福的另外一部作品《辛格顿船长》和阿兰·勒内·勒萨日的《罗伯特·谢瓦利埃历险记》、詹姆斯·费尼姆·库柏的《领航者》及法国作家普雷沃神父的《雷德船长历险记》等作品,它们无不都是这种海洋"实践智慧"的书写文本。她指出:"如果说奥德修斯是在神话世界中运用自己的实践智慧,那么他的后继者们就是在'被上帝抛弃'的人世间,凭借自己的实践技能,一次次地死里逃生。"①

具体来说,这种"实践智慧"即是"航海技能"。玛格丽特·科恩总结归纳了奥德修斯航海实践中所体现出来的行事谨慎、操作规范、坚持、果断、随机应变和集体主义等等"航海技术智慧"。可以说,一部优秀的航海小说,几乎可以视作一部航海的百科全书。玛格丽特·科恩将之称为"海洋小说的诗学体系"。她在这方面的研究非常深入,并且挖掘出了它的现代意义。"海洋小说极力展现海上冒险的实践技能,同时也探寻某方面的现代意识,这种现代意识与超验的无家可归的抽离状态一起构成了海洋小说。……海洋小说专家会被书中的细节吸引,而从海洋这一新的角度来审视小说,则会吸引更多的读者。这一研究领域越来越引人注意,而科恩对海洋作品的重新审视,则在这一领域占有重要的一席之地。"②

玛格丽特·科恩的观点并不是孤立的,它在遥远的英格兰得到了热烈的响应。英国海洋文化专家约翰·迈克说,他撰写《海洋——一部文化史》的主要任务之一便是考察"航海生活意味着什么""海上世界是如何构建的",所以此书的核心章节中就有"航海及行为艺术"和"轮船即社会"两章。更有意思的是,约翰·迈克在展开论述的时候,所引用的有些资料,本身就是海洋小说。譬如在"航海及行为艺术"一章的开头,他就引用了维克多·雨果《海上劳工》中的话:"大海与海风共同构成了一个复合有机体。大海的力量是无穷的,船的力量是有限的。这两个有机体,一个用之不竭,另一个足智多谋,而它们之间的斗争,叫作航海。"约翰·迈克引用雨果《海上劳工》当作自己海洋文化的研究资料并不是出于偶然。在他看来,许多航海日志之类的文献其实都是文学作品,甚至有些文献本身就是用诗歌体的韵文写就的。也就是说,在约翰·迈克看来,一部海洋文化史,在很大程度上也就是一部海洋文学史,因为它们所反映和描述的核心内容都与航海技术也就是"航海智慧"有关。

---

① 转引自玛格丽特·科恩著:《小说与海洋》,陈橙、杨春燕、倪敏译,上海译文出版社,2018年,第3页。
② 陈橙:《西方海洋小说史的新构建——评〈小说与海洋〉》,载陈橙、齐珮主编《海洋文化经典译介》,中央编译出版社,2016年,第167页。

四

黑格尔曾经说过:"航海是较高级别的商业浪漫活动。现实的世界又重新展现在人们面前,成为值得精神萦注的对象;思维的精神又可以有所作为了。"①这是针对15世纪以后世界航海史上伟大的"大航海时代"而言的。而那个时代正是郑和下西洋的时期。这说明郑和下西洋的航海实践,与世界航海时代的潮流是完全合拍的。以郑和下西洋为背景的《三宝太监西洋记》,本来应该是最有可能产生航海智慧叙写的中国海洋小说,却成了一部海洋神魔小说。至于马欢《瀛涯胜览》等"西洋三书",对于具体的航海经过内容,也基本阙如,记载的重点是靠岸上岛后的活动。也就是说,西方的航海小说重点是航海过程的书写,而中国古代的航海书写重点则是目的地书写。

我们认为,两者之间只有差异,并没有高下之分。中国古代的海洋书写,虽然缺乏"航海技术智慧"内容的书写,但是却充满了"海洋想象力"等审美性追求。如果说"航海技术智慧"类书写具有一定的航海实用价值的话,那么中国重"海洋想象"和"海洋审美"的航海书写则更具有审美品质。所以两者之间存有差异,却并没有高下之别。

[倪浓水,浙江海洋大学教授,研究方向为海洋人文、海洋文学等。]

---

① 转引自玛格丽特·科恩著:《小说与海洋》,陈橙、杨春燕、倪敏译,上海译文出版社,2018年,第105页。

海岛地方文献与海洋石刻史料互证
——以明天启六年《副帅何公生祠碑记》及明天启七年《副总戎去思碑》为例*

吴博文

摘　要：明天启六年《副帅何公生祠碑记》及明天启七年《副总戎去思碑》等"海洋军事与政治类石刻史料"，以及清康熙《定海县志》、雍正《南海普陀山志》等海岛地方志，是研究舟山群岛历史的重要史料。通过两类材料的比勘、对读，可以解决一些纠葛的问题。其一，通过辨析清康熙《定海县志》"何汝宾"条的史料来源，可发现康熙《定海县志》"何汝宾"条大量内容源于《副总戎去思碑》。其二，对比雍正十三年《南海普陀山志》与《杜曲集》中的《副总戎去思碑》文本，可知《南海普陀山志》中记录的碑文误字较多；而通过原碑尚存的薛三省《副帅何公生祠碑记》，又可发现雍正十三年《南海普陀山志》记录的碑文中的许多误字，原碑实际不误。雍正《山志》记录的"何汝宾"相关碑文误字较多的原因，与此二碑的重新发现以及雍正《山志》的增修有关。其三，虽然生祠碑记往往被视为一种格套化的谀词，但明末《副帅何公生祠碑记》《副总戎去思碑》等生祠碑中仍可以看到不少实有所指的内容。

关键词：海洋石刻　《南海普陀山志》　何汝宾　生祠碑

一、前　　言

中国海洋石刻史料是中国海洋历史文献的重要组成部分，其中有一类被学者称为"海洋军事与政治类石刻史料"者①，尤其受到学界关注。

然而，这些碑刻的保存情况不一。有的原碑尚存，但地方志著录的碑文有误，当据原碑校正，如明天启六年（1626）薛三省撰《副帅何公生祠碑记》即是此类；有的原碑已经亡佚，地方志中记录的碑文又有缺漏与谬误，使这些

---

* 本文为2019年国家社会科学基金青年项目"浙江海洋文化类碑刻文献的整理研究"（项目编号：19CZS009）阶段性成果。

① 程继红、庄欣：《中国海洋石刻史料：空间分布、叙事谱系与价值建构》，《浙江海洋大学学报》（人文科学版）2020年第6期。

碑刻的价值无法显现,但碑文作者文集中收录了此文,可据此校补地方志中的碑文,明天启七年(1627)戴澳撰《副总戎去思碑》就是一例。此外,这两篇碑文内容彼此关联,可借以解决一些牵连的问题。

二、清康熙《定海县志》"何汝宾"条来源探析

康熙《定海县志》(以下简称"康熙《志》")是清代舟山展复以来的第一部官修地方志,《中国地方志总目提要》评价此书"颇重山川形胜","记述条例清晰"①,其中的不少内容被后代的各类地方志如雍正《浙江通志》、光绪《定海厅志》(以下简称"光绪《志》")等采用。但正如光绪《志》所言:"其书大略以何氏《舟山志》为蓝本,参以宝庆、大德、延祐、嘉靖诸志,但不著明所引原书,以致后人无从考校,读者憾焉。"②该书不著明所引文献的原始出处,这一点颇为可惜。也正是因此,书中的讹误很难纠正,这些讹误也往往会被后代的相关方志所继承。比如康熙《志》卷五有"何汝宾"条,其文如下:

> 何汝宾,字寅之,号仲升。直隶苏州卫世袭指挥。为广陵守备,有能名,擢山东济宁游击。天启二年,调昌国参将。先,昌国营伍,(粮多隐占,兵苦陋规,谒有赘。)汛有情,解称有例,薪烛竹木、蛙鱼獐鹿有供。莅任之始,一切洗革,故士伍感恩而用命。每遇巡哨,辄收臂指之效,扑洪宇于石浦,覆林洪于近洋,毙林淑舟,踣张一老,并尽恭化余党,所至无不奏捷。而平居又喜文翰,有轻裘缓带风,尝著《舟山志》,有草本,惜未付梓。后迁广东都督佥事,以去。兵民立祠梅岑山。镇海薛宗伯三省、奉川戴司勋澳皆有文纪石。③

雍正《浙江通志》、光绪《志》(二书明言此条出自康熙《志》)、民国《吴县志》、民国《定海县志》等关于何汝宾生平的记述④,内容大都与此条相似。与明天

---

① 金恩辉、胡述兆主编:《中国地方志总目提要》,汉美图书有限公司,1996年,第11—101页。
② 史致驯、黄以周等编纂:《定海厅志》,柳和勇、詹亚园校点,上海古籍出版社,2011年,第846页。
③ 缪燧修,陈璂等纂:《定海县志》(卷五),清康熙五十四年刻本,收入天一阁博物馆编《天一阁藏历代方志汇刊》(第479册),国家图书馆出版社,2017年,第198—201页。括号中的语句,参见周圣化原修,缪燧重修:《康熙定海县志》(点校本),凌金祚点校注释,舟山市档案局,2006年,第185—186页。
④ 嵇曾筠等纂修:《敕修浙江通志》(卷一五二),清乾隆元年刻本,第21页;史致驯、黄以周等编纂:《定海厅志》,柳和勇、詹亚园校点,上海古籍出版社,2011年,第134页;曹允源、李根源纂:《民国吴县志》(二),江苏古籍出版社,1991年,第99页;陈训正、马瀛等纂:《定海县志》(册四丁),民国十三年铅印本,第446—447页。

启《舟山志》(即上文所说的"何氏《舟山志》")"何汝宾"条对比可知,上引康熙《志》中画线部分之前的内容基本是沿袭了天启《舟山志》的记载①,和《明实录》中的相关记录也基本一致②。不过,其余部分则并非出自天启《舟山志》。其中画线部分来源于戴澳《副总戎去思碑》。

"副总戎去思碑"原碑已佚③,但清雍正十三年(1735)刊朱谨、陈璿《南海普陀山志》(以下简称"雍正《山志》")记录了此碑文。兹将相关内容录于下:

> 异士隐占什之二,科扣什之一,谒有赟,汛有情,解称有例,薪烛竹木、蛙鱼獐鹿有供,诸种种催索,率又没什之三。公一切洗革,毫发不得……日惟严简汰、精选补、通精神、肃法令,策无不集,事无不□,□无不愿效,士无不乐死……尝踏张一老,掩□众;覆林洪近洋,蹙林淑舟泞,歼之;□□□,□□恭化,余党无一人得逸;扑洪宇石浦,尽馘以徇。④

此外,戴澳《杜曲集》收录了此文。亦将相关部分录于下:

> 异时隐占什之二,科扣什之一,谒有赟,汛有程,解验有例,薪烛竹木、蛙鱼獐鹿有供,诸种种指索,率又没什之三。公一切洗革,毫发不得……日惟严简汰、精选补、通精神、肃法令,策无不集,事无不举,将无不愿效,士无不乐死……尝踏张一老,掩其众;覆林洪近洋,蹙林淑舟泞,歼之;蹳黄汉,撼王恭化,余党无一人得逸;扑洪宇石浦,尽馘以徇。⑤

对比可知,康熙《志》"何汝宾"条的相关内容,与雍正《山志》所录碑文内容一致,与戴澳《杜曲集》的记载并不相同。比如康熙《志》与雍正《山志》作"汛有情",《杜曲集》则作"汛有程";康熙《志》与雍正《山志》作"解称有例",《杜曲集》则作"解验有例"。而最明显的地方莫过于康熙《志》"扑洪宇于石浦,覆林洪于近洋,蹙林淑舟,踏张一老,并尽恭化余党"一句,"副总戎去思碑"碑文缺少了"蹳黄汉,撼王"五字,导致"恭化余党无一人得逸"语意

---

① 何汝宾辑:《舟山志》(卷三),明天启六年何氏刊本,收入《中国方志丛书》(华中地方第499号),成文出版社,1983年,第200页。
② 参看《明熹宗实录》(卷十八、卷四十二、卷六十九),收入《明实录》(第一四册),"中研院"历史语言研究所,1984年。
③ 普陀山风景名胜区管理委员会、普陀山佛教协会编:《普陀山大辞典》,黄山书社,2015年,第411—412页。
④ 裘琏撰,朱谨、陈璿等辑:《南海普陀山志十五卷》(卷十一),清雍正十三年刻本,第52—53页。
⑤ 戴澳撰:《杜曲集》(卷十一),收入《四库禁毁书丛刊》编纂委员会编《四库禁毁书丛刊集部》(第71册),北京出版社,2000年,第368页。

不甚明了,康熙《志》遂将其改作"并尽恭化余党"。由此可证,康熙《志》"何汝宾"条画线部分内容就是源自"副总戎去思碑",且和雍正《山志》所载碑文内容一致。

此外,对比《杜曲集》和雍正《山志》碑文的其余内容,可发现雍正《山志》碑文的误字很多,比如《杜曲集》"堵截有隘"之"堵",雍正《山志》作"暑";《杜曲集》"海上情形其所稔悉"之"稔",雍正《山志》作"称";《杜曲集》"士不果腹则伍不实"一句,雍正《山志》作"士不果复则五不实";《杜曲集》"异时隐占什之二"之"时",雍正《山志》作"士";等等。① 由于现在原碑已佚,不知是原碑即是如此,还是雍正《山志》编纂者的释读问题。所幸同样立于普陀山的"明天启何公生祠碑"尚存,而雍正《山志》同样记载了此篇碑文,比较这两者,或许对于我们回答上述问题有所帮助。

三、以明天启六年薛三省撰《副帅何公生祠碑记》校正雍正《山志》之记载

明天启何公生祠碑,高 2.4 米,宽 0.88 米,厚 0.16 米,原筑于法喜斋山门内墙中,2012 年 8 月由普陀山管委会移至正趣亭。② 碑文为薛三省于明天启六年所撰。近年来,战国辉《海山勒石——浙江舟山石刻题记研究》、任记国《舟山群岛古海防遗址调查与研究》、叶其跃《普陀山碑刻辑要》等都依据原碑进行了考释。③

康熙《志》、光绪《志》、雍正《山志》、民国《普陀洛迦新志》(以下简称"民国《山志》")等舟山地方志均记载了此篇碑文。④ 而在上述地方志中,雍正《山志》比较特殊,它是唯一同时记载了明天启六年薛三省撰《副帅何公生祠碑记》与明天启七年戴澳撰《副总戎去思碑》的山志。

薛三省《副帅何公生祠碑记》原碑尚存,我们将它和雍正《山志》所载碑

---

① 参看裘琏撰,朱谨、陈璲等辑:《南海普陀山志十五卷》(卷十一),清雍正十三年刻本,第 52—54 页;戴澳撰:《杜曲集》(卷十一),收入《四库禁毁书丛刊》编纂委员会编《四库禁毁书丛刊集部》(第 71 册),北京出版社,2000 年,第 368—369 页。
② 普陀山风景名胜区管理委员会、普陀山佛教协会编:《普陀山大辞典》,黄山书社,2015 年,第 382—383 页。
③ 战国辉著:《海山勒石——浙江舟山石刻题记研究》,燕山大学出版社,2019 年,第 88—95 页;任记国著:《舟山群岛古海防遗址调查与研究》,团结出版社,2019 年,第 50—54 页;叶其跃主编:《普陀山碑刻辑要》,团结出版社,2019 年,第 3—4 页。
④ 缪燧修,陈瑄等纂:《定海县志》(卷七),清康熙五十四年刻本,收入天一阁博物馆编《天一阁藏历代方志汇刊》(第 479 册),国家图书馆出版社,2017 年,第 448—456 页;史致驯、黄以周等编纂:《定海厅志》,柳和勇、詹亚园校点,上海古籍出版社,2011 年,第 855—857 页;裘琏撰,朱谨、陈璲等辑:《南海普陀山志十五卷》(卷十一),清雍正十三年刻本,第 48—52 页;王亨彦撰:《普陀洛迦新志》(卷七),收入杜洁祥主编《中国佛寺史志汇刊》(第一辑),明文书局,1980 年,第 459—461 页。

文比较可以发现,雍正《山志》碑文中的许多误字,原碑实际不误。下面略举几例。

（一）参将▨宁绍而守

按,"▨",雍正《山志》与民国《山志》均作"盡（尽）",康熙《志》与光绪《志》作"畫（画）"。"盡（尽）""畫（画）"字形相近,俗书或有相混。① 此处当以"画"为是,碑文后有"多计画"一句,其中之"画",字形即作"▨"。比较碑文可知,"▨"亦当为"画"字。相关辞例还可见于明代郑若曾《筹海图编》:"按广、福、浙三省,大海相连,地画有限。"② 又如光绪《镇海县志》所载祀明总兵何斌臣的碑记提到的"欲以知所当盗何在,其画而守者何氏"③,其中"画而守者"可与本篇"参将画宁绍而守"对应。

（二）盖是时辽与滇▨发难

按,"▨",雍正《山志》作"衶",康熙《志》与光绪《志》作"初",民国《山志》作"均"。细审字形,"▨"与碑文"初以署都指挥行守将事"之"▨（初）"字一致。明代刻本中也可看到这种"初"字异体,比如初、初、衶、初等④,均出自明刊本;明万历三十年刊本《两浙海防类考续编》中《普陀禁约》"国初经略沿海"一句的"初"字,字形亦作"初"⑤。此外,戴澳《杜曲集·副总戎何公去思碑》云"国家方东苦辽,西苦黔"之"方"⑥,与薛三省此处碑文"盖是时辽与滇初发难"之"初"可对应。从字形与文例两方面看,此处当为"初"字,雍正《山志》作"衶",显然有误。

（三）两汛所经▨▨无垠之宇

按,"两",雍正《山志》作"雨",显误。"▨▨",雍正《山志》作"廣（广）養（养）",康熙《志》、光绪《志》作"瀇瀁",民国《山志》作"廣（广）瀁"。从原碑字形看,当以康熙《志》、光绪《志》为是。

---

① 梁春胜著:《楷书部件演变研究》,线装书局,2012年,第386—387页;张涌泉:《"只者这爪行路绝"及其他》,《敦煌研究》2023年第5期。
② 郑若曾撰:《筹海图编》(卷十二上),李致忠点校,中华书局,2007年,第775页。
③ 于万川修,俞樾纂:《镇海县志》(卷十三),收入《续修四库全书》编纂委员会《续修四库全书》(七〇七·史部·地理类),上海古籍出版社,2002年,第240页。
④ 曾良、陈敏编著:《明清小说俗字典》,广陵书社,2018年,第94页。
⑤ 范涞撰:《两浙海防类考续编》(卷八),明万历三十年刊本,收入《中国方志丛书》(华中地方第482号),成文出版社,1983年,第998页。
⑥ 戴澳撰:《杜曲集》(卷十一),收入《四库禁毁书丛刊》编纂委员会编《四库禁毁书丛刊集部》(第71册),北京出版社,2000年,第369页。

（四）惴惴鱼鳖与 ▨ 之是忧

按，"▨"，雍正《山志》作"憐（怜）"，康熙《志》、光绪《志》作"隣（邻）"，民国《山志》作"鄰（邻）"。据碑文当作"隣（邻）"，雍正《山志》作"憐（怜）"为形近而误。

（五）视舟樯之颠危若车轩 ▨

按，"▨"，雍正《山志》作"轻"，康熙《志》、光绪《志》、民国《山志》均作"輊"。此处当作"輊"，"轩輊"指车辆翻覆，如明代徐光启《农政全书》云："上下坡坂，绝无轩輊之患。"① 与"颠危"义近。雍正《山志》误。

（六）一顺一逆则我与敌 ▨ 操胜者半

按，"▨"，雍正《山志》作"五"，误。康熙《志》、光绪《志》、民国《山志》均作"互"，当从之。

（七）▨ 浚伍

按，"▨"，雍正《山志》作"母"，康熙《志》、光绪《志》作"毋"，民国《山志》漏载此句。当从康熙《志》、光绪《志》作"毋"，雍正《山志》显误。

（八）夫 ▨ 廉为能宽

按，"▨"，雍正《山志》作"性"，误。其余诸本均作"惟"，当从之。

（九）此 ▨ 所□□□

按，"▨"，雍正《山志》作"词"，显误。其余诸本均作"祠"。

（十）▨ 好文

按，"▨"，雍正《山志》作"推"，误。康熙《志》、光绪《志》、民国《山志》均作"雅"，是。

由以上例子可见，雍正《山志》所记录的薛三省《副帅何公生祠碑记》误字较多，但这并不是原碑本身有误，问题应该产生于编纂者将碑文录入雍正《山志》的过程之中。这一点和"副帅何公生祠碑""副总戎去思碑"的重新发现及雍正《山志》增修有关。雍正《山志》记载了普济寺住持心明（绎堂）

---

① 徐光启撰，石声汉校注：《农政全书校注》（中），西北农学院古农学研究室整理，上海古籍出版社，1979年，第583页。

所述的这两块碑的发现过程:

> 大寺左侧何公祠者,系明天启间姑苏副总戎何公,来守是邦,恤兵爱民,有德于邑,囚(笔者按,似当作"因")是建祠立石,期与名山并峙不朽云。及沧桑变幻,迄我大清康熙辛亥年,海寇蜂举,徙僧徒于内地。……甲子年间皇恩展复,惟公之祠将可复新,但其事迹,明之山志修于万历年,公祠建于天启丙寅年,故未编入志内。其祠右有法喜斋与祠相邻,三会堂即祠别名。僧聚林者,不知渊源,既不能继先哲之志,竟欲毁名臣之公座为己有,湮其像,沉其碑,以为公之祠与娑竭龙祠联络。控县以常住为假公图占。蒙县批查实迹,常住因事遍觅旧踪,访之耆宿,于三会堂之壁间坑堑下得碑四通,履历备载,内有昱光长老法名如曘、圆初长老法名寂乾碑焉。因以其事闻之县,仍立旧碑,重塑公像;薄罚聚林,责其忘恩肆胆。嗟乎,数十年之业若见,则千百载之后又将何如? 故以其事踪增入本朝志内,使后之来者以为殷鉴云。①

可知,这两块碑经历了被人故意遗弃到重新立起的过程。僧人聚林"湮其像,沉其碑",企图将何公祠占为己有。此事被官府发现之后,才又有人将碑刻找回,自此何汝宾的碑记重回当地僧众和官府的视野。正如心明所说,"明之山志修于万历年,公祠建于天启丙寅年,故未编入志内",在雍正《山志》出现前,这两篇碑文一直未被历代《普陀山志》收录,借着重修的机会②,上文的作者心明才将这两篇碑文增入雍正《山志》之中。因此,相较于《普陀山志·艺文志》中的其他文章历经多部《山志》记载、整理来说,限于人力学力,新增的碑文释读、整理不精也可以理解。

还有一点尚需指出,戴澳《杜曲集》所录碑文和雍正《山志》所录碑文,完成时间其实并不相同。雍正《山志》所录碑文后有"天启岁在丁卯(1627)仲春"③,而《杜曲集》碑文所记时间为丙寅年(1626),因此部分内容的差异可能是因作者或他人另行修改过,比如雍正《山志》所录碑文有"而住持如曘、寂乾走一苇征余文"一句,其中"寂乾"二字,《杜曲集》所录碑文无。

---

① 裘琏撰,朱谨、陈璿等辑:《南海普陀山志十五卷》(卷十一),清雍正十三年刻本,第54页。
② 清雍正十三年刊本《南海普陀山志十五卷》有邵基《敕修普陀普济寺志序》,序云:"普济寺住持僧绎堂(笔者按,即心明)、监院僧本善,躬逢盛际,敬仰天光,恭纪殊恩,增辑志乘,……志成,驰书都下,属基为之序。"
③ 裘琏撰,朱谨、陈璿等辑:《南海普陀山志十五卷》(卷十一),清雍正十三年刻本,第54页。

四、余　　论

有研究者指出,"由于生祠碑、去思碑、德政碑以歌颂个人为目的的性质,碑文内容往往被视为一种格套化的谀词,不值得深究",但相较于前代,"明代中后期相关碑文对官员政绩的描述,除去褒扬的部分之外,却可以看到不少实有所指的内容"。①

明天启七年戴澳撰《副总戎去思碑》即是一例。明代中叶以来,政治统治集团日益腐化,《明世宗实录》载:"盖近来督抚之臣,莅任谢恩必有常例,银两馈送在京权要,大者数百,小者数十,名曰谢礼。至于任内,有所题请开送揭帖,则又伴以仪物,名曰候礼。……或遇地方有事,希求脱任;或以有罪而求弥缝;或以失事而求覆蔽。如此馈送,数遂不赀。"②而军队中亦是如此③,明代许孚远《敬和堂集》云:"营寨夙弊积习多端。凡把总见参游守备则有赞;哨官见把总则有赞;捕盗哨队长见哨官则有赞;各将官又有出汛之礼、收汛之礼;捕盗哨队长,众兵初选则有常例;遇时令则有节仪;总哨生辰则有贺礼;及其家眷往来则有馈赆。又指称各衙门馈送公费,科索无厌。"④此处记载与戴澳《副总戎去思碑》中提到的"谒有赞,汛有程,解验有例,薪烛竹木、蛙鱼獐鹿有供"等内容完全一致。

明天启六年薛三省撰《副帅何公生祠碑记》可和清光绪《镇海县志》所载何斌臣碑记对读。此县志所载何斌臣碑记亦为薛三省所撰。所祀者何斌臣,天启元年(1621)闰二月任浙江总兵。据镇海招宝山上尚存的刻有"天启五年仲春,镇浙都督山阴何斌臣"的"撑半壁天"碑⑤,以及薛三省的碑记提到"公乃储募府余资……时天启五年冬月也"⑥,天启五年(1625)何斌臣仍在任。而据《明实录》与明天启《舟山志》记载⑦,何汝宾于天启二年(1622)

---

① 何淑宜:《晚明的地方官生祠与地方社会——以嘉兴府为例》,载《"中研院"历史语言研究所集刊》(第八十八本),"中研院"历史语言研究所,2015年,第815页。
② 参看《明世宗实录》(卷四二六),收入《明实录》(第九册),"中研院"历史语言研究所,1984年。
③ 黄中青著:《明代海防的水寨与游兵——浙闽粤沿海岛屿防卫的建置与解体》,学书奖助基金,2001年,第175—178页。
④ 许孚远撰:《敬和堂集》(七),日本内阁文库藏明万历年间刻本,第53—54页。
⑤ 可参看夏志刚:《明代嘉靖倭乱之后浙江总兵考略——〈明代职官年表〉〈浙江军事志〉补正》,《浙江海洋大学学报》(人文科学版)2021年第2期。该文已经指出张德信所编《明代职官年表》误"何斌臣"为"张斌臣",但该文在其"去职原因"处仍记为"不明",实际上薛三省所撰碑文对何斌臣的去职原因是有所记载的。
⑥ 于万川修,俞樾纂:《镇海县志》(卷十三),收入《续修四库全书》编纂委员会编《续修四库全书》(七〇七·史部·地理类),上海古籍出版社,2002年,第240页。
⑦ 参看《明熹宗实录》(卷十八、卷四十二、卷六十九),收入《明实录》(第一四册),"中研院"历史语言研究所,1984年;何汝宾辑:《舟山志》(卷三),明天启六年何氏刊本,收入《中国方志丛书》(华中地方第499号),成文出版社,1983年,第200页。

任宁绍参将,天启三年(1623)加升副总兵,天启六年离任。两人任期相近,且两碑记均为薛三省所撰,其中事迹颇有可对应之处。兹将相应文字录于表1(何汝宾碑文所缺文字据康熙《志》、雍正《山志》、光绪《志》、民国《山志》等补)。

表1 何斌臣与何汝宾碑记对读

作者	纪念对象	对 应 内 容
薛三省	总兵何斌臣	海上自隆万以来希倭警,而奸人私□出与倭市。黠者瞰其非法,因掠以为利。久之,并商船肆掠且质人人以责厚赎。水军过之,少则格斗屡挫衄;度不能格,则遁去;及收保,则复尾而往来为盗。时或获之,则尽投其器与所得盗资于海,若为渔而横被虏者以逃法。水军当之亡何也,以此盗日横。公计市商船数十艘,伏兵其中,少示货,诱使掠,而突起擒之,或足一大创。而诸将校多异议,即主计者亦以国计方诎,市舟多则费无所出,少则不足制胜,亦异指。公乃储募府余资,市数舟而选死士,伏以出,如计用。时盗降者能知盗主名跃舟诈与语,伏猝起,盗不知所为,凡获舟三,擒及溺死者亡虑数十百人,盗自是稍震恐。时天启五年冬月也。明年春防且图多设伏为诱,而公以大计中蜚语解事矣①
薛三省	副总兵何汝宾	浙往计惟倭,近乃御盗,盗多闽人,狡黠,假渔为名,□□□,□□。□□,□□□□□□(聚而剽商舶,掠其赀。不中,则质人而责重贿),无虚日。然飘忽无定踪,水军亡如也。主者度非一大创之不可,而计无所出。议多市商舶,伏兵为覆,诱取之。公谓:"此掩也,可以一逞,盗不可□□□。□□□□,□□□□□,□□□(得尽也。军典方乏,安得多赀为市?吾惟有)明号令,严赏罚,以厉将率。将率奋则士卒用命矣。且盗未尝不畏吾军也。故春防军厚集则遁,撤则掠。吾军游徼在外者非乏,乃所乘小舠,□□□□□□。□□□□□□□□(故盗视为易与耳。今令大艘更番挟以出),则盗惧不敢肆矣。"盖其策至今勿能更也

注:何斌臣碑记见于万川修,俞樾纂:《镇海县志》(卷十三),收入《续修四库全书》编纂委员会编《续修四库全书》(七〇七·史部·地理类),上海古籍出版社,2002年,第240页。

二文均提到当时的浙江海防重心已从抵御倭寇转为抵御海寇。这些海寇掠夺商船,"质其人以责厚赎",遇到抵挡不了的朝廷大军则伪装为渔船,且行踪飘忽不定,因此"水军亡如也"。针对这种情形,总兵何斌臣提出"市商船数十艘,伏兵其中,少示货,诱使掠,而突起擒之,或足一大创",但手下将领"多异议",而"主计者亦以国计方诎,市舟多则费无所出,少则不足制胜",也不同意何斌臣的计划。何斌臣坚持执行原定策略,"乃储募府余资,市数舟而选死士",用计谋伏击了海寇,大获成功,"盗自是稍震恐"。而在同样为薛三省所撰的何汝宾碑记中,副总兵何汝宾正是"多市商舶,伏兵为覆,诱取之"策略的反对者,何汝宾指出:"此掩也,可以一逞,盗不可得尽也。军典方乏,安得多赀为市?"他认为应该从严格治军以及"令大艘更番挟以出"

等方面入手,形成常态化军事震慑,则"盗惧不敢肆矣"。薛三省云"其策至今勿能更也"。① 由此可见,当时的浙江总兵何斌臣与副总兵何汝宾意见相左。而因何斌臣"中蜚语解事",卷入政治斗争,导致设伏为诱的策略没有继续执行。

由此可见,这类生祠碑、去思碑仍然是重要的史料,对于文献资料相对缺乏的海岛地区而言尤是如此。明天启《舟山志》中记录了为数不少的生祠碑记,比如陶积《联恩祠记》(纪念对象为俞大猷、卢镗)、陈垲《梅公去思碑记》(纪念对象为梅魁)、屠隆《天妃圣母祠记》(纪念对象为袁世忠)、孙如游《徐公生祠德政碑记》(纪念对象为徐一鸣)、谢渭《张公生祠德政碑记》、周应宾《张公生祠去思碑记》(以上二碑记纪念对象为张可大)。② 此外,有些地区和舟山颇有渊源,这些地区的地方志中也会有可供参考的生祠碑记,比如光绪《镇海县志》中的丰道生《都督俞公生祠碑记》、薛三省所撰何斌臣的碑记等等。③ 这些碑记,无论是作为"生祠碑"还是"海洋军事与政治类石刻史料"都有进一步研究的价值。

[吴博文,舟山博物馆研究收藏部馆员,研究方向为浙江地域航海文化。]

---

① 史致驯、黄以周等编纂:《定海厅志》,柳和勇、詹亚园校点,上海古籍出版社,2011年,第856页。
② 何汝宾辑:《舟山志》(卷四),明天启六年何氏刊本,收入《中国方志丛书》(华中地方第499号),成文出版社,1983年,第338—392页。
③ 于万川修,俞樾纂:《镇海县志》(卷十三),收入《续修四库全书》编纂委员会编《续修四库全书》(七〇七·史部·地理类),上海古籍出版社,2002年,第232—259页。

乾隆时期中英统治阶层艺术与科技追求对比及其对国家发展影响研究

杜树志

摘　要：上海中国航海博物馆收藏的一件英国18世纪中期乔治·亚当斯为威尔士亲王殿下加冕专制日晷仪，其铭文内容寥寥，书写风格独特且信息丰富。一般而言，为皇家生产的这种最高规格礼仪专用纪念品，其生产雕饰显然是一种高级艺术创作活动。在该过程中，作者定会将自身美学意象理解、科学知识储备及内心美好祝福等信息尽可能完美地融入日晷中，但实际观察发现铭文制作细节方面略显随意，甚至还有几处较为直观的书写"纰漏"，欣赏之余，让人回味无穷，值得深入研究。本文以日晷铭文考证赏析为引，通过对比当时中、英两国统治阶层艺术与科技追求不同，进而尝试找出影响一个国家长期发展的关键要素。

关键词：日晷　铭文　乔治三世　乾隆　科技发展理念

一、日晷简介

2012年，中国航海博物馆（以下简称"中海博"）征集到一件18世纪中期乔治·亚当斯为威尔士亲王殿下专制日晷仪（以下简称"日晷"，图1）。晷盘呈圆形，直径30.3厘米，厚0.4厘米，重2 915.8克；晷针水平仰角51.3度，厚10.3厘米；三足，日晷足底至晷针顶端净高19厘米。根据日晷分类判断，为地平式斜针日晷。[①] 晷盘下方三足除底部缓冲垫由上到下分别为绿色和白色两层扁圆形兽毛材质外，其余部分为金属。采用便携式X荧光光谱仪（XRF）对底足、晷盘、晷针等不同金属构件多点位检测，结果显示材质均为黄铜。相比同时期国内外其他类似文物来说，该日晷选材考究，表面纹饰采用枪錾结合手工剔刻方式制作而成，线条优美，信息量多且整体制作工艺

[①] 苏娜：《探究中国古代天文仪器设计中的哲学智慧》，硕士学位论文，东北大学，2010年。

精良，具有极高的历史价值、艺术价值和科研价值。由于铜在空气中相对稳定，不易氧化，虽然它已存世两百余年，其保存状态依旧良好。

图1　中国航海博物馆藏日晷

二、日晷铭文考证与赏析

（一）内容考证

前文提到的威尔士亲王，即后来的乔治三世，他于1760年正式加冕成为英国国王。乔治·亚当斯是他的一名御用工匠。根据日晷铭文（图2）判断，这件日晷是乔治·亚当斯为威尔士亲王加冕特别准备的礼物。

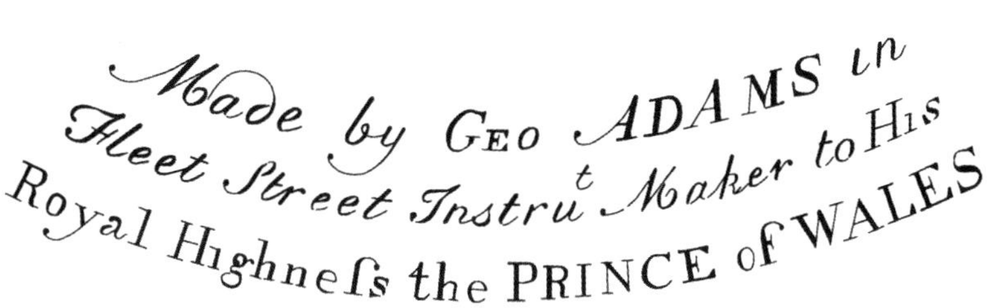

Made by Geo ADAMS in Fleet Street Instrut Maker to His Royal Highnefs the PRINCE of WALES

图2　日晷晷盘上的铭文

上图中的文字直译为"舰队街的工匠乔治·亚当斯为他尊敬的皇家威尔士亲王殿下制作"。该铭文内容虽简短，但信息颇为丰富，具有极其重要

的历史价值,具体表现在以下三个方面:

首先,交代了日晷制作目的,即献给皇家威尔士亲王殿下。乔治·亚当斯1756年被任命为英国王储威尔士亲王的御用工匠,而威尔士亲王真正加冕时间是在1760年。① 据此,我们还可进一步推断,该日晷于1756至1760年这段时间内制作完成。

其次,圈定了地理位置。铭文给出了工匠住址或工作地点,即Fleet Street,中文一般翻译为"舰队街"。它自古以来就是英国伦敦市内非常著名的一条街道,因临近舰队河而得名。另外John R. Millburn在其著作中还提到:"18世纪的舰队街,这条从威斯敏斯特通往伦敦金融城的主干道上,最优秀的钟表师和仪器制造商在这里开店。"亚当斯作为英国国王乔治三世的御用工匠,工作或定居在舰队街,也就不足为奇了。

再次,人物身份关系一目了然。铭文明确日晷作者为乔治·亚当斯。其人其事,研究人员John R. Millburn在相关论著中这样描述:

> George Adams senior (1709–1772), was apprenticed to Thomas Heath, a skilled mathematical instrument maker and a competent businessman. Two years after completing his apprenticeship, he inherited sufficient money to marry and, in 1734, to set up in business in Fleet Street, under the sign of "Tycho Brahe's Head". The time was ideal; there was a rising demand among mariners for navigating instruments—sextants and compasses, and among the virtuosi and the nobility for philosophical instruments — in this case microscopes, orreries, air pumps, barometers, globes, and much else.
>
> ············
>
> A royal appointment as mathematical instrument maker to the Prince of Wales, future King George III came in 1756. Many of the instruments he made for the education of that monarch's children survive as the King George III Collection, presently exhibited in London's Science Museum. ②

翻译如下:

> 乔治·亚当斯(1709—1772)是托马斯·希思的学徒,后者是一位熟练的数学仪器制造商和非常有头脑的商人。学徒期结束两年后,乔治·亚当斯继承了足够的钱结婚,并于1734年在舰队街以"第谷·布

---

① 阎照祥:《英国近代前期王权问题补正》,《史学月刊》1985年第3期,第89—94页。
② John R. Millburn, "Adams of Fleet Street: Instrument Makers to King George III," *Albion: A Quarterly Journal Concerned with British Studies* 33, No. 4(2001): 664-665.

拉赫之首"的名义创业。当时机会非常好;水手们对航海仪器的需求越来越大——六分仪和指南针,还有演奏家和贵族们所使用的显微镜、太阳分仪、气泵、气压计、地球仪等具有一定哲学意义的设备等许多东西。

……………

1756 年,乔治·亚当斯被王储乔治三世任命为数学仪器制作御用工匠。他为了教育这位君主的孩子而制作了许多仪器,这些仪器都被当作乔治三世国王个人收藏品而保存下来,目前还在伦敦科学博物馆展出。

根据日晷铭文,再结合上述两段文字内容可以推断,工匠英文全名应该是 George Adams。换句话说,铭文中 Geo ADAMS 前三个字母实为姓名缩写,其准确翻译是乔治·亚当斯。他师从托马斯·希思,后者是一位熟练的数学仪器制造商和一位能干的商人。亚当斯于 1734 年在舰队街以"第谷·布拉赫之首"为名着手创业。当时社会商业状况比较理想,水手们对航海仪器六分仪和圆规等需求越来越大,演奏家和哲学家等贵族使用的仪器也较多,如显微镜、太阳分仪、气泵、气压计、地球仪等等。名师出高徒,因此早在 1756 年,乔治·亚当斯就被任命为王储威尔士的御用工匠,他为这位君主的孩子们制作了许多教育器具,这些工具都作为乔治三世国王珍藏而被保存下来,目前还在伦敦科学博物馆展出。

(二)艺术赏析

俗话说,字如其人。不难看出乔治·亚当斯是一位既科学严谨又不失活泼自由的工匠,进而推出威尔士亲王是位思想开明、包容度极高的王储。日晷铭文书写风格可概括如下:

首先,运笔方式极具个性。以单词 Made 为例,其中字母 d,由笔画宽窄判断,应是从下方起笔,这也与现实生活中很多人的书写习惯保持一致;收笔方向却超出了很多人的认知,将原本属于竖线的收笔故意拉长,通过一个漂亮的弧线引向前方,并顺势罩在了前面紧邻字母 a 的头顶上,一切又显得十分自然、得体。另外作者姓氏单词 ADAMS,其首字母采用手写体,后面四个大写字母却有些特殊——兼具手写体与印刷体风格。从大多数人签名习惯来看,开始到结束大都一气呵成,很少会采用两种运笔方式。有没有这样一种可能:作者制作自己签名时,原打算全部用手写体,可刚雕琢完一个字母,忽然想起这是送给威尔士亲王的礼物,工整的笔画会显得更加尊重主人,于是接下来四个字符就变成另外一种风格了。再以作者名字乔治,即铭文中单词 GEO 为例,字母 E 同样大写,为什么却比首字母 G 明显矮了一截?是工匠签名个人习惯使然,还是另有其他深意?诚如莎士比亚所言:"一千个人眼中就有一千个哈姆雷特。"对上述疑问,不同观众可能会有不同解读,这恰恰体现了该件文物独特的魅力。

其次,蹊跷"错误"引人思考。铭文中 in、His 与 Highnefs 三个单词均含有小写字母 i，但无论是手写体还是比较工整的印刷体，在上述单词中字母 i 上面均没有小圆点。此外，铭文主要有三行，但仔细观察会发现，在第一行与第二行之间还有一个小写字母 t。由于晷盘空间受限，用它来对固定短语 Instrument maker（该处译为"工匠"或"匠人"）第一个单词简写 Instru 进行补充，还是有其他含义？对比铭文中 Fleet、of 两个单词中的 f 与单词 Highnefs 中倒数第二个字母，Highnefs 中字母 f 明显缺失了一横。还有，"殿下"在当代英文中正确的写法应是 Highness，铭文中却使用了 Highnefs。仅仅 Highnefs 一个单词就有两处明显"错误"，是英语单词古今演变差别所致，抑或工匠本人书写失误，还是另有其他含义？种种疑问都值得我们深入探究。

再次，平凡却又寓意深刻。威尔士亲王日晷收藏者乔治三世，是英国历史上在位时间最长的男性君主。他生于 1738 年，是威尔士亲王路易斯的儿子，1760 年正式登基，直到 1820 年过世，在位时间长达 60 年。与出生于德国的祖父和父亲①不同，乔治三世是土生土长的英国人。从他本人收藏、对外交流官方文献记载和相关研究②可以看出，他兴趣非常广泛，对天体运行、时间计量和航海技术等尤为痴迷。在这种背景下，工匠投其所好，选择观测计时常用的日晷作为加冕仪式专制礼物送给乔治国王也就容易理解了。另外，日晷纹饰内容与风格，比如阳光、波浪、卷轴纹等，也能直接反映出工匠发自内心的祝福与希望。换言之，亚当斯之所以设计这些图案，想必也动了一番脑筋，既要迎合时下大英帝国海外争霸、不断扩大殖民版图的时代背景，还要表达对新任国王的祝福，希望乔治三世即位后能够珍惜时间，积极推进对外贸易，带领整个国家走向新的辉煌。

最后，字体设计充满美感。在晷面扇形有限空间内，采用不同字体格式来展现铭文内容，"Made by GEO ADAMS in Fleet Street Instru Maker to"这些单词以飘逸自由的风格示人，其余单词则采用相对工整的印刷体。相较之下，陡添几分庄严肃穆之情。

三、18 世纪中、英两国元首的艺术与科学追求

乔治三世是英国历史上一位小有名气的国王，他正式加冕时年仅 22 岁。他在位期间，大英帝国先后经历了七年战争、北美独立战争、法国大革命和拿破仑战争，政治生涯中争议颇多。他能"说一口纯正的英语，并总是突出自己的英国人身份"。③虽然乔治三世性格倔强，但在国家治理上兢兢业业。

---

① 王小曼：《英国的君主和王权》，《西欧研究》1988 年第 6 期，第 38—44 页。
② 朱培初：《英王乔治三世贡礼进宫记》，《紫禁城》1988 年第 3 期，第 34—35 页。
③ 刘金源：《论乔治三世前期英国王权加强的原因》，《英国研究》2011 年第 1 期，第 161—170 页。

16世纪末英国航海家沃尔特·雷利曾提出一个影响世界格局的论断:"谁控制了世界海洋,谁就控制了世界贸易;谁控制了世界贸易,谁就控制了世界。"① 以岛屿为主的英帝国,对海上资源控制拥有先天优势,这也是该国长期以来的核心利益,因此官方对科学航海总是给予无条件支持,乔治三世亦不例外。18世纪英国为避免在航海探险中频繁发生海难而使用的哈里森航海钟(图3),就是在乔治三世支持下完成试制并迭代升级的。② 这也是他对天文地理和航海方面情有独钟的一个直接力证。要想做到科学航海,船员就要随时能够测绘出海上任意一点的经纬度,以此来确定船舶自身位置。在茫茫大海上想要实现精准定位,离不开数学、物理、天文学等多学科知识,这也是航海探险所要解决的首要问题。彼时英国所有科学航海

图3　中国航海博物馆藏哈里森航海钟

中,以库克船长率领的"奋进"号最为著名,其首航主要目的是对"金星凌日"现象展开观测,因为这一观察对确定海上经度非常有用。"一般的科学考察获得的利润几乎为零,不被政府所支持,这次科考能顺利进行还有一个重要原因,即寻找南方未知的大陆。航海探险符合英帝国的发展要求,所有新的发现都是潜在的财富。"③ 鉴于本次科考的双重目的,皇家学会主席麦克莱斯菲尔德伯爵不费吹灰之力就说服了乔治三世出资4 000英镑资助航行。研究人员对乔治三世的评价褒贬不一,"政治家埃德蒙·伯克直接称呼他是'伪善者和骗子';英裔美国思想家托马斯·潘恩在常识(*Common Sence*)这一著作中将乔治三世定义为'暴君';浪漫主义民主诗人珀西·雪莱的笔下,乔治三世即便到晚年饱受病痛折磨仍得不到同情,只是一位'衰老、疯狂、盲目、讨厌的国王'"。④

与此同时的中国,正值爱新觉罗·弘历(即乾隆皇帝)治下的大清王朝。

---

① Walter Raleigh, *The Works of Sir Walter Raleigh* (Oxford: Clarendon Press, 1829), p. 325.
② 姜少敏:《拉开现代航海序幕的钟表匠——哈里森》,《世界知识》1993年第7期,第31页。
③ 吕苗苗:《英帝国扩张背景下的库克太平洋航行》,硕士学位论文,聊城大学,2022年。
④ John Cannon, "George III and History's Poisoned Well," February 17, 2011, accessed December 12, 2016, http://www.bbc.uk/history/british/empire_seapower/george_iii_poisoned_well_01.shtml.

乾隆25岁登基,在位时间60年,他勤于朝政,从不懈怠。乾隆通过创新改革等举措将康熙王朝的文治武功发扬光大,被后世冠以"康乾盛世",但仍无法彻底摆脱几千年来儒家封建思想影响,国家管理层面的各种主张无不是"从维护统治出发,希望与外部世界保持安静而隔离的局面,并力图取得外国表面上的臣服,以满足自己的虚荣心理"。① 他不仅"对自然科学均无爱好",对外政策方面还将"怀柔远人,外夷归附,宣扬恩德以保持国内秩序的稳定"作为国家治理和发展重心。② 在个人兴趣、心理和认知驱使下,乾隆帝难免会轻视与外国之间的贸易往来与文化交流,进而陷入"天朝上国,唯我独尊"这样一种文化怪圈。清史研究专家戴逸老师用"有才能、有作为、有个性,既仁慈、又残暴,既英明、又短视"对乾隆皇帝作出总体评价③,应该说还是比较全面和客观的。

作为两国最高统治者,我们可以看出乾隆皇帝和英国国王乔治三世两人既有相似之处,如登基年龄、在位时间及性格缺点;同时两人又存在明显差异,最突出的表现就是他们对艺术与科技的追求。以日晷为例,英文字母之外的各种纹饰,它们不仅与时间测算密切相关,甚至决定探险成败,因此制作过程要求非常苛刻,容不下哪怕一丁点儿差错。实物外观方面恰恰给予了充分印证——因为我们几乎找不出任何失误。不要说18世纪晚期作坊的条件,即使在科学技术日臻完善的今天,其制作技艺也堪称一流。相较而言,铭文就显得不那么重要了,纵然有几处小"错误",似乎也无伤大雅。这从侧面反映出乔治三世所拥有的独特眼光和一颗宽厚仁慈之心。反观乾隆皇帝,他的个人收藏品也好,生活用品也罢,必定要体现出皇家崇高、神圣的特殊地位,任何地方绝不允许出现瑕疵。以瓷器为例,自古以来皇宫"是御用瓷器的唯一合法使用处,即使是落选品和残次品流入他处也是僭越"④,因此只要在烧制过程中发现微小缺陷,御窑惯用的处理方式就是销毁和就地掩埋,哪怕前期倾注了工匠大量心血也在所不惜。近年来中国多处古代御窑或官窑遗址出土的碎瓷片(图4),就是这方面的典型例证。

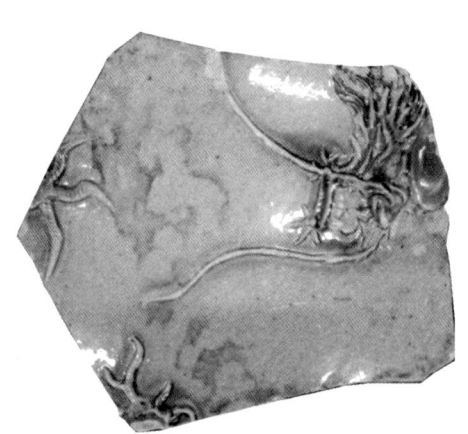

图4 中国航海博物馆藏清乾隆黄釉绿龙官窑瓷片

---

① 戴逸:《论乾隆》,《清史研究》1992年第1期,第1—15页。
② 《学习时报》编辑部:《落日的辉煌——十七、十八世纪全球变局中的"康乾盛世"》,《理论导报》2000年第8期,第2—5页。
③ 戴逸:《论乾隆》,《清史研究》1992年第1期,第1—15页。
④ 彭丹入:《明代早期御窑器物的政治美学研究》,硕士学位论文,景德镇陶瓷大学,2023年。

另外,从两国外交事件中我们也可管窥一斑。乾隆五十八年(1793),英王乔治三世出于本国"商业和军事性质"目的①,同时也期待"从这个历史最久、人口最多的国家获得更多和更有价值的东西"②,假借给乾隆祝贺八十大寿为由,派遣马戛尔尼(Lord Macartney)使团远渡重洋来到中国觐见大清皇帝。他们一行带来丰厚礼品,其中不乏彰显当时欧洲先进科学技术水平的"天体运行仪、大型太阳系仪、天球仪、地球仪、月相演示仪、察看天气阴晴仪、空气真空泵、力学巧益架、聚光大火镜、'君主号'战舰模型、毛瑟枪、连珠枪、刀剑、铜炮、榴弹炮"等③。而乾隆皇帝回赠乔治三世的礼品,虽然数量多、品质高,但仅限于"珐琅器、玉器、瓷器、丝织品、漆器、御笔书画、葫芦器、竹器、纸张、墨、扇子、香袋、香饼、食品"等。④ 从双方礼单可以看出,乔治三世的"贡品"以研究航海、天体运行的仪器,以及作战使用的热兵器为主,乾隆帝回礼则以手工艺品和食品居多。这显然与英国"独特的海岛地理环境,有着完全不同于中国的欧洲式海洋认知"有关⑤,尤其是随着15世纪末地理大发现和新航路的开辟,海洋及周边陆地成为英国人在国土之外攫取财富的天堂,甚至由此萌生出海洋殖民意识。让人意外的是,乾隆在答复乔治三世此次派遣使团想要同清王朝建立外交和贸易的回信中写道:"……我只考虑一个目标,即维持一个完善的统治,履行国家的职责;奇特、昂贵的东西不会引起我的兴趣。……正如您的大使能看到的那样,我们拥有一切东西。我根本不看重奇特或精巧的物品,因而不需要贵国的产品。"⑥总之,"在对待西方宗教与文化思想的传入方面,清前期政府也基本上持一种排斥态度"。⑦

《孟子·滕文公》有云:"上有好者,下必有甚焉者矣。"中、英元首对艺术与科技追求的不同,必然会对两国各统治阶层带来广泛而又深远的影响。在科技尚不发达的乾隆王朝,中、英两国的"巨轮"在不同"舵手"的影响或操控下,其最终航向可想而知。

---

① E. H. Pritchard, *Anglo-Chinese Relations During the Seventeenth and Eighteenth Centuries* (New York: Octagon Books, 1929), pp. 180-181.
② George Staunton, *An Authentic Account of an Embassy from the King of Greet Britain to the Emperor of China*(London: Stockdale, 1797).
③ 果海英、郭福祥:《清前期中西宫廷交往中的礼品考察》,《故宫博物院院刊》2018年第4期,第141—155页。
④ 中国第一历史档案馆编:《乾隆朝上谕档》,广西师范大学出版社,2008年,第376—378页。
⑤ 黄碧蓉:《从南海地名演化看我国的海洋认知——及英国的海洋殖民意识》,《求索》2011年第11期,第65—67页。
⑥ 转引自F. 怀特:《中国和外来强国》,牛津大学出版社,1927年,第38页。
⑦ 孙光圻:《评乾隆帝致英王乔治三世的敕谕》,《大连海运学院学报》1990年第3期,第325—330页。

四、结　　语

18世纪中期乔治·亚当斯为威尔士亲王殿下专制日晷仪——曾见证英国国王乔治三世加冕的珍贵历史文物,时至今日除了让我们有幸能够近距离地欣赏当年日不落帝国先进科学技术和手工艺外,英王乔治三世与御用工匠乔治·亚当斯两人包容、灵活、自由与开拓进取的思想也跃然于器物精美纹饰之中。作为皇家收藏,其做工细节及一个个未解谜团,在当今中外文明交流互鉴和科学技术发展日新月异的大背景下,更是赋予了它一种独特魅力,吸引人们不断探索辽阔的海洋乃至整个浩瀚的宇宙。决定一个国家长治久安的因素颇多,包括文化、政治、经济等。通过前述馆藏日晷铭文赏析,以及当时中、英两国统治阶层艺术与科技追求的对比,不难看出,根植于传统文化之上统治阶层对科技发展理念的认知,才是决定国家发展的最根本要素。

［杜树志,中国航海博物馆藏品修复部副研究馆员,主要研究方向为藏品预防性保护及金属文物保护修复。］

从航标历史沿革看
上海航标历史与文化

吴 彬、陈 磊、江道伟

摘 要：航标是用来标示航道走向、边界或帮助船舶定位的标志，是水上交通安全保障系统的重要组成部分，为船舶安全便利地航行提供导助航服务，对水上交通安全起着至关重要的作用。本文旨在通过研究航标及航标管理机构的历史沿革，结合东海辖区上海航标的建制、航标的发展、行业技术革新等上海航标发展史，从航标精神、品牌打造和长效机制三个方面浅谈上海航标文化建设。

关键词：航标历史 航标管理机构 航标文化建设

航标起源于人类从事海上活动的航行。在古代水上活动中，经常因为离岸太远而迷失航行的路，为了辨别方向找到航行方向，古代先民们慢慢学会将陆地上的自然物作为标识，指引航行路途。随着人类社会的进步和航行活动的发展，在自然景物不足以提供导航帮助的情况下，智慧的祖先在水域中刻石示警、立标指浅、烽火引航，以及利用宝塔作为航行标志。从利用天然物标到设置人工航标经历了四千多年的历史。近代航标，伴随着主管机构从海关总署船钞部、交通部、海军、航道局、海监局，最后到航保中心，其发展和文化建设也发生了翻天覆地的变化。

一、航标及航标管理机构历史沿革

（一）航标历史沿革

航标历史沿革可谓是一部波澜壮阔的史诗，它见证了人类航海事业的兴衰与发展。早在古代，人们就开始利用自然物体如山峰、河流、宝塔等作为航标[1]，这些航标以其独特的地理位置和醒目的特征，为航海者提供了方

---

[1] 郭禹主编：《航海学》，大连海事大学出版社，2005年，第253页。

向指引。随着技术的不断进步,航标的种类和形式也逐渐丰富起来。例如,在古代中国,航海者利用烽火台传递信息,通过点燃烽火来告知其他船只危险或安全的信息。

到了近代,随着工业革命的兴起,航海事业得到了飞速发展,航标也迎来了新的变革。人们开始建造更加高大、明亮的灯塔,采用更加先进的照明技术,如电灯、煤气灯等,以提高航标的亮度和可见距离。同时,音响航标、无线电航标也逐渐进入航标的行列。

进入现代社会,随着改革开放,我国航标与国际航标协会推荐的海上浮标系统接轨,颁布了《中国海区水上助航标志》国家标准,进入全面现代化建设时期。① 随着无线电、卫星导航技术的广泛应用,无线电遥测遥控系统、北斗卫星系统纷纷进入现代化航标行列。现代航标不仅具备了更高的自动化和智能化水平,还能够与船舶的导航系统进行联动,提供更为精准的导航信息。

总的来说,航标从古代的"刻石示警""立标指浅"到现代的"无线电遥测遥控系统""北斗卫星导航系统",发生了翻天覆地的变化,在航海中也发挥着越来越重要的作用。②

(二)航标管理机构历史沿革

航标管理机构的演变伴随着航标的进步与海上交通的繁荣,不断地完善和发展。古代的人工航标,有的来自民间,有的来自官府,有的是官民结合,没有统一的章法、管理模式和固定的经费来源,更没有专业的队伍。因此,其管理分为民间自营自建和官府建管,缺乏统一的管理机构和规范。台湾澎湖渔翁岛的西屿灯塔(又名渔翁岛灯塔)是民间最早自建自营的航标,建于清乾隆四十三年(1778),维护经费来自本地船户的合理分摊及募捐。③

进入近代以来,随着工业化进程的加速和国际贸易的蓬勃发展,海上交通规模迅速扩大,航标管理机构也迎来了前所未有的发展机遇。近代航标发展史,可以以海关主管航标机构的成立为标志。1868年4月海关成立的航标管理机构称船钞部(股),1912年改称海政局,1925年后曾一度改称海务部④,后又改称海务部科,直到中华人民共和国成立。

1949年中华人民共和国成立,中国航标也随之迈进了新一阶段的发展。1950年海关将所管航标移交交通部管理,1953年交通部将所管沿海航标移交海军管理,1958年海军又将沿海商港、商用为主的军商合用的港口及近海短程航线的航标移交交通部管理。1978年十一届三中全会拉开了中国特色社会主义建设序幕,在改革开放和经济发展大背景下,中国航标事业也开始

---

① 交通运输航测标准化技术委员会:《中国海区水上助航标志》(GB4696-2016),2016年,第5—24页。
② 孔繁弘主编:《航标文化》,人民交通出版社,2008年,第145页。
③ 同上书,第26页。
④ 同上书,第34页。

迈入全面现代化建设历史阶段。

二、上海航标的历史变革

（一）上海航标管理机构的发展

上海航标的建制管理最早可以追溯到1988年。1988年10月5日交通部《关于将沿海各航标区分别划归有关海监局的通知》，决定将大连、青岛、烟台、连云港、镇海、汕头、海口、湛江等八个航标区成建制地划归所在地海上安全监督局，并按区处合并原则，成为当地海上安全监督局的航标处。航标区（处）既是局的职能部门又是基层单位；但航标业务仍分别由天津、上海、广州海上安全监督局统一领导，并继续负责海区的航标和测量工作。天津、上海、温州、厦门、福州和广州航标区则分别为天津、上海、广州海上安全监督局的基层单位。1999年6月18日，中华人民共和国上海海事局（原交通部上海海上安全监督局，1986年5月8日成立）成立，为交通运输部直属行政机构，正厅级。

2012年10月15日交通运输部东海航海保障中心正式成立，新成立的东海航海保障中心整合了原上海海事局所属航标、测绘及通信等机构，属交通运输部直属事业单位，副局级建制，中心设置九个内设机构（办公室、计划装备处、财务审计处、人事教育处、航标导航处〔值班室〕、海事测绘处、通信信息处、党群工作部、纪检处）和14个直属机构（其中航标处6个，分别位于连云港、上海、宁波、温州、福州、厦门；通信中心6个，分别位于连云港、上海、杭州、宁波、福州和厦门；海事测绘中心和海图中心各1个，均位于上海），均为正处级建制。

（二）上海航标的技术发展

伴随着航运和科技的发展，上海航标的技术也不断进步。上海航标技术发展主要分为以下几个阶段：冷光源及可再生资源的运用、遥测遥控技术在航标上的运用、AIS岸基系统、北斗导航分理业务发展，以及智能航保、智慧航运。

1999年，在上海港的灯浮上开始应用LED冷光源灯器，并开始采用差分全球定位仪技术抛设浮标，冷光源及可再生资源开始进入航标灯器的视野。2001年，在东海海区重点航道灯浮上安装试用LED灯器，完成347座固定航标太阳能电池改造，公用干线灯桩全部太阳能化。[1]

---

[1] 李锋、陈建平：《上海港长江口深水航道通航效能提升中，航海保障技术应用研究》，《航海》2018年第3期，第61—64页。

2000年6月,IMO海安会第73次会议修订通过了《SOLAS公约》第V章第19条第2.4款规定——关于强制安装船舶自动识别系统AIS的决议。此后,随着公约和国内海事法规的相关要求逐渐推进落实,搭载AIS终端的船舶数量迅速增长,我国的AIS岸基系统也开始飞速发展,并逐渐从沿海向内河可航行水域延伸完善。

2006年,上海航标处开始建设辖区内航标遥测遥控系统工作,逐步完善"局—航标处—航标站"三级网络建设,在主要水域内安装一定数量的遥测遥控终端。截至2021年底,东海海区已经建成投入使用的AIS数据中心19个,沿海AIS岸台96座,内河AIS岸台153座,共计249座。

海湾战争让中国意识到GPS的巨大威力,也为中国发展独立自主的北斗卫星导航系统埋下了伏笔。北斗卫星导航系统(BDS)是我国自主研发、独立运行的全球导航系统。为提高北斗系统的定位精度,增强其在海上应用中的完好性、可用性和连续性,2013年3月差分北斗卫星导航系统在大戢山播发实验成功。2022年9月启动北三系统建设,2022年10月通过上海市浦东新区公安局网络安全三级等保备案,2022年11月完成一台指挥机、四台用户机共五台专业设备安装部署,2023年2月完成部分指挥卡及用户卡安装及测试,5月通过交通部海事局组织的资质现场审查初审工作,7月通过中国卫星导航定位应用管理中心组织的资质升级现场审查工作,并于7月28日获批《北斗导航民用服务资质证书》,正式启动北三分理级服务。

智慧航运、智能航保是未来的发展方向。我国陆续在洋山港、长江口开展了"E航海"示范工程建设。洋山港"E航海"示范工程融合了港务、引航、海事、航保、水文气象、码头等多方要素,解决了能见度不良情况下大型船舶安全航行的技术问题,开发了智能导航仪和综合数据展示平台,使涉海单位可以获取各种信息,提升港口运营效能。该项目被国际航标协会列为国际十大示范工程。长江口"E航海"示范工程通过AIS虚拟航标和实体航标标识航道边界和边坡界限,打造电子航道;建设LTE专用通信链路,实现长江口水域LTE信号覆盖,构建长江口深水航道海上高速数据传输网络;在航道关键点安装水文气象设备,实时采集该水域的水文气象信息;岸基监管中心通过长江口综合信息服务系统,实时获取航道船舶交通状况。

三、上海航标文化建设

上海航标的技术和管理随着时代的脚步不停向前,但无论时代和技术发生怎样的改变,航标文化建设是技术和管理高质量发展的重要支点,是满足人民美好生活需求的重要因素,也是战胜各种风险挑战的重要力量源泉。文化具有统一思想、凝聚人心的重要功能。下面从航标精神、品牌打造及长效机制三方面介绍上海航标文化建设。

(一)航标精神

习近平总书记强调:"精神是一个民族赖以长久生存的灵魂,唯有精神上达到一定的高度,这个民族才能在历史的洪流中屹立不倒、奋勇向前。"航标人在长期航标事业的发展过程中坚持和遵循的共同理念、道德规范和行为准则,形成了具有鲜明的时代特征、与时俱进的灯塔精神、工匠精神、创新精神和担当精神。

1. 灯塔精神

以"燃烧自己,照亮别人"的灯塔精神为核心的航标精神来自航标人的火热实践,灯塔精神是一种爱岗敬业、无私奉献的精神。21世纪之后,科技进步,经济发展,很多岛礁上的灯塔不再需要人驻守,一些需要驻守的岛礁生活条件也得到很大改善。但远离繁华热闹的都市,来到偏僻荒凉的孤岛,无论生理上还是心理上都是一种考验,正是他们将吃苦耐劳、爱岗敬业、无私奉献的精神传承下去。新一代航标人,仅能吃苦、敬业已远远不能满足当今航标事业发展的需求,还必须具备较高的专业素质,业务上能够精益求精,技术和管理上能够创新突破,关键时刻能够勇于担当。

2. 工匠精神

工匠精神的英文是Craftsman's Spirit,是一种职业精神。它是职业道德、职业能力、职业品质的体现,是从业者的一种职业价值取向和行为表现。随着航标的不断发展,上海航标处涌现出了"上海工匠"吴志华、"灯塔守望者"池才明等践行工匠精神的典型代表。他们意念执着、坚守岗位,精益求精、追求极致的工作态度和方式是一代又一代航标人的典型缩影、真实写照。大力弘扬工匠精神已成为上海航标处文化创建工作中的重要内容。在文化创建中,形成了"标匠·青锋"青年工作品牌、航标宣传保护动漫、文化书签等产品,受到干部职工的广泛认可。工匠精神必将引领航标事业焕发出新的时代光芒。

3. 创新精神

创新是一个民族进步的灵魂,是一个国家兴旺发达的不竭动力。航标的创新之魅力在于能为航海者乃至整个海洋系统带来便利、优化和保护。应急警示灯、手持式AIS航标检测仪、多光色一体化航标灯器、新型塑料环保浮标等,上海航标人一直致力于研发提升航标助航效能、节约资源、保护海洋生态环境的航标产品及新技术革新。创新精神是上海航标科学发展的根本动力。"吴志华劳模创新工作室"及延伸航标站创新点的建设和深入推进,引领上海航标人与时代发展同步伐,在不断探索与创新中实现航标事业高质量发展。

4. 担当精神

"特别能吃苦,特别能战斗"的担当精神,一直是上海航标处践行海事"三化"建设要求,多次圆满完成航海保障、应急处置等国家级、省部级重大任务的思想指引。敢打硬仗、能打硬仗、善打硬仗成为航标人的精神烙印。在打造世博航道、"桑吉"轮溢油清污、为长江口深水航道航标设置、青草沙水源地航标设置调整、中华鲟自然保护区航标设置、洋山港"E航海"试验区建设等20余项重大任务或工程服务中,上海航标处都展现出了不辱使命的责任担当精神,屡次在重大活动任务中勇担重担,开拓工作,圆满完成任务。

(二) 品牌打造

除了航标精神打造外,上海航标坚持党建引领和航标业务发展统筹兼顾、一体推进,创建了"天海初心耀浦江"的党建品牌建设,与地方发展同频共振。牢记初心使命,夯实航标事业发展基石;主动担当作为,不断推进上海航标规范化、高质量发展。

"天海"指落实海事局"陆海空天"一体化水上交通安全体系建设部署,统筹推进北斗三号运营和海上导助航工作,着力为上海港运行提供安全保障服务,为航标用户提供更加及时、优质、高效的导助航服务。"初心"就是指我们党的初心,全心全意为人民服务。"耀"指初心闪耀,亦指航标灯光闪耀航路,指引航程。"浦江"指黄浦江,代指上海。"耀浦江"既指我们立足上海,以航标为本,为航海者提供优质服务;又指我们点亮灯塔光芒,奏响航保声音。通过"耀",使万里东海红色纵贯线亮起来,连起来,红起来,也衬托出子品牌服务大品牌的内在逻辑和紧密联系。

(三) 长效机制

在文化建设过程中,为了确保航标文化发展持续、稳定和有效,结合实际工作,上海航标建立了一系列长期有效的制度、政策和措施。这些机制通常包括以下几个方面:

第一,建立了组织领导机制,确保文化建设有明确的组织架构和领导责任,形成强有力的领导体系。第二,制定长远的文化发展规划和年度计划,确保文化建设有目标、有计划地进行。第三,在政策和资金保障方面,每年确保文化建设有一定的资金预算投入。第四,定期与社会各界举办"航标保护进渔村""航标文化进校园""航标志愿者进社区"等活动,让社会各界了解航标文化,参与航标文化建设,形成全社会共同参与的良好氛围的同时,完善文化人才的培养和引进。第五,上海航标加强与国际的文化交流与合作,定期与"IALA国际航标班"学习组进行交流和学习,传扬中国航标文化和航标技术发展的同时,提升文化软实力和国际影响力。

四、结　语

纵览中国航海发展的历史,中国航标是其中浓墨重彩的一页,技术革新奏响了中国航标不断向前的强音。一部中国航标技术发展的历史,记录了中国从灿烂辉煌的古代文明自信从容迈向民族伟大复兴的历程,记录了中国从征服自然、战胜自然转而与自然和谐共生的发展思路的转变,记录了中国对外开放从谋求发展到海纳百川、相向而行的合作思维的跃升。潮起东方浪涌时,海上丝绸之路为中国带来了越来越多的海上来客,中国航标将在这里迎接远道而来的客人,不断刷新自我,始终守护平安。上海航标也将继续秉承"灯塔精神、工匠精神、创新精神、担当精神",夯实航标事业发展,保障航行安全,助推航运中心建设,服务蓝色经济发展,践行海洋强国战略。

[吴彬,东海航海保障中心上海航标处,从事航标保护、建设及管理等工作。]

[陈磊,东海航海保障中心上海航标处,从事航标业务管理、专业技术管理等工作。]

[江道伟,东海航海保障中心上海航标处,从事运行保障、值班管理、安全管理等工作。]

近代上海港外销画的源流与价值述略

赵 莉

摘 要： 以外滩为表现对象的上海港外销画，是港口外销画在近代的延续。就图像构图要素、构图方式及创作群体而言，上海港外销画与广州港外销画关系密切、一脉相承。作为口岸贸易与中西文化互鉴的产物，上海港外销画在上海城市史、港口史及口岸文化史研究领域具有独特价值。一方面，相关图像直观呈现了开埠初期外滩的港埠原貌、空间分布及早期外滩建筑等，为溯源近代外滩历史风貌提供了形象化史源；另一方面，不同时期画家创作的外滩图像生动反映了开埠后上海港的发展变迁。同时，上海港外销画由于所处时代和地域的特殊性，在中国口岸图像谱系中具有承前启后的作用，表征着中西海上交往史进入了一个新的历史阶段。

关键词： 外销画 港口 口岸 近代上海 外滩

自16世纪中期至19世纪，澳门、广州、香港、上海等中国东南沿海港埠相继被辟为中外贸易据点和通商口岸，成为大航海时代以来中国与外部世界互动的门户。伴随着远洋航运与海上贸易发展，这些港埠逐渐为西人所知。图像在这些城市走向世界的过程中发挥了特别的作用，其中以18—19世纪的外销画最具代表性。自18世纪70年代外销画兴起，港口风景始终是外销画创作的重要题材之一。承载着中国东南沿海港口风景的外销画，不仅为口岸城市留下了珍贵图录，为人们溯源口岸历史与文化提供了形象化史源[1]，而且是摄影技术普及之前呈现传播中国口岸形象的载体，具有媒介属性；同时，又由于自身具有的跨文化特质，成为探索中西美术交流史、海上交往史的视觉文献，近年来颇受中外学界关注。

一、港口风景外销画研究回顾

21世纪以来，中外关于外销艺术的收藏、展览与学术交流日趋频繁，学

---

[1] 参见蔡鸿生著：《广州海事录：从市舶时代到洋舶时代》，商务印书馆，2018年，第251页。

者们关于广州外销装饰艺术的研究也进入了一个新阶段,取得了新成果。其中关于外销画研究,深圳大学陈雅新在《中国清代外销画研究回顾与展望》一文中作了较为全面系统的综述。① 港口风景外销画作为外销画的重要分支而受到相关领域中外学者关注,有的成为著作或论文研究主体,有的则构成相关专著的某一章节,成为外销画研究、外销装饰艺术研究中的"显学"议题。美国学者卡尔·克劳斯曼(Carl Crossman)在《中国外销装饰艺术》一书中专门辟出章节研究"港口风景画与船舶画",以画家为主线,梳理了自18世纪80年代至19世纪中后期包括史贝霖、蒲呱、新呱、煜呱、越呱、南昌、周呱等擅长港口风景画创作的外销画家及其画作,相关画作涉及澳门、广州十三行、黄埔、香港、新加坡、上海等港埠景观,并在书后附录整理了外销画家笔下的24幅中国港口图像及26幅不同时期的广州十三行港埠图像。②

(一) 广州十三行商馆风景外销画研究

整体上,关于港口风景外销画的研究以广州十三行商馆风景画为焦点。相关研究在外销画研究路径下形成了两种取向:一种是聚焦港口外销画本身,从其发展脉络、题材、内容、图像风格、绘制方法、外销画家等方面展开研究。这方面的代表性成果包括江滢河、程存洁、龚之允等的研究。③ 另一种路径是在图像证史研究范式下,以广州港埠外销画为材料,研究广州十三行贸易、中西交流、海上交通等议题。代表性研究包括英国学者孔佩特(Patrick Conner)所著《广州十三行:中国外销画中的外商(1700—1900)》④、范岱克(Van Dyke)和莫家咏所著 *Images of the Canton Factories 1760-1822: Reading History in Art*⑤。在上述通论式研究之外,还有一些聚焦外销画个案的研究,

---

① 陈雅新:《中国清代外销画研究回顾与展望》,《学术研究》2018年第7期。
② 卡尔·克劳斯曼著:《中国外销装饰艺术:绘画、家具与珍玩》,孙越、黄丽莎译,商务印书馆,2015年,第97—136页。
③ 江滢河在讨论清代外销画题材时探究了广州港口风景的典型性,参见江滢河著:《清代洋画与广州口岸》,中华书局,2007年。程存洁聚焦通草水彩画中的广州港口形象,简析早期来华西人与港口风景画的源流,参见程存洁著:《十九世纪中国外销通草水彩画研究》,上海古籍出版社,2008年。龚之允在中西绘画交流史研究视角下,分析18、19世纪航海东来的英国风景画家与本土画家笔下广州海景画构图方式的差异,参见龚之允著:《图像与范式:早期中西绘画交流史(1514—1885)》,商务印书馆,2014年。
④ 孔佩特著:《广州十三行:中国外销画中的外商(1700—1900)》,于毅颖译,商务印书馆,2014年。该书为以十三行商馆风景外销画为主体的专题研究,作者以欧美画廊和博物馆大量收藏为基础,结合西人游记、家书日记及英语报刊资料,以线性时间为序,深入阐释1700—1900年间广州十三行商馆的历史变迁、重要事件及洋商们在广州的贸易生活。
⑤ Paul A. Van Dyke and Maria Kar-Wing Mok, *Images of the Canton Factories 1760-1822: Reading History in Art*(Hong Kong: Hong Kong University Press, 2015). 该研究全面发掘了欧洲东印度公司及中美贸易方面的历史档案,系统梳理了1760—1822年间不同时期、不同媒介中的十三行商馆图像,以文献与图像互证,不但对画中的十三行建筑做出时间判断,而且结合广州贸易史论述了十三行建筑的发展变迁及历史背景。

如王次澄、吴芳思(Frances Wood)等聚焦大英图书馆特藏《广州港及广州府城画》,结合方志、史料、文人笔记等中外文献史料,按照一定顺序,对图像中构成广州港埠全景的局部景观逐一展开考证与释读①;陈丽碧等聚焦《广州十三行洪氏卷轴》,对图像中珠江沿岸景观、洋行建筑风格源流展开诠释②。

鉴于外销画研究的跨学科特征,近年来艺术史、美术史研究者也开始关注清代广州港口图像。刘爽以里斯本东方艺术博物馆藏"潘趣酒碗"上的十三行景观图像为中心,在跨文化艺术史的视野下,运用图像学方法探究潘趣碗上景观的形成过程,揭示葡萄牙本土传统、建城实践对中国沿海城市"形象"的影响。③ 韩晗对包括广州在内的清代船舶与港埠题材西洋画按时间段进行划分梳理,使用文献分析和风格学的研究方法,对图像进行阐释。④

(二) 澳门港口外销画研究

在广州港口图像外,也有学者关注澳门港口题材的外销画。孔佩特认为澳门港口风景是中国外销画家经常描绘的对象,而澳门海景画中被画家描绘最多的是从海面眺望南湾的风景。⑤ 莫小也以早期西人地志画、18—19世纪外销画中的澳门港口形象为脉络,考察四百年间澳门城市与建筑的发展变迁及中西建筑相互融合的历程。此外,莫小也还以澳门为中心研究外销画,包括外销画产生、外销画家群体与澳门的历史渊源,以及外销画中的澳门港市景观等。⑥ 刘爽等推演葡萄牙人"山地建城"理念从里斯本、果阿到澳门的历史转移过程,阐释了罗马"七丘之城"景观对建构澳门港市形象的影响。⑦

(三) 上海港外销画及相关研究

1843年上海开埠后,上海港中心区域逐渐从老县城东门外转移至北市外滩。外滩原为黄浦江沿岸的一块自然滩地,纤夫与船工们在这里留下了劳作纤道。上海开埠后,因其位置重要,外滩成为上海最先发展起来的港埠和商贸空间。19世纪中后期,远洋航运与对外贸易的发展赋予外滩能量,使外滩成为近代上海的航运中心、贸易中心及在沪西人的生活据点,因此成为

---

① 王次澄、吴芳思、宋家钰、卢庆滨编著:《大英图书馆特藏中国清代外销画精华》(第壹卷),广东人民出版社,2011年。
② 陈丽碧、黄醒佳:《洪氏卷轴:广州十三行的历史图像》,《美成在久》2019年第2期。
③ 刘爽:《从全景到街景——从里斯本东方艺术博物馆藏"十三行潘趣酒碗"看"长卷式"城市视野的形成》,《艺术设计研究》2021年第1期。
④ 韩晗:《清代船舶与港埠题材西洋画研究》,硕士学位论文,华东师范大学,2014年。
⑤ 孔佩特著:《广州十三行:中国外销画中的外商(1700—1900)》,于毅颖译,商务印书馆,2014年,第15—19页。
⑥ 莫小也:《澳门与早期中国外销画》,《美术观察》2010年第1期。
⑦ 刘爽、李军:《"七丘之城":从里斯本、果阿到澳门——跨文化视野下15—18世纪罗马"圣城"景观在欧亚大陆的复制与改写》,《美术研究》2022年第3期。

外销画中继澳门、广州、虎门、黄埔、香港等南部沿海港口后新兴的港口题材。19世纪中后期外销画家们绘制的近代上海港外销画多以外滩为表现对象,故本文讨论的"近代上海港外销画"即以外滩为表现对象的上海港口风景外销画。

与广州商馆、澳门南湾风景外销画相比,上海港外销画未引起学界专题关注,尚未成为一个独立的研究对象。国内相关研究中,如一些上海城市史研究著作中出现的上海港口外销画,更多是作为插图。在清代外销洋画、近代美术史研究领域,相关专著对上海港口外销画略有提及,比如江滢河在论及洋画题材时提到五口通商之后上海成为该类画的新增题材[1],潘耀昌在论及近代沿海地区的洋风画时提及上海洋风画[2],龚之允在讨论鸦片战争以后中西绘画交流史时提到了从广州迁至上海外滩的外销画家周呱[3]。国外相关研究中,克劳斯曼、孔佩特等英美学者在著作中提及上海港口外销画。克劳斯曼在其著作第四章"港口风景画与船舶画"中梳理了包括新呱、越呱、周呱等绘制上海港口的外销画家及其画作,并列举了美国迪美博物馆收藏的外滩全景图。孔佩特在马丁·格里高里画廊及香港思源堂的图录著作中,就开埠后1850—1890年这一阶段外销画家绘制的外滩全景图作了细致梳理,其中考察了沪上外销画家代表人物周呱及其绘制的外滩景观画作。上述研究为讨论上海港口风景外销画研究奠定了基础,并提供了重要线索。

近些年来,笔者以中国航海博物馆馆藏图像19世纪50年代佚名外滩油画(图1)为起点,拓展至馆藏文献《中国通商图》中的近代上海港图像(图2),进而

图1　19世纪50年代佚名外滩油画

---

[1] 江滢河著:《清代洋画与广州口岸》,中华书局,2007年,第192页。
[2] 潘耀昌著:《中国近现代美术史》,北京大学出版社,2009年,第116—117页。
[3] 龚之允著:《图像与范式:早期中西绘画交流史(1514—1885)》,商务印书馆,2014年,第327、332—333页。

图 2 油画《1847 年的外滩》

爬梳整理中外收藏机构关于外滩外销画的图录、文献及图像主体,结合史料、方志、竹枝词、沪上文人笔记、西人回忆录等,分别就开埠前西人视野下的上海港市图像、开埠初期(1843—1860)外滩图像、《1849—1851 年的外滩全景图》中的上海港口形象,以及上海港口外销画家周呱及其画作等展开个案研究。① 本文在前期微观研究基础上,拟就口岸文化史视野下的外滩港口外销画源流与价值展开整体性思考。

二、近代上海港外销画的收藏与源流

据笔者目前收集整理,以外滩为表现对象的近代上海港外销画约 30 幅。这些画作零散分布于中外收藏机构,主要包括美国迪美博物馆(Peabody Essex Museum)、英国维多利亚与艾尔伯特博物馆(Victoria and Albert Museum)、英国马丁·格里高里画廊(Martyn Gregory Gallery)、意大利白星档案馆(White Star Archive)、新加坡亚洲文明博物馆(Asian Civilisations Museum)、香港海事博物馆、香港艺术馆、香港华帝斯艺术馆(Wattis Fine Art)、银川当代美术馆、中国航海博物馆、上海市历史博物馆等。另外,法国国家科学院资深研究员安克强(Christian Henriot)及其研究团队所创建的上海图像数据库"视觉上海(Virtual Shanghai)"中亦收录了 8 幅近代外滩港口

---

① 参见赵莉:《19 世纪前期上海港题材洋画初探——以〈中国通商图〉中的石版画〈1840 年的上海〉为例》,载李庆新主编《海洋史研究》(第二十一辑),社会科学文献出版社,2023 年;赵莉:《开埠初期上海外滩图像研究(1843—1860)》,《海交史研究》2024 年第 2 期;赵莉:《开埠初期上海港口形象研究——以外销画〈1849—1851 年的外滩全景图〉为中心》,《艺术与民俗》2025 年第 2 期。

外销画。在目前收集的30幅上海港外销画中,22幅为外滩港口全景图,8幅外滩洋行单体图。除周呱、顺呱、越呱等少数创作者留下了姓名信息外,多数为佚名画家所作。从时间上看,开埠后最早一幅关于上海港口的外销画为《1847年的外滩》(图2),见于中国航海博物馆收藏文献《中国通商图》;最晚一幅则为《1882年的外滩》(图3),见于英国伦敦马丁·格里高里画廊图录。从数量上看,在跨越近四十年的时间中,上海港外销画主要集中在1850—1860年之间,达25幅。画作类别涵盖了布面油画、纸本水彩画、水粉画等西式绘画,其中以布面油画为主。

图3　布面油画《1882年的外滩》

溯源近代上海港外销画,堪称与外销画家绘制的广州十三行商馆港口画(图4)一脉相承。就图像本身而言,上海港画作的绘制视角、构图方式、构图要素等基本沿袭了广州十三行商馆风景外销画。这两地港口外销画均为宽幅全景,采用了来自水域(黄浦江、珠江)正对面的观察视角与平面线形构图方式,以水域航道、中外舟船及洋行商馆建筑为构图要素,将图像分割成三条"水平方向的带状区域"。画家虽然以油画、水粉、水彩等外来画种为主要表现形式,且采用了西方绘画的透视明暗等技法,但"仍然有意无意保留了中国绘画特有的视觉习惯与处理手法,最终构成了自己特殊的趣味"①,比如商馆建筑的一字排列体现了中国宫廷画中处理建筑的"界画"风格,使画面体现出中西交汇的奇趣。可以说,上海港外销画在广州十三行图的框架范式中,通过空间的置换与风景元素的更迭,生成了中国东南沿海又一个新兴口岸城市景观:在图像的空间背景中,上海城墙外的北郊滩地替换了广州西郊城外,穿城而过的黄浦江代替了珠江,承担着外国船只、货物与人员的输入流动。黄浦江畔沿岸因贸易而建成的西式建筑,沿袭了广州十三行商

---

① 赵莉:《开埠初期上海外滩图像研究(1843—1860)》,《海交史研究》2024年第2期。

馆一字排列的样式,其中的外商业主不乏五口通商后辗转北上的广州外商,而夹在众西楼间的江海北关大楼令人想起了广州港口外销画中的多面形粤海关大楼。

图4 《广州十三行洪氏卷轴》(约1772年)

另一方面,就外销画创作群体而言,1843年上海开埠后,其远洋航运优势得到进一步发挥,对外贸易开始兴盛;至1853年左右,超越了广州成为中国对外贸易中心。伴随着对外贸易中心的转移,此前以广州为贸易据点的洋行纷纷转战上海,在外滩租地建屋。一些寓居广州十三行商馆附近的外销画家亦为上海外贸市场所吸引而辗转北上,在上海开设画室,其中以周呱为代表。同时,上海凭借航运与贸易的优势,成为继广州、澳门、香港等之后新崛起的近代口岸城市,吸引了来华外侨在此生活,成为五口通商后外销画中的新兴题材。

因此,无论是图像主体,还是图像创作群体、题材谱系,上海港外销画都与广州外销画关系密切,源流相承。近代五口通商是中西海上交往史的转折点。上海由于其在近代远洋航运与对外贸易发展中的优势地位,成为中西海上交往新阶段的桥头堡,甚至成为后续近百年近代口岸城市的标杆。开埠后的上海得风气之先,成为西方绘画与视觉艺术的输入地,产生了丰富多样的表现近代上海港口的图像类型,主要包括中国画家绘制的外销画、西方画家的画作、摄影照片、中国画师绘制的画报图像等。[①] 作为口岸贸易与文化互鉴产物的上海港外销画,既是广州外销画的延续,又是近代上海中西绘画与视觉艺术融合的先声,在上海城市史、港口史、贸易史及口岸文化史研究领域具有较高价值。

---

① 赵莉:《开埠初期上海外滩图像研究(1843—1860)》,《海交史研究》2024年第2期。

三、上海港外销画的价值

（一）为追溯开埠初期外滩港口历史风貌提供形象化史源

近代上海港口的历史景观与风貌记录，更多见于19世纪后期及20世纪初的摄影照片与画报图像，开埠早期的外滩风貌较为鲜见。而绘制于1843—1850年的外销画补缺了这一时期的外滩记录，以直观具象的方式呈现了开埠初期外滩的港埠原貌、空间分布及第一代外滩建筑等，为溯源近代外滩提供了形象化史源。比如收录于《中国通商图》中的《1847年的外滩》（图2），呈现了开埠初期的外滩全景。从图中可见，开埠初期黄浦江上的舟船中西交错，但数量并不多；外滩港埠的水域与陆地空间范围并不宽广，主要集中在英国租界区，滩地沿线已经建成了包括宝顺洋行、怡和洋行等在内的第一代外滩建筑；特别是在众西式建筑中夹杂着一幢特征鲜明的传统衙署建筑，即为江海北关关署，这为考证上海开埠后江海北关的设置时间及其关署位置提供了重要线索。又如，一幅题为"1849—1851年的外滩全景图"的外销油画（图5），与孙逊、钟翀主编《上海城市史地图集成》中《上海洋泾浜北首外国租界土地规划图》①之附图《1849年的外滩》（图6）对照，通过查阅开埠初期洋行名录及英沪领馆档案，可得知图中从左至右的建筑信息如下：华记洋行（Turner & Co.）、江海北关大楼（Custom House）、宝顺洋行（Dent & Co.）、李百里洋行（Thomas Ripley & Co.）、裕记洋行（Dirom Gray & Co.）、义记洋行（Holliday Wise & Co.）、仁记洋行（Gibb Livingston & Co.）、和记洋行（Blenkin Rawson & Co.）、怡和洋行（Jardiner Matheson & Co.）及英国领事馆（British Consulate）。从而有助于准确了解开埠初期落户外滩的洋行名录及其建筑分布。另外，从图中可见，在沿江道路与江面之间有几处从堤岸伸入黄浦江的驳岸码头，非常清晰地呈现了开埠初期外滩的形态。更值得关注的是，该图以赛艇、马

图5 油画《1849—1851年的外滩全景图》

---

① 孙逊、钟翀主编：《上海城市史地图集成》（上册），上海书画出版社，2017年，第35页。

图 6 油画重绘版《1849 年的外滩》

匹、堤岸、中西人物群像等为主要构图元素,生动描绘了开埠初期上海黄浦江上举办的一场划艇比赛,图像信息包括当时参赛的赛艇、选手、裁判、观众等,形象记录了开埠后"西人跑马之后,又有跑船、跑人之戏"丰富多样的生活。在航运和商贸据点之外,画家塑造了外滩作为寓沪西人的生活空间形象,该类画作亦体现了五口通商之后上海的口岸特质,为研究开埠初期上海外侨生活提供了珍贵的直观资料。

如果说上述两幅图呈现的是外滩早期的全景样貌,那么外销画家周呱绘制的外滩洋行单体图则聚焦洋行个案,以特写方式记录了外滩的洋行原貌,颇具研究价值。笔者初步整理出周呱绘制的代表性洋行宅邸单体图,共计6幅,包括琼记洋行宅邸、上海肖氏兄弟洋行总部、上海宝顺洋行宅邸、上海丰裕洋行(图7)、上海罗氏洋行、上海班尼特洋行总部。其中琼记、宝顺、丰裕等是落户外滩时间早、实力强、规模大的英美洋行,其他则规模小些。从这些单体图可见,画家通过对诸如外廊、花园、窗户等洋行建筑构件的描绘,清晰逼真地呈现外滩代表洋行的空间布局、建筑结构与装饰细节。在照相术尚未普及的年代,不仅为考证开埠后不同时期外滩建筑的具体形态提供了视觉史料,而且也从一个侧面反映了五口通商前后外销画家与英美洋商的交往关系,为外销画研究打开了新的视野。

图 7 周呱绘制的丰裕洋行单体图

(二) 为反映开埠后外滩的发展变迁提供视觉文献

近代开埠后,凭借优越的地理位置与广阔的经济腹地,上海从以埠际贸易为主的区域性港市发展成为以对外贸易为主的国际性港市。特别是19世纪60年代之后,伴随《北京条约》《天津条约》的签订,中国北方沿海及长江沿线城市相继被辟为通商口岸,促进了轮船航运业兴起。同时,苏伊士运河的开通缩短了欧洲与远东的距离。这些对上海港的发展产生了深远影响,使出入上海港的外国轮船与日俱增,如1866年进出上海港的外国轮船已达2 009艘。① 贸易方面,开埠后落户外滩的欧美洋行数量也递增,从1848年《上海土地章程》中登记的8家到19世纪50年代初期的11家,再到1860年的74家,包括来自英国、美国、法国、德国及英属帕栖的诸多洋行。② 上海"北市一隅由荒地而开通衢,数十里幅员变化为五大洲之乐土,环球之码头"③,港口远洋航运与对外贸易进入了一个新的阶段。

上海港的发展在外销画中得到了呈现。通过图像对比可见,不同时期外销画家创作的外滩图像生动反映了开埠后十多年间上海港的发展变化,其中港口进出的船只是显性要素。较19世纪50年代外销画里中西舟船共存的静态画面,1860年后上海港外销画(图8、图9、图10)凸显了西船的数量与动态,西船成为这一时期的核心构图要素,其中具有代表性的是图9所示1865—1866年的上海。画家采用了近景特写的描绘手法,黄浦江上西船数量骤增,帆索交错,显得拥挤不堪,占据了图像景观的主体,黄浦江面呈现出一派紧张动感的节奏。在前景左侧有一红色外舷的船只,船体中间矗立的黑色烟囱及前方的明轮装置都表现了蒸汽轮船的景观。无论是图中数量骤增的外国船只还是蒸汽轮船的出现,都反映了19世纪60年代以后轮船航运业兴起对上海港的影响,呈现了轮船航运兴起发展时期的上海港风貌。

图8　布面油画《19世纪60年代初的外滩》

---

① 邹逸麟、茅伯科著:《上海港:从青龙镇到外高桥》,上海人民出版社,1991年,第34页。
② 王垂芳主编:《洋商史——上海:1843—1956》,上海社会科学院出版社,2007年,第65页。
③ 熊月之主编:《稀见上海史志资料丛书》(第一册),上海书店出版社,2012年,第116页。

图 9　水粉画《上海外滩》(约 1865—1866 年)

图 10　《1867—1868 年的外滩》

伴随近代上海北市的发展,纳入外滩全景图的空间范围逐渐增加——从 19 世纪 40 年代开埠最初李家场至洋泾浜全长 1 800 多米的外国商船停泊港区及贸易区,到 50 年代伴随着航运贸易发展,英法租界向南北两端区域延伸,到 60 年代个别外销画中出现了苏州河,再到 80 年代图像中出现了浦东的陆地空间。整体上,1850 年后外滩沿岸逐渐有更多的洋行建筑拔地而起,体现在图像中的变化是海关大楼的位置从左端边缘渐渐居中。其左端建筑数量增加,表明了租界建筑向上海南市方向延伸的趋势,这是伴随 1849 年法租界建成后出现的空间变化。值得注意的是,1843—1880 年上海港外销画的全景图中都出现了江海北关关署这一建筑地标,但不同图像中江海北关的位置有所变化。这又从另外一个侧面反映了不同时期伴随着航运贸易发展、码头岸线拓展与洋行数量的增加,外滩空间逐渐延伸与开拓。

(三) 为建构我国沿海口岸城市图像谱系提供了坐标

清乾隆二十二年(1757),清政府关闭了闽、浙、江海关下辖口岸,仅留广州一口经营与西方的海上贸易。自 18 世纪下半叶至 19 世纪前期,广州贸易的发展为外销装饰艺术品带来了广阔的国际市场。外销画由此而兴,港埠景观是广州外销画的经典题材。自 18 世纪 70 年代起至 19 世纪中后期,以史贝霖、林呱(Lamqua,即关乔昌)、庭呱(Tingqua,即关联昌)、煜呱、新呱、南昌、周呱等为代表的外销画家及数量众多的佚名外销画家,以玻璃画、布面油画、纸面水彩画、水粉画、通草水彩画等不同画种形式,绘制了澳门、虎门、黄埔、广州、香港、上海、厦门等沿海港口风景,留下了数量可观的港口外销画。① 作为清代"广州贸易"的产物,港口外销画本质上具有商品属性,但在跨越一百多年的海上交流中具有了媒介功能,不仅促进了中西方美术的交流与发展,客观上建构了中国沿海口岸城市图像谱系。

鸦片战争之前,港口风景外销画多以澳门、虎门、黄埔、广州为表现对象。澳门位于珠江三角洲南端西岸、广东香山东南端,在16世纪早期成为各国"贡舶"驻歇的泊口之一。1557年葡萄牙人获得在澳门居留权,澳门成为西方殖民者在中国沿海开展跨越洲际贸易的大本营。18世纪初,前往广州开展贸易的西人陆续航海东来,这也是他们到达中国沿海的第一站。西人在澳门雇用领取执照的引水人。引水人从前山营军民府获取官文,引领西船一路北上驶往珠江入海口。虎门是从澳门航向广州航程中的一站,距离澳门大约40英里。西人在此接受粤海关对船只、货物及官文的检查,之后继续溯江而行,至黄埔锚地。根据清代广州"一口通商"的规定,外国船只不得驶入广州城,西方商船须停泊在黄埔。黄埔距广州约12英里,西人在此将船中货物换到"官印船"中,沿着珠江航道运至广州,途中在黄埔税馆、东炮台税馆、商馆区码头税馆缴纳关税费用。② 广州是西方商人从事贸易活动的据点。位于广州城西郊外的十三行商馆是西人贸易交易场所,还兼有货物装卸储存及日常居住功能,故形成十三行夷人商馆区。从18世纪70年代开始,具有西洋风格的商馆建筑在珠江岸边拔地而起,色彩斑斓的异国旗帜迎风飘扬,商馆前珠江水道内船只拥挤,帆樯如林,航运繁忙,形成了颇具特色的十三行夷馆风景。

可以说,澳门、虎门、黄埔、广州代表着鸦片战争前西方商人东方航行的最后四站③,也是来华从事贸易的西人们在中国沿海航程中的重要节点,并构筑了西人在华经历的记忆据点。这些港埠风景从18世纪70年代开始进入外销画家的创作视野,成为外销画中的经典题材(图11、图12、图13、图14)。相关外销画图像,一方面连缀起"广州贸易"时代西人进入中国的航程图,另一方面构建了这一时期中国沿海港口城市的图像长卷。

其中,澳门图像多以南湾为中心,外销画家在英国画家钱纳利澳门图式的影响下,多采用从北面远眺的绘制视角,将新月形南湾水域、水上各具特色的中外船只、沿岸的西式楼宇、楼宇背后群山及山头的炮台、教堂等纳入

---

① 参见卡尔·克劳斯曼著:《中国外销装饰艺术:绘画、家具与珍玩》,孙越、黄丽莎译,商务印书馆,2015年,第106—135页。
② 参见范岱克著:《广州贸易:中国沿海的生活与事业(1700—1845)》,江滢河、黄超译,社会科学文献出版社,2018年。
③ 参见孔佩特著:《广州十三行:中国外销画中的外商(1700—1900)》,于毅颖译,商务印书馆,2014年,第15页。

图 11　19 世纪佚名《澳门通商图》

图 12　18 世纪晚期水粉画《虎门与虎门炮台》

图 13　18 世纪晚期布面油彩《黄埔船坞》

图 14　1815—1822 年布面油彩《广州十三行商馆》

构图,形成了常见的澳门南湾侧视图。① 再如,关于黄埔港的外销画不仅描绘了珠江航道中驶向广州的西方船只,还着力表现黄埔港东毗邻相对的两座岛屿——深井岛和长洲岛,从而形成了比较常见的图式:在长洲岛西端从东北方向眺望黄埔岛风景,中间珠江水域中停泊着一列西式商船。至于广州十三行商馆图,外销画家普遍采用来自珠江正对面的观察视角,以平面线形的构图方式,将珠江水域、中外舟船、洋行商馆建筑及广州城背景纳入构图,形成了颇具标志性的广州十三行商馆风景图。伴随着 18 世纪中后期至 19 世纪前期广州贸易的发展,越来越多的外销画家聚集于十三行新旧中国街。他们开设画室,雇用画工,形成流水作画的工序,以满足外销商贸需求。大量港口外销画流向海外,成为西人居家装饰品。港口外销画经历了创作—生产—消费的过程,在某种程度上也是港口风景逐渐被经典化的过程。更重要的是,这些聚焦一隅的港口风景在很大程度上代表了澳门、广州的城市形象,从而塑造了早期通商口岸的"国际形象"。

　　鸦片战争以后,香港被割让,五口通商。原本聚集于广州的外销画家开始分流,一部分外销画家南下去香港,也有少量画家来到上海,开辟了香港、上海等港口题材。可以说,1840 年以后外销画家以香港、上海、厦门等港口为创作对象(图15、图16),带来外销画港口题材的拓展,使外销画家绘制的中国港口城市图像在近代得到延续。以煜呱为代表的外销画家绘制的香港港湾外销画(图15),多以维多利亚港湾为中心,突显港湾背后高伟壮阔的山景。以周呱为代表的外销画家绘制的上海港口外销画,以外滩为表现中心,

---

① 中国航海博物馆编著:《云帆万里:中国航海博物馆馆藏选粹与释读》,上海书画出版社,2023 年,第 67—77 页。

记录了开埠后北市港埠与洋行建筑的变迁。维多利亚港湾与外滩均为口岸城市的航道门户与濒水空间,是近代中国港口航运与对外贸易发展的据点,也是 19 世纪西方人海外拓殖历程中的又一据点,在近代中西交往上具有特殊意义。外滩英文 Bund 源于印度语,原意为"人工筑堤、堤岸,或堤道"。伴随着英国对印度的殖民,Bund 一词被英语采用,用以泛指东方国家通商口岸西人定居点沿岸的筑堤码头与濒水堤道。作家陈丹燕在论及上海口岸城市文化时指出:"伴着英国帆船步步逼到东方海岸线的深处,一个新英语单词,一种相似的水边风景,也一路在通商口岸城市的海岸或者河岸上落地生根。"①

图 15　布面油画《19 世纪 70 年代的香港港湾》

图 16　布面油画《19 世纪 50 年代的厦门港》

---

① 陈丹燕著:《外滩影像与传奇》,上海文艺出版社,2020 年,第 304 页。

四、结　语

　　以外滩为表现对象的上海港外销画,是港口外销画在近代的延续。就图像的构图要素、构图方式及创作群体而言,上海港外销画与广州港外销画关系密切,一脉相承。作为口岸贸易与中西文化互鉴的产物,上海港外销画在上海城市史、港口史及口岸文化史研究领域具有独特价值。纵观18世纪中叶后至19世纪中后期的港埠外销画,从澳门南湾到广州十三行商馆,再到香港维多利亚港湾、上海外滩,在某种意义上都是"Bund"的所指。外销画家多以水域、舟船及贸易商馆洋行为构图要素,描绘了口岸城市的相似风景,记录不同历史时期这些城市基于地理位置与海路优势而具有的航运贸易功能。上海外滩由于其所处时代和地域的特殊性,在中国港口图像谱系中具有承前启后的作用。在外销画逐渐进入式微阶段的19世纪中后期,上海港外销画接续了广州港口外销画的余脉,又对进入摄影、画报等现代视觉形式的外滩图像及其他口岸图像产生影响。另一方面,就中国沿海口岸的地理空间而言,外销画中的外滩,前溯澳门、广州、香港,后接天津、汉口,开启了五口通商之后西人视野下中国口岸图像"北上"的起点,为延续中国沿海口岸图像提供了新的坐标点,意味着19世纪中后期中西海上交往进入了一个新的历史阶段。

　　[赵莉,中国航海博物馆学术研究部(藏品保管部)研究馆员,主要研究方向为近代中西海上交往史、口岸文化史。]

旧日本海军气象教学及其保障业务研究*

杨 凯、张 瑞

摘 要: 气象学因其军用价值,得到日本军方的高度重视与大力扶植。旧日本海军为实现其军事目标,在气象教学、观测、应用等各层面投入大量资源。海军气象教学奉行实用原则,教材版本更新迅捷,教学内容紧跟前沿,急功近利的心态暴露无遗。侵华战争爆发后,军方控制了民事气象部门,日本海洋气象事业也取得一定进步。但军国主义日本的气象科学发展路径与现代规律完全背道而驰,所取得的多数成果在基础理论层面也并未能实现升华。与此同时,以"挪威学派"为代表的欧美大气科学研究则取得重大突破。两相比较,应该如何推动基础学科的发展,值得后发国家省思。

关键词: 航海气象学 气象教学 气象观测 基础学科

日本自明治开埠后,面对海上而来的欧美列强,立志成为海洋大国、海军大国。该国气象学的产生与旧日本帝国海军(Imperial Japanese Navy,缩写为 IJN,文中统一称旧日本海军)有天然联系,如幕府海军奉行荒井郁之助早年深受风暴之害,幕府败亡后迅即扮演日本地球科学学科的开拓者角色,直至从中央气象台初代台长位上退休。① 日本气象观测布点及其触角向大陆与大洋之延伸均仰赖其军队的大力支持,日军为战争需要往往征用气象台及其设备,此外像偷袭珍珠港过程中日本气象观测船的前出部署等等,历史个案比比皆是,诸多细节让战前日本气象的国家体制具象化于世人面前。

荒川秀俊的《日本气象学史》一书勾勒了日本气象学早期发展之梗概,其中关于军方与气象学的紧密关系以本土的初步实践、外来战例的刺激、对外战争的全面应用为历史主线加以明晰阐发。② 而日本战前重要气象学家的人物研究与传记亦层出不穷,其与日军之关系也已基本清晰。笔者注意

---

* 本文为教育部人文社会科学研究一般项目"日本天象史料整理与太阳活动记录研究"(项目编号:24YJA770013)、国家社科基金重大项目"海外藏近代中国北部边疆科学考察文献整理与研究"(项目编号:23&ZD262)阶段性成果。
① 大藏省印刷局:《官报》(1887年6月30日),日本マイクロ写真,1887年,第318页。
② 荒川秀俊著:《日本气象学史》,河出书房,1941年,第80—85页。

到：举国之力、聚精会神于一点的重大战役（如偷袭珍珠港）中气象学之应用，虽然呈现了当时日本最高大气科学水平及日军最佳科技应用水准，但这种动辄倾国而动的状态是不可持续的。而其学科基层实态并未特别受到科技史学者之关注，笔者将就此作一探讨。①

一、实用第一的旧日本海军气象教材

海洋气象关乎航海安全，早期对此的认识主要依赖海员经验的积累和总结。19世纪初，欧洲在结合气象学和海洋学两个学科的相关理论基础之上形成了航海气象学。该学科分支很早就成为各国海员培训的必修课之一，举凡海军强国均高度重视这一科目的教材建设。日本开国后，各大商船公司从节约成本与运营安全角度考虑，对航海气象知识亦有较大需求。②

水路部是服务于日本海军的航海气象观测机构，肇始于19世纪70年代日本迫切的航路测量事业需求，并于同年成立专门的水路局。该机构的名称及归属在明治年代历经变动，至19世纪80年代定名为水路部，隶属于海军省。该机构一直存续至日本战败，伴随着旧日本海军的消亡，其机构主体转入其他民用省部，现今主要职能由海上保安厅承袭。③

欧美学界曾经使用Ocean Meteorology这个英语合成词标识海洋气象学，中村精男在规范日本气象学界的专用名词时就将Ocean Meteorology直译为"大洋气象学"。水路部的航海气象学教材则一般使用"海上气象学"，马场信伦也以"海上气象学"命名自己的教材。以上两种教材的前言中均明确指出："海上气象学"所指的就是Ocean Meteorology。现在，海洋气象学卓然而立，航海气象学也成为航海专业的必修课程。这表明，原本处于边际不清晰的海洋气象学终于拥有了自己的学术范式和独立地位。

旧日本海军高度重视航海中的天气变化，这是因为在航海动力技术尚不足够发达的19世纪末20世纪初，妙用顺风顺水对于资源不足的日本而言尤其有利，何况更有甲午海战与日俄海战战例中海军的切身体会与经验总结。水路部担负军民两用职能，因此很早就有日本海洋学与气象学学者编写专门教材。

---

① 日本大气科学学科史，以冈田武松与藤原咲平等元老撰写的笔录与回忆最为珍贵，保留了学科草创中的大量史料。近代学科通史可以参考荒川秀俊的《日本气象学史》，田村专之助的《日本气象学史研究》则是当下最为详细与系统的日本大气科学史研究专著。
② 第一次世界大战后，日本航空兵开始起步，专门的航空气象学也开始受到军方重视。但由于日本海军航空兵迟至首艘航母正式入列（1922年）才真正成为联合舰队的海上新利器，因此笔者仅在文中略涉及相关内容。
③ 关于日军水路部的组织沿革及其人员组成，可参见《水路部沿革史》（水路部，1935年）一书。

目前在日本可见的最早航海气象学专门教材,应当为水路部翻译引进的英国海军士官马丁(W. R. Martin)所著 Ocean Meteorology。① 该教材于1887年成书,恰巧较江田岛海军兵学校的创立早一年。该书本为马丁应英国海军士官学校要求所著,用以解决学者所著水路志使用不便的现实问题,故此纳各方概要而著成此教科书。日本对该书的翻译引入,旨在为海洋事业提供助力,也因此重点译介了有关本国海上命脉的西太平洋、印度洋与近中国海域的气象内容。该书前六章为大气性状、海洋性状与主要大洋情况,第七章为台风、第八章为海洋深度及温度。马丁明言:

> 本教材省略理论而专注于航海实践。②

该书本就单薄的篇幅更偏重航海可用之经验规律,其他只提供概述。例如,"大气性状"章仅以四页半篇幅讲解了大气的概念与水蒸气两个知识点,其余重点放在船舶、海洋水文、气象观测及风海流中的船舶避险、驾驶等内容。显然该书并不完全适用于西太平洋的海上作战,旧日本海军亟须更为详略得当的本土化适用教材。

马场信伦是日本海洋学与气象学的元老。德国人受雇于日本政府任地理局专家后,指定和田雄志与马场担任专门从事海洋气象方面的助手。此后马场长期就职于日本气象系统,与和田合作率先开展海洋气象预报和暴风雨预警。③ 承担相关工作期间,马场还改进了部分观测仪器。其所撰写的气象学教材得到社会各界较高评价,被政府部门和学校长期作为教材,还曾由山西大学的日籍译员西师意译介回中国作为教材④。马场的《海上气象学》推出后即受到国内外广泛认可,并多次再版。笔者以该教材为例,并通过与其他同时代教材的比较,对日本海军气象教学作一考察。

以马场信伦《海上气象学》为代表的航海气象学教材一般必须包含以下三个部分:基础气象学知识、基础海洋学知识和基础海洋水文气象观测技术。其中基础气象学知识又可以分为两或三个部分,即气象学常识与天气系统(灾害性天气系统一般会单独划出)及其天气特征。对于以上内容在教材中所占比重与详略,马场的教材在总体上采取了如下策略:首先,强调概念的精练易懂;其次,实用优先,重视可操作性。第一版《海上气象学》分为六章。第一章简介大气,即大气成分、大气高度和大气现象;第二章讲授海洋气象观测仪器,包括气压、温度、干湿三类观测仪器及其数值修正方法;第

---

① 日本海军早期的建军之路,具有英国海军的深深烙印。因此,日本海军用的教材不少来自英国,海洋气象学亦概莫能外。
② マーチン著:《海上气象学》,水路部,1890年,第2页。
③ 宇田道隆著:《海洋科学史》,金连缘译,海洋出版社,1984年,第520页。
④ 肖朗、吴涛:《中国大学初创时期的教材建设(1895—1912)》,《天津师范大学学报》(社会科学版)2014年第2期。

三章介绍日本周边季风;第四章开始大篇幅讲解海洋,特别是洋流;第五章阐述天气现象成因,涉及各温度带天气特点与天气预报方法;最后一章为航海大敌——暴风雨,因而专设一篇重点讲解。① 此后各版略有增改,大框架不变。以下就纵贯该系列教材,择要探讨。

(一)天气图与预报方法论

日本学者开始独立自编教材,恰逢大气科学主要分支形成的草创期,故其教学更新可以与之同步。19世纪中叶正是风与气压关系研究的高潮,绘制气压与风的天气图迅速发展。因此,1899年版的马场教材中编入了白贝罗定律②,该定律于1857年凭经验推导提出,以阐述风向与水平气压分布的关系③。如今我们知道,当水平气压梯度力与水平地转偏向力平衡时就会形成地转风,其受地转偏向力作用而呈右偏转,直至空气沿等压线做等速水平直线运动。地转风为平衡运动,受到的外力等于零,没有加速度。现代观察表明,自由大气中大尺度空气运动近似于稳定的水平运动。因此,该定律将地转风或梯度风作为实际风近似值,具有相当理论意义与应用价值。利用此定律,时人就有可能由气压分布来预测风向。而就当时的认知水平,该定律很好概括了自由大气中的风场与气压场的基本关系。当然,实际空气运动并不与地转风或梯度风吻合,所谓的偏差风会促使风场与气压场持续互相调整,打破平衡并建立新的平衡。

天气变化预测部分,马场引入了19世纪末的最新研究成果,包括区域气候与天气图。定律方面,马场保留了多夫(Heinrich Wilhelm Dove)的经验性规律(表1)。

表1 多夫定律

风 向	气压	气温	备 注
东南风、东风、南风	下降	上升	——
西南风	上升	下降	气压下降与气温上升的转折点
西北风、西风、北风	上升	下降	——
东北风	下降	上升	气压上升与气温下降的转折点

① 马场信伦著:《海上气象学》,教文馆,1899年,第1—6页。
② 以荷兰气象学家白贝罗(C. H. D. Buys Ballot)的名字命名。他凭经验推导出这条定律,却不知道美国气象学家威廉·费雷尔(William Ferrel)已经从理论上推导出了这条定律,后者后来也承认了这一点。
③ 该定律内容为:在北半球,一个人站在远离风的地方,右边为高压,左边为低压;在南半球,情况相反。

多夫定律相当原始,对季风区域的天气预报与研究价值也相当有限。归根结底在于其气流模型还停留在总结全球风系统特征,而无法认识到大气环流中存在次级扰动。他认为气流发生交替位移冲突时,只有一种风流占据绝对优势后才会出现风向变化,并且他将风暴严格区分为中纬度风暴与热带气旋,还假设了二者各自产生的原因。基于上述这种不正确的理论,当时教材中使用的日本夏季与冬季气压图当然不能很好地解释东亚季风区天气现象及变化趋势。因此,海洋气象观测更显不可或缺。

(二) 海洋气象观测

气象学成为现代科学的关键在于,发现了能够表征大气状态改变的气压、温度和湿度等物理参数。马场教材中列举的天气要素有昼夜温差、季节温差、高低气压、气压气温的不规则变化等,尤其以气压为表征大气状态改变的最重要天气预报数值之一。当时的经验定律与天气图均不能令人满意,唯有继续强化实时观测,因此航行中的气象观测对当时海军而言极为重要。当时常用观测仪器包括温度计、湿度计和气压计等等,使用广泛。①

温度计分为最高温度计与最低温度计,海上观测还有专门设计的海用温度表(海上气象观测中,温度表除用于大气温度测量之外,也会用于大气湿度测量),以及更方便的双金属片温度计。

湿度计用于测量大气湿度,包括水汽压、相对湿度和露点温度三项。除了常见的干湿球湿度计和毛发湿度计之外,还有吸入式干湿计等,保证了在零下十摄氏度仍可以开展大气湿度检测。由于已经相当成熟,因此上述两项观测的可保障性很高。

气压计是利用水银柱与大气压力平衡为原理进行气压测量。当时的航船专用水银气压计以避免因船舶摇摆与震动而造成示度不准,在中部加装平衡环和阻尼弹簧,使任何时刻都尽量保持垂直和稳定状态;槽部深度大而外径小且下部成尖锥形并焊接在内管中,防止颠簸引起水银振动。此外还有手持空盒气压表与自动空盒气压计等。由于气压数值在暴风雨预测与避航中使用非常频繁,因此关于该项观测的专门教学比重较大。

不过,受限于当时大气科学其他理论的发展阶段,相较于现代教材,观测获得的气象要素之特征、时空分布、变化规律及大气运动等资料整理均处于初始状态,各种解释相当涩疚。例如,极锋学说产生前,海平面气压场的基本形式与空间结构是天气分析与预报的重要依据,但1899年版的马场教材中基本形态仅有低气压与高气压两种,缺少低压槽、高压脊与鞍形气压区。其天气分析解说也缺少中间变化环节,令今人一知半解。

---

① 1899年版马场教材不载舰载气象观测仪器,1907年版本始有图文。

(三)版本更新情况

该教材历年版本更新非常迅捷,直追前沿。例如,1899年第一版教材中马场在最后一章专门讨论暴风雨,即热带气旋系统。至其最新版已经使用术语"サイクロン"(即 Cyclone)统一二者为同一天气系统:使用气压计监测的低气压系天气预报常用术语,指气象场中低于周边气压的准圆形气压系统,而在其他语境中指流场上的气流旋转涡旋系统(即气旋)。其概念已经与今日无异,仅仅在该天气系统的历史观测数据积累上有所不及,比如气旋的水平范围可达 3 000 千米以上,横跨欧洲直抵西伯利亚,远比当时的数百或 1 000 千米的观测值大得多。

其他重要更新包括:(1)电报发明之前,天气预报利用当地的天气资料及其变化进行预报,因此该海军教材的第一版在重点讲授观测之外就是提供未来作战海域的地面天气图。而第二版中由于电报的普及,各地资料及天气变化情况可以及时传递,为二维天气图进行预报提供了条件。(2)第三版及时引入了"挪威学派"系统分析大气运动与状态的理论,即气团与锋面的概念。以 20 世纪 20 年代为分界线,在大气探测实现地面向高空探测前,日本海军在航海探测教学上力求各天气要素的完整、精确记录。(3)最终版本所载已经与当代仪器差别不大,不仅自动化大大提高,其仪器精度也与今日无差,保证了当时日本海军的海上观测与天气短期预测之准确性。

二、旧日本海军的气象应用及其保障

旧日本海军设定的主战场在亚洲大陆及第一、二岛链,海军尤其聚焦于东亚大陆沿海和西太平洋,而该区域夏季盛行的台风极具破坏力。日本联合舰队曾多次遭受大型海难重击,如 1935 年 9 月 26 日三陆冲演习的台风海难就造成两艘驱逐舰沉没与一艘巡洋舰受到重创的严重后果。该次海难的主要原因是北上台风中心行进速度达到每小时 73 千米,预警不及时。鉴于此,日军海洋气象观测部门重点检测夏季台风、冬季低气压(特别是寒潮)。

对于旧日本海军气象部门而言,航海所用的海洋气象预报难度更高。首先是热力差的海陆二相,海上的热量与水蒸气可以使气团发生质变;其次是海上的摩擦力小,使海上风力往往强于陆上;再次是气温与水温的日变化较陆地更小;最后是缺少地面地形阻碍,海上天气骤变更为剧烈。综合而言,尤其需要关注风、浪两大要素,它们在现实航行中也最具威胁。

而在海浪监测上,则需要积累每月平均浪高等经验数据,此外还有大量其他累积的中国黄海、东海、南海的风、浪、雾、流等资料。据目前可见的战时气象资料,旧日本海军已经开始尝试波浪数值预报。各种海洋气象教材中已经有相关波浪等高线图,但都属于月度或季度的平均值高线图,价值有限。在此基础上,一般采取综合考虑平均显著波高加上涌浪波高得到合成波高,以开展海浪预报。

由于众所周知的原因①,旧日本海军对气象信息与预报的获取并不满足于一味依赖其他部门,而是企图完全自成一体。因此,自侵华战争开始后,海军也开始对民用气象台之事权多加侵夺(详见表2)。并且为了提前发现台风、确定台风位置及观测研究等,海军部还向南北各个方向持续成建制布设气象观测站、派遣气象观测队、使用间谍船等,对台风、寒潮与海浪的监测预报均取得一定成效。

表2　旧日本海军对气象事业加强控制事件表②

时　　间	事　　件
1937年8月	中央气象台增设海军联络室
1938年5月	首期水路部气象技术员讲习
1938年12月	设置上海海军气象观测所
1939年	在库页岛、千岛群岛等地大幅增设观测所
1941年3月	巴拉望设置海军第四气象部
1942年1月	海军气象专技预备生制度建立
1944年3月	海军航海学校分校(气象学校)成立
1944年4月	海军气象部自水路部独立

为最大限度榨取气象学之利用价值以供作战,旧日本海军甚至专门派遣气象班(半军事化的专业气象观测队)远赴太平洋日占岛屿进行气象观测。尽管气象班的工作条件极端恶劣,全员因缺乏食物补给、罹患脚气病而一一倒下,这些气象观测人员在获救后依然被送回岛屿,继续为军方进行台风源研究与监测。③

旧日本海军的野望在于长久掌握绝对制海权,封锁中国大陆。中日未互相宣战之前,其公开层面以"遮断"为辞加以掩饰,对中国先后实施四次大陆封锁(详见表3),造成严重人道主义灾难。

---

① 旧日本陆军与海军自明治维新起长期内斗,导致两大军种一直试图自成一体,独自掌握技术兵种与后勤保障。
② 太平洋学会:《海军气象业务略年表》,《太平洋学会学会志》1988年第40期。
③ 井上米次:《海軍気象班のミクロネシア展開(太平洋戦史研究部会太平洋の島嶼小国に関する研究部会合同セッション報告)》,《太平洋学会学会志》1988年第40期。

表3 日军侵华期间对中国大陆封锁简况表①

次　　别	时　　间	区　　域
第一次封锁	1937年8月25日	32°4′N 121°44′E/23°14′N 116°48′E
第二次封锁	1937年9月5日	40°N 119°54′E/34°30′N 119°55′E
第三次封锁	1937年9月5日	34°30′N 119°55′E/21°33′N 108°3′E
第四次封锁	1937年11月20日	全海岸线封锁

全面抗战爆发后,日本侵略者开始有步骤断绝我国所有海上交通线。由于东亚季风性明显,冬季大浪区包括山东半岛东部、朝鲜半岛东南、琉球群岛西侧,以及整个中国台湾岛海域;夏季全域风浪小,但在热带气旋影响下就会有即时大风大浪。再加上该次封锁持续时间长、海域面积大,旧日本海军需要缜密的气象支持,包括:长期海上天气预报、中期海上天气预报、短期海上灾害预报及其他气象资料。以上支持分别对应值守海上官兵的日常生活保障、进行拦截任务的航行需求和暴风雨等灾害的避险需求等。

因此,旧日本海军在各版本航海气象学教材中以大篇幅重点进行避风与风浪航行方法讲解,可将之简分为三个部分:针对热带气旋中心位置的判定、行船与气旋中心相对位置的判定及航行技巧和方法。首先,关于判断热带气旋中心方位,就当时的经验而言只能制图表以粗估方向,如当风向为北,气旋中心一般处于东南偏东或更南。其实就该方法的原理而言与今日并无大差别,不过现时在风力评估基础上只需要观测者保持背向真风、正方向为0度,即可做出速估:以北半球为例,6至10级风从45度到90度,每级约5度。其次,关于船与气旋中心相对位置的判定。第一步,判断行船所处热带气旋部位(象限),观测者通过进行连续风向观测也可以做出估算:风向顺时针时在右半圆,风向逆时针时在左半圆。第二步,根据风速变化大小估算:风速变大,位置为前半圆;风速变小,位置为后半圆。第三步,估测舰船与气旋中心的相对位置,以便及时做出应对。

总之,当时的估测原理与应对方案均已草创成型,只不过其结果精度与获取速度尚未达到今日水准,只能称作堪堪可用。也因此,即便使出浑身解数,一直狂妄地认为可以征服一切的旧日本海军普通士兵,在长期的海上封锁任务当中付出了沉重代价,正如其事后总结时所谓的"与自然恶斗":

如同浪中一叶的驱逐舰根本不能做饭,每天只能靠啃食饼干度日。十月温度达三十六七度(笔者注:此处指南中国海),北方海域有寒风

---

① 杨玉文等主编:《第二次世界大战大词典》,华夏出版社,2003年,第91页。

大浪。舰上士兵苦不堪言。①

此后,太平洋战局发生转变,旧日本海军的气象网络全面铺开工作,却陷入愈是铺展则愈发残破低效的局面。一方面,被派遣到太平洋诸岛的气象班人员依旧竭力传回最新观测资料;另一方面,他们也通过无线电、间谍船等各种渠道知晓随军作战的气象班正在持续消亡。以1943年的瓜达尔卡纳尔岛战役为标志,联合舰队精锐丧尽,残存的气象班随时覆灭,天气预报工作已经失去实际意义,国内的气象观测人力资源也已经日渐枯竭。

同年8月,第四气象队本队被歼灭,匆忙建立的海军气象学校草草收场,证明旧日本海军的气象观测及保障业务已经难以维持。1945年8月15日,旧日本海军气象事业与日本帝国主义共同走向终结。

三、余论:基础学科该怎么发展

大气科学是研究大气的各种现象及其演变规律,以及如何利用这些规律为人类服务的一门基础学科,也是地球科学的重要组成部分。明治维新后的日本费尽心力促使该类基础学科迅速发展。至二战前夕,日本气象学学科体系完备,观测技术先进,保证了军用气象预报的精确度。同时,人才层出不穷,尤其是以藤原咲平为代表的气象学者在现象解释和理论创新方面屡有世界级成果。但其总体依旧处于"跟踪追赶"型,不能实现范式突破。②旧日本海军立足于本部门之迫切需求,在资金、人力上的投入很大。然而纵使如此,动辄举全军或全部门之力,日本气象事业依旧距离世界一流水平差距尚远。也就在几乎与此同时,欧美大气科学的一次学科范式大突破即将来临。

19世纪末20世纪初,由于气象学的现代学科范式尚未完备,专门从事这一基础性研究的欧美学者较少。安定有序的学术环境是学科实现前期积累与爆发的重要条件。第一次世界大战前,德国气象研究曾经居于世界前列,但战败后即走向颓势。原本在莱比锡大学任教的V. 皮叶克尼斯、J. 皮叶克尼斯只能选择返回挪威负责奥斯陆大学的气象学科。父子二人率领他们的小型团队将研究重点放在天气预报上,兼顾理论研究与天气学分析,建立的锋面气旋模型是中纬度天气尺度气旋发展和演变的重要概念模型。整个20世纪20年代,气团、极锋学说及锋面气旋模型被称为"极锋气象学",皮叶克尼斯父子领导的"挪威学派"奠定了气象学的独立学科地位。③

---

① 《支那船舶交通遮断》,海军省海军军事普及部,1938年,第37—38页。
② 和达清夫、荒川秀俊:《わが国の気象学・気象事业史》,《地学杂志》1954年第3期。
③ 叶鑫欣、焦艳、傅刚:《挪威学派气象学家的研究工作和生平:J. 皮叶克尼斯、H. 索尔伯格和T. 贝吉龙》,《气象科技进展》2014年第6期。

与由几个学者组成的"挪威学派"崛起几乎同时,在日本《少年与战争》一书中专门描述了使用气球投掷炸弹、杀伤敌人的场景。这种军国主义"军事技术科普读物"的作者对此种气球杀人技术之巧用推崇备至,居然寄语下一代孩童:

> 法德战场上的军用秘密武器迭出。一朝列国开战,海陆空会有多少不可思议的武器,以其非常效力给敌人造成不利的被动局面。(中略)致力于富国强兵的少年诸君今后务必以此学问与技术多加钻研,提出新方案,为帝国发明无双兵器。①

1941 年,《日本气象学史》的作者、气象学家荒川秀俊面对太平洋战场上日本的节节败退,居然真的突发奇想,提出利用西风带的稳定气流将简易气球炸弹投掷往美国。此君将大气科学探测气球改造为武器的狂想如今已经为人所知,其失败也不过贻人笑柄。② 将上述由荒诞军国主义文学转变为现实科学武器的图景,与 V. 皮叶克尼斯在信中描述他与几个志同道合的年轻人一起工作的单纯兴奋心情放置在同一个科技史场域中,恰恰映衬出战前日本气象事业难有突破的诸多症结所在。③

[杨凯,江苏科技大学科学技术史研究所副教授,研究方向为日本科技史。]

[张瑞,江苏科技大学科学技术史研究所研究生,研究方向为近现代科技史。]

---

① 佐竹万三著:《少年と戦争》,学龄馆,1893 年,第 52—53 页。
② 联合国军总司令部民间情报教育局:《真相はかうだ》(第 1 辑),聯合プレス社,1946 年,第 7 页。
③ 黄晶、何霄嘉、仲平:《关于世界可持续发展历史轨迹的分析与思考》,《阅江学刊》2023 年第 4 期。

牛庄灯船相关问题考证

王 煜、杜树志

摘 要：本文对近年来入藏中国航海博物馆的百年牛庄灯船开展多维度历史考证。从历史沿革看，灯船作为重要的浮动助航标志，随着近代中国航标体系的构建而产生与设置；从得名缘由看，营口清代属于牛庄八旗驻防镇口岸，因而起源于今天辽宁省营口市辽河口水域的灯船当时被命名为牛庄灯船。第一代牛庄灯船的设置是在1871年，现入藏的是1917年建成启用的第二代钢质铆接灯船。该牛庄灯船由上海耶松船厂建造，船上标识与史料可以相互印证。外资修造船厂和官办造船厂是中国近代造船工业肇始的两条主线，而耶松船厂正是当时外资修造船厂中最有代表性之巨头。牛庄灯船见证了中国近代航标体系从无到有的发展历程，入藏的这艘第二代牛庄灯船是中国沿海近代钢质铆接灯船的典型代表，也是中国近代造船业起步与发展的实物见证，对相关历史研究具有重要价值。

关键词：牛庄灯船 耶松船厂 近代航标史 造船史

2016年12月20日，在辽河口水域驻泊导航近百年的牛庄灯船入藏中国航海博物馆。由于长期置于海上的环境条件，入藏时船体锈蚀严重，上层建筑和部分构件缺失，亟待开展抢救性的修复和保护。通过前期方案论证和准备，修复保护项目经历了检测与分析、除锈与脱盐、修复与复原、缓蚀与封护等阶段，到2021年底圆满完成，实现了修复保护方案所提出的"恢复原貌，修旧如旧"的预期效果（图1）。围绕着修复后的牛庄灯船，相关问题的历史考证也随之而来，对这些问题作出阐释和解答，既是我们深化藏品研究的需要，也是走进博物馆参观学习的观众们所希望了解的。

一、辽河口灯船的历史沿革和牛庄灯船得名缘由

灯船，其形状如船，具有良好的耐波性和水密性，一般停泊在难以建造灯塔的港口入口处，主要用于标识港口口门、重要转向点等，属于供船舶测

图 1　修复后的牛庄灯船
（王煜摄）

定船位和确定航向的浮动助航标志。与普通航标相比,灯船具有体量大、日间显形效果好、夜间灯光亮度高、照射距离远等优点。

1732 年,英国人在泰晤士河口诺雷浅滩设置了世界上第一艘真正意义的灯船。中国最早的灯船出现于清咸丰五年(1855),当时的苏松太道接受外籍海关税务监督的建议,租赁一艘名为"柯普顿爵士"号的洋船作为灯船置于长江口铜沙浅滩①,开启了铜沙设置灯船的历史。此后,铜沙灯船于 1871 年使用了英国建造的木质红壳单桅悬黑灯罩灯船,并于 1899 年替换为上海耶松船厂建造的钢(铁)质灯船。②

在此之前,中国也有或官方或民间的助航标志的设置,如上海宝山烽堠、福州罗星塔等,但数量不多。鸦片战争后,清政府开始了灯塔、灯船等航标设施的系统设置,1858 年签订的中英《天津条约》第三十二款规定:"通商各口分设浮桩、号船、塔表、望楼,由领事官与地方官会同酌视建造。"③建设航标设施的经费来自海关船钞税收,中英《天津条约》附约《通商章程善后条约》第十条规定:"任凭总理大臣邀请英人帮办税务并严查漏税,判定口界,派人指泊船只以及分设浮桩、号船、塔表、望楼等事,毋庸英官指荐干预。其浮桩、号船、塔表、望楼等经费,在于船钞项下拨用。"④

清同治七年(1868)总理衙门批准了海关总税务司赫德的申请,设立海

---

① 张建林、吴坚:《认识灯船》,《珠江水运》2019 年第 12 期。
② 单丽:《近代中国沿海灯船的变迁:以牛庄灯船为中心》,《元史及民族与边疆研究集刊》2020 年第 1 期。
③ 王铁崖编:《中外旧约章汇编》(第一册),生活·读书·新知三联书店,1957 年,第 100 页。
④ 同上书,第 118 页。

务科,下辖总工程师和巡工司等,其负责人称为海务科税务司,"所掌职务,总括言之,即系建设与管理沿海内河灯塔、灯船、浮标、雾号,并其他各项航行标识,撤除航路沉没船只,修浚港口水道,管理碇泊事务,以及延用专门人才,分任各职是也"①。自此,开启了近代航标设施的系统设置,1880年已建成沿海灯塔66座、灯船4艘、浮筒49具、标桩45具,1908年进一步增至灯塔160座、浮筒130具、标桩118具,逐渐形成了中国近代航标体系。②

长江以南的中国沿海属侵蚀型的海岸地貌,进出港的航标设置往往可以利用近岸高处或沿海岛礁。而长江口及长江以北的海岸线多是以堆积为主发育而来,所以长江以北并非所有港口都具备设立灯塔的条件,有的重要口岸只能因地制宜地设立灯船来导航。近代中国航标史上长期设置的灯船主要有四艘,分别是上海铜沙灯船和九段灯船、天津大沽灯船和营口牛庄灯船③,皆位于长江以北或长江口水域。其中的牛庄灯船最终入藏中国航海博物馆,该船主要参数为:船长32米,型宽8米,型深约4.6米,总重约220吨。

牛庄灯船中所指的牛庄,实为今辽宁省鞍山市代管的县级市海城市所辖的牛庄镇。在今地级市营口市的辽河口水域所设置的灯船,用了相邻县级市的镇名来命名,这是许多人困惑的问题。实际上,中英《天津条约》第十一款"……已有《江宁条约》旧准通商外,即在牛庄、登州、台湾、潮州、琼州等府城口,嗣后皆准通商……"④,条约中所指的牛庄,就是今天海城市的牛庄镇。该镇始建于明初,历史上为保障辽东卫所的重要驿站,后逐渐发展为"水陆商埠"。满清入关后,在东北推行八旗驻防制度,牛庄其时属八旗驻防城镇,管理周边辖区内的八旗事务。⑤

1861年营口开埠时,其地理位置在辽河口附近当时所称的没沟营,距今海城市牛庄镇90里,属于当时牛庄八旗驻防镇所辖的两个口岸(没沟营、田庄台)之一,其全称为牛庄防守尉辖下的没沟营口岸,简称牛口或营口,对外往往笼统称为牛庄。这也是中英《天津条约》中确定牛庄为通商口岸,但口岸的实际位置在当时的没沟营(即今天的营口市)的缘由。⑥ 据史料记载,清道光年间,辽河流经牛庄、田庄台、没沟营而入海,没沟营周围是四百年来的退海之地,是由辽河的泥沙逐渐淤积而形成的大片陆地,1830年后改称营

---

① 班思德著:《中国沿海灯塔志》,李廷元译,海关总税务司公署统计科,1933年,第7页。
② 杨晓龙、胥琳、于莉:《中国近代沿海灯塔建筑及其体现的建筑史学价值》,《华中建筑》2012年第4期。
③ 班思德著:《中国沿海灯塔志》,李廷元译,海关总税务司公署统计科,1933年,第1页。
④ 王铁崖编:《中外旧约章汇编》(第一册),生活·读书·新知三联书店,1957年,第99页。
⑤ 张士尊:《也谈"营口代牛庄开埠"》,《鞍山师范学院学报》2016年第3期。
⑥ 同上。

口。1861年开埠时英国领事考虑到牛庄镇深入内地,便把英国领事馆和商埠设在了营口,第二年瑞典也在营口设立了领事馆。① 因而在辽河口设置的灯船,其名称为牛庄灯船,是符合当时牛庄、营口地区相关历史背景的。

据《营口航标志》记载,1867年4月22日一艘总重369吨的"西风"号(West Wind)木质帆船被英国人置于营口港近辽河口处,在桅杆上悬挂信号和灯笼型标识为进出港船舶导航。1869年11月,"西风"号在去修理的航途中不幸沉没,因而在1870年一艘名为Bob Tail Nag的船在辽河口充当了临时灯船。②

1871年7月18日,购自英国的第一艘真正以"牛庄灯船"命名的船只,从英国长途跋涉经上海运抵营口投入使用。《中国沿海灯塔志》中,虽未对该船的建造情况详述,但参考同年更换的购自英国的铜沙灯船情况,此船很可能也是英国建造的木质红壳单桅灯船,与铜沙灯船船型基本相同。1895年日本占领期间,该艘牛庄灯船从辽河口拖运回上海,顶替损坏返修的铜沙灯船用于长江口的导航。1899年8月28日,铜沙灯船更新为由上海耶松船厂建造的新的钢(铁)质灯船后,该艘牛庄灯船又从上海返回营口,继续在辽河口使用。③

整体来看,近代中国沿海长期设置四艘灯船,1899年之前的第一代灯船基本为木质结构,主桅悬灯用作导航,且灯光以定光灯为主流,船身以红壳为特征,船身两侧以中英文标注船名。1899年从铜沙灯船开始,第一代灯船陆续退出历史舞台,以原名命名、钢(铁)质结构的第二代灯船开始用于导航,灯镜以透光镜居多,烛力也较之前有所加强。前述第一代正式命名的牛庄灯船,在服役46年后退役,1917年5月25日被第二代新造的钢(铁)质"牛庄灯船"(后文中所称牛庄灯船皆指此艘)代替,也即百年后入藏中国航海博物馆的这艘灯船(图2)。据记载,该船船身为红色、左右舷都标有英文"NEWCHWANG"字样,以钢(铁)质灯塔取代了在船桅上安放照明及导航设备等,并配备了旋梯以登塔,其配置基本代表了当时的最高水准。④

1938年5月,营口独立设市。1951年,营口市政府在牛庄灯船两舷绘涂了"营口"二字,该船更名为营口灯船(图3)。当地人往往称牛庄灯船为营口灯船,就是因为上述缘由。

综上可知,入藏中国航海博物馆的牛庄灯船,也称营口灯船,是历史上辽河口水域第二艘正式以"牛庄灯船"命名和服役的灯船。从1917年到2016年,牛庄灯船在辽河口水域锚泊驻守近百年,从营口开埠、港口成长,到

---

① 营口港务局港史编写组编:《营口港近代史大事记》,内部资料,第1—3页。
② 班思德著:《中国沿海灯塔志》,李廷元译,海关总税务司公署统计科,1933年,第321页。
③ 单丽:《近代中国沿海灯船的变迁:以牛庄灯船为中心》,《元史及民族与边疆研究集刊》2020年第1期。
④ 同上。

图 2　第二代牛庄灯船

图 3　营口灯船

行政建市、城市发展,一路伴随和见证。营口(牛庄)在鸦片战争后丧权辱国地被动开放,中华人民共和国成立后独立自主,改革开放后建设、发展,无论是牛庄灯船本身,还是它的命名,都铭刻上了这份历史印记。

二、牛庄灯船、耶松船厂和上海近代造船业

牛庄灯船入藏中国航海博物馆后,我们在主甲板导缆滚轮(图4)上发现有清晰的"THE SHANGHAI DOCK & ENGINEERING CO. LTD"和"1916"字

样;而位于船首部位的锚机表面,也标有"SHANGHAI"及汉字"耶松"字样;此外,船舱内多处球扁钢的腹板位置,标有"SCOTLAND STEEL"字样。据记载,牛庄灯船由时任海关总工程师狄克(D. C. Dick)设计,船身中竖铁柱,装有四等透镜闪光灯,灯机设备进口自欧洲,烛力为18 000 枝,全船钢材连接采用的是当时成熟的铆接工艺。① 船上的实证和史料记载都表明,该艘牛庄灯船由上海的耶松船厂建造。1917 年 5 月 18 日,牛庄灯船在上海完

图 4　牛庄灯船导缆滚轮
(沈捷摄)

成建造交付后,由海关巡逻艇"并征"号(Pingching)拖曳离沪②,七天后于 5 月 25 日抵达辽河口,开启了锚泊导航的使命③。

考察上海近代造船业的发展历程,早在 19 世纪 60 年代,由于上海已跃升为当时中国最大的航运中心,英、美资本看好其轮船修造业,纷纷在上海开设船厂,如 1862 年英商设立了祥生船厂(Nicholson & Boyd Co.),1865 年设立了耶松船厂(S. C. Farnham & Co.)。坐落在虹口外虹桥的耶松船厂,原来是美国人创办的,初创时的经营项目除修船外,还包括建筑设计、施工等项目。但不久耶松船厂吸收了不少英国资本,成为一个专业的船坞公司。开业第二年(1866 年),就建成载重 195 吨的"南沙"号(Nan Cai)轮船一艘。70 年代起又先后兼并了上海一些英商船厂,于是耶松船厂逐渐变成了一个英商企业。④ 到了 80 年代,耶松船厂的规模已超过祥生船厂,雇用中国工人 2 000 余名,在虹口老船澳的工厂占地 30 余亩(约合 2 万平方米),船厂内设木工厂、铁工厂、锅炉厂、油漆厂,地上有铁路,以备重车出入;木工凡锯、斧一切皆用机器,老船澳亦较之以往在长度、宽度和水深方面都有所扩展。⑤

英、美早期在上海建立的大多数船厂因缺乏竞争力而陆续为祥生和耶松两船厂所兼并或挤垮,于是上海的轮船修造业完全掌握在旗鼓相当的祥生和耶松两大船厂之手。从 1865 年到 1900 年的 35 年间,上海的外资船舶修造业主要呈现为祥生船厂和耶松船厂的双雄争锋。耶松船厂通过陆续兼并和丰船厂等企业,实力不断提升。直到 1900 年,上海造船业两大巨头耶松船厂和祥生船厂合并,新公司名为 S. C. Farnham, Boyd & Co. Ltd.,1906 年

---

① 单丽:《近代中国沿海灯船的变迁:以牛庄灯船为中心》,《元史及民族与边疆研究集刊》2020 年第 1 期。
② "New Lightship for Newchwang: Smart Vessel Sent from Shanghai," *The North-China Daily News*, May 19, 1917.
③ 海关总署《旧中国海关总税务司署通令选编》编译委员会编:《旧中国海关总税务司署通令选编》,中国海关出版社,2003 年,第 241 页。
④ 辛元欧著:《中国近代船舶工业史》,上海古籍出版社,1999 年,第 33—36 页。
⑤ 《游耶松船厂记》,《申报》1897 年 10 月 29 日。

5月又更名为Shanghai Dock and Engineering Co. Ltd.,中文名称为耶松有限公司。①

入藏中国航海博物馆的牛庄灯船导缆滚轮和锚机上所标注的"THE SHANGHAI DOCK & ENGINEERING CO. LTD"和"耶松"字样,也进一步确认了该船的建造应在1906年5月更名之后。当时的耶松有限公司股本达557万银两,拥有的资产包括浦东炼铁机器厂、新船坞、老船坞、引翔港船坞、国际船坞和董家渡船坞等。②

1908年,英国劳埃德大不列颠出版有限公司出版了阿诺德·赖特主编的《20世纪香港、上海和中国其他通商口岸印象》(*Twentieth Century of Hong Kong, Shanghai and Other Treaty Ports of China*),其中涉及上海的部分对当时上海的政治经济和社会生活各方面都作了相当详尽的记录和描述。夏伯铭以此为基础,于2010年编译出版了《上海1908》一书。根据书中所录,1908年的英商耶松有限公司,英文名称即为导缆滚轮上所标注的Shanghai Dock and Engineering Co. Ltd.,当时在各方面都堪称中国第一港口修造船公司,拥有当时一切的现代设备,能建造大吨位船舶和从事任何类型的修理。③

两大巨头合并而来的耶松有限公司除拥有多个船坞外,还有配套的机械车间、浇铸车间、锻工车间、锅炉车间、木工车间、油漆车间和起重设备等。其中老船澳顶部长400英尺,最大的国际船坞顶部长540英尺。占地16英亩的浦东炼铁机器厂,其放样间足以为任何尺寸的船舶放样。锻工车间有12台用于大型锻件的固定床膛火炉,锅炉车间和船坞配备5台能加工20英尺长钢板的中厚钢板轧制机、1台中国最大的双动力液压铆接和封口机、1台水压铆接机等,铜工车间备有加工铜件所需的一切设备,并且设有一条铁路线从码头通向各车间。④可见经过合并和重组的耶松有限公司实力更加强劲,因而又继续垄断上海船舶修造业达30余年,为当时英国在中国工业投资中最大的企业之一⑤。

再从建造能力来看,1870年祥生船厂建造的"公和"号轮船总长已达64米,载重量763吨,排水量1 300吨,船体、主机和锅炉皆为该厂所造,建造周期9个月。1884年耶松船厂建造的"源和"号轮船总长达到了85米,载重量2 522吨,成为当时远东建造的最大商船。⑥综合来看,在牛庄灯船所标注的"1916"时期,由上海耶松船厂来建造这艘船长32米、型宽8米的灯船,是毫无问题的。

---

① 王志毅著:《中国近代造船史》,海洋出版社,1986年,第35—40页。
② 夏伯铭编译:《上海1908》,复旦大学出版社,2011年,第127页。
③ 同上书,第126页。
④ 同上书,第127—130页。
⑤ 孙毓棠:《中日甲午战争前外国资本在中国经营的近代工业》,上海人民出版社,1955年,第14页。
⑥ 王志毅著:《中国近代造船史》,海洋出版社,1986年,第162页。

1900年后,英商瑞镕船厂(New Shanghai Shipbuilding and Engineering Works Ltd.)成立,耶松有限公司与之又形成了新的双雄并立格局,并且这种竞争态势持续了35年之久,直到1936年两者合并组成了英联船厂(Shanghai Dock Yards Ltd.)。抗战全面爆发后,1937年11月12日上海沦陷,所有官商船厂被日军攫夺。1941年12月8日太平洋战争爆发,上海地区所有的外资船厂,以及借用外商名义经营的民营船厂均被日军接管。这一时期的江南造船所改称为三菱重工业株式会社江南造船所,英联船厂所属之原瑞镕船厂改称为江南造船所杨树浦工场,其在浦东的原引翔港船坞与和丰船坞则改称为江南造船所淑浦工场。抗战胜利后,被日本人占据的官商外资各船厂才得以相继收回。①

至于牛庄灯船舱内球扁钢标有"SCOTLAND STEEL"的问题,则是因为当时修造船企业的原材料基本依靠进口所致。中国第一家官办钢铁企业汉阳铁厂,是晚清湖广总督张之洞于1890年创办的,到辛亥革命时,起步不久的汉阳铁厂年生产钢约4万吨、铁约8万吨,其产量大部分为汉阳铁厂钢轨厂、汉阳兵工厂等所用,中国的钢铁产量完全无法满足当时修造船业的需求。从产业体系看,旧中国始终未能建立起独立和相对完整的造船工业体系,很重要的一个原因也在于造船材料、设备方面不能自给。高廷梓在1947年所著的《中国航政建设》一书中写道:"我国造船业所遭遇的困难不在船坞或机器,而在材料与人才。倘所用的材料,虽一颗钉一片钢,亦仰给舶来,则造船业的前途诚属悲观。"②

与此同时,苏格兰的格拉斯哥依托工业革命和蓬勃的海外贸易,在19世纪初成为英国首屈一指的工业城市。1769年出生于格拉斯哥的瓦特改良了蒸汽机,拉开了工业革命的序幕,之后纺织、钢铁、造船、机械制造等产业相继在格拉斯哥兴起,到19世纪末20世纪初,格拉斯哥已成为英国举足轻重的工业城市,甚至被誉为"帝国第二城市(Second City of the Empire)"③。造船业更是格拉斯哥辉煌的象征,在最为鼎盛的1913年,格拉斯哥39个造船所大约建造了75万吨位的船舶,占全世界总量的1/5,其作为"造船中心、钢铁重镇"的地位一直保持到20世纪中叶。④ 在1916年前后,英商耶松船厂从苏格兰将格拉斯哥所产钢材远渡重洋运来上海,用于牛庄灯船和其他船舶、设备的修造,既跟当时中国钢材产能产量严重不足相吻合,也跟苏格兰格拉斯哥强大的钢铁和造船产业能力相吻合。由此,也可对牛庄灯船舱内球扁钢标有"SCOTLAND STEEL"字样,作出合理的解释。

---

① 王志毅著:《中国近代造船史》,海洋出版社,1986年,第162—181页。
② 高廷梓著:《中国航政建设》,商务印书馆,1947年。
③ Oakley Charles, *The Second City*: *The Story of Glasgow*(London: Blackie,1990).
④ 刘竹柯君:《格拉斯哥的城市改造与转型研究(1957—2016)》,硕士学位论文,上海师范大学,2017年,第1—8页。

三、从牛庄灯船的设置和建造看
中国近代航标史、造船史

  牛庄灯船是我国近代沿海灯塔和航标发展历史上的重要缩影。总体而言,在清同治之前,由于缺乏统一组织,中国沿海航标设施的建设还没有形成体系。在此背景下,总理衙门应当时海关总税务司赫德等人的提议和申请,批准由赫德设立海务科,"建设与管理沿海内河灯塔、灯船、浮标、雾号,并其他各项航行标识"。自此开始,包括灯塔、灯船、浮桩等航标设施在内的近代中国沿海灯塔体系逐步建立并完善。①

  至民国二十年前后,中国沿海灯塔与浮标等总数达到2 000余具,水准已不亚于当时的欧美国家。② 港口与航道建设是近现代对外开放和港口海运发展的基础,是海上安全与船舶助航的重要保障。牛庄灯船从最初设置到1917年新造更迭,成为当时中国沿海最早投入使用和更新建造的近现代钢(铁)质铆接航标灯船之一,是中国近现代沿海灯塔航标发展史的重要见证者。

  牛庄灯船的建造,也是上海乃至中国近代造船业起步和发展的重要见证。19世纪60年代,中国近代造船业肇始起步,一方面外商在上海、香港、广州等地开始设立修造船厂,另一方面官办的制造局、船政局、军械所在上海、福州、安庆等地出现。1861年曾国藩设立了安庆内军械所,次年即派徐寿、华蘅芳等人设计和试造轮船,1864年迁往南京继续试造,并于1865年成功完成我国自行设计制造的第一艘轮船"黄鹄"号。③

  之后的数十年间,外资修造船厂和官办造船厂成为中国近代造船工业发展的两条主线,两者既独立发展又有着一定的竞争和关联,都在一定程度上促进了中国近代造船业的起步和发展。而牛庄灯船,恰为当时外资修造船厂之巨头耶松船厂所建造,无论是建造技术水平、装配质量、设备配套,还是所采用的铆接工艺等,都代表了当时中国造船工业的最高水准,客观上成为中国近代造船业的重要见证物,实证了当时中国船舶工业所具备的实力和发展水平。

  虽然如耶松船厂那样,各部门都处于欧洲人的监管之下④,但在长期的生产实践中,仍然成长起来一大批中国的产业工人和技术能手。耶松船厂

---

① 叶嘉鲁主编:《中国航标史》,人民交通出版社,2000年,第22—23页。
② 单丽:《近代中国沿海灯船的变迁:以牛庄灯船为中心》,《元史及民族与边疆研究集刊》2020年第1期。
③ 王志毅著:《中国近代造船史》,海洋出版社,1986年,第61—63页。
④ 夏伯铭编译:《上海1908》,复旦大学出版社,2011年,第126页。

在1900年就已经经常雇用工人3 000人以上①,他们与那些无法搬走的船坞、车间和设施设备一起,共同奠定了未来中国船舶工业成长和发展的重要基础。

新中国成立后,根据党的七届二中全会精神,人民政府除对德、意、日在华企业和其他财产按战败国敌产处理外,对外国在华企业采取了按照国籍、行业,不同情况分别处理和区别对待的方针。新中国成立时,外国在华企业有1 700多家,其中英国企业有299家,西方国家中英国在中国的利益最多。为了维护其在华利益,英国在1950年1月6日就承认了新中国政权,中国也对英国在华资产采取了灵活的政策。但美国力主对包括中国在内的社会主义国家实行贸易封锁和禁运,尤其是朝鲜战争爆发后,美国于1950年12月16日宣布冻结中国在美资产。同属西方阵营的英国也随之跟进了一些措施,其中包括于1952年7月28日将中国留在香港的40架飞机等判给美国陈纳德航空运输公司。作为对等反制措施,中国也下令征用部分英国在华企业。此前由英商瑞镕船厂和耶松船厂合并而来的英联船厂,于1952年8月15日被上海市军管委宣布征用,并改名为"军管英联船厂"。②

1954年1月,已经军管后的英联船厂并入上海船舶修造厂(前身为招商局机器造船厂)。1985年3月,改名为上海船厂,成为中国造船行业举足轻重的重要企业之一,之后在多用途货船、集装箱船、冷藏船等大型船舶建造和海上钻井平台、船用柴油机、隧道盾构掘进机制造等方面,做出了许多重要贡献。

[王煜,中国航海博物馆副馆长、研究馆员,主要研究方向为中国古代航海史、造船史和国际航运中心研究。]

[杜树志,中国航海博物馆藏品修复部副研究馆员,主要研究方向为藏品预防性保护及金属文物保护修复。]

---

① 赵亲:《一九二一年以前上海工人阶级状况》,《学术月刊》1961年第7期。
② 张肖红:《英国对中国征用在华英资企业的反应(1949—1952)》,硕士学位论文,华东师范大学,2013年,第1—10页。

中国旧海关彩绘《厦门内港图》研究

姚永超

摘　要：中国旧海关内部出版物第三杂项系列第 21 号为《厦门内港图》(*Chart of Amoy Inner Harbour*)，编入《美国哈佛大学图书馆藏未刊中国旧海关史料（1860—1949）》丛书之中影印再出版。通过对该幅海图所含要素的分析，从而了解 19 世纪晚期公共租界成立前的厦门港口、水道自然条件及鼓浪屿原住民、外来洋人混合生活的社会状况。此外，通过把该图与英国格林威治海事博物馆所收藏的两幅英国海军部海道测量局所绘刊的 1846 年的《厦门港口图》、1905 年《厦门内港图》，以及美国国会图书馆所藏日本海军水路局 1875 年的《清国东海岸厦门港之图》进行比勘，可以透视清末中国海关与英国海军在海图制作上的传承及进化关系。

关键词：厦门内港　海图　海关　英国海军部海道测量局　日本海军水路局

吴松弟教授整理和影印出版的大型丛书《美国哈佛大学图书馆藏未刊中国旧海关史料（1860—1949）》中，有《厦门内港图》一幅。[①] 图幅大小为 69×55 平方厘米。该图左上角空白处贴有 4×2 平方厘米的一条黄色签纸，上书英文四行："China：Imperial Maritime Customs. /Ⅲ—Miscellaneous Series：No. 21. / Chart of Amoy Inner Harbour/ ［Price 1 ＄.］."据此可知，该图可中译为"厦门内港图"，由中国海关绘刊，在海关内部出版物中属第三杂项系列第 21 号，当时的售价为 1 美元。再据该图右上角的图题，该图的测绘工作由厦门关理船厅的洋员 W. C. Howard 完成，查海关人事档案册《新关题名录》，其中文名为铁尔德。全图彩色绘制，土黄色为底色基调，部分浅滩使用浅蓝色，并用黄色标识海关和升旗山等地点，水深采用英寻（Fathoms）单位，比例尺为 1∶1 链，1892 年 11 月刊行。

近年随着厦门鼓浪屿世界文化遗产申报及成功获批，对鼓浪屿区域历史和建筑遗产方面的研究越来越得到学术界的重视。然而或许因为中国海

---

① 吴松弟整理：《美国哈佛大学图书馆藏未刊中国旧海关史料（1860—1949）》（第 210 册），广西师范大学出版社，2014 年。

关的海图生产鲜为人知等缘故,譬如厦门市国土资源与房产管理局在2006年3月出版的厦门城市大型历史地图集《图说厦门》一书①,并未收录该幅海图,还有一些专业学位论文对《厦门内港图》的引用和描述也不准确②。本文拟通过考察该图产生的历史过程,探寻近代中国海关与英国海军在水道测量和海图制造等知识生产上的关系。同时通过对该幅海图所含地理要素的分析,考察19世纪晚期公共租界成立前的厦门港口、水道自然条件及鼓浪屿原住民、外来洋人混合生活的社会状况,以期有助于厦门鼓浪屿世界历史文化遗产内涵发掘和开发利用。

一、《厦门内港图》的绘制来源

据汪家君先生所整理的"近代中国海区英版航海图"表③,与厦门港有关者共有两幅,它们分别是1846年出版的《厦门港口图》和1905年出版的《厦门内港图》,笔者在英国格林威治国家海事博物馆均已查阅。

第一幅图是经船长C. B. Kellett于1843年测量,由英国海军部海道测量局1846年9月2日出版发行的《厦门港口图》(Amoy Harbour,图1),编号1767。该图的测控点为北纬28°4′,东经118°4′,比例尺1∶1链,水深单位为英寻。

该图的空间范围较广,南至太武山、浯屿,北到围头湾,东面包括大、小金门岛,西面到集美、嵩屿,含东渡航道。鸦片战争后英国之所以选择厦门为开放五口之一,或正如19世纪80年代厦门关税务司对厦门口岸的评论:厦门岛位于一个狭长的海湾间,海湾的东北端是围头,西南端是定海。横列于她的出入口处的金门岛和一系列小岛,成了当地小船的避难之处。厦门的潮水在正常时的起落大约为14—16尺,在大潮季节为18—19尺。潮水的影响一直扩展到以海湾为出口处的溪流。厦门作为航运中心的有利条件是非常明显的。她是一个极好的港口,船只易于进入,并有着灯塔设施极好的航道,同时船只停靠也极为方便。她是南部沿海地区唯一与其余的世界保持电讯联系的港口。她是一些轮船航线的中途站或终点站,因而处于一种

---

① 厦门市国土资源与房产管理局编:《图说厦门》,2006年。
② 张灿灿在《近代公共租界时期鼓浪屿中外住区空间研究》一文中,把海关测绘的地图年代定为1879年(张灿灿:《近代公共租界时期鼓浪屿中外住区空间研究》,硕士学位论文,华侨大学,2014年,第23页);祁航在《基于历史信息整合的近代鼓浪屿中外住区空间布局研究》一文中,把海关测绘的该图年代定为20世纪初期(祁航:《基于历史信息整合的近代鼓浪屿中外住区空间布局研究》,硕士学位论文,华侨大学,2017年,第20页)。两者均有误。
③ 汪家君著:《近代历史海图研究》,测绘出版社,1992年,第42—54页。

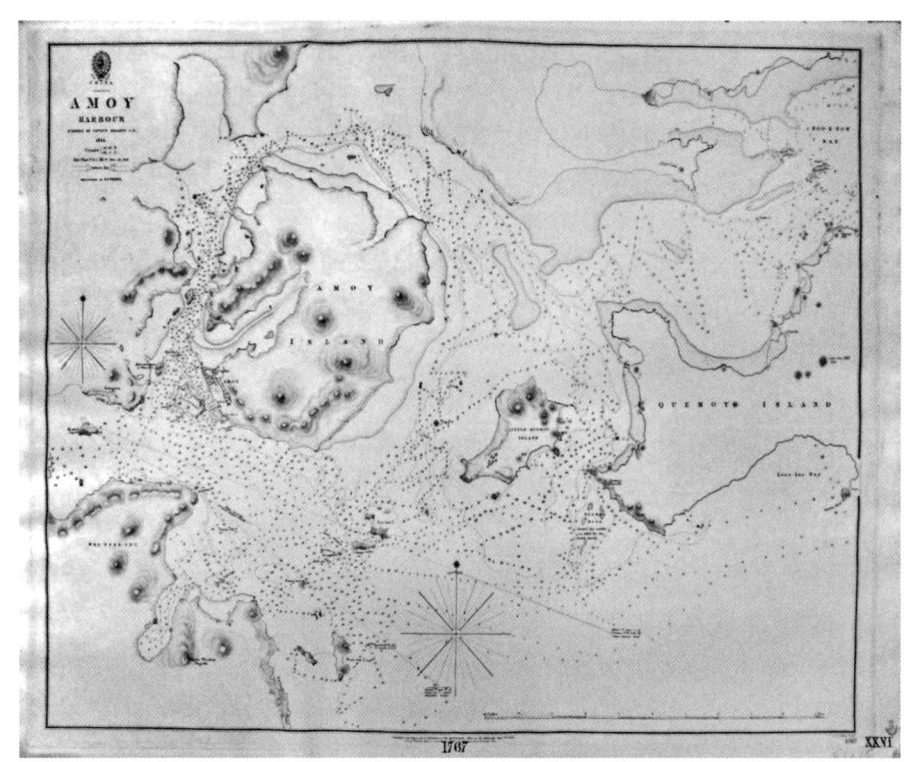

图 1　英国海军部海道测量局 1846 年刊 1767 号《厦门港口图》

中枢的位置上。①

由于该图比例尺小,覆盖范围大,到了 19 世纪中期英国海军部海道测量局配合航海图而出版《中国海指南》②一书时,对厦门内港的介绍还较为简略,具体如下:"镇海角与围头角间各湾内岛之最大者为曰厦门,周二十二里。东面有金门镇与围头澳,厦门岛西南面有厦门城垣,又西南有古浪屿,以成厦门内港。……其间水道宽三百三十七拓半。古浪屿周约三里,列为二陇,高于海面二百八十尺,四周多石。"③

此外,美国国会图书馆收藏的中国古旧地图中,有一幅日本海军部水路局于 1875 年刊布的《清国东海岸厦门港之图》(*China East Coast, Amoy Harbour*,图 2)。④ 日本明治维新以后,效仿西方,在海军内重视和设立水道测量机构。该图系在英国海军《厦门港口图》基础上的再次绘刊,图幅大小为 37×46 平方厘米,图左侧印有"大日本海軍水路寮再鐫・第弍拾貳號・西川增之助",图左下和右下分别注有两段文字,据其可知 1861 年日本海军测

---

① 《1880 年厦门关贸易报告》,载厦门市志编纂委员会、《厦门海关志》编委会编《近代厦门社会经济概况》,鹭江出版社,1990 年,第 208、215 页。
② *The China Sea Directory*,江南制造局翻译该书名为"海道图说"。
③ 金约翰辑:《海道图说》(卷三),傅兰雅口译,王德钧笔述,江南制造局本,第 143—144 页。
④ 美国国会图书馆数据库:http://hdl.loc.gov/loc.gmd/g7824x.ct004727。

量时的方位罗经差与1843年英国海军测量相同,厦门牙城的位置为北纬24°28′,东经118°4′。1860年新落成船坞一处,长30丈4尺,场口宽6丈,高潮时水位1丈6尺,另外还有对金门沙滩的简介。该图把几个地名的英文翻成了中文,如注有厦门、金门镇、小金门及烈屿、大坞山、城海镇、料罗口、料罗山等,但其测绘覆盖空间及表达航路、水深、山岭、地形等方式,与英国海军图基本相同,本文不予详细介绍。

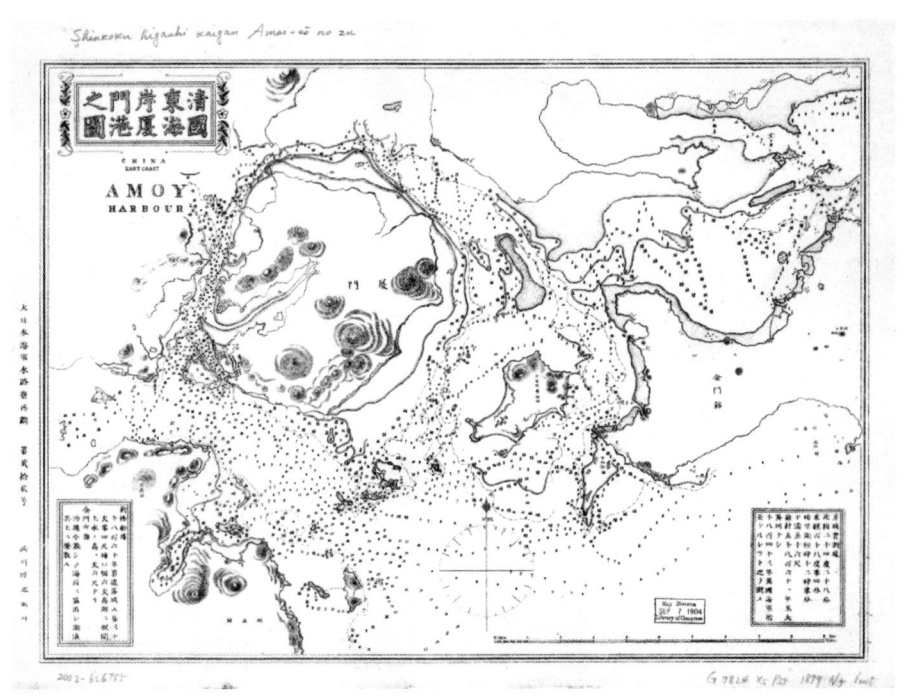

图2　日本海军水路局1875年刊32号《清国东海岸厦门港之图》

第二幅图是经海关副巡工司T. J. Eldridge(额德志)于1903年测量,由英国海军部海道测量局1905年1月27日出版发行的《厦门内港图》(Amoy Inner Harbour,图3),编号2752。该图的测控点为北纬26°26′46″,东经118°4′4″,比例尺1∶4 850米,水深单位为英尺。

该图比例尺大,对厦门内港及鼓浪屿的测绘已甚为精细。而基本上在同一时期,时间略早几年的19世纪末的《新译中国江海险要图志》(笔者注:即第二版《中国海指南》)一书中,对厦门内港水道情况则有了较长篇幅的介绍,如下:

厦门内港,乃古浪屿与厦门相距之水道也,港既窄,两岸多隐礁,如无引水则险甚。其停泊处最好在于城角之船坞小岛(即龙船石)与猿屿相距处。滨海轮船皆至其港之北以停泊,而中国炮船则停泊约离于东岸,英国兵船至此则无停泊之所,然海关则使泊于古浪屿东岸,在大指石与经营土堆相距处。厦门港底天然不定,古浪屿一带则危礁隐石满

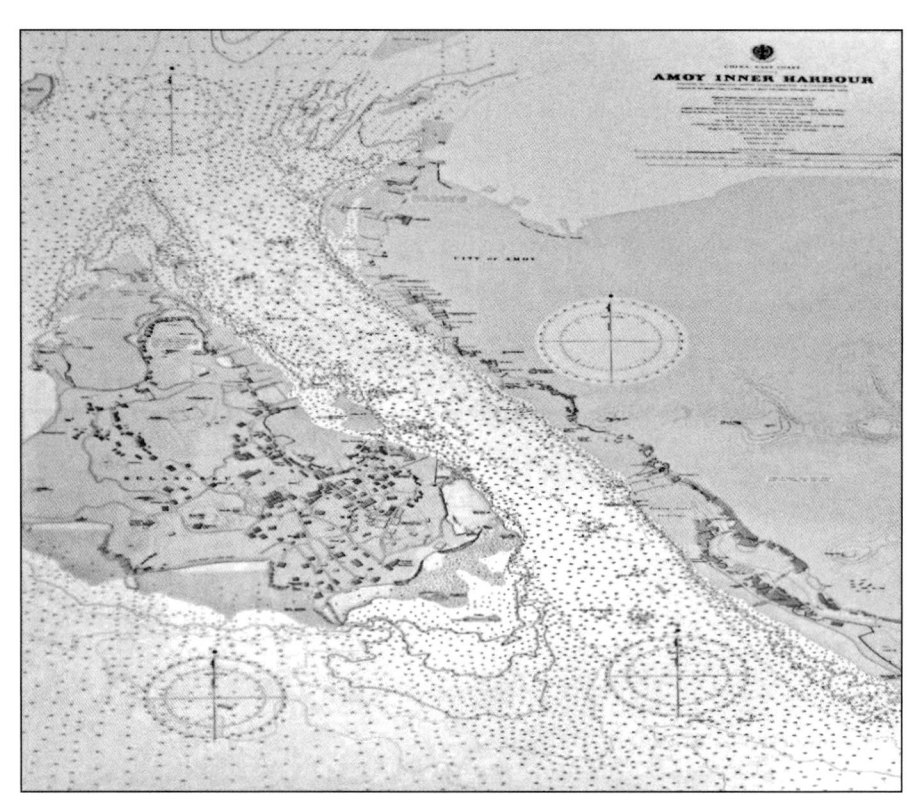

图 3　英国海军部海道测量局 1905 年出版的 2752 号《厦门内港图》

之,列隙分张,状如香菌,故周围无从设系风之缆也。其停泊处妥当者,则在古浪屿之西港,水深七拓至十七拓,大风稀鲜。虬松屿,或谓之鲸鱼岛,高一百九十九尺,在廉耻角西北三分迷当之二,约近于松屿岛,低水时有石露出相连之。猴屿或谓之猿岛,谓为港之北界,高六十一尺。白石列岛,其南者高五十六尺,距猴屿一迷当,为西北之偏西四分向之三。诸山之黑白色分明,第四岛则距其南者,在东北北向,高一百二十五尺。①

据上述英国海军部海道测量局所绘刊的两幅厦门港口图的时间可知,1892 年的铁尔德所测量的《厦门内港图》居于两者之间。至于对厦门内港的测绘,较 1846 年《厦门港口图》详细,与 1905 年的图相比较也略有所不同。1892 年的《厦门内港图》还包含鼓浪屿西面的东渡水道,1905 年的《厦门内港图》仅有厦门与鼓浪屿之间的内港(即鹭江水道)。此外,1892 年《厦门内港图》水道中的助航设施标志及锚地分段区也尤为详细。1846 年恰是鸦片战争刚刚过去、厦门最初开埠之时,英国海军对厦门港做了首次测绘和了解。1905 年则是厦门开埠 60 余年且鼓浪屿成为公共租界之后,英国海军进一步详细测绘,掌握了厦门内港的水道情况。在英国海军发行的近代

---

① 陈寿彭译:《新译中国江海险要图志》(卷七),广雅书局,1907 年。

中国海图序列中,1892年中国海关的《厦门内港图》(图4)起着承上启下的作用。

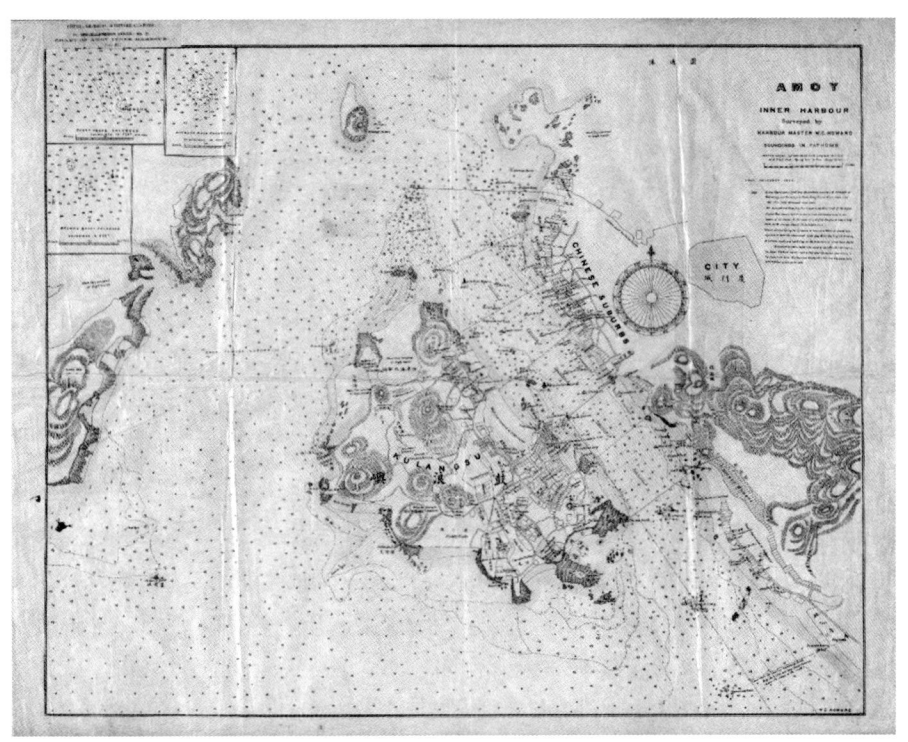

图4　中国海关1892年彩绘《厦门内港图》

二、《厦门内港图》的绘图要素及地名记注特色

《厦门内港图》右上角标示英文地图名称"Amoy Inner Harbour"。与英国海军部海图相比,不像英国海军部海道测量局,海关海图绘制部门(即巡工司)没有设计标识。右下方也无图的序列编号,反映出当时海关海图绘刊工作的非连续性。

据标题下方的图记,本图以海关官署为测绘控制点,北纬27°27′30″,东经118°3′50″。大潮时19英尺,小潮15英尺。每周三和周六在格林威治时间16时7分43.9秒,海关理船厅在鼓浪屿最北端山顶纱帽石设置的一门"雾炮"就会鸣炮(1905年图特意说明此时间并不可靠)。在此之前五分钟时,鼓浪屿升旗山顶将悬挂国际通用旗帜,鸣炮之后降落。当雾炮遇到哑火的时候,悬挂10分钟时间的半旗。欧洲英国、法国、德国等国的船只到达,要求悬挂国际B旗;美国、加拿大等国的船只,要求悬挂国际W旗。特别提醒的是,外港落潮1.5小时之后,内港水位降至18英寸至2英尺,船只在水中摇摆。

除大图一幅外,左上角绘制礁石扩大分图三幅。分图一是 Coker Rocks（外户椗）扩大图,长 8 厘米,宽 10 厘米,比例尺为 1∶300 英尺;分图二是 Harbour Rocks（内砂石）扩大图,长 9 厘米,宽 6 厘米,比例尺为 1∶200 英尺;分图 3 是 Brown's Rocks（内户椗）扩大图,长 9 厘米,宽 7 厘米,比例尺为 1∶300 英尺。

和英国海军部绘制两幅海图相比,海关海图一个显著的特征就是对有关地点采用了中英双语进行标注,如"厦门城（CITY）""鼓浪屿（KULANGSU）",用大号英文"CHINESE SUBURBS"标识了城郊区。从以上三个大号字体标注可见,该图主要展示厦门城、厦门城郊、鼓浪屿三块区域,对厦门城只绘有轮廓,厦门城南山峰及镇南关等简单带过,对鼓浪屿、厦门城郊及二者之间的水道则予以细致展现。

厦门城郊,北起圆通港,南至炮台,中文注记 31 个,其中有船坞、天主堂、接官厅、新海关、闽海关、施医馆、马房、虎头山、炮台外,主要是数个沿海边道路的名称,像典宝路头、打铁路头、磁街路头、史巷路头、港仔路头、水仙宫路头等,地名也可反映出当时各街道工商行业等特征。英文注记 40 余处,除北面中国民船停泊区、南面渔船停泊区外,主要集中在外国人居住区,有 8 家外国洋行、银行等的名称,未翻译成中文。

鼓浪屿上一些山丘、岬角、海湾则以中文注记,同时还有球场、海关公馆、领事公馆、药房、洋人墓地等英文翻译。英文名称则注记洋行、银行、传教学校、电报公司、俱乐部、领事馆、墓地等。

对厦门城郊以西和鼓浪屿之间水道的十余处礁石,除英文注记外,还沿用中文传统称呼予以标记。对航道中间的近十处暗礁,则以英文注记,无中文翻译。从英文含义来看,以外国人名居多。（详见表 1）

表 1　厦门城与鼓浪屿之间及鼓浪屿东面水道中礁石中英文地名注记

中　文	英　文	位　置
	Banner Rock（暗礁）	第 6 区
蓬礁	Dock Id	
涂尾	Kellett Spit	
	Isere Rocks（暗礁）	
内砂石	Harbour Rocks	
外岛柳		第 5 区
	Alibi Perch	

续表

中　文	英　文	位　置
佫柴礁	Alibi Rock Beacon	第5区
	Devonhurst Rock（暗礁）	
松仔脚礁	Perch	第4区
	Chapman Rock（暗礁）	
港心礁	Kdng Sim Tak Beacon	
龙头外线	Perch	
龙头内线		
	H. W. Rock	第3区
章鱼礁	Chiotah Beacon	
	Iltis Rock（暗礁）	第2区
	Therese Rock	
	Perch	
	Perch	第1区
	Perch	
内户椗	Brown's Rocks	
外户椗	Coker Rocks	
剑石		
	Imperieuse Rock（暗礁）	
猴屿	Kauseu or Monkey Island	
	Kiusung Seu	
大屿		
外线	Oyster Beds	
将军礁	First Rock	
松屿	Sun Seu	
	Cass Spit	
墓前礁	Minerva Rock	

注：据《厦门内港图》地名注记整理。

英国海军 1846 年图对厦门城郊和鼓浪屿无详细标注;1905 年图除城郊外国租界区洋行、银行、海关有详细标注外,其地点数量和细致程度也不如 1892 年海关海图。这反映出海关具有"中西混合"机构的特性,更加接受中国地名传统。从三幅海图的英文注记名称来看,具备一定传承关系,对中文地名的翻译都采取韦氏拼音方法,极个别地点根据中文地名含义进行英译,如 1846 年图把猴屿英译为 Hauseu,1892 年图注记为 Hauseu or Monkey Island,1905 年图注记 Monkey Island;又如 1892 年图虎头山英译 Tiger Head,1905 年图注记 Hau Tau Soa 及 Tiger Head。

三、该图所见厦门内港水道环境与管理

在近代,港务是厦门关工作的一部分,具体包括内港管理、浮标设置、航道疏浚、引水等事务。1862 年 4 月,厦门关与驻厦各国领事会商制定《厦门口理船厅章程》,共 14 条,为厦门关颁布的第一个港口章程,规定商船入口须按理船厅指定位置停泊,并按章程有关规定操作,违者罚处。1920 年 12 月 13 日重订《厦门口理船厅章程》,规定:厦门口界系鼓浪屿与厦门岛之间的鹭江水道,南界自黄礁起向东至海滨止,北界由鼓浪屿北角起至猴屿南角止,再由该处向东延展至厦门岛。凡船只过往、停泊上述区域内,均应受厦门关理船厅统一管理。① 据英国海军测量后评论:"厦门内港,乃鼓浪屿与厦门相距之水道也。港既窄,两岸多隐礁。如无引水,则险甚。"② 那么厦门内港的具体自然条件和助航设施如何呢？细窥本图可见有关情况。

由于是水道图的缘故,本图对厦门内港(即鹭江水道)水域的水深、礁石、助航设施等信息的标注精细程度,远远超过对山体等其他地形标注。从图上来看,厦门内港船只停泊区位于厦门岛和鼓浪屿之间,具体又被划分成六个段区。

第 1 段北自虎头山和仔塔山连线处,南至 Stone Cutter Jetty 和黄礁一线,其中有和尚坞船坞,海岸入口处有内户椗礁石。为指示船只躲避这个水下深 16 尺的尖圆礁石,在其左右设有两个浮标,"一在其东,油以黑白棋盘纹,并有一黑笼系之;一在其西,油以红白棋盘纹,亦有一黑笼系之"。③ 第 1 段再往南部,为渔民船停泊处。

第 2 段北至章鱼礁和 H. W. Rock 连线处,海关在章鱼礁上竖有提醒立标。左岸为英国领事馆和德国领事馆码头,右岸为沙滩海岸。中靠东侧鼓

---

① 中华人民共和国厦门海关编著:《厦门海关志(1684—1989)》,科学出版社,1994 年,第 382 页。
② 陈寿彭译:《新译中国江海险要图志》(卷七),广雅书局,1907 年。
③ 同上。

浪屿处有个暗礁Iltis Rock,水下深5尺。

第3段北至右岸汇丰银行和左岸和记路头连线处,中间的港心礁上有指示立标,右岸妈祖宫路头处海岸为民船停泊区,左岸则为泥质岸滩,高潮时为水所覆盖。

第4段北至右岸的磁街路头和左岸纱帽石峰顶连线处,右岸为厦门新关、闽海关等,左岸为药房、美国领事馆,中心水道水深较第1—3段的12—14英寻略浅,大致为10—12英寻。

第5段北至右岸天主堂典宝路头至靠近左岸的江中偣柴礁连线处,江道渐宽。

第6段北至右岸厦门船坞至江中涂尾连线处,靠右岸有大的蓬礁石,水深为7—9英寻。入口外面有Banner Rock暗礁,水下深6尺。

对于大型轮船而言,第6段区外至猴屿处,是最佳停泊之处,因为"厦门港底天然不定,古浪屿一带则危礁隐石满之,列隙分张,状如香菌,故周围无从设系风之缆也"①。尽管海关对厦门内港的暗礁有浮标等指示,但仍有进港船只发生不幸。1881年的厦门海关贸易年报就曾详细描述过一个船难事件:11月5日晚上6点35分,太古洋行的轮船"白毫"号(登记吨位为893吨)进入内港时,撞上内户椗礁石。当时潮流很急,值夜班的海关官员期望能看到该船绕过鼓浪屿。该船立刻搁浅在礁石顶上,当晚11时30分,潮水淹没了它的上层甲板,船长和所有的水手被迫撤离。该船在上海装载了一批颇有价值的货物,主要是大米,还有棉花和其他杂货。货物被卸下,抢救工作尽可能迅速地展开。到26日,一些来自香港的潜水员成功地抽干了船舱内的积水,并使船舱密封起来。"莱文"号帆船把它拖离礁石并置于厦门海滩,避免了一场大灾祸。然而,12月4日,当企图使船体升高一些时,它滑进了深水区,处于厦门岛和内户椗礁石的中途。祥生船厂代表太古洋行出面,为使该船重新浮出水面招标,但没有成功。2月20日,该船在香港公开拍卖,被一厦门人以1 025元低价买下。②

鼓浪屿左边则有猴屿、大屿、嵩屿等岛屿,也均用晕渲法表示山峰。鼓浪屿和这三个岛屿中间海峡即嵩鼓峡道,在近代不属于厦门内港的范围,而图上注记,在台风季节此处为船只停泊的良好锚地。若以公舵坡、将军礁为界,其北面航道水深多在9—12英寻之间,其南部航道水深多在7—10英寻之间。除靠近岛屿地方水浅或有沙石,以及一个墓前礁石外,其余地方均未标识有暗礁。

---

① 陈寿彭译:《新译中国江海险要图志》(卷七),广雅书局,1907年。
② 《1881年厦门关贸易报告》,载厦门市志编纂委员会、《厦门海关志》编委会编《近代厦门社会经济概况》,鹭江出版社,1990年,第238页。

四、该图所见 19 世纪末期鼓浪屿及厦门城的社会风貌

本图主要为厦门和鼓浪屿之间鹭江段水道和港区图,兼及鹭江右岸的海后滩及左岸的外国租借地鼓浪屿全岛,部分地名以中英文双语对照方式标注,主要包括水道、道路、山体、城市建筑等信息,由此可以窥见 19 世纪末期厦门及鼓浪屿的城市概貌。

该图对鹭江右岸的厦门城仅绘出大致轮廓范围,无详细内容,并用晕滃法展示厦门城外南部的山峰,没有具体标高,仅起到位置定位的作用。至于厦门城外附廓地区、海后滩沿岸的建筑等,本图则描绘详细。

图右下角(即海后滩最南面)是两处炮台要塞,竖有一展黄色龙旗。接着往北,在海滩边为老厦门港、厦门船坞、马房及闽海分关,其后为中国民居。过了虎头山,其北面为火仔垵、庙宇、施医馆。过了妈祖宫、水仙宫路头,进入租界之地,从岛美路头到史巷路头之间,主要为闽海关、洋关、堆栈及 9 家外国洋行、3 家银行等,依次有 H. & S. Bank(汇丰银行)、Chinese Customs House(Hai Huan's Yamen,闽海关)、Godowns(堆栈)、Pasedag & Co.(德商宝记洋行)、N. Moalle & Co.(台湾记洋行)、Boyd & Co.(英商和记洋行)、J. G. Gotz & Co.、H. A. Peterson & Co.(成记洋行)、Custom House(厦门新关)、Tait & Co.(英商德记洋行)、Lapraik Cass & Co.(得忌利士公司)、N. Bank of China(中华汇理银行)、H. D. Brown & Co.、J. M. & Co. 等等。过磁街路头,往北至浮屿旧路头,中间有接官亭、天主堂、船坞等。

鼓浪屿是厦门西南海中的一个小岛,处在鹭江水道和东渡航道之间,本图对全岛测绘详细。鼓浪屿上的山峰,同样用晕滃法绘出,用圈层体现出山体的高度,勾勒出山体的大致轮廓。北面纱帽石标示高度 115 英寻,南面日观岩标示高度 300 英寻。

近代西人来到鼓浪屿后,在距离厦门本岛较近且通行方便的鼓浪屿东南海岸线区域进行开发建设。在朝向南部大海的田尾片区,西方国家和中国海关行政建筑有明显的集聚性。日光岩左、右边两地势较高处,分别为德国领事馆和英国领事馆,中间半山腰位置为厦门新关税务司、副税务司及两处帮办的公馆。靠近海滩处为大北电报公司(G. N. Telegraph)。1872 年,该公司通过铺设电缆,将厦门和上海及香港部分地区连接起来。当时的海关税务司休士评论,厦门的贸易将因为与上海、香港及欧洲、美洲和澳洲的最大贸易中心的电讯联系而大大获益。一个可以肯定的影响是,厦门将成为巨大的航运中心。①

---

① 《1873 年厦门关贸易报告》,载厦门市志编纂委员会、《厦门海关志》编委会编《近代厦门社会经济概况》,鹭江出版社,1990 年,第 94 页。

在鹿儿礁沿海片区,升旗山有旗帜一展,注记 Signal Station。1887 年厦门关把测候处迁址于此,有专职人员昼夜执勤,观测风向、雨量,汇集气象资料。遇到台风天气,当即于该地升旗示警,以便各商船趋避。① 龙头街以北,有传教士学校、洋人墓地、球场、教堂、旅馆等,中间为西班牙领事馆建筑。在 19 世纪末,外国住民社区已初具规模。1873 年,汇丰银行厦门分行设立。②

本图在岩仔角注记和记洋行,并记录在笔架山处修建起了汇丰银行职员宿舍。鼓浪屿西北处三丘田(河仔下)片区燕尾山(纱帽石)下,为美国领事馆、医院和药房。还有理船厅公所(港务长公寓),又称 Sunta Elisabeth,系海关于 1883 年购置。

鼓浪屿正北处为敞口的内厝澳水船坞。西北角山岩上标有鼓浪屿分关,该分关 1903 年后划归外籍税务司制度下的厦门新关管辖,和其他外国行政机构建筑距离较远,靠近中国原住民聚落。鼓浪屿东北处有种德宫、内厝澳中国乡村民房等,显示出当时以农耕为主的原住民村庄聚落形态。还有一个地方标有英国士兵墓碑,因为 1840 年英国发动鸦片战争,在《南京条约》签订之前英军就曾在鼓浪屿上驻扎。综观图上所见,在 1902 年公共租界设置以前,鼓浪屿还处于华洋杂处、洋人社区初呈集聚之势的状态。

五、结语:《厦门内港图》的历史价值

哈佛燕京大学图书馆藏中国海关 1892 年《厦门内港图》,从其产生的过程及后来再版的影响,足见它是见证清末中国海关与英国海军之间关系的一个侧面视角。最初为了开放中国口岸、打开市场大门,近代英国对华贸易行动的先导是海军力量。就军事战争而言,英国海军先进的海道测量活动又起到重要的先导性作用。其后中国近代海关作为介于中西之间负责执行不平等条约的机构,天然地和英国的海军及外交等机构部门保持着重要的联系。通常认为,近代海关所兼负的助航设施添置、口岸水道测量等航海保障活动,在业务上也得益于英国海军的帮助。但通过厦门内港水道的测绘及刊图这一事例,给我们提供了一个反向思考英国海军与中国海关之间关系的有力例证。

在 19 世纪末英国海军力量逐渐在中国沿海衰退之时,东亚地区日本海军开始效仿英国,重视对中国沿海港口水路的测绘。同时中国海关在一定程度上承继了英国海军的作用,继英国海军对中国沿海航道做了大致的测

---

① 中华人民共和国厦门海关编著:《厦门海关志(1684—1989)》,科学出版社,1994 年,第 381 页。
② 《1874 年厦门关贸易报告》,载厦门市志编纂委员会、《厦门海关志》编委会编《近代厦门社会经济概况》,鹭江出版社,1990 年,第 124 页。

量之后,海关对通商港口的详细情况又进一步做了深入调查。这是英国对华殖民影响力量的一种接力,正如何伟亚所指出的:第二次鸦片战争后,西方帝国先将清朝解码,然后再重建秩序,其中新建的中外混合的海关发挥了关键作用,它将地图、统计数字和各种图表这些新知识和信息组织起来的中国,大大扩展了英帝国对中国的想象空间。[1] 海关对口岸的测绘成果即是典型事例之一,最后补充到英国海军海图发布序列成果之中,从而确保了英国海军对全球各个殖民地角落广泛的影响力。

再就1892年《厦门内港图》的图幅内容来看,如与1905年英国海军部海道测量局以其为底图的改版图比较,该图的海关业务元素尤为突出。《厦门内港图》本质上是中国海关为自己工作需要所绘之图,其所关注的中心是厦门港口、航道、厦门海关及外国社区的发展。从该图可以看出厦门港口的自然条件,海关为应对暗礁等威胁航行的障碍所进行的助航设施处置工作等。这是中国海关海图区别于其他机构海图的最大特色和不同之处,我们从中可以看到港口及城市管理的近代化过程。

[姚永超,上海海关学院海关史研究院副院长、教授,研究方向为中国海关史、历史经济地理。]

---

[1] 何伟亚:《英国的课业:19世纪中国的帝国主义教程》,刘天路、邓红风译,社会科学文献出版社,2007年,第122页。

20世纪30年代初期交通部接管海关兼管航政管理权及其实践活动述略

顾宇辉

摘　要：五口通商后，近代中国的航政管理权逐渐旁落，相关职权渐被外籍税务司主导的海关掌理，该状况严重影响了中国航运业的发展。自清末至20世纪30年代初期，历届政府为规复航权做过种种努力，但成效不彰。20世纪30年代初期交通部在各口岸设立航政局，并以此作为航权规复的实践主体，进行了积极的探索和实践，并取得了一定成效。

关键词：航政局　海关　航权规复

一、历届政府对海关兼管航政职权的规复历程

海关本是课税缉私的管理部门，由于受复杂历史因素的影响，近代中国海关执掌了包括航路标识（如浮椿、号船、灯塔、灯船、望楼），航道测量，船舶登记、检查、丈量，船舶预防碰撞及海事审判，引水人员管理审核等航政管理事务职权。上述诸项航政管理权的丧失，严重影响中国航运业的自主发展。是故，自清末中央交通主管机构迭次与海关进行交涉，试图收回自办。其职权收回在1931年之前历经了如下阶段①：

清宣统二年（1910），时宪政编查馆奏定行政大纲载明理船事宜，应划归邮传部，以期统一。经邮传部咨行税务大臣查照办理。嗣后，税务大臣回复称：咸丰八年（1858）《通商条约》第32款有"各口分设浮椿、号船、塔表、望楼，由领事馆与地方官会同酌视建造"。并认为如交由邮传部办理此项事务，难免各国公使不加以干涉。同时强调理船事务与海关密切相关，可附属海关办理。由海关的外班总巡兼管。船钞收入不多，收回后恐不敷支应。

---

① 张杏林：《交通部接管海关代办航政之经过》，《交通杂志》1932年第1期，第79—80页。

邮传部认为《通商条约》第 32 款并无规定该项事宜专由领事馆办理。咨复税务大臣之后，没了下文。

民国成立后，新成立的交通部赓续前清邮传部的前议，于 1914 年，参照收回邮政管理权的成例，咨请税务处，并请其移交理船厅管辖权。税务处回复称：《马凯条约》第 5 款有"整顿广东珠江阻碍行船及宜昌一带水道各工程，皆归海关办理"的规定。此与邮政情形不同，应从长计议。后续，交通部在《筹设航政管理机关案》内，载明各海关所管理理船厅事务，依照相关法律，应归该部执掌。1916 年，交通部提出妥协方案，船钞收入仍归海关办理，但航政管理事务划归该部直辖，仍由税务司承办。与条约规定亦无违背。但是税务处函复以总税务司归财政部管辖，不便与其他机关直接行文进行搪塞。后交通部进行函驳。最后，有关理船厅职权移交的事宜亦不了了之。

迨至南京国民政府成立，前税务处的事宜由财政部关务署接管。1929 年 6 月，国民党中央三届二中全会议决确定行政事项的统属案，拟将航政、海政划分大纲。呈行政院交财政部、交通部进行审查，由交、财两部反复商核。财政部函复称："关于航政范围，除管理航路标志及指泊船只之事，仍归海关管理外；其余如监督航业、查验船舶、濬治航路、修筑及管理港埠、考验及审判船员等事，既贵部认为有管理之必要，倘为海关所管辖者，本部自当协助饬遵。"这为交通部接管海关兼管航政事务提供了突破口。1930 年 12 月，《交通部航政局组织法》经国民政府公布施行。该法规定：凡船舶登记、检验、丈量及载线标志等事项，均由该局掌理。而航政管理的各项法规，如《海商法》《船舶法》《船舶登记法》《船舶检查丈量章程》《船舶国籍证书管理章程》等次第颁布。这些法规的颁布为交通部接收海关兼管航政管理业务、各口岸航政局的设置及其运作，提供了法理基础和制度保障。

后续，行政院在上海、汉口、天津、广州、哈尔滨五处设立航政局，除广州暂行缓设外，其余各局均次第成立。自 1931 年 7 月 1 日起，凡海关对于中外船舶检验、丈量等事项，即移归各航政局继续办理。所有原在海关任事各员，财政部令总税务司开单，送由各航政局酌予留用。同时，财政部关务署也对目前未设航政局的地方航政管理如何办理，以及海关原任航政管理人员问题，与交通部进行商讨。① 在人员方面，关务署认为："其海关原任此项事务人员多兼他项职务，其为海关所不需用者，应责令海关照章辞退。由贵部径与该员订定合同，酌量任用。"财政部咨交通部后，交通部函复称："沪汉津哈已成立，广州暂缓设立，粤省久已设有航政局管理船舶事务。② 本部不久亦当派员设局，以归一律所有船舶之检验、丈量等事项，海关卸除职责。"

---

① 《财政部关务署训令·第 5605 号（1931 年 7 月 1 日）》，载吴松弟整理《美国哈佛大学图书馆藏未刊中国旧海关史料（1860—1949）》（第 248 册），广西师范大学出版社，2014 年，第 559 页。

② 此时的广东由陈济棠主政，后续该省航政权接收由其建设厅航政处与海关进行接收。直至 1936 年交通部方设置广州航政局。

至海关原用此项人员,交通部称已饬令各航政局"径与接洽"。① 是年7月1日前,上海航政局局长奚定谟与海关总税务司梅乐和经"数度磋商",达成接管海关兼管的船舶检验、丈量及登记等航政职权方案。7月1日,上海航政局选定八名职员负责接管海关代办权事务。船舶检验及丈量事务由该局技术室主任朱天奎及技术员黄绍三、曹守廉、周厚坤、孟慕庄、秦吉云、丁延龄、徐世溥等人负责。船舶登记事务由该局第二科登记股人员负责。海关将相关卷宗文件移交上海航政局,辖区内船舶、船牌及执照由该局呈请交通部核发。交接中,海关将丈量船舶的仪器一并交给航政局。海关关员此期亦对航政局进行相关业务襄助。航政局人员对于船舶检丈登记等事项属于新接手业务,加之前期海关在船舶检验时往往需要数日进行,故在向航政局交接时尚有部分船舶未能检验完毕。因此,海关方面指派勒恩斯、麦根泰等人,协助航政局进行相关交接过渡。②

二、航政局接管海关兼管部分航政职权实践

此期,航政局接管海关兼管部分航政职权,主要体现在船舶丈量、检验、注册给照及登记等方面。

(一) 船舶丈量、检验

接管上述船舶丈量、检验等事项之后,海关和新成立的航政局之间经过了一段磨合期。以往船只到达关口后必须呈验船舶的各类执照。海关卸除此项职责后如何办理? 海关曾呈请财政部核示。财政部咨请交通部后,交通部函复中立场鲜明,海关兼管该类职权既经财政部令饬卸除,此后中外船只入港,应向航政局呈验该船丈量、检验执照。同时称:"凡行驶江海内河各船舶前经海关照章发给或经海关承认之外国验船师或公司所发之丈量检验及搭客各项凭照,现尚在有效期内者,均准照旧通行。""俟前项执照有效期届满后,应由航政局丈量、检验发给执照。"这一情况业已"经本部通令各航政局一律遵照办理"。③

交通部将该类航政管理业务分两种类型、两个步骤进行处置。前经海关承认的各类执照只要在有效期内,地方各航政局概行承认,继续发挥效

---

① 此为航政局接收海关是项职权初期状况,从后续上海航政局及其各航政办事处的人事档案看,真正从海关原任人员到航政局系统工作的人员并不多见。
② 《航政局今日正式接手海关代办权》,《申报》1931年7月22日第13版。
③ 《财政部关务署训令·第5736号(1931年7月21日)》,载吴松弟整理《美国哈佛大学图书馆藏未刊中国旧海关史料(1860—1949)》(第248册),广西师范大学出版社,2014年,第560页。

用。有效期过后,各类执照的审核、换发均由航政局丈量、检验后发给。这样既为双方职权移交提供了一段平稳过渡期,也杜绝了海关对卸除航政管理权后的"二次掌权"。该类事件较多地发生在各地航政局成立运作初期,从一个侧面也反映出航政管理职能转移过程中海关和航政局之间的调适过程。

此期,各航政局收复从各口海关兼办的船舶检丈职权也有例外情况发生。大连海关向有验船师一人与日本关东当局在当地所设的海事协会对中外船只进行船舶检验给照。在航政局陆续规复海关兼办船舶检丈背景下,日本方面对于撤销该协会的验船给照权持反对态度。考虑到当时不具备在此地设置航政局的条件,交通部拟具了三项暂行办法。① 第一,日本海事协会仍可在大连检验日本船只,发给执照。唯应由海关验船员代表交通部航政局签字盖章证明,方能有效。拟由天津航政局发给海关验船员印戳备用。此条实际上承认日本海事协会对日本船只的检验给照职权,由海关验船员代表交通部签字盖章确认,只是例行程序,名义上中国航政当局对外轮有权进行检丈或外人检丈外轮应经过中国航政当局的认可。第二,中国船只不得再向日本海事协会验船请领执照。此条对于中国船舶航政管辖权进行调整,缩小了日本海事协会检验船舶的业务范围。第三,大连海关验船员检验中国及外国(除日本外)船只后,由航政局发给检查证书。此项空白证书可预向天津航政局领取备用。该条实际上是交通部不具备在大连设立航政局条件的权宜之计,大连海关的验船职能虽因客观条件未能从海关处实际收回,但名义上海关归属了南京财政部统辖。此三项办法是交通部规复海关兼办航政管理权过渡时期的特殊制度安排。经咨财政部转咨大连关税务司,该司称如验船执照仅由海关验船员签字盖章,日本关东厅仍可借口称该验船员系天津航政局代理人而非行使海关职务人员,不准在租借地执行职务。为避免纠纷,拟将所有验船执照经海关验船员签字盖章后,仍由税务司签字。交通部亦同意了大连海关税务司的建议。②

(二) 船舶注册给照

船舶注册给照,是此时航政局与海关进行航政管理权限交涉的重要内容。晚清至民初,国内船舶的注册事宜概由海关进行管理,并由海关发给船牌,船舶凭船牌行驶。1914 年,交通部颁布《轮船注册给照章程》,并开始核准轮船注册给照事宜。但海关所发船牌继续核发,并在该章程内规定:凡轮船及夹板船等非经交通部注册给照,不得向海关领取船牌;领有交通部执照之船舶,须由海关验明后,发给船牌始得行驶。至 20 世纪 30 年代航政局成

---

① 《酌定大连海关验船员办事手续》,载张研、孙燕京主编《民国史料丛刊》(645),大象出版社,2009 年,第 311 页。
② 同上书,第 353 页。

立初期，凡轮船行驶前须向交通部缴纳执照费，复须在海关请领船牌时缴纳船牌费。这样同一轮船须领两种执照，方得行驶。而其实两证所核载内容基本相同。

基于这种状况，海关总税务司曾向财政部关务署建议，凡轮船等只须领有交通部所发执照即可准其行驶。原章程第11条规定："如新置船舶，急需行驶不及呈部请领执照时，得呈由海关暂行发给船牌，以便行驶，并限期请领执照，将所领船牌注销。"①

1931年5月2日，交通部将《修正轮船注册给照章程》公布。该章程出台前后及施行过程中与海关的交涉，颇能反映出当时航政主管机关与海关之间接管与被接管的复杂态势。

该章程以1914年颁布的《轮船注册给照章程》为蓝本进行修正。共有20款条文，内容包括该章程规范主体（归官厅或公司或个人所有的营业轮船、营业的渔轮及夹板船）、呈请注册给照需要提交的内容（船舶使用者、船舶本身的各类参数、航线图、航行起讫及经过处所、船舶购置或租赁价值、船舶建造的时间地点、船员姓名资格等13项）、执照请领方式（以公司形式组织经营的船舶需要提交备案材料）、换发执照的各类情况规定、缴销执照的各类情形规定、注册给照需要缴纳的费用。其中与海关直接相关的有第3条："凡轮船及渔轮夹板船等行驶航线，由交通部分别江海内港各项，于执照内指定之。各航商将部照赴海关呈验后，按照指定之航线行驶，并遵照各海关理船厅先行章程办理。"该条主要指，轮船等船舶的航线在执照内会有具体规定，航商携执照赴海关呈验。第10条："轮船及渔轮夹板船于领有交通部执照后，应驶赴海关验明，始得行驶。如验有不符者，应即禁止其航行。各海关验明后，于照上注明某海关验讫及其年月日，每三个月由海关监督汇总报部。"该条是需要海关配合查验执照事宜，而规定每三个月由海关监督向交通部汇总报备。预意良好，实施起来从逻辑上讲亦有困难。海关监督对于是项工作没有义务，更无动力可言。第11条："新置船舶急须行驶，不及呈部请领执照时，得呈请海关监督先发暂行船牌，以便行驶，但须于三个月内按照本章程呈部领照。如逾期未经呈部或所报事项经交通部驳斥不准者，应由海关将所发暂行船牌吊销或禁止其行驶。海关发给暂行船牌，应随时呈报交通部备案。"该条内容是船舶遇到紧急情况下的一类补救措施，其实是对交通部征询海关总税务司对于该章程草案时后者所提建议的采择，并就此条建议进行更具化的规定。但其有关海关对于暂行船牌的发放随时呈报交通部备案的规定，由当时情形视之，则很难实现。第17条："本章程施行后海关对于本国船舶毋庸发给船牌或内港专照及江照。"停发船牌一

---

① 《财政部关务署训令·第967号（1930年4月4日）》，载吴松弟整理《美国哈佛大学图书馆藏未刊中国旧海关史料（1860—1949）》（第248册），广西师范大学出版社，2014年，第641—642页。

节,总税务司已经在审核该章程草案时言明。对于停发港照及江照,海关持何态度呢?

该章程公布两个月之后,交通部接上海市航业公会呈报称:"海关对于船牌、内港专照及江照等项,仍未遵照取消。"各轮船公司前赴海关询问,海关言谓:"未接奉部令,群疑莫释。"这无疑有损于政府威信。交通部历数 1930 年 4 月 15 日所接财政部第 1356 号咨文,内载总税务司呈称海关发给船牌性质与交通部现在所发执照无稍区别,建议交通部修正《轮船注册给照章程》,轮船今后只须领有交通部所发执照即可准其行驶。交通部参酌是项意见后,将注册给照章程修正为"本章程施行后海关对于本国船舶毋庸发给船牌或内港专照及江照",并于 1931 年 4 月 11 日照录修正后的章程,咨请财政部查核。后财政部关务署第 19230 号咨复称:"此项修正章程,大致均极妥洽,俟公布后,将该项章程定本咨送本部,以便饬由总税务司知照。"交通部随后于是年 5 月 2 日将该章程公布,5 月 4 日照录章程两份咨请财政部查照。接到上海市航业公会呈报后,交通部再次咨请财政部转饬总税务司查明缘由并登报布告,以彰行事。

总税务司将该章程分发到各地海关,各关税务司先后反馈称,该章程第 17 条载有"本章程施行后海关对于本国船舶毋庸发给船牌或内港专照及江照"。海关认为停发船牌对于关务无甚影响;停发内港专照及江照则于海关征税及管理上会造成诸多窒碍,并举例表达了该类担忧。按照当时海关关章规定,凡土货往来于内地各处或内地与通商口岸之间,均应免税运输;通商口岸间或通商口岸与准许轮船停泊上下客货处所间应征收转口税,运往外国口岸则应征出口税。货物征税办法以轮船航线而定,若将内港专照取消,则轮船行驶漫无区别,而管理轮船、保护税收较前更加困难。如轮船可在通商口岸假报运往内地,再由内地转运其他通商口岸,借以避免转口税,海关既无凭稽查,税收亦遭损失。此外,总税务司举江照案例,认为海关在江海关、镇江关请轮船申领江照,目的是便于管理长江轮船。如果没有江照管理,轮船可直接驶入长江,准许轮船停泊上下客货处所擅自起卸货物,该处无海关管理,即会产生诸多流弊。结合以上两点,总税务司认为所有江照及内港照仍应发给航商。关务署根据总税务司反馈内容认为,港照及江照如一律停发,对于管理货物及轮船会造成诸多窒碍,属于实在情形。现时的货物免征税费的办法以运输的途径不同而不同,海关对于货物应征、应免或应照何项税则,势须先明了轮船航线而加以切实管理。因此,关务署亦认为海关所发江照及港照仍准继续发给。

总税务司对于交通部咨文的反馈,其实主要集中从两个方面进行答询。首先对停发船牌持同意态度,这也是该司主动提出的内容。对于内港专照及江照的停发,该司认为或许会给海关征税及管理造成诸多窒碍,该种说辞的核心即是轮船航线与税收的稽征与否、稽征额度及拟采税种密切相关。而交通部修正的轮船注册给照章程中第 5 条第 9 款、第 10 款明确指出,船舶呈请注册需要提供航线图说及航线起讫及经过处所。以其所举江照而言，没有取得长江航线执照的轮船自然不能进入长江航线进行载运客货；而其所言之"准许轮船停泊下上客货处"，只要是航线载明之处，上下客自然可行。至于此处没有海关稽征人员，不会因江照及港照与执照而不同。其所称各项流弊，后续自可采取其他措施解决。其不愿放弃是项证照发放的权限，更多是其考虑自身的利益使然。

此外，航商新置船舶急须行驶，不及呈交通部请领执照时，向由海关监督先发暂行船牌，以便航行。《修正轮船注册给照章程》也认可这一做法，并把它列入第11条。同时规定，待《海商法》《船舶法》《船舶登记法》公布施行后，所有20吨以上船舶依法均应呈由航政局转呈交通部请领船舶国籍证书，以代替轮船执照。

在具体的航政管理实践上，各地航政局按照交通部的统一安排，步步为营，力图规复更多的航政管理权。《修正轮船注册给照章程》所载条款规定，航商新置船舶如急须行驶，一时或不及等候时，则由海关暂行发给船牌，以做暂缓的办法。但实践中各地航政局并未沿用。遇到此种情形时，船舶在航政局登记后，船舶国籍证书尚未颁到，以航政局前面所发船舶登记证明书暂行代用报关。① 从而破除了由海关暂发船牌的可能。

江海关税务司罗福德曾向关务署呈称：领有交通部执照的轮船，常不能将执照呈验，应如何办理？并拟定三项取缔办法。办法第三条指出：已经领有交通部执照的船只，其原来所领海关船牌，自是年7月1日起三个月以内有效，期满后须一律呈验交通部执照；否则不准行驶。

交通部接到咨文后，认为《海商法》规定20吨以上船舶，依《船舶法》及《船舶登记法》相关规定，应由主管航政官署登记后，发给船舶国籍证书；其已经登记尚未领到国籍证书的船舶，以登记证明书暂行代用报关。至20吨以下不适用《海商法》的小轮船，既无请领国籍证书的规定，应按向章请领交通部轮船执照报关。如不能呈验交通部执照或以前已经领有海关船牌，可照江海关税务司所拟第三项办法办理。②

对于上述船舶在登记后尚未领取国籍证书以前，得以航政官署所发船舶登记证书暂代国籍证书报关，交通部后续又专文向海关发函，强调该措施仅为临时救济办法。③ 因其施行本身没有具体说明时限性（即多长时间可以

---

① 《财政部关务署训令·第6185号(1931年9月17日)》，载吴松弟整理《美国哈佛大学图书馆藏未刊中国旧海关史料(1860—1949)》(第248册)，广西师范大学出版社，2014年，第650页。
② 《财政部关务署训令·第6250号(1931年9月22日)》，载吴松弟整理《美国哈佛大学图书馆藏未刊中国旧海关史料(1860—1949)》(第248册)，广西师范大学出版社，2014年，第652—653页。
③ 《财政部关务署训令·第6366号(1931年10月9日)》，载吴松弟整理《美国哈佛大学图书馆藏未刊中国旧海关史料(1860—1949)》(第248册)，广西师范大学出版社，2014年，第654页。

暂代国籍证书进行结关），防止有些船舶登记后索性就用登记证明书进行结关而不去申领国籍证书。并明确以后凡以船舶登记证明书代替船舶国籍证书报关者，自该登记证明书填发之日起两个月内有效。

1931年，海关总税务司曾通过财政部关务署向交通部咨询：领有旧常关所发民船执照和往来挂号簿的航海民船，在《海商法》等航政法令颁布后，该类证照是否暂时认为有效？交通部复函认为，《海商法》及《船舶法》规定，凡容量200担以上民船应依法登记，请领国籍证书。总税务司所呈航海贸易民船，如果容量在200担以上，自应改领国籍证书。因各地航政局甫经成立，船舶未经依法登记者尚多。所呈航海贸易民船在1931年12月底以前，执有旧常关所发民船执照及往来挂号簿，可准予照常进行结关；自1932年1月起，即须一律改领船舶国籍证书。①

（三）船舶登记

船舶登记方面，《海商法》《船舶法》《船舶登记法》颁布后，交通部曾明令各航政局并咨财政部令饬海关总税务司，凡设有航政局管辖的区域内，所有总吨数20吨以上的船舶应赴所管航政局依法登记，并经由航政局向交通部申领船舶国籍证书，不用再行向交通部申领轮船执照。以前所领交通部轮船执照，应于1931年内赴各航政局声请换领国籍证书。自1932年1月起，凡总吨20吨以上船舶，如未领有国籍证书，经过各海关口岸时，一律不予结关。② 这一规定其实是《海商法》等法令颁布后，伴随航政管理机构的设置，航政法规规范管理范围的扩大。此类法令颁布以前，交通部主要靠《修正轮船注册给照章程》对轮船进行管理，其规范的客体主要是轮船，而大量的帆船则没有相应的法令调整（航海帆船有海关制定的《海关管理航海民船章程》）。依据《海商法》，只要是总吨超过20吨或200担以上的船舶均纳入该类法规规范的范围。但这并不代表先前交通部颁发的轮船执照不再颁发。而总吨小于20吨的轮船，如前述，《船舶登记法》没有规定，可以向交通部申领轮船执照。该类航政管理法规出台后，航海民船理论上只要总吨在200担以上均须请领船舶国籍证书。

三、小　　结

20世纪30年代初期，南京国民政府交通部通过在上海、天津、汉口、哈

---

① 《财政部关务署训令·第6365号（1931年10月9日）》，载吴松弟整理《美国哈佛大学图书馆藏未刊中国旧海关史料（1860—1949）》（第248册），广西师范大学出版社，2014年，第653—654页。
② 《财政部关务署训令·第6485号（1931年10月26日）》，载吴松弟整理《美国哈佛大学图书馆藏未刊中国旧海关史料（1860—1949）》（第248册），广西师范大学出版社，2014年，第654—655页。

尔滨等处设立其直属的航政局,先后从外籍税务司主导的海关处接管了部分航政管理职权。该类航政管理的实践活动具有一定的积极作用。地方航政局的设置及实际运行,弥补了自清末以来中国政府在交通运输领域中观层面航政管理机构的缺位,为自主实施航政管理提供了机构和人员保障。同时,此期以航政局为代表的航政管理实践活动,集中于船舶检丈、注册和登记等几个方面。该类航政管理活动的开展,尽管有局限性,但总体上仍产生了积极作用。它是中国自主进行近代航政管理活动的尝试和开端,是近代航权恢复的重要历史面向。

[顾宇辉,中国航海博物馆学术研究部(藏品保管部)副研究馆员,主要研究方向为近现代航海史、航运史。]

重庆舰起义：
历史背景、经过与影响

周 颖

摘 要：1949年2月25日，国民党海军最大战舰"重庆"号巡洋舰在上海吴淞口外毅然起义，驶向解放区烟台港。这一震惊中外的壮举，是中国共产党统一战线政策的胜利，也是国民党统治分崩离析的缩影，更标志着中国人民海军建设迈出了重要一步。本文以"重庆舰起义"为研究对象，运用历史文献分析法，结合亲历者回忆录等史料，梳理起义的背景、过程及影响。首先，分析重庆舰来历、国民党海军内部矛盾，以及中共地下党对重庆舰的策反工作；其次，详细还原起义经过，剖析舰长邓兆祥等关键人物的心路历程；最后，探讨起义对加速解放战争进程、动摇国民党军心及建设人民海军的重要意义。

关键词：重庆舰 解委会 国民党 起义

1949年是中国近代史上的关键转折点，国共内战进入最后阶段，国民党政权面临全面崩溃的危机。"重庆"号起义的发生绝非偶然，它是时代浪潮推动下的必然产物，也是国民党军队内部矛盾激化的生动体现。这艘凝聚着先进技术与强大火力的战舰，本应是国民党维护统治的有力工具，却最终掉转炮口，加入人民的阵营，这一戏剧性的转变蕴含着深刻的历史内涵。

一、重庆舰的前世今生

（一）重庆舰概况

重庆舰原为一艘英国林仙级军舰，原名"震旦"号。由朴次茅斯造船厂于1935年6月开始建造，1936年9月下水，1937年编入英国海军本土舰队。在英国服役期间参加过第二次世界大战及大西洋和地中海的多场战役。

重庆舰是轻型巡洋舰（图1），舰长154米，宽15.5米。动力方面配有透平主机4部，主锅炉5座，辅助锅炉1座，总马力高达6.4万匹。在实战中，该动力系统赋予重庆舰出色的机动性和续航力,最高航速可达32节,续航力4 000海里。武器装载方面,配有3台152毫米双联装主炮,前主炮塔2座,后主炮塔1座;102毫米双联装平高两用副炮4座,分布在后烟囱与后桅两侧,主副炮均能自动装填炮弹;四联装40毫米高射机关炮2座,布置在两烟囱之间的左右舷;20毫米高射机关炮8挺,其中双联装3座,单管2挺,副炮高射指挥台2座;同时配有三联装鱼雷发射管、舰尾攻潜深弹滚放装置、破雷卫各2套。

图1　重庆号巡洋舰

(二) 从"震旦"到"重庆"

二战结束后,国际局势巨变,英国出于多重考量,决定将"震旦"号转让给中国。一方面,"英国政府同样基于两国间的传统友谊,协助我国重建海军,以维持远东的安全,赠舰计划中包括船舰十一。十一艘舰艇中以巡洋舰震旦号为最大"。① 英国本就有计划向国民政府提供援助以维系与国民党政府的关系,抗衡苏联在远东影响力,巩固其在亚洲的殖民利益。另一方面,"第一次英国赠舰波折发生于1948年,英国政府决定取消'赠舰',拟改为'短期租借'"。② 因前期赠送给国民党政府的"伏波"号撞沉,英国决定取消赠送"震旦"号。国民政府得知后以"第二次世界大战期间,香港英国当局曾没收中国招商局在港定制的6艘港湾巡艇,转用于欧洲战场"为由谈判③,最终"震旦"号以赔偿的形式赠送给国民党政府。

为顺利接舰,国民党政府命"海军总部特派长治舰长邓兆祥上校,率五

---

① 《英国赠舰与接收》,载行政院新闻局编《中国新海军》,1947年,第19页。
② 贺怀锴:《美英援助与战后国民政府海军重建》,《历史教学》2018年第11期,第54页。
③ 冯晓红:《毛泽东与邓兆祥少将》,《文史精华》2009年第11期,第4页。

百海军将士赴英实习"①,前后共计三批赴英国学习专业海军知识。从第二批招募人员的严苛要求中,便能看出此次赴英培训任务的重要性与高规格。入选者"系海校出身,学兵规定年廿五岁以下,学历高中以上,思想纯正,体格健全之青年。当时报名应考之学兵殊多,几达原定名额五倍余,而选取标准,除年龄、学历、保证人、介绍人均合格外,则以陆军医院之体格检查总评为依据"。② 这一系列高标准要求意味着学员有较强的学习能力和思维判断能力。在英培训期间,他们不仅汲取专业知识,还接触西方先进军事理念、管理模式,开阔视野,提升综合素质,为驾驭重庆舰奠定坚实基础。

1948年5月19日,英国政府正式将"震旦"号移交给国民党政府,国民党将其更名为"重庆"舰,任命邓兆祥为舰长。重庆号上近600名官兵分为轮机、通讯、鱼雷、枪炮、舰首、舰腹、舰尾、混合、修舰、军需10个中队。在海上航行近3个月,于8月13日顺利抵达上海,开启在国民党海军服役新篇章。

二、重庆舰起义:历史转折下的关键抉择

(一)内忧外患下的官兵抉择

重庆舰官兵思想的转变,是多种因素相互交织、共同作用的结果。在英国接受训练期间,重庆舰官兵努力学习先进的海军知识和技术,满怀对未来的憧憬和报效祖国的热忱。他们目睹了英国海军的强大与先进,心中充满了对中国海军崛起的渴望。然而,回国后的现实却给了他们沉重的打击。

在经济方面,重庆舰回国之际,正值国民政府"币制改革"。1948年8月19日,蒋介石发布了《财政经济紧急处分令》,肯定金圆券为本位币,紧急停止法币及其他地方纸币的流通。刚到中国的海军纷纷响应号召,将在英国赚取的外币、黄金等换成金圆券。"由于官兵待遇过低,该舰官兵在英实习时,与返国后之生活,判如天壤。"③"物价飞涨,金圆券严重贬值,士兵回到上海补发的薪饷,一个月津贴只够上街吃一碗阳春面。"④回国前薪资能维持体面生活,而回国后,各级官员为了谋取私利、大肆贪污,导致士兵辛苦工作获得微薄的薪资,到起义前夕连基本生活物资都难以购足,士兵食不果腹。

在政治方面,邓兆祥谈起义经过时"痛斥了国民党统治的海军的腐败。他说所谓海军总司令头等战犯桂永清根本就不懂海军,朝令夕改,不辨是

---

① 《英国赠舰与接收》,载行政院新闻局编《中国新海军》,1947年,第20页。
② 齐国勋:《第二批官兵赴英接舰剪影》,载海军总司令部新闻处编《海军采访》,1946年,第41页。
③ 《重庆号舰叛变原因,空军轰炸等各组建功人员》,《申报》1949年3月22日第2版。
④ 王颐桢主编:《重庆舰起义:永不磨灭的历史记忆》,青岛出版社,2012年,第61页。

非,只凭个人好恶。真正有才能的海军干部受到压抑,而一群善于吹牛拍马的腐化分子,不管懂不懂海军,都可以穿上海军将领的制服。在他的统治下,海军中充满了走私、贪污的事情,对人民抢掠屠杀,而对美帝国主义的舰队却奴颜婢膝"。① 国民党为自身利益将国家和人民的利益抛诸脑后,坚持发动内战,给国家和人民带来了巨大的灾难。重庆舰官兵在执行任务的过程中,目睹了战争的残酷和百姓的苦难。在东北战场,他们看到了无辜百姓在战火中流离失所,家园被毁,生命受到威胁。这种战争的残酷景象让官兵们对内战的正义性产生了怀疑,他们开始反思自己参与这场战争的意义。

（二）中共的策反工作与秘密组织的形成

舰上的进步人员和中共地下党员秘密联络,逐渐形成两大秘密组织:一个是由王颐桢、武定国、毕重远等27人联合组织的"重庆舰士兵解放委员会"(以下简称"解委会"),另一个是以曾祥福、莫香传、蒋树德等16人组成的起义组织。解委会作为起义的核心力量,成员分别来自轮机、枪炮、通信、雷达等主要部门,他们几乎涵盖了掌控军舰运行的核心岗位。他们深知起义任务的艰巨和危险,因此采取了极为谨慎的组织方式。组织内部严格保密,成员之间采用单线联系,避免因一人暴露而导致整个组织遭受破坏。以王继挺、莫香传、蒋树德等16人组成的起义组织,也在暗中紧锣密鼓地计划发动起义。他们与中共上海局策反委员会取得联系,领取活动经费,伺机起义。原本两个组织按照各自计划起义,没有交集。在发展人员过程中一些成员相互发生了联系,但是当时处于白色恐怖中,王继挺等人无法证明其与中共地下党有联系,解委会不敢轻信。因此两个组织虽然知道对方的存在,但是没有建立联系。

舰长邓兆祥在起义中发挥了至关重要的领导作用。"(邓兆祥)在35年的旧海军生涯中,先后经历了五四运动、北伐战争、抗日战争等,进一步受到了爱国主义思想的教育与影响。"②塔山战役后他对国民党政府和军队的腐败与堕落深感失望,"在夜间偷听解放区的广播,并经常阅读上海爱国民主党派办的进步报刊"。③ 同时,他在上海常与好友、同学见面讨论时事,与郭寿生、周应聪接触最多。郭寿生于1923年参加共产党,周应聪作为国民党海军上海办事处主任已与中共地下组织有联系,对邓兆祥进行了深入的思想工作。邓兆祥被共产党的理念和诚意打动,在思想上有了"应变"的准备。

---

① 《邓兆祥谈起义经过,国民党海军腐败不堪,大部官兵早渴望解放》,《人民日报》1949年3月30日第1版。
② 《邓兆祥同志生平》,《人民日报》1998年8月15日第3版。
③ 冯晓红:《毛泽东与邓兆祥少将》,《文史精华》2009年第11期,第5页。

三、起义之后：跌宕起伏的命运

1949年2月17日，重庆舰突然接到命令从高昌庙开到吴淞口待命。桂永清派人搬运20万银元到船上，给舰上加足了油、水、给养和大量炮弹，并给舰上派了一名领水人员。不明真相的海员纷纷猜测军舰将开往台湾，或者要把守长江，拦截共产党渡江。解委会成员们深知起义行动迫在眉睫，他们对舰艇上的人员分布、武器装备、航行路线等进行全面的分析和研究，迅速制定详细的起义计划，准备将船开往解放区，并且做了最坏打算，万一起义失败将炸船同归于尽。计划大致已定，原计划2月21日晚0—4点行动，由于未提前布置，解委会人员不齐，因此计划延后。2月24日早饭后，轮机下士漆来哲突然向张启钰打听："知不知道有人要把军舰开到解放区去？"①张启钰听到后立即告知解委会成员起义的意图已暴露。经开会研究，大家决定马上行动。

凭借前期精心布局与果敢行动，成功掌控全舰后，王颐桢、武定国等便来到舰长室与邓兆祥舰长进行谈判。因已经有了"应变"准备，最终邓兆祥同意开船，并亲自绘制航线。接近凌晨5点，随着邓兆祥一声令下，重庆舰缓缓启动，在夜色掩护下向着烟台港进发。

在航行途中，解委会联合王继挺等人在各个重要岗位各司其职。为稳定士兵的思想情绪，王颐桢在广播中向全体士兵宣告重庆舰起义，并宣读张启珏和王元芳事先写的《重庆舰起义告全体同学书》《重庆舰起义告海员同志及技工同志书》。告知书中细数国民党的种种劣迹，鼓励全舰人员积极参加起义。除了在思想上安抚人心，行动上，解委会成员及各部门代表开会决定将桂永清运上舰的20万银元分发给舰上所有人，按级别、岗位、工作年限等区别发放。重庆舰后主炮班长周冠华回忆："直到此时，国民党海军总司令部尚未查明他们手下最大的军舰的行踪。"②可见当时起义计划考虑全面，计划实施果断、迅速，人员配合默契，在如此高压的环境下，顺利完成起义。经历25小时航行，于2月26日清晨带着全舰574人抵达烟台港，舰上火炮上仰，白旗飘扬。

重庆舰突然"失踪"，震惊了国民党当局。蒋介石得知后，在日记中愤怒地写下"此为我海军之奇耻大辱，诚无颜以见世人"③，并立即批示"预定本日派机轰炸"④，字里行间满是怒不可遏的情绪。他深知重庆舰起义对国民党的军事和政治局势将产生巨大的冲击，不仅损失了一艘强大的战舰，更在

---

① 王颐桢主编：《重庆舰起义：永不磨灭的历史记忆》，青岛出版社，2012年，第193页。
② 周冠华：《重庆舰起义亲历记》，《文史春秋》1999年第5期，第28页。
③ 吕芳上、源流成主编：《蒋中正日记1949》，民国历史文化学社，2023年，第76页。
④ 同上。

士气上遭受了沉重的打击,让本就摇摇欲坠的军心、民心更加岌岌可危。随后国民党不断派出飞机攻击重庆舰。面对国民党空军的强大攻势,重庆舰虽顽强抵抗,但终究因实力悬殊而显得力不从心。重庆舰舰体多处被炸弹击中,出现人员伤亡,舰上的设备也遭到了严重损毁。当时的形势极为严峻。"就军事观点言,华北东北各海港,除旅顺大连之外,无一处可供此巨舰停泊修理者。大沽虽有设备,只能供小型轮船使用,无法修理重庆舰。重庆舰即使不南返,但因缺乏保养设备,在华北海面六个月后,亦将不能使用。"①"重庆号的缺点,消耗量极大,作战时每日消耗油量百余吨,平时停泊期间,每日亦需柴油十余吨。"②在物资匮乏的彼时,无论是对重庆舰的修复,还是为其提供日常运行所需的物资,都是一项沉重到令人难以承受的负担。

当局势已无法保全舰艇时,舰上官兵就成为未来人民海军建设的珍贵火种。党中央经过慎重考虑,权衡利弊后决定采取自沉措施。1949年3月19日,在接到自沉命令后,重庆舰的官兵们怀着沉痛的心情,有条不紊地进行着自沉前的准备工作。他们首先拆除了舰上的部分重要设备和机密文件,这些设备和文件对于未来人民海军的建设具有重要价值,必须妥善保存。如今,"重庆"舰牌复制件(图2)珍藏于中国航海博物馆,成为那段历史的见证。20日官兵们打开了海底阀门,海水迅速涌入舰体。随着海水的不断涌入,重庆舰逐渐下沉,最终沉入了葫芦岛港的海底。

 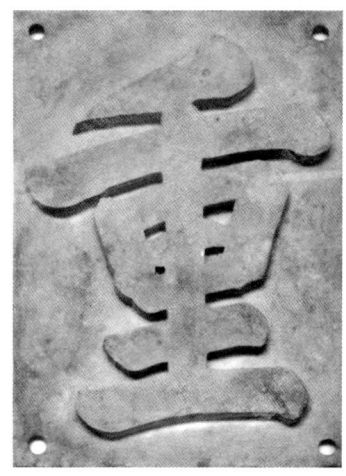

图2 "重庆"舰牌(复制件)

---

① 《重庆舰四十余官兵,遗留在沪安插,牟副舰长人为炸毁意在整饬军纪》,《申报》1949年3月21日第4版。
② 《重庆舰史实》,《申报》1949年3月21日第2版。

四、起义的多维度影响

（一）对解放战争局势的冲击

重庆舰起义宛如一记重锤，狠狠地砸向国民党海军，带来全方位的重创。从兵力层面来看，国民党海军直接损失了一艘极具威慑力的战舰，实力锐减。军心士气方面，这一事件如同推倒了多米诺骨牌，引发连锁反应，许多国民党海军官兵开始重新审视自己的立场和选择，意识到国民党的败局已定，纷纷产生了弃暗投明的想法。不仅如此，在国际舞台上，国民党的形象也因重庆舰起义严重受损。英国作为重庆舰的原属国得知重庆舰起义后，"对国民党政府的无能进行痛斥，说这给英帝国造成重大损失"。① 英国不得不重新审视中国局势。"5月27日下午5时，杨元忠与英国驻港海军司令罗拔臣准将共同主持了'灵甫'舰移交典礼。"②英国立即召回与重庆舰同时租借的灵甫舰。

（二）人民海军建设奠基

重庆舰起义对人民海军战略思想的转变产生了深远影响。起义前，人民海军处于初创阶段，力量相对薄弱。虽然最终重庆舰沉没，但是舰上官兵成为人民海军宝贵的人才资源。根据军委安排，成立安东海校，任命校长邓兆祥，政委朱军。起义官兵成为人民海军建设先锋力量。他们在英国接受过系统的海军训练，具备扎实的专业知识和丰富的实践经验。安东海校成为海军人才摇篮。学校以重庆舰为活教材，理论结合实践，培养大批专业人才，成为海军初创期技术骨干，加速人民海军从无到有、由弱变强的进程。起义官兵在二战及国内战争的实战中积累了丰富的海战经验，形成了一套较为成熟的战术体系，这些战术理念强调舰艇之间的协同作战、火力配合及对战场形势的准确判断和灵活应对。在人民海军的建设过程中，不仅提升了官兵们的作战能力，还培养了他们的应变能力和团队协作精神。

五、结　　论

重庆舰开往解放区是一个在特定历史背景下发生的具有重大意义的历史事件。它的发生是国际国内形势发展的必然结果，也是重庆舰上广大爱

---

① 于祖范：《重庆号巡洋舰的故事》（上），《科技潮》1998年第9期，第62页。
② 马骏杰著：《档案里的中国海军历史》，山东画报出版社，2023年，第288页。

国官兵在历史转折关头做出的正确抉择。从起义的背景、决策过程到航行经历,再到其产生的深远意义,重庆舰开往解放区的每一个环节都值得我们深入研究和思考。这一事件不仅改变了当时的政治、军事格局,也为中国革命的胜利做出了重要贡献。它所蕴含的历史价值和精神内涵,将永远铭刻在中国近代革命史上,激励着后人不断为实现中华民族的伟大复兴而努力奋斗。

［周颖,中国航海博物馆学术研究部（藏品保管部）馆员,主要研究方向为库房管理、航海历史。］

中国古代帆船的复原及其意义
——以浙江"鸟船"为中心的考察

胡 牧

摘 要：帆船的革新反映了社会生产力发展的需求，当前大量研究主要关注帆船在工程领域的形态和功能等方面的历史演变，蕴含在帆船中的文化价值尚未被充分挖掘，这不利于充分激发帆船的非物质文化方面的价值。因此，本文分析了中国帆船的区域特征差异，并聚焦浙船与"鸟船"之间的关系及其起源与发展历程，最后以典型浙系"绿眉毛"帆船为例分析了帆船复原的潜在意义。本研究以传统中国帆船为抓手，充分挖掘宝贵的海洋历史文化资源，为提升我国海洋社会、经济、文化注入新动力，在船史研究领域希望起到抛砖引玉的作用。

关键词：中国古代帆船 复原 文化价值 "绿眉毛"帆船

在国内有很多人不知道，在远古史前时代的中国，长江中下游的江南地区，史前先民把南方沼泽地上多年生的野生稻驯化成人工栽培稻谷，人类从渔猎采集进入以栽培种植为主的农耕文明时代。史前先民为适应江南地区江河、沼泽湿地环境，用手工及石器工具制作能浮于水面的排筏和独木舟，为人类进入海洋创造最为原始的水上航行器。

进入农耕文明的古代中国社会，手工业生产的实用物产，都要通过水面的运载工具解决物产的运输。促使古代先民从筏、独木舟等史前航海器，转向适航性更好的木构船舶制造进程。20世纪50年代在广州汉代墓葬中出土了陶制船模，陶船模一定是人们参照当年实际存在的船舶缩小制作的模型，其表达的实物结构与形状应该可信。在这只出土的陶船模上，明显可见在船艉插有一支操控航向的舵。另外，70年代在江苏如皋出土的唐代木船，在全长19米的船体上有大小不等9个船舱，木构船舶具有水密性的船舱已经出现。[①]

广州和如皋出土的陶船模、木船透露出的历史信息表明，千年前的传统中国建造的木构船舶已具备与现代船舶同样结构的水密舱和船艉舵的造船

---

① 席龙飞主编：《船文化》，人民交通出版社，2008年，第2页。

技术。中华民族航海先驱最早掌握水密舱抗沉和船艉舵转向的船舶装置。在船体中轴线上装有船艉舵的中国帆船,可通过艉舵控制船体的航向,达到调整风帆受风角度,让帆船获取侧向来风的前进动力。中华先民之所以在农耕文明时代就率先在东亚地区建立海洋贸易航线,勇敢地迈开了促进人类社会进步的步伐,与传统中国帆船的创造密切相关。

18世纪的西方经济学家指出:提高劳动生产力促进人类社会进步,是从分工开始的。① 数千年前中华先民为实现中国帆船在起伏不平的海面上航行,必须对帆船上的船长、水手等全体人员进行明确分工,才能在海洋上构成"同舟共济"的命运共同体,实现中国帆船航向远方的梦想。拥有传统中国帆船的中华民族,无疑是人类社会中最早进入海洋航行的族群。

流传至今的古老中国帆船,是人类在农耕文明时代的伟大创造。源远流长的中国帆船传承了古老的中华海洋文明,与万里长城、北京故宫等古代历史建筑一样,是中华民族璀璨的历史文化瑰宝和人类的历史文化遗产。

一、中国帆船的四大船系

中国位于太平洋西海岸的亚洲东部地区,有一条从南到北长约1.8万千米的大陆海岸线,受东北亚岛链和大陆架的影响,海面上风浪产生的波长不一样,在中国的沿海形成了南海、东海与黄海不同的风浪环境。南海海面开阔水深,海浪的特点是波长涌高;东海、黄海受日本列岛和朝鲜半岛的遮蔽及离岸大陆架水深较浅的影响,海面上波浪的波长相对短。不同的风浪对帆船航行的稳性的影响区别很大。在漫长的历史时期,中国帆船分别衍生出广船、福船、浙船和沙船四种不同船系。在中国进入农业社会后,为满足手工业生产的丰富物产长距离运输的需求,简单的史前排筏、独木舟向拥有水密隔舱、艉舵、风帆等装备的中国帆船发展。

中国帆船四大船系的主要区别在于船体水面下的不同线型。为适应南海波浪的波长特点,广东的船工会把帆船的重心集中在船底的龙骨上,造的船体是重心低的尖底船,牺牲船舱容积,而确保帆船在深海大浪中的航海安全。19世纪跨越大西洋在英国参加首届世博会的"耆英"号广船,就是广船在工业革命前中国帆船最为辉煌年代的标志。

与广东相邻的福建,船工根据家门口的风浪状况,将出海的帆船造成尖圆底船。这样的设计既具有广船尖底船的稳性,又使尖中有圆的船体增加了船舱容积,实现木构船舶的抗风浪性能与装载量的合理配置。福船以明代来往于福州与琉球群岛间的"册封舟"为上。

---

① 亚当·斯密著:《国富论》,宇琦译,湖南文艺出版社,2012年,第5页。

从福建北上进入地处中国海岸线中部的浙江地区,为兼顾南来北往的海上航运,浙江的船工把帆船造成了圆平底船。圆平底的船体既适合东海、黄海的波浪摇摆强度,保证帆船的航海安全,又能使船舱实现最大的装载量。21世纪初在舟山市复原的"绿眉毛"帆船是其最后遗存。

在钱塘江及长江口以北的北方岸线上,为适应北方海底沙多滩浅之特点,船工为保证船舶落潮坐滩时不倾翻,把帆船造成了方正的平底船。以方艏、方艉、平底为特征的沙船,主要活跃在中国的北洋航线上。由于沙船在漕运及海洋贸易中取得的成功,在近代的上海形成了一个颇具特色的行业——以沙船为主的航运业,为近代上海城市发展做出了不可磨灭的重要贡献。

中国帆船之所以在农耕文明时代领先于世界,与地大物博的中华大地发达的手工业生产有关。古代中国生产的丝绸、瓷器、茶叶等大宗商品,都需要经过河流、海洋的通道才能到达其所需的市场。人们为适应海洋运输的需求,在狭长的舟体上通过加装舷墙板扩大容积,把独木舟改成具有更大排水量的木构船体,适应在海洋上运输丰富物产的需求,在世界海洋贸易史上开辟了著名的"海上丝绸之路"。①

二、传统浙船的起源与发展

在浙江上山史前遗址出土的稻谷,经鉴定是万年前人工栽培的稻谷。栽培稻谷成为远古先民的食粮,人类进入了农耕文明时代。浙江史前遗址的考古还发现,在距今8 000年前的萧山跨湖桥、余姚井头山遗址出土的独木舟和木桨,及7000年前河姆渡遗址出土的干栏式木构建筑和木桨,是迄今国内所发现的历史最为悠久的与舟船文明起源有关的史前文物。在这几处遗址还出土了石锛这种石器工具。经考古学家考证,石锛是史前先民用于制作独木舟的石器工具。最早发现这种石锛工具是在远离大陆的太平洋岛屿上,学者发现岛上的原住民使用石锛制作独木舟。后来这种石器工具被国际考古学界命名为"有段石锛"。对比后发现,中国的跨湖桥、河姆渡遗址出土的"有段石锛"形制最为原始,与在南太平洋的波利尼西亚岛国上发现的高级型制的"有段石锛"有传代关系。极有可能是原本生活于河姆渡的先民带着百越文明,沿着海洋上的岛链来到南太平洋的岛屿,在经过的岛屿上形成了与百越文明相关的南岛语族。浙江的史前遗址考古,解开了困惑考古学家多年的"有段石锛"源头之谜。②

---

① 罗可歌、李芳来:《"绿眉毛"扬帆韩国——21世纪中华帆船与西洋帆船的对话》,《航海》2007年第4期,第7—10页。
② 张向冰:《舟船的文明》,《海洋世界》2009年第12期,第58—60页。

由此可知,在人类农耕文明时代的早期,浙江先民就会把砍伐采集的树木段,用"有段石锛"这种石器工具,挖成空心,以减轻树木的重量。将其推下水后所产生的浮力,大于浮在水上的树木。再将树木外壳做成与水隔绝的舷墙板,独木舟就诞生了。"刳木为舟"说的就是史前先民对浮力的认知。与贴水面航行的排筏比较,独木舟显得更为灵活机动。舷墙板的挡水作用让独木舟有了干燥舱室,提高了人们水上行舟的舒适度。

在浙江宁波河姆渡遗址,还出土了干栏式木构建筑。这种建筑用木材通过榫卯对接、企口板防漏的木构技术,搭建起用于住人的房屋。可见新石器时代的浙江先民用石器工具制作木结构的技术已相当成熟。独木舟的技术,为农业文明时代建造中式木构帆船奠定了基础。浙江史前农耕文明的伟大贡献之一,就是孕育了人类早期的舟船文化。

受河姆渡文化影响的浙船,与广船、福船及沙船除了水线下船底线形不同外,水线上面的船体部分也存在着明显的区别。传统的浙船其艏呈鸟头状,与龙骨相连的陡颈(前艏柱)高出水面,在陡颈顶端还贴有一块照面板,陡颈、冲天挠、照面板(都是木船构件)整体构成一个倒八字形的船头结构。远看在水面上的浙船,艏尖艉宽的船身像一只浮在水上的鸟。

浙船如此独特的外形,与河姆渡新石器时代先民所崇尚的鸟文化有关。进入农耕文明时代的浙江沿海一带先民,面对航海生涯九死一生的巨大风险,在建造传统帆船时,融入了河姆渡文明对鸟崇拜的文化信仰,希望自己在大海上驾驭的帆船像飞鸟一样,既能顶住风浪的压力浮在水上航行,又能在风暴中自由飞翔在海面之上,一帆风顺。

今天先民古老的鸟文化信仰,虽已融于中国漫长的历史文化长河,但在浙江沿海地区代代传承。浙江地区造的帆船,都自觉保留了鸟形状的船头。数千年来无论是用于贸易的远洋运输船,还是在家门口渔场使用的各类捕鱼船,基本都保留着像鸟的船头结构。直至20世纪末,浙船的鸟文化特征才因钢质船的取代而消失。

在国内的船史研究上,有学者因搞不清浙船与"鸟船"之间的关系,曾一度把外形明显与浙船有区别的福船混同为"鸟船"。其实早在清末民初时期,浙江民间把最具有"鸟船"特征的海洋贸易运输船称为"绿眉毛"船,有温州绿眉毛、台州绿眉毛和舟山绿眉毛等。从文化基因分析,"鸟船"流行的浙江地区,无疑就是古老的中国舟船文明之源头。[①]

三、舟山群岛"绿眉毛"帆船的复原

舟山群岛地处长江下游地区的出海门户,为中国重要渔场,自古以来就

---

① 吴幼平:《中国最大的仿古木帆船——绿眉毛、朱家尖》,《航海》2003年第5期,第2页。

有着丰富的浙船文化,是理所当然的舟楫故里。中国帆船退出现代海洋运输和渔业生产,是时代发展之需要,无可厚非。但是古老的中国帆船作为海洋历史文化遗产,不应就此消失。在当代,保护与传承中国帆船制造的大木作、船具作、船匠作、帆篷作和铁匠作五大匠师的通力协作精神,以及船老大带着船工们远航时那种把舵、操缭"使风调戗"的古老航海术,值得引起船史研究学者的深思。

2003年,在舟山市成功复原了已消失的绿眉毛帆船,基本摸清了传统中式木帆船的营造法式。建造一条木帆船,首先要挑选一位经验丰富的造船大木作。大木作会根据所造船只的用途及船型尺度,计算造船所需的所有材料用量和用工量。与造船主定好造价后,采集树木原料,进入造船场地。其次,在造船现场,大木作还要与船匠作、船具作、铁匠作、帆篷作等各路匠作合作,择日开工建造。其分工如下:

大木作:根据祖传的秘诀,带上锛、斧、锯、钻等五金工具,墨斗划线和草绳当尺入场开工。从树木锯板、取料、放样等工序做起。用榫卯、企口对接工艺,铺设船体龙骨,连接陡颈(艄柱),再在龙骨上铺设梁头(水密隔舱板),加装船勒骨及后兕水(艉部结构),形成船体构架。然后在龙骨两边铺设挨泥、玉勒(仟杆)、舷墙板等船体外板。最后还要在舱内铺设抬梁、前后甲板及纵通材,用各种铁钉勾连牢固,增强船体强度。大木师傅是船体建造的核心人物。

船具作:在木帆船全盛时期,为保证船具质量,从掌握木构技术的木作中,派生了专门的船具制作师傅。船上用的舵、橹、滑轮等具体用具,由专业的船具师傅根据大木作提供船体尺寸,定制配套的各种用具。

船匠作:主要工作是把桐油石灰、麻筋等防水材料,用捻凿锤进船板拼接处的缝隙,做好船体的水密与防漏工作。船匠作是与大木作在建造木构船体的过程中密切配合的行业。

铁匠作:除了打制船上用的铁锚和接桅用的桅圈,还要打制各种铲钉、锔钉、船钉等造船用的铁制品,在船体建造过程中用于加强木构件的连接力量。

帆篷作:在木构船体建造接近完工阶段,做帆篷的师傅还要定制与新船匹配的帆篷。因为帆篷是船上重要的动力装置,帆篷大小必须和船体适配,过小风动力不足,过大有翻船危险。经验丰富的帆篷师傅,每为新船做帆篷,要亲自上船丈量,根据船体结构定下帆篷大小的尺寸。接着开工拼接布幅,在布面上放帆篷实样,经划线剪裁、缝篷纲及篷筋、锁孔等各道工序,帆篷完成。船工在船老大的指挥下,在整张帆篷布面上,用棕绳绑上篷称杆、支撑篷面的毛竹档杆,系好操帆缭索,抬到已下水的船上。待桅杆顶上的帆篷牵引滑轮组等安装后,船工们才能把完整的帆篷挂在桅杆上。在船桅杆上装好帆篷的动力装置,才是一艘中国帆船正式下水完工的标志。船老大即可带领众船员上船分工协作,做好起锚、摇橹、升帆等出港准备。进入大洋后,船老大把控舵牙与帆篷缭索,就能相风使帆航海前行。传统手工业条件制造的中国帆船,是在海洋的环境下炼成的天人合一之作。

国内的船史研究方面仍停留在对中国历史名船展开史料整理和模型制作阶段,如复制文史记载的历代古船及明代郑和下西洋宝船等,缺少同时代的文物佐证而难以广为认同,不能在弘扬中国海洋历史文化、提升中华民族海洋意识方面发挥应有的作用。① 因此国内的船史研究,要强调传统的中国帆船和与之配合的航海技术相结合,才能完整展示舟船文明的宝贵遗产。目前国内开展的传统中国帆船研究,只把造船的大木作认定为国家级非物质文化传承者加以保护,对造船的其他匠作、航海技艺还没有展开全面研究。中国帆船研究取得的成果,远不能表达历史进程中积淀的丰富内涵,也没有涉及中国舟船文明的探源。由此也影响了与之相关的中国海洋文明探源进程。

四、"绿眉毛"帆船复原之意义

舟山市在 2003 年复原绿眉毛帆船,是在考古学的重构复原理论指导下开展的传统木帆船建造与海洋航海实践探索。在国家重视中华文明探源,促进海洋强国建设的当下,我们深感古代中国在造船与航海技术方面曾领先西方社会 1 000 多年。中国帆船上的艉舵装置率先使用,与橹在古代中国的发明有关。先民把前后划的桨,改造为功效更好的水下不停左右摇摆的橹,并发现在水里的橹叶可控制航向,把橹叶加宽,演变成专用于控制航向的舵,从而把橹拖着当舵使用。经过千年的演变,拖舵在上舵盘与下舵承的 U 型卡扣中,生成在船艉能自如上下的升降舵。

西洋帆船仿生海里的游鱼,船体艏艉两头尖,桨只能在船舷划水。西洋帆船上的桨只进化到边桨舵。西方人的帆船在没有用上艉舵前,只能用横帆顺风航行,或者使用多人划桨,航海技艺落后于中国。装上艉舵的帆船,才能真正实现驾驭海洋季风。

有国外学者认为是意大利旅行家马可·波罗把在中国看到的帆船艉舵装置告诉给欧洲航海家,欧洲人才开始在帆船上改用艉舵,取代舵效不足的边桨舵,以装有艉舵的"柯克船"为代表的西洋帆船才得以诞生。从此,欧洲帆船与中国帆船一样,航行中艉舵对船体产生偏转力,调正船体的航向来改变船甲板桅杆上风帆的进风角度,使帆船在"使风调戗"形成的"之"字形航线上侧风前行,大大提升风帆动力的推进效率。

绿眉毛帆船之复原具有以下意义:

---

① 吴辉、王立军、屠露琼、朱梦婷:《对古帆船复原可行性的初步研究》,《中国水运》2013 年第 13 期,第 3—4 页。

首先,今天中国帆船文化虽已落后于世界,但历史悠久的中国帆船文化,在西方人眼中仍是人类海洋文明的伟大创造。英国还有一家专门介绍中国帆船的协会,数十年来致力于促进东西方帆船文化的研究与传承。古老的中国舟船文化在国际社会存在的深远影响,值得国内的船史学者关注。尽快促进中国帆船探源工作的开展,弘扬历史悠久的中国帆船文明史,为复兴中华民族海洋文化做出贡献。[1]

其次,借助古老的"使风调戗"航海术,在船史研究基础上重构古老的海洋贸易航线,在复原先民的航海文化过程中,让国内乃至世界的船史学者参与研究中国海洋文明源头的国家重大文化工程。历史上的中国帆船无法长久存在,如何传承中国帆船的古老文化,使其与已受保护的万里长城、北京故宫一样,发挥人类遗产的作用,无疑是全社会的共同责任,是人类文明赓续和可持续发展的必然要求。

最后,还要通过现代科技的加持,把古老的中国帆船改造成富有中华民族特色的航海体育旅游装备,在开发海洋旅游资源中发挥积极作用,从而使宝贵的海洋历史文化遗产,焕发蓬勃活力与时代风采。

五、结　语

传统帆船作为中国悠久海洋历史文化的重要组成部分,其革新与发展不仅体现了社会生产力的进步,也承载着丰富的文化内涵。通过对传统浙船的起源与发展进行深入分析,揭示了传统帆船复原的潜在意义,强调了文化传承与创新的必要性。通过挖掘和保护这些宝贵的海洋历史文化资源,能够为我国的海洋社会、经济和文化注入新的活力。帆船不仅是连接世界的交通工具,更是连接历史与未来的重要文化符号。未来,我们应该继续关注帆船文化的多元价值,推动其在现代社会中的重新认知与应用,从而实现文化的可持续发展与传承。

[胡牧,浙江国际海运职业技术学院舟山群岛文化研究中心特聘研究员,研究方向为舟山传统木帆船。]

---

[1] 郑明等:《"绿眉毛·朱家尖"号休闲木帆船》,2005中国渔船技术发展论坛会议论文,广州,2005年,第41—62页。

港航文化

以中国航海文化赋能新时代航运强国建设研究

朱雪峰、林于暄、卢淑娴

摘　要：本文从中国航海文化内在的探索精神、全球思维、爱国基因、变革素养、合作意识、奉献情怀等特质出发，论证航海文化的本质属性是"强国文化"，中国航海文化是航运强国建设的最大底气，并提出通过丰富航海文化精神内涵、加大航海文化遗产保护、强化航海文化社会普及、关注航海文化重点群体、推出航海文化新质内容、加大航海文化国际传播等举措，弘扬新时代航海文化，赋能航运强国建设。

关键词：中国航海文化　赋能　航运强国建设

　　交通是兴国之要，航运是强国之基。航运业是国际贸易发展的重要保障，也是世界文明交流的重要纽带。2018年，习近平总书记在上海考察时提出"经济强国必定是海洋强国、航运强国"，前所未有地赋予中国航运业在新时代所承担的新使命。作为国家综合交通运输体系的重要组成部分，航运已成为服务经济社会发展和国家重大战略、助力实现中国式现代化的重要支撑。当前，我国已成为世界上船队规模最大、海运货量最大、海运全球连接度最高、港口货物和集装箱吞吐量最高、造船完工量和订单量最高的国家。尽管如此，中国航运业在航运科技、人才、效率、模式等方面与世界领先水平还存在差距，依然处于由大到强的发展过程。中共中央、国务院印发《交通强国建设纲要》明确提出，到2035年基本建成交通强国，而在水运领域的具体体现就是航运强国建设。

　　习近平总书记指出："一个国家、一个民族的强盛，总是以文化兴盛为支撑的，中华民族伟大复兴需要以中华文化发展繁荣为条件。"航运企业作为航运强国建设的重要主体，担负着重要的文化使命，应将数千年来绵延不绝的中国航海文化作为内在基因，着力打造与"强国"硬实力相匹配的文化软实力，树立"强国有我"的文化自信、文化自觉，从而形成世界一流的综合竞争力。

一、中国航海文化的本质属性是"强国文化"

古老的中华文明中,厚德载物、有容乃大、乐善好施、崇尚和平,是亘古不变的道德伦理,这决定了中国航海与西方航海,尽管都是人类探索、开发和征服海洋的先驱事业,但存在自强不息与殖民掠夺的巨大差异。中国航海文化源于中华民族五千多年文明历史所孕育的中华优秀传统文化,熔铸于中国特色社会主义伟大实践,植根于一代代航海先辈战风斗浪的奋楫扬帆。中国航海文化呈现出的爱国基因、大国风范,其实就是一种"向海图强"的文化追求。波澜壮阔的中国海洋和航运发展史视域下,"向海图强"具体体现在六个"强"。

(一)强交通

体现了战风斗浪的探索精神。早在 8 000 年前,中国的原始居民"刳木为舟,剡木为楫",开启了沿海岛屿间的海上交通模式,并历经数千年暗礁险滩、潮流风暴的考验,逐步掌握海洋规律和航海技术。从面朝黄土背朝天走向深海大洋,从陆路交通到海上航路的拓展,凝聚着中华民族先辈对自然世界不懈探索的智慧和勇气,形成了最原始的以拓展海上交通为目标的探索精神和斗争精神。

(二)强商业

体现了走向世界的全球思维。春秋时期,中国航海虽只限于近海,但活动日益频繁。汉代以来,以张骞出使西域等为标志的一系列对外活动,促进了陆、海"丝绸之路"的开通,中国的航海活动以海上通商为中心,取得了长足发展。随着海上贸易的发展,中国的对外交往空前繁荣。唐代以后,伴随着中国造船、航海技术的发展和多条航路的开通,航运成为中国对外交往的主要通道,中国的航海者得以放眼全球看天下,形成了交通天下、连接世界的全球思维。

(三)强国力

体现了光我中华的爱国基因。明代郑和船队七下西洋,完成了中国和世界航海史上的伟大创举。然而此后,在封建帝国的没落及闭关锁国的衰退中,中国航海业由盛转衰。从 1840 年鸦片战争到 1949 年中华人民共和国成立前夕,近代仁人志士深知海殇则国衰、海强则国兴,把振兴航运作为梦想追求。从 1949 年"海辽"轮等 13 艘船舶起义,到 1961 年第一艘悬挂五星红旗的"光华"轮首航,"光我中华"的爱国基因成为新中国成立以来航海文化最朴素、最深沉的底色。

(四)强创新

体现了勇立潮头的变革素养。中国古代航海的辉煌依赖于中国古代人民由创新探索推动的航海科学技术的进步。宋元时期,中国以罗盘(指南针)导航为标志的航海技术取得重大突破,明代的《郑和航海图》更成为世界上最早的真正科学的海图。创新变革的航海精神一直延续至今。[①] 1951年,中国和波兰合资组建新中国第一家合资公司;1978年,"平乡城"轮开辟新中国第一条国际集装箱班轮航线;2013年,"永盛"轮成为第一艘破冰北极的中国商船……当前,中远海运集团通过数字智能与绿色低碳两条赛道打造"科技航运"新模式,再造航运业科技转型新优势。由此可见,勇立潮头的创新和变革一直是中国航海文化的鲜明特征。

(五)强发展

体现了同舟共济的合作意识。历经海上风浪的洗礼,中国航海者深知:船行海上,一荣俱荣,一损俱损;船舶缆绳由无数丝线拧在一起,才具备能够带动万吨巨轮的力量。因此,他们大都具有团结协作的合作意识,而这种意识,不仅熔铸成同舟共济的航海精神,更拓展到全球合作共赢的广度。正是这种合作意识,让中国航运业坚持与全球客户和全球伙伴和衷共济、守望相助,共同提升合作能级,携手迎接各类挑战,顺应世界发展大势,推进全球交通合作,参与全球海运治理,为推动构建人类命运共同体做出了重要贡献。

(六)强意志

体现了担当坚守的奉献情怀。悬挂五星红旗的远洋船舶日夜航行在一望无垠的大海上,海员远离家庭亲人,坚守星辰大海,付出了常人无法忍受的辛劳和孤独,靠坚强意志服务于中国航运事业。航海生涯30多年的著名航海家贝汉廷船长,为中国远洋运输事业发展倾注了一生心血,在远洋船上工作到生命最后一刻。如今,面对"大起大落、大风大浪、大进大出、大喜大悲"的航运业特点,中国海员在充满风险的航海旅途中展现了矢志"为国远航"的责任担当和坚守"浮动国土"的奉献情怀,成为中国航海文化最独特的精神内涵。

二、中国航海文化是航运强国
建设的最大底气

从孤舟远征到千帆竞发,从涉水近海到逐浪远洋,从近代以来的羸弱跟

[①] 蔡一鸣:《论郑和航海精神与我国和谐海洋观》,《中国航海》2006年第4期,第1—5页。

跑到新时代全球领航,中国航海文化在积淀和传承中铸就了矢志为国远航的强国信仰、坚守星辰大海的强国担当、敢为天下之先的强国志向、勇争世界一流的强国模式、不惧战风斗浪的强国品格、胸怀全球领航的强国梦想,必然成为航运强国建设和推进中国式现代化的强大精神支撑和力量风帆。

(一)为锚定"国之大者",巩固壮大奋进新时代的主流思想舆论,熔铸"强国基因"

党的十八大以来,习近平总书记在更广阔的视野上规划航运强国建设。近年来,总书记四次到中远海运船舶和希腊比港、海南洋浦港、天津港考察调研,充分显示航运强国建设作为"国之大者"的分量。从中远海运来说,习近平总书记2023年对国资央企的重要批示更为企业发展确定了行动方向和根本遵循。以中远海运为代表的中国航运企业必须传承航海先辈的强国初心,进一步提高政治站位,提高全局意识,打开思想境界。要发挥中国航海文化的方向引领作用,坚持以习近平新时代中国特色社会主义思想熔铸发展之魂,致力成为建设航运强国的主力军、保障双循环内外贸运输的压舱石、服务国家产业链供应链安全畅通的顶梁柱、代表中国参与全球资源配置的领先者。① 要发挥中国航海文化的思想凝聚作用,引领职工将个人发展规划融入服务国家战略的大局中,融入中华民族伟大复兴的全局中,在自觉对接"一带一路"倡议、区域协调发展战略、西部陆海新通道、海南自贸港建设、航运物流港口主通道建设、国家重要战略物资运输等国家所需中建功立业。要发挥中国航海文化的价值导向作用,抓好思想舆论引导,坚定服务国家战略、增强核心功能、加快建设世界一流的强国信念。

(二)为激发创新创造活力,加快实现航运业高水平科技自立自强,提供"创新动力"

习近平总书记指出,要"顺应绿色、低碳、智能航运业发展新趋势"。党的二十大报告指出,要"坚持创新在我国现代化建设全局中的核心地位"。党的二十届三中全会强调,要"强化企业科技创新主体地位"。当前,全球政经形势发生深刻变化,全球产业链深度调整,特别是新一轮科技革命蓬勃发展。在数智科技裂变式发展的今天,聚焦"创新"布局新领域新赛道,发展新质生产力,是中国航运企业实现全球领先的必由之路。必须加快推进新能源、清洁能源在航运领域的应用,推动大数据、人工智能、区块链等新技术与航运业深度融合,推进智慧航运、智慧港口、智慧物流、智能船舶,提升航运业全要素、全链条数字化水平。与此同步,应深耕创新文化,为科技创新注入不竭动力。要以中国航海文化孕育创新思维,抢抓新一轮科技革命和产

---

① 朱雪峰:《弘扬航海文化的央企担当》,《中外企业文化》2020年第7期,第19—23页。

业变革带来的战略机遇,在把握新发展阶段、贯彻新发展理念、构建新发展格局、促进高水平科技自立自强上发挥引领作用。要以中国航海文化激励创新行动,激发广大职工的创造内驱力和高度的创新自觉性,为航运业培养造就大批创新人才。① 要以中国航海文化营造创新生态,为构建员工、组织、制度、资源等多方协同的企业创新综合体系赋能。

(三) 为增强中华文明传播力、影响力,提升中国国际话语权,打造"航运名片"

当前,世界百年未有之大变局加速演进,国际舆论格局发生重大变化,中国面临的国际舆论环境尤为严峻复杂。航运企业在全球经贸往来中承载着连接经贸、传递文明的双重角色,是国际传播的重要对象,也是推动传播的重要力量,通过经济活动传播文化、倡导价值是一条更优路径。目前,中国航运企业的经营领域遍布全球,单就中远海运来说,在海外形成10大区域,拥有1 000多家分支机构,全球投资经营59个码头,运营263条集装箱国际航线,覆盖160个国家1 500多个港口,真正从"全球承运"走向"承运全球"。中国航运企业应主动担当国际传播重任,代表中国企业发出中国声音,展示中国形象。要弘扬战风斗浪的中国航海文化特质,洞察意识形态舆论斗争的隐匿化趋势,不断夯实企业职工团结奋斗的共同思想基础。要在全球化经营和高质量共建"一带一路"中坚持传播中国文化,展示中国国家形象,通过企业视角积极宣介中国主张、中国智慧、中国方案。要以更加强烈的文化责任感,不断创新对外传播方式,加强话语体系建设,提升国际传播能力,打造中国"航运名片",推动文明交流互鉴,让世界通过航运业这扇窗,看到一个勇立潮头的中国,正坚定不移推进高水平开放,为全球经济发展贡献力量。

三、中国航运企业应担负起新时代航海文化建设使命

2023年10月全国宣传思想文化工作会议,正式提出并系统阐述了习近平文化思想,这一思想为做好新时代文化工作提供了强大思想武器和科学行动指南。② 新中国成立以来,顺应社会主义建设步伐,中国航运企业逐步形成航海特质文化,有效引导了企业职工的艰苦创业精神、创新开拓意识和科学管理思维。随着改革开放的不断深入和市场竞争的日益激烈,中国航

---

① 邵贤伟:《我国航运强国建设的机遇、挑战和对策》,《中国港口》2021年第9期,第1—5页。
② 侯勇、柯增金:《习近平文化思想的生成逻辑、内容体系及原创性贡献》,《统一战线学研究》2023年第7期,第13—25页。

运企业强力塑造全球化品牌形象,文化建设战略地位逐步确立,文化传播载体日益多元,航海文化得以进一步繁荣发展。但是,对标企业作用地位,在文化引领力上存在差距;对标职工文化诉求,在精神构筑力上存在差距;对标科技发展趋势,在创新创造力上存在差距;对标世界一流企业,在话语影响力上存在差距。在当前新的全球政治格局、经济格局、产业格局、竞争格局、舆论格局下,中国航运企业应牢牢把握"两个结合"的实践价值,遵循习近平文化思想"明体达用,体用贯通"的理论和实践逻辑,自觉承担起企业新的文化使命,立足航运企业主责主业,不断探索新时代航海文化建设的新范式、新路径,充分发挥中国航海文化对增强企业核心竞争力、实现高质量发展的价值引领和赋能助力作用。有关举措思考如下:

(一)丰富航海文化精神内涵,为航运强国建设筑牢魂脉

党的十八大以来,习近平总书记先后对交通强国、海洋强国、航运强国发表系列重要论述,对航运业提出多个方面重要指示批示,创造性地提出"由内陆走向海洋,由海洋走向世界,走向强盛",科学揭示了中华民族坚定不移走海洋强国、航运强国之路的时代大势;创造性地提出经略海洋、发展航运在国家经济发展格局、对外开放中的重要作用和在国际政治、经济、军事、科技竞争中的战略地位;创造性地把建设海洋强国上升为中国特色社会主义事业的重要组成部分,奠定了航运强国的基本方略;创造性地提出发展航运科技,推进"智慧海洋""智慧航运"建设的创新概念;创造性地勾画出全方位互联互通蓝图,明确了航运业在推动"一带一路"建设中的历史使命。一系列重要论述构建了当代中国航运业发展的理论体系、政策体系、认知体系、实践体系。航运企业要加强对党的创新理论的学理化、体系化研究阐释,将理论转化为企业的文化遵循和文化实践。

1. 推动党的创新理论在航运界的生动化阐释

以习近平新时代中国特色社会主义思想为遵循,不断拓展研究阐释的广度和深度,从规律层面研机析理,深入发掘航运强国创新理论的本质、特质等基本问题,力求从感性认识上升到理性认识,揭示其蕴含的深刻道理、透彻学理、深邃哲理。坚持问题导向,从认识论与方法论辩证统一的视角科学把握航运业与中国式现代化各产业、各链条有机联结的内在逻辑,深刻理解其实践导向性。在实践中强化经验提炼、理论转化,结合不同受众特点,结合企业员工关注的热点难点问题,深入开展航海理论与文化精品课程研究,广泛开展宣传宣讲,增强企业广大党员干部职工对航运强国科学理论的思想认同、理论认同、政治认同、情感认同。

2. 构建新时代中国航海文化话语体系和学术体系

统筹企业内部理论社科资源和外部高端智库、专业力量,实施"新思想+总书记航运足迹"理论研究阐释专项计划,科学系统总结新时代航运央企改革发展、破浪突围的实践经验,从全球化发展实践中挖掘新案例、发现新问

题、提出新观点,提炼出有学理性的新理论,概括出有规律的新实践,形成高质量研究成果,构建新时代中国航海文化话语体系和学术体系。

3. 塑造航运企业特色主流价值观和主流意识形态

对标总书记重要论述、重要指示批示和党的二十大报告对建设交通强国、海洋强国、制造强国、贸易强国等战略部署,将科学理论作为航海文化价值理念体系建设的根本遵循,聚焦强国信念、奋斗精神、职业素养、创新思维、品牌观念等,编制航海文化建设规划和发展体系,明确新时代航海文化建设的核心内容,把航海文化充分融入企业精神气质与文化品格中,塑造航运企业特色主流价值观和主流意识形态,夯实航海文化土壤,推动中国航海文明的现代转型。

(二) 加大航海文化遗产保护,为航运强国建设夯实根基

习近平总书记指出:"文化自信,是更基础、更广泛、更深厚的自信,是更基本、更深沉、更持久的力量。"文化自信来自我们的文化主体性,而这一主体性是在对中华优秀传统文化进行创造性转化、创新性发展基础上建立起来的。[1] 中华民族数千年航海史和新中国成立以来近百年风雨航程,孕育了波澜壮阔的航海文化,其中陈干青、方枕流、贝汉廷、杨怀远等著名航海家和航海英模铸造了让后人景仰的航海丰碑,创造了底蕴深厚的航海精神,这是中国航运企业实现全球领航的精神密码。

1. 推动中国航海文化创造性转化、创新性发展

"对历史最好的继承就是创造新的历史",中国航运企业要把推动中华航海文明创造性转化、创新性发展作为首要任务,深入推进航海文化赓续鼎新,加强对航海历史文化资源的挖掘和保护,构建航海文化传承体系。要实施航海文化研究专项计划,系统阐释航海文化历史流变,厘清文化传承本来、扬弃外来、开放包容、与时俱进的核心特征,挖掘航海文明的时代内涵。要将中国航海文化的优秀历史资源和传统进行转化创新,强化文明内涵和民族特色,发挥其对中国航运事业发展的理论解释力与现实指导功能,提升全民族的海洋意识和航海文化素养,在"传承历史,把握当代"中,让社会公众形成航海文化主体自觉与文化自信。

2. 实现中国航海文化的时尚化、创新化表达

通过开展"航海遗迹寻访""口述航海史"等活动,编纂中国航海精神谱系,对航海家精神进行创造性、时代化开发,推进历史题材文艺作品选题、孵化、立项、创作,以当代视角观照历史文化,努力挖掘和充分展现航海历史文化基因中的时代命题和当代价值,实现航海历史文化的青春化、时尚化、创新化表达。强化科技赋能,探索用好数字技术,加快航海文化遗产利用与文

---

[1] 宋佳、刘春杰:《习近平新时代中国特色社会主义思想对中华优秀传统文化的传承创新》,《学理论》2024年第1期,第22—23页。

化设施建设、城市建设、文旅等深度融合,打造更多文化场景,让航海文化融入视觉传达、融入城市印象、融入现代生活,推动航海文脉传承成为助力经济社会发展的强大势能。

3. 重塑中国航海文化仪式,弘扬优秀航海传统

中华民族的历史演进和中国人走向沧海的每一步征途有着密切的交集。《山海经》朴素的海神观念、《洛神赋》描绘的楼船和海龙,是人们对大海的遐想。"海上生明月,天涯共此时"的千古佳句和"长风破浪会有时,直挂云帆济沧海"的豪迈诗篇,更是寄托了古代中国人对海洋的情愫。中华民族在浩瀚的海洋文明摇篮中生生不息,形成了独有的航海文化图腾、文化仪式和文化崇拜,体现在古往今来的航海精神、航海民俗、航海文化艺术技术中,彰显了中国航海文化的开放性、包容性、坚韧性、开创性和民族性等特征。[1] 传承弘扬优秀航海传统,必须大力重塑挂满旗、鸣笛、升帆、船舶命名下水等经典航海文化仪式,以虔诚的视角、严肃的态度唤起社会对航海事业的尊重和敬意,从而强化中国航海文化的独特性,并以开放的姿态融合西方航海元素,重建中国航海文化影响力。

(三) 强化航海文化社会普及,为航运强国建设凝聚共识

中国有着悠久的航海历史、先进的航海技术和灿烂的航海文化,在世界航海史的发展进程中做出了重要贡献。作为海洋大国、航运大国,公众的海权意识、海洋意识、航海意识虽不断增强,但仍处于浅层次。因此,深入推动海洋文化、航海教育发展,提升国民海洋意识势在必行。

1. 加大航海文化和航运业宣传

近年来,交通运输部摄制《交通中国》《中国船谱》《大国海运》等多部纪录片在央视播出,取得了良好的社会效应。航运企业应主动进行航海文化宣传议题设置,精心策划组织各类主题宣传、形势宣传、成就宣传、典型宣传等重大题材报道。要组织宣传人员面向航运港口找选题,深入船员群体挖新闻,对航运业科创、低碳、数字化等重大发展成果进行最鲜活的报道。要解决习惯宏大叙事、接地气不够,习惯大而全、个性化不突出,习惯程式化、吸引力感染力不强等问题,增强正面报道的思想性、新闻性、故事性,提高正面宣传的质量和水平。

2. 深化拓展新时代航海文明实践中心建设

近年来,中国航海学会围绕交通强国、海洋强国战略,致力于弘扬航海文化,举办数千次学术交流活动,连续多年主办或参办"中国航海日"活动、"中国航海日论坛"、全国青少年航海夏令营,在全国建立多家航海科普教育基地,航海科普格局初步形成。航运企业要实施航海精神固本培元行动,深

---

[1] 刘美平、徐晓莹:《中国航海精神的伦理导向及其育人功能研究》,《航海教育研究》2024年第1期,第20—28页。

化拓展新时代航海文明实践中心建设,推动新时代文明实践向海上延伸,把航海文明实践基地建设成为深化航运强国建设的主阵地,传播航海知识、海洋理念的大课堂,培育践行社会主义核心价值观的大舞台,形成航海特色的文明实践样本,推出最佳实践线路、实践范例、实践场景。

3. 促进航海文化社会化传播

积极对接上级部委、中央媒体、文化展馆,共同创作影视作品和出版物,共同举办展览展会,促进航海文化社会化传播,增强航海文化互动性、参与性和关注度。结合航海日、海员日等重要节庆,加大行业信息宣传、航海知识普及,全景展现航运强国建设取得的历史性成就、发生的历史性变革。大兴涉海类博物馆、展示厅、会客厅、户外形象装置、网红打卡点建设,以丰富多元的文化产品和文化服务走进公众生活、传播航海知识。

(四)关注航海文化重点群体,为航运强国建设汇聚人才

航运推动了全球一体化进程,连接着全球65亿人的衣食住行。可以说,人们目光所及之处,每件物品都带着海水的味道。但是,航运业与普通百姓的日常生活却距离遥远,海员扮演着幕后英雄的角色。习近平总书记指出,要"把人民作为文艺表现的主体"。中国海员是航运价值的直接创造者,也是中国航海文化的践行者和传播者,推动航海文化的兴盛,必须聚焦海员这一主体,文化建设要聚焦中国海员夜以继日的实践创造,文化效应要体现在中国海员干事创业的凝聚力、战斗力上。

1. 发扬"支部建在船上"优良传统,加强船舶党建

中远海运集团长期以来形成了船舶党建工作的光荣传统和船舶思想政治工作的独特优势。集团坚持"支部建在船上"、船舶配备政委制度、思想政治工作生命线地位"三个不动摇",不但体现在船员思想教育上,而且融入船舶管理和改革全过程,锻造了"浮动国土",打造了"海上堡垒",铸就了"大国船队",在实践中形成了一些经验成果。新时期,远洋船舶担当航运强国新使命,也面临国际政治经济局势变化的新环境。航运企业更应该将海员作为企业的核心人力资源,作为推动航运安全稳健发展的基本力量,坚持系统思维,突出价值导向,坚持发扬"支部建在船上"优良传统,坚持"党建领航"理念,加强船舶党建的领导,指导远洋船舶党支部创新理论学习形式,进一步统一海员思想共识,凝聚"航运强国有我"的精神力量。

2. 持续关注海员群体重大典型培育

中远海运将船长、船舶政委、轮机长作为强国建设主力军,开展年度"金牌船舶三长""海上十杰"等评选,积极参与年度"海洋人物""感动交通人物""最美港航人"等上级部委、社会奖项的评选,发挥了导向作用。但是,在国家重大荣誉评选表彰体系中,远洋海员的重大典型选树力量偏弱、数量偏少。应持续关注海员群体典型培育,积极推选海员代表作为全国人大代表发表"海上声音",积极选树国家级典型。要进一步加大海员宣传,深入挖掘

海员在服务国家战略中的典型案例、重大项目和鲜活实践,让海员从茫茫大海走到聚光灯下,走到春晚舞台,构建起社会公众对海员形象的鲜活认知,提高海员地位和职业荣誉感自豪感。

3. 持续开展为海员办实事工程

近年来,中远海运集团牢记习近平总书记对船员"一帆风顺"的殷切嘱托,开展"护航工程",重点聚焦船员关心关爱,党政工团合力为海员打造"幸福港湾",加强海员家属站建设,发挥海嫂"第二政委"作用,构筑船岸协调机制,创造了"红色航程+蓝色港湾"新模式,取得了良好的成效。要持续开展为海员办实事工程,聚焦海员职业保障,打通海员职业发展通道,加快海员培训培养,统筹解决海员社保等历史遗留问题,充分利用国家政策优化海员薪酬发放模式,提高海员收入,稳定海员家庭,解决海员急难愁盼,激发海员职业自豪感,推动服务内涵式发展。同时,促进人工智能与航运要素的深度融合,再造航运业态,不断改善海员工作条件。

(五)推出航海文化新质内容,为航运强国建设讲好故事

习近平总书记提出,要"坚持导向为魂、移动为先、内容为王、创新为要",将"创作生产优秀作品作为文艺工作的中心环节,推出更多同新时代相匹配的文化精品"。面对中国航海文化的资源宝库,中国航运企业对文化传播的新业态、新领域、新圈层感受不深,信息敏锐性、技术转型力不强,宣传文化新质内容供给能力不足。而西方和日本,多年来,从航海地图集、帆船模型,到今天的以《加勒比海盗》系列、《海贼王》漫画、《大航海时代》游戏等为代表的影视剧、动漫 IP 和电子游戏,让航海在年轻人圈层中形成流行文化。近年来,国风游戏《黑神话:悟空》实现现象级破圈,给世界带来中华文化的极大震撼。沉实厚重、丰富多彩的文化产品,是一个时代文化高度的重要标志。航运企业应聚焦航海文化新质内容产出下一番功夫。

1. 推出航海文化新质内容,打造航海文化精品

坚持"内容为王",主动向航海文化新质内容发力,以新一代信息技术为载体,以科技与内容融合创新为路径,以高质量高效能为内涵,打造数实融合、沉浸交互、量级迭代的航海文化精品。抢抓人工智能变革的重大机遇,主动拥抱 AI 技术,顺应生成式人工智能(AIGC)的爆发式增长,培育航海文化内容新质生产力。要把短视频制作作为核心竞争力,建立文化创新创意平台,集中精干力量,打造视频精品。要充分对接社会公众文化诉求,聚焦航运强国重大题材,以文学、影视、舞台、美术、群文、网络文艺等门类为重点,统筹推进文艺原创和航海 IP 孵化,特别是推出更多"国风"作品和元宇宙数字文创产品,加大新质内容高质量供给。

2. 探索"航运美学"提升工程,让航海文化出圈出彩

改进文艺创作生产服务、引导、组织工作机制,加大与作协、美协、影协

等文艺界合作,引导广大作家、艺术家走向航海的广阔海洋,探索"航运美学"提升工程,充分发挥个性与创造力,为航海文化注入专业力量和美学元素,推出更多熔铸古今、汇通中西的高端航海文化成果,让航海文学和艺术从"平原"向"高原""高峰"迈进。要找准新时代航海文化表达的节奏点、突破点,广泛开展形式多样的文体活动和文化交流活动,不断开拓格局和深度,做到艺术更精湛、技术更前沿、审美更高端,让航海文化不断"活起来""潮起来",实现出圈出彩。

3. 健全重大航海文化项目推选机制和激励机制

文化生产是创造性劳动,核心在人。航运企业推进航海文化建设、创作航海文化产品,要把育人才、强队伍作为战略任务,推动文化人才激励机制改革和文化项目推动机制改革,通过改革营造有利于人才脱颖而出的政策环境,营造有利于人才创新创造的文化生态。要把激发企业全员文化创新创造活力作为关键抓手,加快完善遵循文化发展规律、有利于激发活力的文化管理体制和生产经营机制。要健全重大航海文化项目推选机制和激励机制,完善一系列文化配套和支持,鼓励解放思想、大胆探索,让一切文化创造活力持续迸发。

(六)加大航海文化国际传播,为航运强国建设阐明主张

党的十八大以来,习近平总书记多次强调要构建具有鲜明中国特色的战略传播体系,着力提高国际传播影响力、中华文化感召力、中国形象亲和力、中国话语说服力、国际舆论引导力。中国航运企业国际业务占比大,参与海外投资经营活动多,与外国政府、企业、社会组织、媒体乃至普通民众等都存在广泛联系,做好国际传播工作具有有利条件和相对优势,应自觉将加强国际传播纳入企业工作,将中国航海文化作为企业国际化战略的重要内容。

1. 促进国际业务活动与国际传播工作相结合

借助进博会、服贸会、东盟会、消博会等国家级重要展会和博鳌亚洲论坛、北外滩国际海运论坛等,不断提升中国航海文化影响力。充分借助航运央企推进建设海外基础设施项目的有利契机,大力弘扬中国航海文化,尤其要在高质量共建"一带一路"、"走出去"的海外港口码头及贸易通道等重大项目中,配套实施文化融合专项行动,生动讲好中国故事,广泛传播"与世界相交、与时代相通"的价值理念。[①] 要区分国别和区域,对业务所在国的政治、经济和媒体环境进行深入研究,开展精准传播。要善于同业务所在国的政府、媒体、智库等交流合作,做大国际舆论"朋友圈",提升企业在全球市场的信誉度和美誉度。

---

① 刘美平:《中国"一带一路"倡议蕴含的陆海统筹文明观研究》,《社会科学辑刊》2019年第6期,第76—84页。

2. 以中国航运业领航地位构建中国话语体系

强化中国航运业在全球的话语权优势,用好中国航海文化资源,紧扣国际关切,推动企业、地方、媒体、智库、高校等主体协同发力,着力打造融通中外的航运业新概念、新范畴、新表述,推进国际航运领域传播格局重构。要探索深入参与航运业全球治理,强化国际规则制定权、话语权,积极提出中国方案,提供中国标准,贡献中国智慧,以中国航运业国际化提升文化话语权,构建中国话语体系。中国航运企业境外机构要顺应信息化、数字化潮流,适应分众化、差异化传播趋势,持续巩固与当地主流媒体的关系,充分利用海外社交媒体平台,展开互动、寻求共识,用世界通行的语言讲好中国航海故事。要积极策划媒体活动,结合重大业务活动、参与的重要国际事务等,协调媒体采访报道,提升国际传播效能。

3. 更好地与世界多元航海文明交流对话

参与实施中华文明全球传播工程,以航运大国身份广泛参与世界文明对话,扩大国际人文交流合作。转变竞争超越的传统模式,更多地阐述航运发展与海洋生态保护并举、航运效益与海洋责任并重、国家强盛与构建人类命运共同体协同的发展理念,开辟一条航海文化交流与航海文明演绎的新路径。进一步强化共赢互利和高度负责的"企业公民"形象,除了依法合规经营、提供优质航运物流服务外,还应用社会责任书写中国故事,积极发展蓝色伙伴关系,用行动向国际社会展示中国作为世界和平的建设者、全球发展的贡献者、国际秩序的维护者的负责任大国形象。

习近平总书记强调:"实现中华民族伟大复兴需要中华文化繁荣兴盛。"中国航海文化是中华优秀传统文化和社会主义先进文化的重要组成部分。中国航运企业要进一步深入践行习近平文化思想,赋予航海文化新时代内涵,最大限度释放航海文化生产和创新活力,形成文化赋能航运强国建设的生动局面。

[朱雪峰,中国远洋海运集团有限公司党组工作部副部长、团委书记。]
[林于暄,中国远洋海运集团有限公司党组工作部副主任。]
[卢淑娴,中国远洋海运集团有限公司党组工作部主办。]

新时期港航施工企业创新文化建设的路径研究

陈建林、田琳莉

摘 要：企业文化是企业的灵魂,是企业精神和价值观的体现,也是推动企业发展的不竭动力。党的二十大对新时代文化工作进行了全面部署。文章从港航施工企业的角度,阐述新时期创新企业文化建设的必要性,并从文化铸魂、文化聚力、文化塑形、文化育人四个方面探讨新时期创新企业文化建设的路径,强调企业文化建设的创新是一项系统性、长期性工作,需要在守正创新中做好此项工作,不断打造匹配战略、富有特色、积极向上的企业文化。

关键词：港航施工企业　中交上海航道局有限公司　企业文化建设　创新路径

党的二十大对新时代文化工作进行了全面部署,强调了建设社会主义文化强国的重要意义,明确要"培育创新文化,弘扬科学家精神,涵养优良学风,营造创新氛围"。从党的十九大"要倡导创新文化"到党的二十大"培育创新文化",表明我国文化工作从理念倡导到实践引领的重要转变。如何在新时期发挥文化对企业战略的引领作用,为企业改革创新提供文化动力,赋能企业核心竞争力,是港航施工企业面临的重要课题。

中交上海航道局有限公司(以下简称"中交上航局")前身为浚浦工程总局,于1905年在沪创立,现为世界百强——中交集团旗下核心企业。中交上航局以"让世界更畅通,让城市更宜居,让生活更美好"为使命,聚焦"大交通""大城市""江河湖海",从事港航疏浚、生态环保、水利水电、城市基建等业务,业务覆盖国内28个省(市、自治区),辐射"一带一路"沿线30个国家和地区。新时期,中交上航局以习近平新时代中国特色社会主义思想为指导,深入贯彻党的二十大精神,继承和发扬百年航道精神,增强文化自信,强化文化引领,注重文化创新,不断增强企业凝聚力、向心力和软实力,为企业高质量发展提供坚实的文化基础和精神力量。企业文化建设工作取得积极进展。包括公司总部在内的多家单位荣获"上海市文明单位"称号,公司荣获"上海企业创新文化十佳品牌"第一名,公司多项工程、项目获中交集团品牌工程、企业文化建设示范基地荣誉。本文以中交上航局为例,就新时期创新企业文化建设的路径进行探讨。

一、新时期创新企业文化建设的必要性

习近平总书记指出:"一个没有精神力量的民族难以自立自强,一项没有文化支撑的事业难以持续长久。"随着近年来企业转型升级的深入,企业文化建设必须与时俱进,紧密贴合顶层设计,支撑企业战略落地和生产运营,创新高效开展工作,推动企业高质量发展。

(一)顺应新时期企业发展形势的必然要求

市场环境最鲜明的特征是变化,不确定性是其基本形态。习近平总书记强调,加快建设以实体经济为支撑的现代化产业体系,关系我们在未来发展和国际竞争中赢得战略主动。百年来,依托传统的疏浚行业市场形成的固有价值理念深入企业血脉,随着由水到陆、由工到商的转变,中交上航局围绕铸造"专业高地打造""科创平台升级"和"新兴产业培育"三大硬核优势,积极推动传统产业焕新、科技自立自强、新兴产业发展,全力打造港航疏浚、生态环保、水利水电、城市基建业务高地。企业的变革必将带来理念的变化,对企业文化建设提出更高要求。为此,企业文化建设必须与时俱进,紧随战略目标提出的新要求,顺应形势积极打造由粗放到精细、由单一到多元的更加开放包容的文化格局,形成更具适应性和生命力的企业文化。

(二)提升新时期企业品牌建设的必然选择

2014年12月5日,习近平在主持中共十八届中央政治局第十九次集体学习时提出要"加快建设一批产品卓越、品牌卓著、创新领先、治理现代的世界一流企业"。[①] 中交集团党委坚持"品牌无限、品牌无价、品牌无疆"的工作定位,大力开展品牌管理提升三年行动,提出了2025年中国交建成为行业领先、国内一流、具有全球竞争力的领军品牌,2026年中交集团进入中央企业品牌建设能力TOP10的目标。为此,中交上航局必须不断创新企业文化建设,提升品牌管理能力,促进品牌管理与企业发展和生产经营管理进一步融合,打造"上下联动、齐抓共管、全员参与、共创共享"的文化建设工作新格局。

(三)适应新时期员工结构变化的现实需要

随着企业转型项目的拓展,中交上航局在城市基建、水利水电等领域的

---

① 2014年12月5日,习近平总书记在主持中共十八届中央政治局第十九次集体学习时的讲话。

人才需求出现较大缺口。随着1995年后出生的年轻员工和社会成熟人才的引进,他们的占比日益增大。老员工需要更迭升级固有思维,年轻化、个性化员工主体和新引进人才对文化的需求呈现多元化,这都对企业文化提出了新要求,需要以更宽广的视野、更包容的思路整体规划推进企业文化建设。

二、新时期创新企业文化建设的路径探索

企业文化是企业的核心竞争力之一,企业要持续发展,就需要主动适应新形势,从文化铸魂、文化聚力、文化塑形、文化育人四个方面创新企业文化建设。

(一) 文化铸魂赓续百年荣光

1. 用新思想指导企业文化顶层设计

思想是行动的向导。习近平总书记指出,要用新时代中国特色社会主义思想武装全党、指导实践、推动工作。因此要始终把学习贯彻习近平新时代中国特色社会主义思想作为首要政治任务。在全体员工中,深入开展习近平新时代中国特色社会主义思想学习教育,自觉用新思想立起统领企业发展的魂、指导各项工作的纲。加强爱国主义、集体主义、社会主义教育,弘扬党和人民在各个历史时期奋斗中形成的伟大精神。

为推动理想信念教育常态化、制度化,中交上航局积极组织干部职工赴嘉兴南湖开展建党百年主题活动,参观中共一大纪念馆、上海解放纪念馆、淞沪抗战纪念馆等爱国主义基地,开展"党的故事我来讲"系列活动,引导职工爱党爱国,爱企爱岗。加强党史、新中国史、改革开放史、社会主义发展史学习教育,以实地参观、主题观影、红歌比赛等创新形式,引导员工增强道路自信、理论自信、制度自信、文化自信,进一步统一思想,稳定队伍,凝聚起干事创业的强大动力。

2. 在传承中焕新百年文化精神

百年航道铸就百年文化,百年文化孕育百年精神。作为拥有百余年悠久历史的疏浚企业,作为我国民族疏浚业从无到有、从弱到强的亲历者、见证者和建设者,中交上航局的发展离不开百年航道精神根脉的滋养。多年以来,上航人继往开来、接续奋斗,攻坚克难、勇往直前,敢为人先、争创一流,坚持发扬长江口精神、洋山精神、港珠澳大桥精神、远海精神等,构成了坚守、创业、创新、卓越的上航文化价值精神,孕育出企业的核心气质与精神内涵,奠定上航人谋求卓越发展的思想共识,传承为中交上航局的文化基因。

从单一的港航疏浚业务到全力打造港航疏浚、生态环保、水利水电、城

市基建四大专业高地,航道文化在新老业务的转型升级中不断积淀、推陈出新。上航人薪火传承"红色基因",紧跟国家战略,秉承民族担当,永远忠诚于党;匠心传承"蓝色基因",将上海城市精神和"交融天下,建者无疆"的企业精神融汇血脉;矢志传承"绿色基因",在坚定创新、生态环保、高质量发展中实现做强做优做大。全面推进"三色基因"品牌文化建设,积极打造"幸福上航",实施"忠诚之家""有为之家""和谐之家""信赖之家""温暖之家"五家建设,推动航道文化重塑升级。

(二) 文化聚力助推企业高质量发展

1. 以精品工程打造文化品牌内核

近年来,中交上航局坚决贯彻落实习近平总书记关于加强品牌工作的重要讲话和指示批示精神,贯彻落实国务院国资委关于加强中央企业品牌建设工作的决策部署,围绕中国交建"品牌无限、品牌无价、品牌无疆"工作定位,将品牌建设作为助力供给侧结构性改革、实现"三个转变"、培育世界一流企业的重要抓手。持续强化品牌顶层设计,加大品牌管理力度,成立品牌建设领导小组,印发品牌管理行动方案。全力打造上航疏浚、上航生态等一系列特色鲜明、具有行业影响力的专业品牌,明确品牌价值内涵、品牌建设目标等内容,促进品牌建设与业务发展的协同,助推企业高质量发展。

中交上航局把高品质作为品牌的基石,大力实施质量强企战略,聚焦大交通、大城市,坚持海外发展优先、江河湖海优先,打造港航疏浚、生态环保、水利水电、城市基建四大专业高地,以质量提升夯实企业品牌管理基础,以高品质工程不断打造中国港、中国岛、中国装备等国家名片。近年来,中交上航局积极做好长江口深水航道的疏浚维护,全力保障长江黄金水道咽喉的畅通,巩固上海港在亚太地区集装箱运输中的枢纽地位;投身上海国际航运中心建设,将一座孤悬外海的小岛,变成世界最大的海岛型人工深水港,改写了上海没有15米以上深水航道及深水码头的历史,目前正在加紧洋山深水港小洋山北作业区建设,打造长三角世界级港口群;生动践行习近平总书记主政福建厦门时提出的治湖方针,为当地受到污染的筼筜湖换上新颜,亮出厦门高质量发展新名片;投身上海滨江贯通和内河整治,建设上海城市会客厅;打造上海首个乡村振兴示范村——吴房村及其升级版——金山水库村、奉贤李窑村、吴江美丽乡村群等,携手当地村民走出一条超大城市近郊乡村振兴的特色发展之路;坚持"草养水、水养草"的生态环保理念,在浙江嘉兴南湖打造"水下森林",重现"秀水泱泱"的南湖美景;在西藏森布日周边建成绵延10.6公里的"绿色长城",为3万多名藏族同胞营造"山青水绿、天蓝地净"的优美生活环境。在海外,参与斯里兰卡科伦坡港口城开发建设,助力打造南亚世界级都市;参建柬埔寨西哈努克港吹填造地项目,助力建成柬埔寨海岸最大的"绿色与智慧"概念旅游示范区;承建的几内亚西芒杜进港航道疏浚项目将有效改善当地港口通航水深,促进当地经济发展;深耕哥伦比亚疏浚市场,有效提升当地多个港口的货运运输能力。中交上航局多项工程荣获国家优质工程奖、詹天佑奖、大禹奖,以精品立品牌,以标杆强品牌。

2. 以科技进步铸就文化品牌实力

中交上航局把自主创新作为培育品牌的内核,加快推进技术攻关,以科技创新塑牢文化品牌新优势。加强与技术创新、管理创新和品牌创新的联动,推动科技创新成果品牌化转变,围绕铸造"专业高地打造""科创平台升级"和"新兴产业培育"三大硬核优势,积极推动传统产业焕新、科技自立自强、新兴产业发展,进一步增强产业控制力。不断加快海岸带和流域生态治理工程领域原创技术策源地、疏浚吹填智慧绿色施工子链长、博士后工作站和国家级技术中心建设步伐,构建"一地一链一站一中心"的科创崭新格局。积极加强技术创新、管理创新和品牌创新的联动,推动科技创新成果品牌化转变,铸造更多创新工程、精品工程、放心工程、绿色工程。在全力服务国家和地区发展中传承发扬"交融天下,建者无疆"的企业精神,诠释"国之脊梁"责任与担当。"海上大型绞吸疏浚装备的自主研发与产业化"项目荣获国家科学技术进步奖特等奖,主持修订和颁布五项国际标准,推动中国疏浚标准走向世界。中交上航局获评国家高新技术企业和上海市专精特新企业。

科技创新更需要人才支撑。中交上航局围绕铸造"领军人才建设"这一硬核优势,加快打造具有企业家精神的领导人员、有科学家精神的科研人员、有实干家精神的管理人员和有大工匠精神的产业工人"四支队伍"。倡导员工积极打造创新工程、精品工程、放心工程、绿色工程的文化理念,持续组织职工参加技术革新、技术协作、发明创造、合理化建议、岗位练兵和"五小"等群众性创新创造活动,26项职工技术成果分别荣获上海市职工合理化建议优秀成果奖、先进操作法创新成果奖。2023年,总工程师顾勇获评"全国水运工程建造大师"。

3. 以阵地建设提升企业文化品牌

2021年6月25日,习近平总书记在主持十九届中央政治局第三十一次集体学习时指出,红色资源是我们党宝贵的精神财富,要用心用情用力保护好、管理好、运用好红色资源。[①] 中交上航局充分挖掘企业百年历史中的红色基因,挖掘、梳理、整合、利用企业文化资源,将百年航道文化与海派文化相融合,加强企业展览室、主题展馆的建设,打造"一馆一庐"企业文化品牌展示的重要基地,打造企业文化核心理念宣贯和成果展示的重要场馆。疏浚展示馆先后挂牌"央企爱国主义教育场馆"和市建交委组织生活开放点,彰显了央企品牌和价值,增强了社会认同。2021年7月9日,时任上海市委书记李强考察了"白庐·浚浦记忆"——中交上航局历史教育基地,对历史

---

① 2021年6月25日,习近平总书记在主持十九届中央政治局第三十一次集体学习时的讲话。

建筑的活化利用做法表示肯定,大大提升中交上航局品牌知名度。"白庐·浚浦记忆"——中交上航局历史教育基地开放至今已接待游客和团队超过20余万人次。2023年白庐荣获第四批上海市民"家门口的好去处"、第一批上海市新时代文明实践公园、杨浦区劳动教育社会实践基地等称号。

项目部、船舶是中交上航局施工生产的主要载体,项目文化是企业文化建设的重要落脚点之一。因此,要坚持开展企业文化示范基地创建评选活动,建设富有特色的项目文化和船舶文化,从党建、思想宣传、人本文化、廉政建设、形象规范等方面进行部署安排,以统一的视觉识别规范,打造项目部和船舶规范统一的文化形象。创新活动载体,围绕工程建设开展文化实践,夯实基础管理,通过职工之家、练兵场、文体活动、周末影院、集体生日等,提高员工的凝聚力、向心力和战斗力,助推项目管理提升。

(三)文化塑形不断提升品牌形象

1. 统一品牌视觉形象

规范统一品牌视觉识别标准化系统,提升品牌形象,打造上下联动、上下穿透的品牌视觉识别标准化建设工作格局。按照《中国交通建设集团有限公司VI视觉识别系统规范手册(工装部分)》要求,统一规范公司管理人员、项目人员及船员工装,展示企业良好形象。严格按照《中国交通建设集团有限公司VI视觉识别系统规范手册(项目应用指南)》,规范项目部、工地、船舶的基础设计要素、环境识别系统、广告宣传系统等。加强对品牌理念识别、视觉识别和行为识别系统的培训检查督导,加强对项目一线的督导检查,对品牌识别错误率高、工装不规范的单位进行通报督导,确保品牌视觉识别标准化建设工作落到实处。

在完成规定动作的基础上,因地制宜拓展品牌视觉识别展示场景,在人流量大、展示效果好的位置突出展现企业品牌标识和价值理念,不断增强社会大众对企业品牌理念认同、价值认同和行为认同。

2. 创新开展品牌传播

近年来,中交上航局实施"立体交叉、规模效应"的传播策略。一是致力于打造全媒体宣传矩阵。在巩固《航道报》、网站等传统媒体阵地的基础上,建立以"中交上航"微信公众号为主,抖音为补充的新媒体矩阵,突出"小切口、大主题、正能量"的内容特质,发挥"精、快、广"的传播优势。二是致力于实施重大品牌宣传。积极对接新华社、《人民日报》、中央电视台等主流媒体,建立战略合作伙伴关系,加大对品牌的宣传力度,形成"事前预热、集中报道、事后延伸"的宣传格局,打造"有宣传方案、有新闻通稿、有丰富素材、有媒体见面、有总结体会"的工作模式。中交上航局工程品牌在主流媒体频频亮相。"中交上航"微信公众号荣获"全国建筑业最具影响力微信公众号",《航道报》十余年蝉联"上海市最佳企业报"。三是致力于对外公关交流。积极参加重大基础设施会议、论坛、博览会等活动,结合中国品牌日开展有关专业领域的品牌活动,承办"美丽中国·中交行动"媒体见面会,做好形象公关,多渠道传扬中交上航局品牌的优势与价值,增强企业品牌自豪感和文化自信心,不断提高市场对上航品牌的认同感和信任度。主动向中共一大纪念馆捐赠船模老物件"劲松"轮、国内首艘 LNG 耙吸挖泥船"新海姆",向中国航海博物馆捐赠国内首艘万方耙吸挖泥船"新海龙"轮和"新海姆"。增强企业品牌自豪感和文化自信心,不断提高市场对企业品牌的认同感和信任度。

3. 积极打造责任典范

近年来,中交上航局持续打造"中交助梦"责任品牌,坚持"让世界更畅通,让城市更宜居,让生活更美好"的企业愿景,积极开展长期性、系统性的社会责任实践。自觉保护环境、节约资源,服务乡村全面振兴,助力区域协调发展,积极参与社会公益活动,塑造可信赖、受尊敬的责任央企品牌形象。疫情期间,中交上航局为武汉、上海及境外抗疫一线提供关键防疫物资,火线驰援铁路上海站防疫,为嘉定建方舱。公司广大党员、干部在踊跃捐资捐物的同时,纷纷深入所在社区、所在村镇开展抗疫志愿服务,35 个基层党组织、基层党员获评两级集团"一先两优"及防疫复工先进荣誉。中交上航局历史教育基地白庐在为市民提供口罩、血压测量、急救包等便民服务的基础上,还新增医疗服务点,为当地居民民和周边企业员工提供健康咨询等服务。在脱贫攻坚方面,帮助当地实现脱贫目标。同时,为定点扶贫地区云南省怒江州洛本卓乡成功脱贫摘帽贡献央企力量,与上海崇明海安村开展帮扶结对,选派党员骨干赴怒江州通甸村驻村扶贫,并对云南、新疆、湖北三省(自治区)开展专向采购、直播带货、爱心助学。

(四)文化育人营造良好氛围

1. 抓好员工宣贯培训

加强对文化品牌管理的培训宣贯,增强全员文化品牌意识,使"打造具有全球竞争力的科技型、管理型、质量型世界一流企业"的企业目标、"让世界更畅通,让城市更宜居,让生活更美好"的企业愿景、"固基修道,履方致远"的企业使命、"交融天下,建者无疆"的企业精神及"以业绩论英雄,英雄不论出处"的价值导向等文化核心理念深入人心,帮助员工系统了解、主动认同、积极践行企业文化。与此同时,通过形势任务教育、专题座谈交流、培训讲座辅导、宣传舆论引导等方式,引导员工掌握企业发展战略、形势任务,以及企业规章制度和文明礼仪要求、员工行为规范,每年坚持编印班组学习手册《形势与任务 100 问》,帮助职工深入了解企业发展形势,将安全生产、合规经营、廉洁从业作为员工行为教育的重要内容。

加强学习阵地创建,高质量建设职工书屋、职工之家,培育全国及省部级职工书屋示范点,为职工读书学习搭建平台,结合上海市振兴中华读书活动,坚持举办"我阅读·我快乐·我成长"航道职工系列读书活动,助推职工素质提升。中交上航局下属5家单位荣获全国职工书屋示范点,8家单位荣获省部级职工书屋示范点。

2. 选树优秀典型

中交上航局积极参与各级五一劳动奖状(章)、劳模等综合性和专业性荣誉评选活动,挖掘、推选一批立足本职岗位取得突出业绩,立得住、叫得响、推得开的企业典型人物和道德模范。与此同时,以加强社会公德、职业道德、家庭美德、个人品德建设为着力点,深入推进员工道德建设。通过举办"道德讲堂"、精神宣讲会、事迹报告会等活动,身边人讲身边事,宣传推广模范人物先进事迹,弘扬他们的高尚精神,发挥他们的引领和激励作用。组织"情系航道,奉献航道"中交上航局"最美班组"评选表彰活动,大力弘扬劳模精神、劳动精神、工匠精神。公司涌现出一大批先进个人和先进集体:顾勇荣获全国水运工程建造大师,赵东华荣获全国五一劳动奖章,杨春雷等荣获上海市劳模;长江南京以下12.5米深水航道课题组荣获全国工人先锋号,中交上航局下属4家单位荣获上海市五一劳动奖状,5个班组荣获上海市工人先锋号,4个班组荣获浙江省、江苏省工人先锋号。

3. 开展文明创建活动

实施文明创建工程,深入开展文明单位创建活动,拓展新时代文明实践中心建设。公司坚持每年举办一届全局性体育赛事,基层各单位和项目、船舶一线因地制宜开展健步走、自行车、棋牌等健康向上的文体活动。开展以劳动创造幸福为主题的宣传教育,开展"致敬劳动者,出彩中交人"——中交上航局职工原创歌曲征集活动,唱响劳动光荣的时代主旋律;在基层单位全员大练兵基础上,举办职工技术比武大赛,在公司掀起"比学赶帮超"练兵高潮。以"安康杯"竞赛为抓手,开展各种群众性安全和健康管理活动,提高职工安全健康意识。同时,关心关爱职工,开设职工心理关爱 EAP 项目,举办员工心理关爱培训课程,搭建职工和家属24小时心理服务平台。以积极健康向上的企业文化引导规范员工行为。

企业文化建设的创新是一项系统性、长期性工作。中交上航局将会继续在守正创新中做好企业文化工作,以坚守、责任、创新、卓越为核心元素,打造匹配战略、富有特色、积极向上的企业文化,为推进高质量发展和建设一流企业提供丰厚的文化滋养和强大的品牌力量。

[陈建林,中交上海航道局有限公司党委工作部副部长。]

[田琳莉,中交上海航道局有限公司党委工作部品牌文化经理。]

试论航海文化在漳州旅游发展中的作用

柳成林 、吴晓芳

摘　要： 文章着眼于旅游面临同质化竞争的困境，以及文化愈发成为旅游核心内容的新形势，提出了文旅融合发展应解决的核心问题。针对航海文化在漳州展现中的作用，重点从漳州在海上丝绸之路中的地位提供了观察漳州的广阔视角、水运格局为串联漳州各区域提供了主线、港口码头变迁映射了漳州不同时代发展特点等三个角度开展了论述。并建议漳州制作特色导览图册、开发漳州城市导览 APP 作为进一步提升漳州文化旅游体验的辅助载体。

关键词： 月港　九龙江　漳州　航海文化　旅游

一、文旅发展的新要求

（一）旅游观景面临同质化竞争困境

我国共计 333 个地级行政区（不含北京、天津、上海、重庆 4 个直辖市，以及香港、澳门、台湾），其中包括 293 个地级市。在这些地级市中，有 53 个城市是沿海城市。

传统印象中，海滨城市的旅游业态总与海滨、沙滩密可不分。其中一些城市因有更适宜的气候温度、更优质的海滩，成为人们海滨度假的首选地。快艇、戏沙、赶海，这些传统项目在海滨场景之中十分常见。而当游客产生海滨度假的想法之时，将哪一座城市作为旅游的目的地，却是需要经过大量思考的难题。同质化竞争，这一在各行各业均愈发凸显的命题，在旅游产业中也概莫能外，项目设置相似、营销模式雷同问题较为突出。

（二）文化作为旅游核心内容提出的新要求

1. 个人文化知识体系是对区域旅游地点选择的重要因素

当各个沿海城市基于传统海滨旅游资源的开发均进行到一定程度时，

游客针对某沿海城市进行一场说走就走的旅行也会变得愈发困难。除考虑距离、成本因素的影响之外,游客开始乐于为自己的旅行找寻更深层次的理由,期待更高品质的获取。

文化获取可能会成为旅游出行的核心目的,而这种获取一旦达成,其获得感无疑是更为持久的。相应的,这种以文化提升为目的的旅游地选择与游客个人的文化知识体系密切相关。人们似乎对那些自己已有一定了解、可纳入自己知识体系框架内,而又有更多需要了解内容的地方更加好奇。显然,一座城市愈多元,愈可将自己有机地置于不同的体系中,它就愈可能与游客的知识体系产生互动,成为游客乐于选择的目的地。

2. 区域旅游是对个人文化知识体系的补充与强化

当然,一座城市的文旅宣传会扩大这座城市的影响,加强与游客知识体系建立联系的机会,从而调动游客对这座城市的兴趣,吸引游客来到这座城市游览。

而当游客出行决策已然达成,进入在目的城市的实际游览阶段时,如何通过游览完成对个人文化知识体系的补充与强化,是游客在已跨越单纯观景、玩耍的阶段后,将提出的必然而迫切的需求。这种需求是否能够得到满足,直接影响着游客的旅游体验,也决定了游客在该座城市的逗留时间。

同时,一座城市的口碑更多建立于游客对该座城市旅游体验的肯定,相较于"卖方宣介",各种媒介上的"买方评论"及至游客间的口口相传往往更能起到宣传作用。

(三) 文旅融合发展应解决的核心问题

1. 建立区域与更广阔空间之间的关系

人们对世界的认识主要体现在两个维度,一个是时间,一个是空间。人们对旅游目的地的选择,决定从自己的所在地奔赴另一座城市的过程本身,就是一个从更广阔空间观察目的城市的过程。而在这样一个广阔的空间视角之中,需要有一些要素来吸引游客。

最直接而朴素的要素,就是这座城市所在的区位、山川形胜。这些最基本的特点往往决定了城市,甚至是城市所在地域的自然禀赋、产业构成、文化属性,从而直接决定了这种城市的独有气质。

这种城市与其所在区域,乃至与更广阔空间之间的关系一旦建立,人们便自然而然地基于自身的知识储备,完成了对该城市气候气象、地形地貌等自然要素的基本认识。在头脑中构建立出了一份可供描绘的基本底图。

2. 梳理区域在特定时代背景中的重要历史进程

形成于头脑中的基本底图是基于自然的,不过多牵涉人类活动的。而对于一座城市而言,我们所见到的面貌之所以形成,显然已经历过剧烈的人类改造。这种改造既是有序的,也是繁杂的。如同在不同的历史时期用不同颜色的彩笔进行了多轮描绘。一些空间的历史格局仍被保持,一些空间的历史格局已被重塑。当某一久远时期的地物仍未被后续的人类作用完全破坏,它就变成了遗迹。当这一地物已被破坏乃至湮灭,它就只能被称为遗址了。

所以当人们在面对一座陌生的城市时,还是需要有更多的辅助,来将眼前的这幅图景进行解构、梳理。告知人们眼前的图景到底经历过哪些一轮一轮地描绘,在特定的时代背景中到底发生过哪些重要的历史进程。

3. 游客在区域内的时空定位

当人们已经获得了城市空间与时间上的总体架构,那么他可能已经对这座城市兴趣盎然了,对接下来的旅程跃跃欲试,也开始更乐于将自己感兴趣的旅游点位进行筛选、串联。此时,游客可能已经不再满足于对后续各个单一景点的认识,而是期待着能够主动参与到所见景物在头脑中的描绘之中。而这时充斥于游客头脑并急需解决的另一个核心问题是,自己目前所处的时空方位是哪里,按照规划线路行进时,出现在自己眼前的区域、景物都是什么。

二、航海文化在漳州展现中的作用

(一)漳州在海上丝绸之路中的地位提供了观察这座城市的广阔视角

1. 漳州背山向海的地势地貌决定了漳州人向海发展的趋向

相对于北方冬季寒冷漫长,南方常年温暖湿润的气候条件使其在农业、服务业等多个领域具有天然优势。加之古时海运不发达,南方不易受到外族侵扰。逐渐造成南方经济相对北方更为活跃。

福建地势西北高,东南低,呈依山傍海态势,境内山地、丘陵面积约占全省总面积的90%。福建省内有两条东北—西南走向的大山脉:一是由武夷山脉、杉岭山脉等构成的大山带,是闽、赣两省水系的分水岭;另一条是斜贯福建省中部的闽中大山带。省内溪河众多,水系密度较大,有大小水系29条,主流多与山脉走向垂直,支流多与山脉走向平行。多数水系发源于本省,并在沿海出口。不仅具有流程短、流量大的特点,而且自成流域、独立入海。① 在福建沿岸的各个湾口、港汊,自古都是福建人渔耕、交易的场所。

漳州具有福建山川水系的典型特点。博平岭横亘于西北,戴云山余脉深入北部境内。九龙江为福建第二大河,自古以来为漳州地区的劳动人民提供了丰富的水运资源。九龙江中下游平原是省内面积最大的平原。漳州

---

① 中华人民共和国交通运输部编:《中国水运工程建设实录(1949—2015)》(第3卷),人民交通出版社,2021年,第138页。

市镇点状分散分布于山间盆地、河口冲积平原。面对人口增长,耕地天然不足,向海谋生成为漳州的必然选择。

2. 特殊机缘成就了月港一时的鼎盛发展

公元前 2 世纪,汉武帝积极开展各种形式的外交活动。两次派张骞出使西域,开辟了陆上丝绸之路。平定南方后,又派使者从徐闻、合浦出发前往南洋和西亚各国进行贸易,开辟了海上丝绸之路。① 至南朝时,海上丝绸之路较前代又有所发展,航线范围已越过印度半岛,延伸至阿拉伯海和波斯湾。至唐代,远洋船队频现于北印度洋,越过印度半岛,直航阿拉伯海与波斯湾,最远抵达红海与东非水域。7—8 世纪,西域至中亚地区战争频仍,如 7 世纪唐朝征讨东、西突厥,7—8 世纪唐朝与吐蕃持续争夺西域,使陆上丝绸之路频告中断。从唐中期开始,海上丝绸之路贸易量迅速增长,并逐步超过陆上丝绸之路。

唐高宗总章年间(668—670),闽粤一带民族矛盾同样尖锐,当地少数民族常联合反抗唐王朝。公元 669 年,唐高宗诏令左郎将归德将军陈政率府兵 9 000 多人入闽,统领岭南行军奋力征战。陈政死后,其子陈元光袭父职,率军平定了闽粤边境。唐垂拱二年(686),陈元光奏请朝廷批准,在泉州、潮州之间设置漳州,州署设云霄西林,因州治傍漳江而名漳州。开元四年(716),漳州州治移到李澳川(今漳浦县城)。贞元二年(786),又迁至龙溪桂林村(今漳州城区),改称漳州郡。② 至此,开启了九龙江连接海上丝绸之路与漳州府城的历程。

隋唐时期,广州成为中国的第一大港。1087 年,北宋在泉州设立市舶司,泉州正式开港。因在距离上具有兼顾北向日本和朝鲜半岛、南向阿拉伯国家和南海诸国的地理便利,而迅速超越明州港(今宁波),后又追平广州并在南宋晚期反超,成为中国第一大港。宋元之交,主掌泉州港的地方政治势力叛宋降元,泉州港免于战火,保持繁荣。

明朝海禁,泉州港作为宋元两朝官方大港,受到严格管控压制,泉州港衰落。海禁政策使民间海外贸易被迫转型为走私性质的私商贸易。一些港汊曲折,官府难以控制的港湾、岛屿成为他们活动的据点。此时,漳州的月港、梅岭港悄然兴起。③

隆庆元年(1567),明廷迫于内外压力,解除海禁开放月港,"准贩东西洋",月港得以正名,迎来中国海外贸易的月港时代。

明末清初连绵不断的战乱,使漳州月港在兴盛了几十年后陷入衰退境地。尤其是长达 20 年的迁界,漳州沿海十室九空,百姓流离失所,正常的海

---

① 中华人民共和国交通运输部编:《中国水运史(远古—1840)》,人民交通出版社,2021 年,第 77 页。
② 李艺玲著:《漳州古城保护与开发研究》,经济管理出版社,2016 年,第 67 页。
③ 郑镛主编:《月港帆影——漳州海商发展简史》,福建人民出版社,2016 年,第 3 页。

上商贸通道被生生切断。①

康熙二十三年(1684)清廷统一台湾后,在厦门设置闽海关厦门衙署,并规定厦门是与台湾鹿耳门港对渡的唯一正口,厦门一时商船云集,货积如山。而漳州则成为山海货物交易的中转仓储之地。在经济原动力驱使下,原有的海港仍有较小规模的海商出入,其中位于今龙海区的月港、石码、浯屿,今漳浦县的佛昙、旧镇、下寨,今东山县的铜山,以及今诏安县的梅岭、宫口等港,均是重要的私人海商贸易据点。

(二)水运格局为串联漳州各区域提供了主线

1. 漳州府的迁移关联漳州的不同水系

唐垂拱二年,陈元光提出戍边之策奏请朝廷,于泉、潮两州之间设置一州,变原来的七闽为八闽。时值武则天执政,准奏后,便在云霄县漳江北的西林建置州治,辖漳浦、怀恩两县。

漳江,原名云霄溪,发源于博平岭山脉东麓大峰山,是福建南部主要独流入海河流之一。漳江河流水系呈向心状,主要支流有火田溪、安厚溪、车圩溪、南溪、山美溪等。流域内以西山源为最高,地貌以低山丘陵为主,构成云霄县城境内三面环山,向东南开口的马蹄状地形。漳州建州后,州府在漳江流域的云霄西林前后计30年。

唐开元四年,因漳江一带"山岗瘴气"多,恶性传染病多发,且山梁阻隔,交通不便,不利开发,漳州州治移至李澳川(今漳浦县城)。漳浦县,属博平岭山脉的延伸,在鹿溪上游河谷分野,分为梁山山脉和石屏山脉,派分出灶山山脉。地势由西北向东南倾斜,各山脉之间为大小不同的平原、盆地,其间夹有许多丘陵。境内溪流主要有鹿溪、南溪、浯江溪、赤湖溪、佛昙溪、杜浔溪等,各溪流多独流入海,流域不大,各成水系。

70年后,漳州府治最终迁移到九龙江流域,龙溪县内。九龙江,亦名漳州河,是福建省仅次于闽江的第二大河流。由干流北溪和支流西溪、南溪汇合,其中北溪发源于玳瑁山,西溪发源于博平岭。九龙江过漳州在厦门湾注入台湾海峡,下游漳州平原是福建省四大平原之一。九龙江上游水流湍急,下游江宽水稳。

公元782年,柳少安任漳州刺史,实地勘察了龙溪县内的山川形胜,调查了气候、物产、民情等各方面的情况后,认为这里山川清秀,原野平坦,四季如春,可以开辟万顷良田供人民生息繁衍,如此丰饶之地才是最上乘的州府所在地。陈洪谟继任后,于唐贞元二年,经朝廷准奏,将州治迁至龙溪桂林村(今漳州芗城区),改称漳州郡。从此,原隶属泉州的龙溪划归漳州管辖。②

---

① 郑镛主编:《闽商发展史·漳州卷》,厦门大学出版社,2016年,第6页。
② 李艺玲著:《漳州古城保护与开发研究》,经济管理出版社,2016年,第70页。

2. 龙溪漳州府城的区位格局与九龙江密切相关

龙溪漳州府城的山川形势可以概括为"天宝紫芝奠于后,丹霞、名第拱于前;鹤峰踩其左,圆山耸其右"。这一山川形胜佳地包括现芗城、龙文两区及龙海区局部,而不是仅限于漳州古城。①

古城城池是郡府的中心,宋初以土筑起子城城池,周长4里,设6门,南临西溪,城外为居民区。宋绍兴年间(1131—1162)拆原有土城,扩大城池范围。南宋嘉定四年(1211)至南宋绍定五年(1232),分两个阶段砌石城墙,合计长约4 000丈。城门上筑谯楼。元末争战夺城,部分城墙遭毁。元至正二十六年(1366),拆除旧城墙,将东、西、北三面城墙缩入,重新砌石筑城,唯南面临大溪如故。保存东、西、南、北城门,设有瓮城。明洪武二十七年(1394)重修城墙,瓮城内外各建楼,兼有防御功能。万历三十七年(1609),改南城门名为三台,东城门名文昌,北城门名太初,西城门名太平。清王朝与郑成功、太平军李世贤之战,使漳州古城饱受战火摧残,并历经整修。康熙八年(1669),改南城门为时阜。民国七年(1918),粤军陈炯明进驻漳州,大兴市政建设,拆除古城墙,以古城墙石板铺砌街道路面和城南之九龙江江岸,古城墙仅存东城门一段。1996年,这段残墙随着城市建设的发展被完全拆除。

漳州古城的历次变迁,均不曾摆脱南临西溪的格局。现代漳州城市建设仍首先集中于西溪以北,由古城区域出发,沿西溪主要向东兼向北、向西、向南发展,形成了包括芗城区、龙文区、高新区全域及龙海区、长泰区城镇建设相对集中区域的中心城区范围。

3. 九龙江上游及支流连接山区各县

唐垂拱三年(687),漳州刺史陈元光开发漳州,遣部将刘珠华、刘珠成、刘珠福兄弟三人,率部沿九龙江上溯疏浚河道,以通舟楫。② 经刘氏三兄弟疏通后,九龙江北溪通航河段覆盖今龙岩市新罗区、漳平市,以及漳州市华安县等九龙江北溪上游所属区域。西溪上游有龙山溪、永丰溪、船场溪、花山溪等四条航道,通航河段覆盖漳州平和、南靖两县。

历史上,九龙江上游百姓漂放排筏,乘船运输,将本地生产的竹木、土纸、茶叶等土特产品外运,运回食盐、布匹、海产品、日用品,极大地便利了人、物的运输。

1957年鹰厦铁路通车后,水运逐渐被火车所代替。公路更是逐渐代替低等级航道发挥运输的毛细血管作用。九龙江上游河段慢慢失去航运属性,山间河谷岸侧也往往成为公路乃至铁路布线的上佳选择。

4. 九龙江下游格局划分漳州平原各功能区域

漳州中心城区内,九龙江北溪、西溪合抱芗城区、龙文区大部。北溪出

---

① 李艺玲著:《漳州古城保护与开发研究》,经济管理出版社,2016年,第71页。
② 陈龙林、杨砚涵:《开辟九龙江航道的刘氏三兄弟》,闽西新闻网,2024年6月19日,http://www.mxrb.cn/news.html?aid=226051。

龙文区 4 千米，在龙海区江东古桥下游 2 千米郭洲头处分为南港和北港。其中，南港流至下游约 1.5 千米处的福河村与九龙江西溪汇流至乌礁岛；北港流经安山村。至此，九龙江北溪、西溪再次汇合穿越下游浒茂、乌礁二岛，分为南港、中港、北港，直至海门岛，汇集九龙江北溪、西溪、南溪三溪之水进入厦门湾注入东海。

南港南部，为龙海区主体（不含漳州开发区、台商投资区、漳州高新区），坐拥九龙江下游冲积平原，素有"鱼米花果之乡"的美称。具有健康食品、装备制造、新能源、建筑业四大支柱产业和特色现代农业、海洋经济、商贸物流、文旅康养四大优势产业。自古以来，龙海就有"海滨邹鲁"的美誉，是 400 多年前古月港商船开"海丝之旅"先河之地。

龙海区东侧，九龙江出海口南岸，是 1992 年国家交通部、福建省人民政府、招商局集团为服务对台"三通"谋划创办的漳州开发区，着力打造中国"第二蛇口"。区域以"前港—中区—后城"模式进行了成片开发，厦门港招银港区、后石港区均在此区域内。开发区以港口经济为主导，重点发展高端装备制造、食品加工、现代物流及文旅健康和数字化产业。

北港北部，是 2012 年 1 月 21 日经国务院批准设立的国家级台商投资区。区域地处漳州、厦门城市节点，凸显台商区与厦门的"同城效应"。是国内台企发展最为密集的区域之一。历史遗存丰富，有白礁慈济宫、江东古桥、林氏义庄、天一总局、曾氏番仔楼 5 个国家级重点文保单位，以及 16 处海上丝绸之路和对台遗址。

龙海区西侧，九龙江西溪南岸平原，为 2012 年 11 月经省政府批准设立、2013 年 12 月经国务院批准升级为国家级高新技术产业开发区的漳州高新技术产业开发区，是全国有名的花果之乡、漳州水仙花故里。

流域内的区块划分天然受九龙江走向影响，并依托自然禀赋，有着各自产业特点。

（三）港口码头变迁映射了漳州不同时代发展特点

1. 月港与浦头港

历史上漳州城是闽西南汀漳龙道的区域性政治经济中心，粤广往来京畿必经漳州，因而城市发展较为迅速。明代漳州府城东门外的官道主要还是陆路。正德年间（1506—1521），南门外的南门渡与东门外的浦头渡仍是仅为民众提供日常横渡的渡口，而至万历年间（1573—1620），两渡口已经扮演起了渡口兼埠头的角色。浦头溪紧贴着漳州府城东南面，原是西溪流经漳州府城东门外的一段，具有背靠漳州府城的独特优势，距离九龙江出海口不远，且水流平缓，水深江阔，是明代月港经济辐射深入九龙江腹地而产生的重要商贸集散地。

清初西溪从田里港分流，并因洪水冲刷导致堤岸屡次崩解，虽经地方士绅多次修复，但西溪主干最终顺势直流向东而去，不再形成抱城之势。西溪的改道,并没有完全淤塞浦头溪的上游,自诗浦至浦头这一段,沙壅而水微,保留了西溪水对于浦头溪的源头灌注。而浦头溪中下游浦头至碧湖这一段,并没有淤积,水深港阔,加上月港顺着西溪主干的潮汐返涌,使其航道运输功能的发挥一直持续到中华人民共和国成立后于1970年建成西溪桥闸。①

2. 厦门港与石码港

明后期月港兴盛之时,厦门只是寂寂无名的中左所。② 月港开洋不久遇到朝代更替,郑成功与清军在闽南沿海对峙拉锯争战几十年。不仅战火殃及月港,同时清廷为遏制郑氏,在沿海实行迁界,繁华的月港航运商贸一时萧条。禁海、迁界,使月港完全衰落而一蹶不振。而郑成功占据厦门时,厉行"以商养军",大力发展海运,厦门港遂兴起。地处其后方本来就以厦门为出海必经地的月港,作用渐被厦门所取代。康熙二十三年,清廷在厦门设海关,正式取代了月港的海外贸易地位,内河、近海的水运中心也向漳州府靠拢而移至更靠西溪上游的石码港。石码作为厦门港的喂给港,很快成为九龙江下游的物资集散中心。

3. 新厦门港与景观码头

1985年以后,为充分调动"两个积极性",福建港口管理职能先后下放地市,从"大港管小港"转变为"一城一港"的格局。在百度百科搜索"漳州港"的词条,可以找到这样的记述:"1991年1月16日,原中华人民共和国交通运输部部长黄镇东考察漳州龙海港尾一带水域(今招商局漳州开发区),随后提出开发漳州港码头设想;9月10日,原福建省省长贾庆林考察漳州龙海港尾一带水域;12月28日,招商局中银漳州经济开发区在南炮台奠基(漳州龙海港尾屿仔尾村),提出以港兴区的发展战略,为提高港口知名度,这一带水域称'漳州港'。"

2006年,原漳州港位于厦门湾的招银、后石、石码港区并入厦门港。③ 2009年11月,福建省政府出台《福建省港口体制一体化整合总体方案》,开始全面推进全省沿海港口资源整合,原厦门港、漳州港整合为新的厦门港,原福州港、宁德港整合为新的福州港,原莆田港和泉州港湄洲湾南岸两个港区整合成立湄洲湾港,保留泉州港。福建港口逐渐形成分工合作、协调发展的分层次发展格局。④ 整合后,原古月港、石码港所在的石码港区仍以服务漳州龙海地方经济为主,货种主要为杂货和建材运输,并提供九龙江两岸互

---

① 钟建华著:《码头经济与众神居所:漳州浦头港社会变迁研究》,中国社会科学出版社,2023年,第44页。
② 李燕著:《古代中国的港口——经济、文化与空间嬗变》,广东经济出版社,2014年,第196页。
③ 张小燕:《漳州四港区并入厦门港》,《厦门日报》2010年8月31日。
④ 中华人民共和国交通运输部编:《中国水运工程建设实录(1949—2015)》(第3卷),人民交通出版社,2021年,第142页。

通和通往厦门水路的客运服务。

1970年位于九龙江下游的大型水利工程西溪桥闸建成后,潮汐直达浦头溪的景象被彻底改变。这巨大的桥闸实际上已彻底截断了西溪中上游通向大海的航道。①

而就在西溪桥闸的上游,漳州古城南侧,漳州市区首个水上游船项目"龙江船奇"于2024年9月15日起试航。项目设立游船码头于南湖生态公园内,航道途经南湖生态公园、南山书院、南山水岸、芝山大桥、水仙花大桥、南山桥、中山桥等景点,成为一道新的景象。

在漳州平原上,月港古码头、晏海楼、石码古码头、曾氏番仔楼、潘厝古民居、天一总局、林氏义庄、浦头港等海丝遗存成为漳州文化的重要组成,而位于厦门湾九龙江河口的现代化水运设施为现代漳州的展现提供了重要的景观要素。

三、建议展现漳州的载体形式

(一)图层图册

本文作者均不是资深的旅游爱好者,对漳州的初步了解也仅仅是从有限的图书资料中获得。好在可以利用电子地图的索引及标注功能,在学习、品读几位学者有关漳州的研究时,获得一些较为直观的感受。在此,本文作者仅从游客的角度,谈一些可能并不切合实际的设想。窃以为,赴漳州旅游的理想状态是"所见所得,在漳言漳"。

一般情况下,游客很难在出行之前花费大量时间对一座陌生的目的城市进行细致了解,尤其在涉及深层次的文化方面更是如此。很显见的问题是,对城市历史进行系统研究的著作都具有一定的文字体量,至少在阅读时间的花费上有一定门槛。基于同样的原因,游客对出行前是否做、做多少功课极为谨慎,生怕对本应轻松惬意的心境产生破坏。尤其是对于像漳州这样的多元城市,更需要有一款产品,以直观、易用、成本可接受的形态,向游客呈现出一个易于理解的漳州。以使游客到达漳州后,可对游览时间做出较为集中、高质量的利用。

笔者认为,比较好的载体首先是一本轻薄但具有一定幅面开本的彩图画册。该画册可以漳州的区位、山川地貌形势、水系分布、城市的宏观布局为核心视角,以航海文化作为历史进程的推进主线,以类似图层的形式分主题进行介绍,各主题中对相关景点进行串联,极重要的景点可适当辅以重点

---

① 钟建华著:《码头经济与众神居所:漳州浦头港社会变迁研究》,中国社会科学出版社,2023年,第35页。

配图。画册的体量不宜过大,以使成本可控,同时更易携带,也能确保在漳州游玩期间可即时消化,不致造成不必要的阅读压力。

（二）傍身导游

似可尝试开发一款漳州城市导览APP。以尽可能地接近个人导游服务为开发目标。该APP功能上应具备以下特点：一是可识别游客点位,并可根据游客移动方向判断游客视线内景物。二是当APP讲解功能处于游客点击运行状态时,以内容疏密程度可接受的状态进行播报。播报内容分为两类,第一类为对于重要景点根据点位、视线内景物进行针对性讲解；第二类为在串联景点过程中的旅途时间讲解所途经区域情况、漳州情况,乃至其他有关背景情况。背景内容应同样有记录条,不致多次重复。三是讲解主题、疏密程度可以根据个人喜好进行调整。四是个人点位、行进方向在手机地图上可视。手机地图底图可切换,甚至与图册某主题页相匹配。

［柳成林,交通运输部水运科学研究院副研究员,从事水运历史文化研究工作。］

［吴晓芳,交通运输部水运科学研究院高级经济师,从事水运经济管理工作。］

浅谈洋山深水港的建设与展望

黄尚谕

摘　要：上海洋山深水港经过数年的建设与发展，已成为全球智能化程度最高的自动化集装箱码头之一。本文着重分析洋山深水港的建设背景和现状，详细列出其在设施、技术、地理位置等方面的优势，指出其在推动区域经济发展中的重要地位。结合长三角一体化发展战略和转型升级的方针目标，提出洋山深水港未来发展的前景，展望在全球航运、贸易、物流链条中的更大潜力，以及在数字化港口建设方面的进一步发展方向。

关键词：洋山港　港口　发展升级

截至2024年12月底，上海港集装箱吞吐量达到了5 150.6万标箱，连续15年排名世界第一。上海港中的洋山港四期自动化码头是世界上智能化程度最高的自动化集装箱码头之一，也是全球一次性建成投运、单体规模最大的自动化集装箱码头。如何利用设施、技术、地理位置多方面的优势，加快地区经济增长，已然成为新的发展战略目标。本文立足于洋山港未来线路建设和科技创新的实际梳理，进而提出了洋山深水港未来的建设与展望。

一、港口建设的"珠穆拉玛"

在20世纪90年代初，长江口内的上海港区正面临着新加坡、日本等的国际枢纽港的激烈竞争。当时的上海港因长江口水浅的限制，无法停靠大型集装箱船舶，建设深水大港已然刻不容缓。1992年，党中央高瞻远瞩，提出了"一个龙头、三个中心"的战略方针。经过深入的调研与实地考察，2002年6月，上海洋山港正式破土动工。

洋山深水港的建设分为四期工程：一至三期共建成5.6千米的深水集装箱码头岸线，以及16个7万至15万吨级的深水集装箱泊位；四期工程更是气势恢宏，一次性建成7个泊位。从2002年一期工程开工，到2017年四期工程开港，中国港航建设者们在洋山深水港奋战了整整15年。

洋山港的建成，不仅标志着中国具备了在全球任何地方建设港口的能力,更为上海奠定了成为国际航运中心的坚实物质基础。

二、洋山港优势分析

(一) 地利天成——洋山港地理优势

洋山镇,亦称崎岖列岛,坐落于长江口与杭州湾的交汇处。它与衢山岛隔海相望,是浙江省嵊泗县西部的一个海岛建制镇。在行政区划上,洋山镇隶属于浙江省,然而上海市与浙江省创新性地采取了行政管理和公共服务共建共享机制,让洋山港这一深水良港在洋山岛上拔地而起,成为区域协同发展的典范。

洋山镇距离国际航线仅104千米,水深普遍在15米以上,最深处达到了90米,宛如大自然为上海量身定制的深水港选址。洋山深水港区坐落于杭州湾口外、长江口外的南汇芦潮港东南,距离南汇芦潮港27.5千米。这一选址不仅充分利用了上海的地理优势,更确保了港口的自然条件完美契合大型船舶的进出需求。

海底地质稳定,泥沙不易堆积,这些得天独厚的自然条件,使洋山港在降低港口维护和疏浚成本的同时,也确保了航道的长期稳定性,具备了建设水深15米的港区和航道的优越条件。经过多次模拟验证的港区项目方案显示,该项目实施后不仅能维持原有水深,更对自然条件基本没有影响。此外,大小洋山岛链宛如天然的屏障,为船舶靠泊提供了稳定的条件,在各种复杂的气象条件下,确保了船舶靠泊的安全性。如此天然屏障与科学的工程设计相结合,极大地提升了口岸的安全性。

洋山港所在的水域地质条件优越,具备建港的基本条件。洋山港地处风大流急的杭州湾外口,大小洋山由十几座不相连的小岛组成。在这些平均水深20多米的岛屿之间,建设者们采用吹沙填海的方式,将岛屿间的海域填平,造出一块长6千米、宽1—1.5千米、总面积8平方千米的平整陆地。虽然建设过程中需要大规模改造海域,但通过科学的规划和严格的环境监控,对海洋生态的影响已降至最低程度。港区建成后,为实现人与自然的和谐共存,建设者们通过植被恢复、生态修复等措施,逐步复原了港区周边的生态环境。

洋山港的建设,不仅彰显了我国在建设大型海港项目方面的卓越技术实力,更为上海进一步发展国际航运中心奠定了坚实的基础。

(二) 望长放远——洋山港战略优势

洋山港的建设,不仅是上海国际航运中心发展的关键里程碑,更是中国航运史上的重大突破。洋山港一期工程的建成开港及保税港区的封关启用,标志着上海国际航运中心建设取得了重要进展。这一成就为上海加快确立东北亚国际航运中心的地位,推动中国从航运大国迈向航运强国,奠定了坚实而稳固的基础。

洋山深水港区和保税港区作为上海国际航运中心的核心工程,其投入运营,使上海在国际航运中心的硬件设施上实现了质的飞跃,填补了上海长期以来缺乏15米以上深水航道、深水码头和泊位的空白。洋山港的建设,不仅提供了卓越的硬件设施,使第五、第六代集装箱船得以全天候满载进港作业,更为提升上海港的枢纽地位、加快国际航运中心建设提供了有力保障。

随着经济全球化的不断深入,世界航运市场正迅速走向一体化与网络化,市场竞争愈发激烈。洋山港的建设,使上海港在全球航运市场中争夺航运中心地位、抢占航运制高点的竞争中占据了有利位置。洋山港不仅是上海港国际化发展的关键,更充分利用了长三角地区的产业优势,辐射整个中国东部经济区域。通过将转口贸易转变为对口贸易,洋山港使上海能够直接与欧美等国家和地区开展点对点的贸易,无须再经过新加坡等转运港口,从而节省了时间和成本,提高了效率和质量,进一步增强了上海港在国际航运市场中的地位。[①]

在我国这样一个市场广阔、腹地辽阔的国家,尤其在长江三角洲地区,若缺乏国际航运中心,将在国际竞争中处于被动局面。建设上海国际航运中心,不仅是为了提升上海自身的竞争力,更是为了代表国家积极参与国际竞争。上海作为中国最大的港口城市,素有"城以港兴,港为城用"的传统,具备承担国家国际航运中心竞争重任的条件与能力。洋山港的建设与发展,依托其独特的选址优势,结合先进的工程技术与经济可行性,不仅提升了上海的国际竞争力和枢纽地位,更对推动区域经济发展、增强国家国际竞争能力具有深远的战略意义。通过洋山港的建设,上海在全球航运市场中赢得了一席之地,显著强化了中国在国际航运领域的竞争力。

作为我国上海国际航运中心的枢纽港口,洋山港应在充分发挥自身独特优势的基础上,持续完善设施、提升服务水平,为优化运营效率和服务质量提供坚实保障。这不仅有利于进一步提升上海的国际竞争力,更能为我国航运业的发展注入新的生机与活力,推动洋山港的国际竞争力和枢纽地位迈向更高层次。

三、洋山港发展的前景

(一) 加快线路建设,优化运输结构

目前,洋山港的集装箱运输结构仍以陆路运输为主,尤其是公路运输占

[①] 刘士安、谢卫群、沈文敏:《上海洋山港,立开放潮头,创世界一流》,《人民日报》2022年2月24日第7版。

据了主导地位。相比之下,集装箱铁路和内河运输的比重相对较小,其中铁路运输仅占1%左右。这种单一的运输模式在一定程度上削弱了综合运输系统的稳定性,尤其是对于洋山港区而言,其唯一的陆上通道——东海大桥一旦遭遇紧急情况,将对港区的正常运营产生重大影响。此外,公路运输成本相对较高,其经济合理的运输距离一般在300—500千米之间。洋山港的公路运输范围主要集中在江苏、浙江和上海地区。在洋山深水港区周边,东西向的南奉公路、大叶公路和叶新公路,南北向的南芦公路、浦星公路和A2公路,以及兼具南北和东西走向的沪南公路和A30公路构成了主要的公路网络。此外,连接洋山港与芦潮港的唯一陆路通道——东海大桥,宛如一条海上巨龙,从上海市南汇区芦潮港延伸至浙江省嵊泗县崎岖列岛的小城子山,全长约32.5千米。大桥按照双向六车道高速公路标准设计,桥面宽31.5米,设计行车速度为每小时80千米。大桥全线设有5 000吨级主通航孔(通航孔净空高40米),以及1 000吨级和500吨级的辅通航孔各一处。

为优化洋山港的运输结构,国家发展改革委和交通运输部联合印发了《长江三角洲地区交通运输更高质量一体化发展规划》和《国家公路网规划》,明确提出加快推进沪甬跨海通道的建设工作。沪舟甬跨海通道工程已被列入中共中央、国务院印发的《长江三角洲区域一体化发展规划纲要》。该通道拟建于杭州湾跨海大桥以东约20—40千米的海域,采用G15杭州湾二桥与沪甬城际铁路合建的模式。北岸登陆点位于上海金山,南岸登陆点位于宁波慈溪,总里程约70千米。其中,上海至大洋山段包括已建成的东海大桥和拟建的东海二桥两个通道。上海至大洋山段、大洋山至岱山段的拟建通道均推荐采用双向六车道高速公路,设计速度为每小时100千米,路基宽度为33.5米。沪舟甬铁路通道的总投资约为641亿元,上海至大洋山段、大洋山至岱山段均推荐采用国铁Ⅰ级双线设计,设计速度为每小时200千米,客货共线。

待所有规划落地后,杭州湾将拥有四个大型通道:已通车的杭州湾跨海大桥、在建的通苏嘉甬铁路、规划中的沪甬通道和沪舟甬通道。这四个大型通道的建设将极大地提升洋山港的综合运输能力,构建起更加稳定、高效的运输网络。这不仅将有效缓解当前运输结构单一的困境,优化区域物流布局,降低物流成本,提高运输效率,还将有力推动长三角一体化发展,为上海建设国际航运中心的战略目标提供坚实支撑,增强国际竞争力和运输系统的稳定性,实现港口资源的集约化利用与可持续发展。①

(二)打通河海直达通道,促进长三角港口经济

洋山港作为中国最大的集装箱港口之一,是长三角地区经济腾飞的重

---

① 徐泽文、向安妮、刘耀文等:《上海市洋山港港口物流与区域经济协同发展研究》,《中国水运》2023年第1期,第15—16页。

要引擎。然而,其发展仍面临河海直达通道未完全打通的瓶颈。目前,大芦线和苏申内港线上海段尚未建成,内河运输至洋山港区的船舶不得不绕道黄浦江,这不仅增加了运输距离,也显著提高了物流成本。与此同时,杭甬运河宁波市区段的建设尚未完成,浙北内河的集装箱运输只能通过嘉兴港转运至宁波舟山港,进一步加剧了物流成本的上升。

为加快构建无缝衔接、畅通高效、经济便捷的长三角集装箱河海联运体系,首先需要重点布局以上海港、宁波舟山港为国际枢纽,辐射长三角及周边内河港口的河海联运网络,包括河海直达运输网络和河海转运网络,以实现集装箱运输的高效连接。其次,主要集装箱运输通道的高标准贯通至关重要。以大芦线东延航道整治工程为重点,打通大治河出海口,缩短大江大海直通运输的距离。同时,积极推进宁波—舟山港江海直通运输和杭州—宁波运河三期工程宁波市区段的规划落地。此外,完善江海直通集装箱运输制度也必不可少。结合洋山港区的河海直通运输需求,有序开展规模化发展的内河港建设,并在海河联运中完善集装箱在沿海与内河港之间的全程物流链条体系,确保运转高效、衔接顺畅。最后,政策的引导和支持也需进一步加强。引导形成竞争有序、分工协作的集装箱运输体系,建立区域一体化发展机制和统一开放的大市场,统筹制定鼓励内河水运发展的集装箱运输结构调整政策和差别化扶持政策。

(三)科技创新融合,健全信息化服务

2018年11月,习近平总书记在考察上海洋山港自动化四期码头时深刻指出:"经济强国必定是海洋强国、航运强国。"如今,洋山港正以智能化、自动化、高效化、低碳化的崭新姿态,引领着航运业的未来。它始终坚持高点定位、智慧引领、科技支撑与创新驱动,致力于推动航运业的数字化、智能化、绿色化转型。洋山港四期团队凭借创新精神,成功开发并上线了洋山四期运营大数据分析与智能决策平台。借助人工智能、大数据和3D技术,他们在虚拟空间中完美复刻了一个洋山四期,使其能够不断进行测试和系统优化迭代。凭借"5G+L4"技术[1],洋山港进一步积累了海量行业独有知识,涵盖安全航行、运营效率、能效碳排、服务需求、港航协同、港口动态及货物流向等多个领域。这些技术的应用不仅降低了人工成本,更显著提升了工作效率,桥吊单机作业效率和生产指标屡创新高,码头整体效率较开港初期提高了30%。

与此同时,上海航标处借助北斗三号通信技术的重大突破,在洋山港辖区内实现了航标系统的智能化升级。[2] 通过将北斗三号通信设备整合到航

---

[1] L4即为高度自动驾驶。
[2] 徐晓栋、胖雨珊:《携手北斗筑梦海洋——上海航标处建设北斗水上交通运输分理服务中心纪实》,《中国交通报》2023年11月6日第3版。

标系统,实现了航标状态和周边环境信息的实时监控与远程管理。这意味着港口管理人员能够更及时地掌握航标运行情况,快速采取维护和修复措施,确保航标系统的稳定性和可靠性。监控中心借助北斗三号卫星的传输,实现了对全航标网的集中监控管理,更快地获取航标资料,从而进一步提升了口岸安全和管理效能。这一智能航标系统的应用,不仅为船舶的安全航行提供了更为可靠的保障,还提高了港口运行效率。它能够结合航标数据和船舶实时位置信息,实现更精确的航行引导和动态路线规划设计。此外,该系统在应对复杂海上气象和水文条件时表现出色,为港口管理人员和船舶船员的决策提供了有力支撑,为洋山港的未来发展奠定了坚实基础。

四、结　　语

中国洋山深水港的发展是反映中国港口发展的重要实例。伴随着世界贸易的不断增长和物流技术的日渐成熟,洋山深水港继续扮演举足轻重的角色,成为中国连接世界各国的重要枢纽。今后,随着洋山深水港进一步智能化和绿色化改造,它将为世界贸易和物流业发展注入更多的活力,并为中国海洋经济的发展贡献更多的力量。

[黄尚谕,东海航海保障中心上海航标处洋山港航标管理站业务管理员。]

北方港口能源运输历史实践初探
——以国能（天津）港务有限责任公司为例

柳成林、李延磊、刘祺、王宇川

摘　要： 国能（天津）港务有限责任公司原名神华天津煤炭码头有限责任公司，是国家能源集团第二个自有煤炭出海口和唯一的外贸煤炭海上出口通道，是天津港煤炭运输能力的重要组成，也是我国"西煤东运，北煤南运"煤炭运输体系的重要节点。2004年公司成立后，历经发展，不断壮大，持续发挥着国家能源安全保障作用。文章从该公司成立背景、建设过程、生产运营态势、谋划探索情况等多角度对该公司发展历程开展综述，试图真实展现一个现代水运物流企业运行管理的成功案例，为我国能源行业、水运行业相关学术研究提供有益借鉴。

关键词： 天津港　国家能源集团　国能（天津）港务有限责任公司　神华天津煤炭码头有限责任公司　神华天津煤炭码头工程

一、天津港的煤炭运输

　　天津港雏形最早可以追溯到汉代，唐代以后形成港口，1860年对外开埠，成为通商口岸。20世纪初叶，处于海河入海口的天津港即凭借地理位置与舟楫之利，促进了近代天津成为当时中国北方最大的水运枢纽和工业基地，带动了区域内外贸易物流的繁荣。[①] 20世纪30—40年代，日本侵略者为掠夺中国的煤炭等资源，在海河口以北、塘沽以东开建塘沽新港，即称天津新港。[②] 1945—1949年，天津新港因日本投降和国民党军队败退时遭到破坏，变成了百孔千疮的死港。1949年1月15日，天津获得解放，之后在新生人民政权领导下，天津港得以恢复重建。1952年，新中国自己兴建的第一个大型海港——塘沽新港正式开港，作为主要货类的煤炭，运输量不断提升。

---

① 陈晓明：《天津港南疆港区开发与散货物流和产业布局》，《港工技术》1997年第1期，第35—39页。
② 中华人民共和国交通运输部著：《中国水运史（1840—1949）》，人民交通出版社，2021年，第817页。

20世纪50年代,天津港煤炭吞吐量最高年份曾达近80万吨。

改革开放后,天津港迎来新的发展机遇。"六五"期间,国家根据能源结构布局国情,明确了以煤炭为主的能源政策,并逐步成为世界上最大的煤炭生产国和消费国。"六五"期末的1985年,天津港煤炭吞吐量1.4万吨。1987年,《天津港总体布局规划》获国家批准,开启北港池、南疆港区建设,煤炭运输枢纽港的地位得到确立。此后,天津港务局顺应现代港口发展潮流,着手南疆港区的开发建设和招商引资,推动散货物流与相关产业基地的同步建设,并与外部铁路通道等配套设施同步建成,20世纪80年代末期逐渐形成了1 000—2 000万吨的煤炭下海能力。到1995年,天津港煤炭吞吐量达到2 826万吨,占全港货物吞吐量的比重为48.8%,一跃成为国内仅次于秦皇岛的第二大煤炭输出港,进入世界20大散货港行列。南疆港区的开发,强化了天津港对散货物流及重化工业的吸引力,迈出了天津港向亿吨大港发展的重要一步。

20世纪90年代中期,天津港为解决港口作业区和周边地区的环境污染问题,实现天津港"南散北集"生产布局,开始实施"北煤南移"战略,即逐步把天津港煤、焦炭的储存和作业全部转移到天津港南疆港区。① 在此基础上,天津港还加大了港口建设投入,通过建设煤炭、焦炭专业化泊位,以及拓宽深水航道,提升港口能力。

2004年南疆港区完成煤炭吞吐量2 514万吨,占天津港煤炭总吞吐量的38.7%。2005年1月1日天津港实现汽运煤炭全部平稳南移。南疆港区2005年完成煤炭吞吐量3 920万吨,约占天津港煤炭总吞吐量的57.8%,首次实现南疆港区煤炭吞吐量超过北疆港区。2006年,随着煤炭生产设施的不断完善,南疆港区煤炭运输生产能力已基本能够满足煤炭全部南移的需要。根据天津市政府实施"北煤南移"的计划要求,天津港决定2006年全面实施"北煤南移"。2006年12月22日,北疆港区港内堆场库存煤炭全部清理完毕。12月27日,随着"广南"轮在天津港北疆港区装载了最后一船煤炭运至南疆港区,历时10年,投资100亿元的"北煤南移"工程正式告竣。

"北煤南移"工程的告竣标志着天津港煤炭作业逐渐步入了专业化、集约化、现代化时期,对于天津港实现"南散北集"结构调整、促进产业升级、改善和提升港区及周边地区的生态环境和投资环境、助力滨海新区开发开放具有重要意义。②

二、神府煤田的外运通道

1984年,我国发现神府煤田。煤田地处鄂尔多斯盆地北部,主要分布于

---

① 于群:《天津港煤炭运输发展研究》,硕士学位论文,大连海事大学,2012年,第12页。
② 杨燚:《天津港"北煤南移"告竣》,《中国交通报》2007年1月10日。

陕西省榆林、神木、府谷、靖边、定边等县境内,北与内蒙古自治区的东胜煤田相连,故又称"神府东胜"煤田。①

1984年下半年,国家计划委员会决定组建中国精煤公司,负责开发神府东胜煤田,同时建设运煤铁路。同年11月6日,中国精煤公司筹备处成立。1985年5月15日,国务院以煤代油专用资金办公室和国家计划委员会联合下文批复,同意成立华能精煤公司。1989年,华能精煤公司改由华能集团公司管理。

1995年1月,国务院批准了国家计划委员会关于组建神华集团公司的请示,神华集团有限责任公司筹备组随即成立。② 8月8日,国务院批复同意成立神华集团有限责任公司和以该公司为核心组建神华集团,与华能集团公司脱钩,列入国务院大型企业集团试点,在国家计划中实行单列。神华集团负责开发经营神府东胜煤田及其配套的铁路(包括神包、神黄线)、电站、港口、航运船队及与之相关的产业,拥有对外融资、外贸经营和煤炭出口权。10月,神华集团有限责任公司在原有的华能精煤公司基础上组建成立。

神府煤田开发初期,神木至港口通路的选择是国家建设"西煤东运,北煤南运"运输体系中的重大问题。1986年开始多次进行讨论研究。③ 1986年7月23—29日,国务院能源办公室召开专家论证会,提出将石臼港、青岛港黄岛港区、三山岛港、龙口港、黄骅港、天津港、王滩港、秦皇岛港等八个港口作为比选港址。1988年4月26—30日,国家计划委员会和国务院能源办公室联合在北京召开神木到港口运煤通路第二次选线论证会,比选范围由原来的八个港址逐步集中到龙口、黄骅、天津三个港址。④ 1988年10月22日,天津市交通运输协会与天津市水运工程学会着重对黄骅港、天津港做了全面比较。参加研讨的有从事波浪、泥沙、地质领域研究的专家、教授,有从事港口建设的高级技术人员,与会人员都认为:天津港、黄骅港均地处渤海湾西岸,在神木煤外运出口港的选择上,较之龙口港具有铁路线路短、造价低的优势,应先从这两个港口中选定。至1991年,神木煤外运出海口最终确定为黄骅港。

1997年11月,黄骅路港工程开工,我国继大秦线后的第二条煤炭调运大通道全面开建。2001年,黄骅港煤炭码头一期工程投产,设计能力为3 000万吨。⑤ 2003年,西起山西省神池县,东至河北省黄骅港的朔黄铁路全线通车。

---

① 范立民:《高原明珠——神府煤田》,《地球》1992年第5期,第12页。
② 《神华集团志》编委会编:《神华集团志(1985—2010)》,煤炭工业出版社,2012年,第98页。
③ 天津市交通运输协会、天津市水运工程学会:《对神木煤外运出口港址选择的意见》,《港口工程》1988年第6期,第18—22页。
④ 黄骅港发展史编写组编:《黄骅港发展史大事记(1977—2011)》,2012年,第36页。
⑤ 李南、李忠华、龙和著:《河北省港口发展史》,经济管理出版社,2019年,第128页。

2003年,神华集团为满足进一步拓展港口煤炭下水能力、保障运营链条安全的战略需要,选择在毗邻黄骅港的天津港建设一座专业化煤炭码头。天津港预计"北煤南移"后,南疆港区已有及在建的煤炭码头总通过能力仅为6150万吨,而至2010年天津港煤炭吞吐量需求将达9500—11000万吨,能力缺口高达3350—4850万吨。① 神华码头的建设正符合天津港扩大煤炭吞吐量的发展需要。

三、公司成立与工程建设

2003年9月16日,天津市人民政府与神华集团有限责任公司签订合作意向书,商定双方共同建设天津港南疆港区煤炭码头、黄万铁路和大港电厂等三个项目。2004年1月16日,神华集团与天津港务局就合资建设和经营天津港南疆港区煤炭码头项目达成一致意见,并签署《合作意向书》。2月24日,合资公司筹备组成立。4月28日,神华天津煤炭码头有限责任公司在天津市注册成立,首期注册资本1亿元,神华集团出资5500万元,天津港务局出资4500万元。总注册资本26.6亿元,股东资本金投入15.25亿元。

2004年11月,中国神华能源股份有限公司成立,神华集团将所持神华天津煤炭码头有限责任公司55%的股份转让给中国神华能源股份有限公司。天津港务局于2004年6月转制为天津港(集团)有限公司。2007年7月,天津港(集团)有限公司将所持神华天津煤炭码头有限责任公司45%的股份转让给天津港股份有限公司。

2004年6月,天津港南疆港区神华天津煤炭码头工程开工,2006年9月完工。工程建成深水煤炭泊位3个,年设计生产能力4500万吨。码头全长890米,可同时停靠2条7万吨级船舶和1条15万吨级船舶;码头配置3台6000吨/小时装船机;堆场面积约42.3万平方米,堆场平行于码头布置,采用"四堆三取,堆取分开"工艺,共布置6条堆场,堆场设计容量144万吨;工程总地基加固面积113.6万平方米;卸车系统采用3台C型串联双翻翻车机卸车系统,预留1台翻车机基础(后于2008年7月完成设备安装交付使用),3台翻车机年卸车能力3500万吨;新建配套的铁路车场设重车到达线、空车集结线和空车出发线。②

在神华天津煤炭码头工程建设的同时,2004年11月与码头工程配套的黄万铁路开工建设,2006年12月16日全线贯通。黄万铁路南起朔黄铁路黄骅南站,北至天津市万家码头,全长67千米,设计近期年运量3750万吨,远期年运量4200万吨。可实现煤炭经包(头)神(木)、神(木)朔(州)、朔

---

① 朱泽宇:《神华集团的能源战略与拓展》,《中国储运》2004年第3期,第40—41页。
② 同上。

（州）黄（骅）铁路至神华天津煤炭码头的直达运输（总里程约893千米），比经由京九线至天津港南疆港区的运输距离缩短近60千米，不仅加快了煤运速度，节约大量运输成本，而且为天津港增加了一条新的运煤通道，加强了天津港后方集疏运能力。①

黄万铁路和神华天津煤炭码头的建成投产，开辟了神华集团煤炭东运下海的便捷新通道，与黄骅港形成战略替代和能力互补格局，使我国西煤东运第二大通道布局更趋合理。又有利于挖掘天津港的潜能，改善环渤海地区铁路网布局，对缓解天津市地方及东南沿海煤炭供应紧张局面具有重要意义。②

此时，天津港南疆港区有煤炭专业化泊位7个，年设计吞吐能力8 800万吨。其中天津港煤码头公司专业化泊位4个，年设计生产能力4 300万吨；神华天津煤炭码头专业化泊位3个，年设计生产能力4 500万吨。此外，另有兼做煤炭泊位4个（远航矿石码头2个泊位、焦炭码头2个泊位），年煤炭作业能力2 000万吨。

四、公司生产稳定提升

成立后的神华天津煤炭码头有限责任公司作为神华集团与天津港的合资企业，是神华集团实施"矿、路、港、航、电、油、化"一体化运营中港口版块的关键环节，处于神华集团产业链中游。产业链的上游为朔黄铁路，下游为航运公司。神华集团的销售集团是公司唯一客户。运营过程中，公司产、运、销三个环节均由神华集团总体调控，运营风险较低。同时受惠于该一体化运营优势，煤炭运价处于市场较低水平，对于煤炭下水销售具有较大的促进作用。

天津港作为股东帮助公司获取资源支持，并协调天津港内部的业务往来。其完善的港口设施和健全的服务措施，确保了客户拥有更多选择权，能够同时满足不同客户的多种需求，为公司开拓水路运输业务创造了良好的外部环境。

公司项目的投产，进一步拓展了神华集团自有港口煤炭下水能力，增强了神华运营链条可靠性。2006年，公司装船量230万吨；2008年，装船量突破2 000万吨，达到2 344万吨；2012年，装船量突破3 000万吨，达到3 053万吨；2014年，装船量突破4 000万吨，达4 009万吨；2018年，装船量4 538万吨，首次突破4 500万吨，达到设计通过能力，此后一直保持满负荷运行。

2016年，受益于汽运成本下降及"三西"地区煤企相关扶持政策，全国汽

---

① 葛运溥：《西煤东运开通天津港下海新通道》，《中国交通报》2006年12月28日。
② 蔡立军：《黄万铁路和神华天津煤炭码头试运营》，《中国冶金报》2007年1月9日。

运煤集港数量增加,煤炭运量快速增长。① 2016年全年,天津港完成煤炭吞吐量1.097亿吨,同比大幅增长1 511万吨,创历史最高纪录。

2017年,国家环境保护部开始强力推动公转铁政策,并于当年2月联合发改委、财政部、国家能源局,以及北京市、天津市、河北省、山西省、山东省、河南省政府印发《京津冀及周边地区2017年大气污染防治工作方案》,其中提出:天津港7月底前不再接收柴油货车运输的煤炭;9月底前,天津、河北及环渤海所有港口全面禁止接收柴油货车运输的煤炭。实践过程中,因当时天津市空气质量不断恶化,天津市决定将天津港禁止汽运煤集港的时间由此前环保部门规定的7月底提前到4月底。受相关政策影响,2017年,天津港全年完成煤炭吞吐量7 983万吨,同比下降27.23%;2018年,天津港煤炭吞吐量下降至6 851万吨;2019年,进一步下降至5 966万吨。此时,公司煤炭吞吐量一度占天津港煤炭吞吐总量的75%。

多年运营中,公司在北方七港(即秦皇岛港、天津港、黄骅港、唐山港、青岛港、日照港、连云港)的下水量基本保持在4%左右,对天津港煤炭吞吐量发挥了重要支撑作用。在国家历次抢运电煤过程中,公司高效的作业能力凸显出对于国家能源安全的保障作用。

五、公司规模化发展的探索

在神华天津煤炭码头工程建设的同时,神华天津煤炭码头有限责任公司即开始筹划神华天津煤炭码头二期工程建设,拟新建设计能力3 800万吨/年的专业化煤炭码头,概算投资37.79亿元。2012年5月,天津港南疆港区神华煤炭码头二期工程获批②,包括10万吨级、7万吨级、5万吨级煤炭专用泊位各1个,年吞吐能力3 500万吨,预计2014年下半年建成投产。

2014年,京津冀协同发展上升为重大国家战略。2015年11月,习近平总书记在中央财经领导小组第十一次会议上首次提出"着力加强供给侧结构性改革"。同年12月中央经济工作会议将"去产能、去库存、去杠杆、降成本、补短板"作为2016年推进供给侧结构性改革的五大任务。此后,京津冀产业谋求转型升级,津冀港口谋求协同发展的现实需要愈发强烈。

2016年8月8日,天津港(集团)有限公司与神华集团有限责任公司签署战略合作协议。③ 根据协议,未来双方将紧紧围绕北方国际航运核心区建设和神华清洁能源发展战略,充分发挥神华铁路专用线运输通道和天津港

---

① 《7月底之前天津港不再转运煤炭,转由张唐铁路经唐山港转运》,《港口经济》2017年第2期,第54页。
② 王力群:《我国北方港口煤炭运输形势分析及展望》,《港口经济》2013年第2期,第40—43页。
③ 《天津港集团与神华集团达成深度战略合作》,《天津航海》2016年第3期,第33页。

"无水港+区域营销中心"物流网络等叠加优势,创新陆港合作模式,完善港口功能布局,推进西部物流大通道建设,推动双方加快融入新一轮国家战略。根据协议,神华集团与天津港集团将积极抢抓"一带一路"、京津冀协同发展、自贸试验区开发开放、国家自主创新示范区建设等战略机遇,进一步发挥各自优势,深入合作,实现发展共赢。双方合作方式走向多元、深化。

2017年,交通运输部、天津市政府、河北省政府制定了《加快推进津冀港口协同发展工作方案(2017—2020年)》。谋求形成以天津港为核心、以河北港口为两翼,布局合理、分工明确、功能互补的世界级港口群。基本原则中明确指出,津冀港口以资本为纽带,在集装箱、散货等码头功能分工、资源整合等方面率先取得突破。天津港煤炭运输规模受到控制。神华天津煤炭码头有限责任公司积极响应国家政策导向,原码头二期工程建设暂时搁置,新的建设方案不断优化。

六、公司高质量发展的实践

为充分利用铁路运输资源,形成新的利润增长点,神华天津煤炭码头有限责任公司自成立之初就将利用运煤回程空车开展港口矿石输运业务作为一项重要的发展战略[①],多次就项目的市场前景、综合收益进行论证,并于前期进行了试验性作业。2009—2011年间,公司投资3 000余万元完成了矿石装车站项目建设,并于2013年投入运营。截至2016年2月,公司累计完成矿石装车314万吨,在非煤业务领域进行了有益探索。此后2016年4月,神华集团大物流项目启动,正式开始利用企业自身的火车、货轮、库房等物流资源优势,开发社会化服务。

同时,自2014年开始,神华天津煤炭码头有限责任公司智慧运营管控加速推进。2014年,公司实施了"智能化堆取料技术研究与应用项目"。2016年,智能化翻堆及取料集中控制系统竣工,在公司4台堆料机和6台取料机上成功运行,实现了煤场装卸系统堆取料作业的自动化。2017—2018年,公司从挖掘生产潜能、优化作业效率两方面入手,开展了"生产能力提升"和"智能管控系统设计"两项目研究工作。2021年6月,自主研发的"流程智能化控制系统"上线,成为国内首个可以在线实时智能切换的散料皮带流程控制系统。同月,自主研发的数字化智能装船系统上线,成为世界首个基于船岸数字孪生技术的散料行业智能装船系统。2022年,煤炭港口柔性生产智能管控系统试运行,实现了与公司全业务流程智能化系统和上下游运营数字化系统的对接,成为公司生产运营数字化建设的核心系统。

---

① 童晓影:《关于神华大力发展物流产业的研究》,硕士学位论文,兰州交通大学,2017年,第19页。

在全方位推进智慧港口建设的同时,公司以根治港区粉尘、污水污染为目标,全面推行全流程生产清洁化。2021年11月,公司顺利通过中国港口协会组织的绿色港口等级评价项目现场评审,获评四星级中国绿色港口称号。用实际行动践行了习近平总书记2019年1月视察天津港期间作出的"努力打造世界一流的智慧港口、绿色港口"重要指示号召。

2017年11月,中国国电集团和神华集团联合重组为国家能源集团。2021年1月21日,神华天津煤炭码头有限责任公司根据国家能源集团整合统一要求,正式更名为国能(天津)港务有限责任公司。2022年7月起,国能(天津)港务有限责任公司正式负责国能(连江)港电有限公司所属罗源湾码头的生产运营工作,公司借此确定了"以国能(天津)综合物流园区建设和罗源湾二期项目建设为主,滨海新区新能源项目建设并举"的"双二期+"发展战略,成为国家能源集团港电合作、协同发展的新典范及充分参与"一带一路"建设的新支点。

2022年,公司完成卸车4 451.2万吨,装船4 519.9万吨,完成矿石回装200.2万吨,非煤代理业务52.98万吨。截至2022年底,公司开港以来累计完成煤炭装船5.7亿吨,实现利润40亿元。累计创造社会贡献总额达61.5亿元,相当于为国家和社会再创造了两个公司一期项目。公司单泊位的作业能力长年保持1 500万吨/年,在国内煤炭下水港中位居首位。

[柳成林,交通运输部水运科学研究院副研究员,从事水运历史文化研究工作。]

[李延磊,交通运输部水运科学研究院工程师,从事水运历史文化研究工作。]

[刘祺,交通运输部水运科学研究院助理研究员,从事水运历史文化研究工作。]

[王宇川,交通运输部水运科学研究院副研究员,从事水运行业研究与管理工作。]

浅析"航运江南：长三角水上交通历史文化展"中的意境营造

张 沁

摘 要：展览中意境的营造与展览内容之间存在密切的关系，它既基于展览主题，又强化展览内容的形式表达。它是将主题、思想和信息，通过各种形式及艺术手段，创造出一个能够超越展品本身，又能触动观众内心的艺术境界。旨在使观众沉浸其中，感受展览所要传达的情感和信息。文章就"意境营造"这一设计重点，以中国航海博物馆"航运江南：长三角水上交通历史文化展"为例，解析其在展陈形式设计中的表现。

关键词：展陈形式设计 意境 色彩 符号 灯光 声音

2024 年 11 月 12 日，"航运江南：长三角水上交通历史文化展"在中国航海博物馆展出，该展联合长三角地区 12 家文博场馆，通过"舟楫相配""港埠通达""商贾埠通""浮家泛宅"四个单元内容，两百余件航运类藏品，展示唐宋以至近代江南地区的港口航运、商贸社会及文化艺术，深度阐释辉映当下的航运江南历史意蕴，为长三角交通一体化进程提供历史借鉴和文化认同。为契合江南航运主题，展览在形式设计上，呈现清新自然、简约流畅、雅致内敛的美学意境。本文从色彩、符号、灯光、声音等角度，浅析"航运江南：长三角水上交通历史文化展"中的意境营造。

一、意 境 本 源

（一）了解意境

意境，是文艺作品中所描绘的客观图景与所表现的思想感情融合一致而形成的一种艺术境界。具有虚实相生、意与境谐、境生象外的特点，追求象外之象、韵外之致的审美特征，能使读者产生丰富的想象和联想，并对人生、宇宙形成深邃的领悟。① 这是对于"意境"这一词的普遍理解和解释。在《艺术概论》一书中,意境是"艺术作品整体所呈现给欣赏者的景真、情深、意切的出神入化的艺术境界,是内容与形式完美统一的有机整体中偏重于内容方面所表现出来的艺术效果"。②

(二) 感受意境

意境作为中国传统美学中的一个重要范畴,被广泛地应用于诗词、绘画、书法等艺术领域,其内涵和外延也随着历史的发展而不断丰富和演变。元代画家黄公望在《富春山居图》的创作中,以多变的笔触线条细腻地勾勒出富春江两岸山势起伏、水波不兴、渔舟唱晚的初秋景色,以墨色的浓淡干湿巧妙地表现了江南山水的湿润与灵秀。此画让人仿佛置身于烟雨朦胧的江南水乡,感受到了那份宁静与淡泊。如今大火的舞剧《只此青绿》,以宋代画家王希孟创作的《千里江山图》为灵感,通过写意的服化道、精湛绝伦的舞姿共同演绎了一幅青绿山水、云山雾罩、人在画中、画外有画的江山画卷。它的美,不仅展现了中国古代绘画艺术的魅力,更深入挖掘了其背后的文化内涵和历史底蕴,将中国传统美学表现得淋漓尽致。这就是意境在艺术创作中的完美体现。

(三) 展示意境

在当今社会,面对巨大的工作压力,人们愈发重视身心愉悦的体验。在休闲活动中,参观展览已不仅仅是为了获取知识而已,即时的感受同样至关重要。因此,沉浸式展览日益受到欢迎,成为热潮。此前在关于梵高、莫奈主题的沉浸式多媒体展览中,以世界名画为基础,打造身临其境的感官体验。例如展厅空间顶部投射梵高的《星月夜》,场内伴随着悠扬的音乐,观众仿佛置身于画中的夜空下,感受那如梦如幻的星夜景象。又如莫奈的《日出·印象》,让光影和色彩通过数字多媒体技术活动起来,使观众直观地感受到印象派画作的魅力。鉴于此,博物馆的展览表达形式也紧随其后,不断创新与发展。如今正火的上海博物馆"金字塔之巅:古埃及文明大展",通过展览叙事、文物陈列与数字技术的结合,为观众打造了全方位、多层次的观展体验。大面积的留白灯箱、文字图形的光影等,让观众仿佛置身于古埃及的历史长河之中,感受那份古老而神秘的文明魅力。

二、意境效用

在文学作品中,意象是指具有象征意义的具体形象或符号。它可以是

---

① 曹舒琴:《湘西民居意境美的摄影表达》,硕士学位论文,湖南师范大学,2016年。
② 《艺术概论》编写组编:《艺术概论》,文化艺术出版社,2000年,第409页。

自然界中的事物,也可以是社会生活中的各种现象。意象是构成意境的基础,而意境则是意象的升华和拓展,在我看来,博物馆展览中的主题内容就是意象,而展览形式所呈现的氛围风格,引发观众联想和想象,且以深入人心为目的,就是营造意境所追求的成果。

(一)内容相契

展览中意境的营造与展览内容之间存在密切的关系。意境是基于展览核心又强化展览内容的形式表达。它将主题、思想和信息,通过各种形式及艺术手段,创造出一个能够超越展品本身又能触动人心的艺术境界。目的是使观众更容易沉浸其中,感受展览所要传达的情感和信息。

中国航海博物馆"航运江南:长三角水上交通历史文化展"在内容上立足馆藏特色、撷取长三角各馆所长,紧扣"航运"这一江南文化的基本底色,进行了交通特色视角的江南文化解读和展示。在我开始做形式设计之前,首先,精读文本内容,对内容进行块状提炼。然后,在提炼的内容上,进行标签设定,从而形成一个简单的形式设计概念框架(图1)。最后,根据设计框架中的内容进行深化,同时控制整个展览的整体效果,保持风格的统一性与稳定性。

图1 设计框架

此时,关于"航运江南"展陈设计的构想,出现了三个关于江南意境的镜头画面(图2)。首先,大画面景象是一幅流动的水墨画卷,河流纵横,湖面波光粼粼,轻舟荡漾,小桥流水,呈现烟雨朦胧的柔美景象;江南的园林建筑与自然山水和谐统一,追求"虽由人作,宛自天开"的艺术效果。接着,镜头拉近,呈现的中画面景象是行人、行船的熙熙攘攘,商贾们肩扛手提,络绎不绝,船只桅杆林立,往来如梭。而最后的小画面景象则是江南民众安居乐业的日常生活,白天劳作,夜晚归家,或低语交谈,或高声欢笑。

图2 江南意境镜头

(二)形态相融

展览展示形态包括空间布局、展品陈列、光影设计等多个方面。它可以是静态的、动态的或是数字化等多种形式,它是展览的基本框架和呈现方式。我之所以把"意境营造"作为此次"航运江南"展的形式设计重点,一是因为"江南"独特的气质,自古以来便是东方美学的缩影,处处透露出一种温婉含蓄的东方韵味。坐落在江南的苏州博物馆把江南意境在博物馆空间中体现得淋漓尽致,是无可挑剔的典范之作。二是因为"航运"承载了发达的地方经济,也催生了江南独树一帜的航运文化。它所表达的深层含义,是航运贸易由小至大、由近至远,逐步迈向广阔世界的深远意境。在展示形态的表现上,我把"江南"称为实(易表现),把"航运"称为虚(难表现),意境营造完美地结合了两个点:"航运"在内容上提升了"江南"美的深度与档次,使其更具内涵;而"江南"美的空间演绎,又赋予"航运"内容在空间中的生动表现,使其更具活力。

三、意 境 呈 现

一个精心设计的展览形态能够有效地引导参观者的视线和步伐,营造出特定的氛围和情境,为意境的营造提供物质基础。意境的形式丰富多样,它是作者表达情感的媒介,在作品中创造出一种情景交融的艺术氛围。这种意境如今也被广泛应用于展览展示之中。我国古代具有典型意义的文艺理论著作《文心雕龙》,曾在其《物色》篇中对自然景物的声、色与意境的关系作过系统的阐述:"写气图貌,既随物以宛转;属采附声,亦与心而徘徊。"这也就说明引起人们无穷无尽联想的基础在于其对外界景物声音和色彩的感受。[①] 据此,"航运江南"中的意境营造方式详解如下:

(一) 色彩烘托

色彩在人类的感官体验中扮演着至关重要的角色,它不仅影响着我们的视觉感受,还深刻地影响着我们的情感与心理状态。"江南"给我的第一联想便是一幅水墨画卷,因此,其色彩印象自然而然地定格在黑、白、灰的基调上。然而,在一般展陈中,若要将这纯粹的黑、白、灰色彩在空间中展现出高级感,通常需要满足两个条件:一是大面积的留白,二是具有亮眼的展品。这是大部分艺术品展览中会用到的展陈方式。如果缺少精致的展品,那么黑、白、灰的搭配往往在视觉上给人一种寡淡与匮乏感,从而影响参观者的心理舒适度。结合"航运江南"展此次的展品及整个展陈空间面积来看,它的展陈密度显然不适合于纯粹的黑、白、灰空间。除了黑、白、灰外,如果"江南"是有颜色的,那么它一定不是浓郁热烈的,而清新素雅就是我脑海里"江

---

① 张爽爽:《上海自然博物馆空间展示中的意境传达》,《美与时代》(城市版)2019年第6期。

南"该有的色彩风格。关于描述"江南"色彩常用的词汇有很多,"青砖绿瓦""绿肥红瘦""苍翠欲滴"等等。因此,在展览整体空间环境的色彩选择上,选青绿色为主基调(图3),我认为再合适不过了。青绿色基调在视觉感官上通常给人带来清新、宁静的心理感受,激发人们对生命的热爱和对自然的向往,这和展览内容中所体现的"水陆交通、舟车楫马、商贾云集、安居乐业"这一欣欣向荣的景象契合,同时带给观众一种放松、舒适的情绪体验。

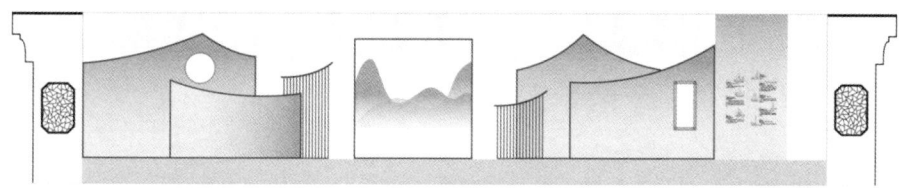

图3　空间色彩

(二)声音渲染

声音在意境营造中发挥着不可替代的作用。它通过听觉器官对线索的感知,唤起人们的表象回忆,成为创造意境的重要手段。展陈空间中声音的存在意义不再是用来点缀,它在内容呈现和形式设计中不仅是展览内容的丰富和深化,还成为一种美学上的表达手段,具有锦上添花的作用。它能有效地调动观众的情绪,引导他们主动感知,带领他们进入作者所要表达的意境中去。

"航运江南"展览中共有三处声音的主动设置,其中最为突出的是第四单元中"航船生活"部分的声音设计。它是结合多媒体展项"船宴""社戏"两块内容共同呈现的。它的声音内容包含了唱戏声、人声、水声、锅碗碰撞声、炒菜声、自然环境声等等,在声音层次处理上通过音频高低、音响强弱、音质对比的方式来呈现,在声音组织上通过排列、层叠、穿插的方式来呈现。正所谓"声"入人心,声音的设计不仅仅是物理现象,更是情感和信息的载体。此处的声音与展览内容相得益彰,营造出人声喧闹、此起彼伏的生动氛围,凸显江南渔民热爱生活的精神状态。

(三)符号运用

在博物馆的展示空间里,意境本身并不具备实体形态,它必须依赖于具体且可感知的物质形式来展现,从符号的个体到整体,进而营造出独特的意境。严格来讲,展览中的符号包含了视觉、听觉、触觉、嗅觉、味觉,而它们的外在形式和物质载体包括文字、声音、材料、照明、装置、图形、颜色等。这里我要讲的关于"航运江南"中的符号运用主要是视觉上的一种符号,更确切地说是关于元素的提炼。

首先,在"航运江南"的展陈空间中,"航运"主题被巧妙地融入其中。地台被设计成水路的模样,流转贯穿至整个展厅,与"船"和"水路"紧密相连,生动展现了航运的精髓。其次,江南建筑的独特韵味通过点、线、面的巧妙结合得以体现。为凸显水乡特色,屋与屋之间增添了巷弄的感觉,时隐时现,虚实相间,宛如真实的水乡景致。再者,船模的展示也别具匠心,背景采用了渐变的山峦起伏设计,船模则悬浮展示,营造出丰富的层次感。最后,在单元板块及标题文字的设计上,简约的屋顶线条作为辅助元素,不仅美观大方,还有效地区分了各个章节,使展厅的布局更加清晰合理。此外,展览场景中的江南园林花窗、中式古建隔扇门、竹等辅助元素,更为展览意境的营造增添了浓墨重彩的一笔,起到了锦上添花的效果。(图4)

图4　展陈空间

(四) 灯光氛围

如今,灯光的作用并不仅限于照明。灯的光与影作为塑造空间氛围的关键元素,能够通过色彩、亮度与投射方式的变化,营造出丰富多样的视觉效果。在展览展示空间中,光影的明暗对比可以突出展品的轮廓与质感,使展品更加立体生动。光的变化能模拟时间、空间的不同状态,使展示内容更具生命力。影的运用则更加微妙,其通过投射与反射的基础现象营造出虚实相间的空间感,使参观者在探索中感受到无限遐想。

"航运江南"中的光与影,虚实相间,契合江南的诗情画意。"水路地台"的光影布局旨在模拟"河面波光粼粼"的美景。"写意山形"的光影设计则力求表现山影缥缈、山色朦胧的韵味。"花窗倒影"的光影设计巧妙地捕捉了行船于落日余晖中归航的瞬间。"丝织作坊"场景的光影布局则展现了江南人民朝起劳作的生活场景。"码头卸货"场景的光影布局则精准刻画了船舱内部局促、昏暗的空间氛围。"社戏"场景的光影设计,以双面灯箱的形式出现,正面为实,背面为虚。其表达的内容是江南民众热爱社戏,无论在船上,还是在路上,听戏、看戏的人络绎不绝。呈现给观众在多方位多角度看戏、听戏的视角。(图5)

图5 光影布局

四、结　　论

"航运江南：长三角水上交通历史文化展"立足江南文化的航运底蕴，围绕"江南文化""长三角一体化""航运强国""交通强国"等关键词，揭示长三角地区"物畅其流，人享其行"的大交通格局及区域协同发展的历史渊源，积极服务上海文化品牌建设，对标长三角区域一体化建设，响应海洋强国、航运强国、交通强国倡议。

"航运江南"展在形式设计表达中，对标东方美学，巧妙地以江南为背景画卷，将航运作为贯穿始终的主题线索，追求极致的艺术呈现。同时，在确保展品安全展示的前提下，从多维度出发，精心营造出一个独具江南风情的意境空间。在这里，参观者可以深刻感受到情景交融、虚实相生的江南韵味，仿佛穿越时空，置身于那诗意盎然的江南水乡之中。

［张沁，中国航海博物馆陈列展示部馆员，主要研究方向为展览形式设计等。］

中国航海博物馆社会教育特色实践探究

曾凌颂

摘　要： 近年来，中国博物馆事业飞速发展。新时代背景下的博物馆，应该如何构筑独具特色的社会教育体系，是展示博物馆影响力和提升公共服务水平的重要命题。中国航海博物馆作为国家级航海主题博物馆，承载着丰富的航海历史、文化与科技知识，多年来，在创新驱动、质量引领、统筹融合、大局担当等方面，开展了社会教育特色探索和实践，努力为航海文化传承注入活力，培养以青少年为主的公众海洋意识与情怀，融入海洋强国战略建设。

关键词： 社会教育　创新　特色　实践

近年来，中国博物馆事业蓬勃发展。据统计，2023年我国6 833家博物馆共举办陈列展览4万余个、教育活动38万余场，接待观众12.9亿人次，"博物馆热"不断升温。[①] 这反映了我国人民群众追求精神文化生活的持续升级，博物馆作为文化传播与创新的前沿阵地，收藏着深邃的历史，蕴含着浩瀚的知识，举办了丰富的活动，成为人们终身学习的地方。社会教育的重要性与日俱增。2024年，国际博物馆日的主题是"博物馆致力于教育和研究"。在我国，《博物馆条例》明确规定，博物馆的三大目的是教育、研究和欣赏。[②] 在全球化进程加速与知识经济蓬勃发展的大背景下，博物馆作为民族文化与历史记忆的宝库，以教育活动的方式将深厚的中华优秀文化传递给公众，能增强民族自豪感与文化认同感，为文化强国建设注入源源不断的动力。同时，在终身学习理念日益普及的今天，博物馆为各类群体终身学习提供了平台，打破教育时间和空间的限制，在满足社会多元化、终身化学习需求方面发挥积极作用。

中国航海博物馆（以下简称"中海博"）是经国务院批准、国内首家国家

[①] 《2023年我国博物馆接待观众12.9亿人次，创历史新高》，中国政府网，2024年5月18日，https://www.gov.cn/yaowen/liebiao/202405/content_6952138.htm。

[②] 《中华人民共和国国务院令（第659号）》，中国政府网，2015年3月2日，https://www.gov.cn/zhengce/content/2015-03/02/content_9508.htm。

级航海类专题博物馆,在传承航海文化、普及海洋知识方面发挥着不可忽视的作用。自2010年对外开放运营以来,其依托丰富的馆藏资源、专业的人才队伍,开展了形式多样、内容丰富的社会教育活动,为不同年龄、不同背景的公众提供了了解、体验航海文化的机会。然而,如何加强理论层面研究,借鉴国内外博物馆优秀教育活动案例,更好满足公众需求、提升教育效果、创新教育形式,仍是有待探索的问题。

一、博物馆社会教育的理论基础与发展趋势

(一)国内外研究现状

国外博物馆教育研究起步早,发展成熟。欧美发达国家在20世纪中叶将博物馆教育纳入学术范畴后,从教育学、心理学、社会学等多视角审视剖析了博物馆教育功能与价值。1895年,美国学者乔治·布朗·古德(George Brown Goode)在《博物馆管理原则》一文中提出"教育性博物馆"理念,主张博物馆是公众学习的重要场所,为博物馆教育的理论研究奠定基础。在理论研究上,西方学者从教育学、社会学、文化传播学等多学科交叉角度,对博物馆教育进行分析阐述。美国加利福尼亚大学伯克利分校的让·莱夫(Jean Lave)教授和独立研究者爱丁纳·温格(Etienne Wenger)在1991年出版《情境学习:合法的边缘参与》(Situated Learning: Legitimate Peripheral Participation)一书,提出"情境学习理论"在博物馆教育的运用,指出观众在情境中进行自主学习、知识构建,丰富了传统单向知识传递的教学形式。法国社会学家皮埃尔·布迪厄(Pierre Bourdieu)在1986年发表的文章《资本的形式》("The Forms of Capital")中首次提出"文化资本"的概念,以认识博物馆作为文化资本的载体,潜移默化提高公众的文化资本,增加社会阶层间的文化资本流动度。这一理论也为博物馆社会性价值提供了新的思考来源。

在实践层面,西方多所博物馆早期就与学校合作,开发出形式多样的教育项目,像美国史密森博物学院(Smithsonian Institution)为不同年龄段的学生开发专门课程,涵盖科学、历史、艺术等领域,采取实地考察、动手实践、专题研讨等方式激发学生探索求知积极性,提升综合素养,并用数字化展览、虚拟现实等方式打破时空局限,丰富博物馆教育资源,惠及更多人群。[①]

相较而言,国内博物馆社会教育研究虽起步略晚,但发展迅猛,博物馆社会教育功能地位持续提升。国家文物局相继出台一系列政策,其中《关于推进博物馆改革发展的指导意见》明确博物馆应构建多层次、多形式教育项

---

① 郑奕著:《博物馆教育活动研究》,复旦大学出版社,2015年,第17页。

目体系,强化教育针对性与实效性,满足不同群体需求。① 各地政府也相继出台了细化政策,如增加资金投入、加强人才培养等,夯实社会教育实践基础。众多博物馆抓住机遇进一步拓展教育的边界,与学校、社区、企业等广泛合作,成为全民终身学习的重要场所,并融入社会发展大局。随着文化强国建设的提出,博物馆更是在教育功能的优化、教育活动的创新等方面进行探索与实践。

(二) 相关理论基础剖析

1. 建构主义学习理论的应用

瑞士的心理学家让·皮亚杰(Jean Piaget)研究建构主义学习理论,倡导引导学习者基于自身已有的经验主动建构知识,这对博物馆社会教育有重要的指导意义。以故宫博物院"古建筑探秘"主题活动为例,前期故宫在线上推送关于相关古建筑基本知识资料,引导亲子群体相互学习,提前预习;实地参观时巧妙设计问题,促使亲子群体能够仔细观察、思考,相互讨论、分享;动手实践搭建过程中,亲子家庭不断试错,反复调整,建筑知识因此不断内化。亲子家庭将知识与自身经验搭接起来,成为自主建构的鲜活知识,具有了建构主义理论指导下的知识内化魅力。

2. 多元智能理论的体现

霍华德·加德纳的多元智能理论认为,人的智力由诸多维度构成,包括语言、逻辑数学、空间、身体运动、音乐、人际交往、自我反省、自然观察等维度。② "2024小小达尔文北京植物园科普研学之旅"就根据不同能力的孩子进行了分工,语言能力强的孩子撰写生动有趣的科普剧本,观察能力强的孩子设计野外标本采集、生态观测环节,运动能力强的孩子在其中扮演角色。孩子们协调分工,各显其能,使生态知识在孩子们的协作中传递开来,共同完成学习任务,满足多元学习需求,挖掘个体潜能,让博物馆成为全方位培育人才的摇篮。

3. 文化传播学理论的融入

文化传播学理论研究文化传递交流共享的过程,为博物馆社会教育开拓了跨文化交流新视野。例如,敦煌研究院在线上传递洞窟高清图像、"数字敦煌"洞窟虚拟漫游,让全球网民轻点鼠标便可穿越时空领略敦煌壁画艺术魅力,敦煌文化突破了地域限制广泛传播;线下,则通过"敦煌文化环球展"走进巴黎、纽约等国际都市博物馆,与当地博物馆合作,呈现敦煌艺术与

---

① 《中央宣传部、国家发展改革委、教育部、科技部、民政部、财政部、人力资源社会保障部、文化和旅游部、国家文物局印发〈关于推进博物馆改革发展的指导意见〉的通知》,国家文物局,2021年5月11日,http://www.ncha.gov.cn/art/2021/5/24/art_2407_191.html。

② 霍华德·加德纳著:《智能的结构》,沈致隆译,中国纺织出版社,2022年,第3—13页。

西方艺术异同,通过举办学术研讨、文化讲座,在不同文化对话交流中促进人文学术交流与文化传播。中外文化交流互鉴,展示华夏文明的魅力,以博物馆之力推动中华文化走向世界舞台中央。

(三)新时代博物馆社会教育发展的几个趋势

伴随着我国博物馆迈向国际化、社会化,博物馆社会教育发展也出现了一些新趋势,主要有:

1. 数字化愈发凸显

一些博物馆借助信息技术,用高清图像技术、三维建模技术等打造线上展览、虚拟展厅等,超越了时空限制,公众随时随地便可感受文化魅力。数字藏品行业运用区块链技术,赋予文物数字形态独具一格的标识,实现文化的传承和创新,引起年轻人的广泛关注。这些给博物馆教育带来新活力,开启全民共享文化盛宴的数字篇章。

2. 分众化成为必然

大部分博物馆为不同年龄层次、不同职业、不同知识背景的观众定制不同的专属教育内容。例如,为青少年开发趣味科普课、互动体验活动,以游戏、实验诱发其探索兴趣;为老年群体开设文化讲座、慢节奏导览等,满足老年人的精神文化需求;为专业研究者提供深度学术研讨、藏品研究资料共享,搭建学术研究交流平台。每个公众群体在博物馆都能找到契合的需求内容,实现精准文化传播。

3. 体验式深入人心

博物馆越来越突破枯燥的说教,搭建沉浸式场景。例如,运用虚拟现实(VR)、增强现实(AR)还原历史,公众能身临其境在古代驰骋、于市井之中流连,强化代入感;在馆内设置互动区域,观众可亲自动手操作设备,探究科学原理;有的创立传统手工艺工作坊,在动手实践中传承非遗技艺。观众由被动接受转为主动探索,领悟文化内涵,提升学习效果。

4. 馆校合作拓展提升

博物馆从简单参观,到课程共建、师资培训、研学实践等全方位协同,学校根据教学大纲与博物馆联合开发校本课程。博物馆培训教师文物知识讲解、展览设计运用技能,教师引导学生实地调研,开展项目式学习。寒暑假组织研学营,围绕博物馆主题深入探究,为学生综合素质提升开辟新路径,推动博物馆成为学校教育延伸与拓展的重要阵地。

5. 国际化成为方向

博物馆愈发重视国际交流与合作,吸收国际先进教育经验,推进我国教育理念、教育方式不断创新,推出更具参与度、辨识度、更受欢迎的社会教育项目。同时,博物馆云课堂等在线学习不再受时间、空间的局限,可以面向全世界开放,覆盖区域和影响力不断加大。这些不仅丰富博物馆社会教育的内涵,也为促进不同文化间的理解与包容搭建起重要的桥梁。

二、中海博社会教育的特色实践

作为一家成立15年的航海主题博物馆,中海博一直根植于历史厚土,以"弘扬航海文化、传播华夏文明"为己任,以中外先进的教育理念为支撑,在坚守优秀传统中不断地推陈出新、吐故纳新,立足上海,服务全国,面向世界,以多种方式呈现中华航海文化的多元与包容,搭建起"多层次、全年龄、立体化"的独具航海特色的大教育体系,帮助以青少年为主的公众了解航海、热爱航海。

(一)创新驱动

1. 打造多元社教平台

中海博将创新贯穿到社教各条线工作中,赋予文化新的时代内涵和现代表现形式,打造更多滋润心灵的精品,开展更多润物无声的文化交流。

2. 创新搭建"航海大舞台"

联合全国范围内的表演艺术家、非遗传承人、博物馆和航海界等各行各业人士,共同参与社教活动策划与实施。结合各大节假日、时事主题、重要展览等节点,推出航海"时光之旅""空间之旅""科技之旅""艺术之旅""职业之旅""红色之旅"六大系列,以"线上+线下""公益+文创""白天+夜晚"多种形式,根据不同年龄、不同职业、不同知识背景的观众,定制并开展500余场不同的专属教育活动,为航海文化传播搭建起多元化、分众化的平台,获评上海市民终身学习体验基地"品牌体验项目"。

3. 研学课程与"大思政课"创新实践

作为教育部首批"全国中小学生研学实践教育基地",中海博结合中小学生认知规律,创新开发各类研学主题课程,接待来自全国各地甚至国外的中小学生,让历史学习跳出书本,开启趣味探索之旅,激发青少年对传统文化热爱,为成长注入文化力量。中海博与上海市150余所学校签约合作,共同构建"大思政课"的育人体系,面向学校、教师、学生三个层面,创新推出"航海文化角""文化服务包""专场定制""博老师研习会""课程开发""教育案例集""海宝守护人""航海主题实践""航海少年说"九个子项目矩阵,展现出"博物馆+教育"的独特魅力和无限可能,让更多的孩子有机会与航海文化瑰宝面对面,感知中华民族的航海传奇,体悟荡气回肠的航海文明进步。

4. 小小志愿者讲解员培养新模式

每年根据重要临时展览,中海博从上海市报名的数百名学生中精心挑选、严格考核,持续培养小小志愿者讲解员。他们不仅在展厅里为观众带去专业生动讲解,还充分发挥"航海文化小使者"作用,每年将展览带回校园宣讲,向同学们展示学到的航海知识,分享讲解经历与收获,以同龄人视角激发更多学生对航海文化的兴趣,形成博物馆与学校教育联动良性循环,拓展航海文化传播辐射面。

(二)质量引领

1. 铸就专业社教品牌

中海博始终对标高质量发展目标,引入数字化等科技力量,在新发展理念引领下追求更好、更高、更强,把品牌化和专业化作为社教工作的衡量标准。

2. 科普图书创作与成果

中海博撰写并出版了《中华船说》《时空舵轮》《远航的少年》《潮声万里》《远航之翼》《未来航海家》等系列科普书籍,构建起涵盖历史、科技、人文、未来展望的科普图书体系,满足不同读者求知欲,让更多人可开启航海知识探索之旅。其中《中华船说》系统梳理中国船舶发展脉络,详述不同朝代船舶类型演变,如秦汉楼船、唐宋福船、明清沙船的特点与用途,兼具科学性与趣味性,先后荣获科技部、交通部、中国航海学会、国家海洋局等八个类别的优秀科普图书奖,成为读者了解中国航海船舶史入门科普佳作。

3. 科技赋能的航海文化展示

在科技飞速发展浪潮下,中海博借助前沿技术,为航海文化展示增添新魅力,打破时空限制,让"一眼千年""一眼万里"成为现实。"沧海云帆"AR元宇宙项目,观众佩戴AR设备,便可踏入古代繁忙港口,目睹郑和船队扬帆起航壮观场景;能置身海底世界,畅想智能航海蓝图;数字人"小郑和"担当虚拟向导,以生动讲解串联历史片段,让古老航海故事在现代科技加持下焕发新生,使博物馆成为融合历史底蕴与创新活力的文化体验地。

(三)统筹融合

1. 拓展社教辐射范围

中海博不仅是保存航海文化与历史记忆的宝库,更在新时代发展潮流中,成为吸纳、整合不同资源力量,碰撞文化火花的平台。

2. 贴近生活的航海文化融合活动

中海博持续开展"航海生活节",如一座连接航海文化与百姓生活的桥梁,广泛联动全国兄弟场馆、学校、港航企业、科研单位、新闻媒体、公益机构和剧团等多元单位和机构,通过文艺演出、特色展位、航海游园会、手工体验、航海夜宿等教育形式,让公众知道航海历史文化与可知、可感、可参与的日常生活息息相关,每年均有超过10余万人参加。

3. 助力青少年航海科创发展

为助力上海市青少年航海科创事业蓬勃发展,中海博面向全市举办"上海市青少年建筑模型锦标赛""上海模型节""上海航海模型公开赛"三项高规格大型赛事,每年吸引 2 000 多名青少年怀揣梦想、满怀热情参与其中。通过这些赛事,为上海市学生搭建起展示自我的广阔平台,推动青少年航海科创事业向前发展。

4. 传统文化与现代教育的超级链接

中海博为优质产品开发与推介搭建平台,推出"潮声万里——寻找古诗词中的航海和舟船"项目,在长三角区域 168 所学校开展书法、绘画作品创作比赛,拍摄系列吟诵视频,举办临时展览、诵读大赛、巡回展览、表演等系列活动,联动近 200 家学校、机构和单位,近百万人次参加,其中全世界 19 个国家 24 位外国友人积极参与,把中国的航海文化传播回自己的国家。在该项目中,除了能感受到航海文明与诗词文化深度融合,也映照出上海这座城市海纳百川、追求卓越的"海洋底色"。

(四)大局担当

1. 推进航海文化惠民

中海博始终牢记自己作为国家级博物馆的使命与担当,以自信昂扬的步伐融入社会发展大局,主动将航海文化送到不同人群身边。

2. 航海文化零距离配送

社区作为城市基本单元,是文化传承与交流的前沿阵地。中海博与之紧密融合,为社区文化注入深厚底蕴,输送图文展板、讲座、活动等文化资源进社区、进校园、进偏远省市,每年超过 100 场。同时,结合学校、社区需求,因地制宜在上海 16 个不同地方打造"航海文化角",学生、居民足不出户便可以看到中海博展览。从而促进航海文化扎根基层,拓展文化传播广度与深度,增强公众对航海文化认同感与亲近感。

3. "何以中国"蓝色文化项目实践

紧密结合大思政课理念,全方位、多角度地开展航海文化传播。携手上海文广 SMG 东方文博,联合长三角三省一市交通厅,举办全国航海科普知识竞赛,吸引来自上海、辽宁、四川、青海等 26 个省(自治区、直辖市)及香港的 2.1 万名航海界人士踊跃参与,促进航海知识交流共享。在开学日,与长三角区域学校合作,开展蓝色文化开学第一课,通过开学仪式、科普讲座、赠送图书、趣味互动等多种方式,将航海文化的种子播撒到更多青少年心田,助力培养具有海洋情怀、国际视野的新一代。

4. "星火·远航"蓝色文化志愿行

联动上海市复旦大学、交通大学、同济大学等多所高校,在寒暑假返乡之际,精心组织 500 余名大学生志愿者,组建起一支支富有活力与知识的文化传播队伍,奔赴西藏、吉林、云南等全国 22 个省(自治区、直辖市)的 70 余座城市。以巡回展览、科普讲座、教育活动、航海图书角、宣传栏等多种形式传播航海文化,在中华大地无数青少年心中播撒下"海洋强国"梦想种子。

许多孩子受此感染,立志投身航海事业,为项目影响力提供生动注脚,使航海文化星火燎原,照亮更多人的精神世界。

三、中海博社会教育面临的挑战与未来展望

(一)面临挑战

1. 社会教育资源的深度挖掘与整合难题

航海文化源远流长、博大精深,涵盖航海历史、船舶技术、海洋地理、海员生活、海事贸易等浩瀚的内容,但中海博对资源挖掘仍存在不足,一些珍贵的航海文物、古籍、口述历史等尚未充分梳理和研究,其中蕴含的文化价值、历史信息尚未能完全转化为有效教育资源。整合多元资源方面,中海博虽已与上海市150余所学校签约,但共建课程的深度不一,部分学校仅将博物馆作为课外活动场所,并未在教学中系统融入航海文化,课程之间衔接不紧密,比如航海课程没能精准对接中考、高考知识,影响合作的持续性和效果。

2. 数字化转型中的技术与人才瓶颈

一方面,面对数字化的澎湃浪潮,缺乏既懂航海文化又精通数字技术的复合型人才。中海博虽已迈出数字化第一步,如推出了"沧海云帆"AR元宇宙等项目,但技术应用尚不够成熟,已有虚拟展示、线上互动体验不足,影响到观众的沉浸感。同时,已开发的"航海云课堂"近100门课程等相关数据采集、分析技术薄弱,难以精准捕捉观众线上行为数据,未能根据观众兴趣偏好优化内容推送。另一方面,兼具航海专业知识、教育学背景和创新思维的复合型教育策划者缺乏,导致设计活动时难以把航海知识深度融入互动环节,致使部分教育活动不能满足观众日益增长的学习需求,减弱了博物馆社会教育的吸引力与影响力,未充分发挥其文化传播与教育普及的功能。

3. 持续满足多元受众需求的压力

中海博的受众需求也随社会发展而细化,从青少年渴望趣味与知识紧密结合的制作模型、知识竞赛活动,到成年观众希望深入了解航海历史发展脉络、文化内涵等可以提升观众文化素养的高层次要求,甚至专业性的学术讲座、文物鉴赏课程,无一不表明公众需求日趋多元化,博物馆现有教育项目难以全方位兼顾。同时,在如何平衡教育性与娱乐性方面面临一定的挑战,如果过度强调教育性,社教活动易陷入枯燥的知识灌输,缺少故事性、趣味性,使观众兴趣索然;片面追求娱乐化,则会冲淡文化教育本质。如何精准把握二者分寸,在寓教于乐中让观众既享受乐趣又收获知识,也有待进一步思考和解决。

4. 国际化服务有待优化

当今世界,文化软实力越来越成为一个国家、一座城市综合实力的重要标识。"激发文化创新创造活力,大力提升文化软实力",是2023年11月28日至12月2日习近平总书记考察上海时嘱托的重要战略指向和鲜明实践方向。① 上海正树立全球视野和战略思维,在推进中国式现代化的新征程上,全面打造文化自信自强的上海样本,全力建设习近平文化思想最佳实践地,打造具有世界影响力的上海文化品牌。中海博与上海众多博物馆一样,是"世界看中国,中国看世界"的一个窗口。尽管中海博已在2025年1月与中国乐器协会古琴专业委员会共同主办了"琴在江南2025上海国际古琴艺术展演"系列活动,在航海文化与多元艺术之间搭建桥梁,推动交流与融合,开展了创新尝试,但整体上还缺乏有辨识度、有深度、国际友人近悦远来的国际化航海类社会教育项目。

(二)未来展望

中海博的立馆之本是纪念郑和下西洋600周年,郑和七下西洋铸就了东西方不同地域、不同民族、不同文明交流互鉴的不朽丰碑,对世界文明进程影响深远。2025年是郑和下西洋620周年。面向未来,中海博在社会教育领域将迎来更为广阔的发展空间,肩负起文化传承与教育普及使命。

项目国际化方面,随着全球文化交流日益密切,中海博应聚焦"促进文明交流互鉴"使命任务,增进航海文化国际国内交流,特别是加强国际传播力建设,讲好中国故事,传播航海声音。例如,与希腊、荷兰、比利时、韩国等国著名的航海类博物馆、研究机构等开展深度合作。积极策划国际文物巡展,将中国古老而独特的航海文化传播到世界。组织引进国外精彩的航海主题展览,创新举办相关航海类教育活动,使国内观众领略不同文化背景下的海洋风情与航海智慧。联合举办具有影响力的国际性航海教育论坛,汇聚全球航海教育领域专家学者,探讨当前创新型海洋教育等前沿话题,提升博物馆在国际航海教育领域的话语权。组织开发国际性研学交流项目,组织青少年走出去,体验国外先进的航海教育领域实践,培养具有国际视野的优秀航海人才,促进航海文化在全球范围内的交流融合。

跨学科融合方面,中海博应紧密结合航海学、历史学、社会学、生态学、教育学等多学科知识,打造更具深度的综合性教育项目。例如,已开展两年的"海洋生态守护"青少年海洋环境调研课题,可充分发挥中海博藏品资源及航海类高校、研究院等优势,进一步设计集海洋污染防治、海洋生物多样、航海历史变迁于一体的课程体系,开展跨学科实践,通过实地考察、实验探

---

① 《习近平在上海考察时强调,聚焦建设"五个中心"重要使命,加快建成社会主义现代化国际大都市,返京途中在江苏盐城考察》,中国政府网,2023年12月3日,https://www.gov.cn/yaowen/liebiao/202312/content_6918294.htm?type=4。

究、动手操作、案例剖析等多元化教学方式,引导参与者全面、深入地认知海洋与生态的密切关系,感受不同学科知识的交叉魅力,提高青少年解决复杂生态问题的素养,以及知识综合运用和创新能力。

新技术应用方面,随着虚拟现实(VR)、增强现实(AR)、人工智能(AI)等技术的发展,中海博应营造一个更加沉浸和个性化的教育环境,打造全场景的虚拟航海世界,贯通古今、融通中外。不仅讲述悠久的航海历史文化,而且讲好当代航海文明;不仅讲述中华优秀航海文明,而且讲好通过航海连通世界、文明交融互鉴、各国共同发展、人类休戚与共的故事。由 AI 实现的智能导览及个性化学习推荐,帮助观众穿越时空,深入古今航海领域,感悟航海文化魅力,满足观众不同的学习需求,让航海文化教育资源惠及更多人群。

中海博将继续坚持创新发展导向,满足社会大众日益增长的文化教育需要,扎实推进社会教育实践,推动航海文化教育的广泛传播,为建设国内航海文化教育中心而努力奋斗,使航海文化在新时代焕发更加耀眼的光芒。

[曾凌颂,中国航海博物馆社会教育部负责人、副研究馆员,主要研究方向为博物馆社会教育。]

博物馆青少年科普图书的策划与探索

周 甜

摘　要：在全球科技发展与公众科学素养需求提升的背景下，博物馆作为科学普及的重要阵地，亟须通过创新科普载体实现教育功能的最大化。青少年儿童科普图书因其便携性、权威性与可传播性，成为博物馆教育的重要延伸。本文以中国航海博物馆为例，系统梳理其青少年儿童科普图书的实践路径，总结出"内容原创+受众分龄+技术融合+社会协作"的创新发展模式，并结合数智时代的挑战提出应对策略。研究发现，博物馆青少年儿童科普图书需平衡科学性与趣味性，强化技术赋能与跨领域协作，同时深挖文化内涵以提升品牌竞争力。本文通过案例分析与理论探讨，为博物馆科普图书的可持续发展提供实践参考和理论支持。

关键词：科普图书　航海文化　博物馆教育　青少年儿童　数智时代

在信息化和全球化深度融合的21世纪，科学知识的普及已成为国家软实力竞争的重要维度。博物馆作为文化遗产和科学知识的守护者，其功能正从传统的"物"的展示转向"人"的教育。青少年儿童群体是科学素养培养的核心对象，亟须通过多元化载体激发其科学兴趣。科普图书凭借其权威性、系统性和可传播性，成为博物馆教育功能的重要延伸。然而，当前国内博物馆科普图书仍面临内容同质化、技术融合不足、传播效能有限等瓶颈。在此背景下，中国航海博物馆（以下简称"中海博"）作为国家级航海文化传播平台，近年来在青少年儿童科普图书领域进行了积极探索，通过构建"航海文化"特色内容体系、分龄出版策略与"虚实共生"技术融合模式，实现了科普教育的精准触达，科普图书获得社会各界认可，多次斩获国家级奖项，2024年更创下科普图书单年度荣获6项国家级大奖的新纪录。笔者作为历年科普图书主创人员，见证了中海博青少年科普图书工作摸索前进的全过程。本文试图通过分析其探索与创新路径，结合数智时代的挑战与机遇，旨在为同类博物馆的科普图书策划提供理论借鉴与实践启示。

一、国内外博物馆青少年科普图书发展现状

欧美博物馆在科普图书领域起步较早,已经形成成熟的运作体系,其成功经验可以归纳为"专业化""互动化"与"市场化"三大特征。以英国大英博物馆、美国史密森尼学会为例,这些博物馆拥有自己的出版社或专业图书创作部门,科普图书的创作团队由策展人、教育专家及历史学家等联合组成,确保内容权威性与可读性。例如《大英博物馆世界简史》(*A History of the World in 100 Objects*),由时任馆长尼尔·麦格雷戈主导编写,通过100件文物串联全球文明史。这本书动员了100多名馆员和400多名专家历时四年完成,畅销全球,且多次加印。这种"专家主导+故事化叙事"的模式,既保障了知识严谨性,又降低了阅读门槛。欧美科普图书还针对不同年龄段读者设计内容难度与呈现形式,如DK出版社的儿童科普系列。另外,博物馆通过技术赋能的互动体验,如AR、VR技术,实现"纸质"与"数字"融合,通过手机或特定设备扫描相关图书触发虚拟场景,使科普知识从"静态传递"转向"动态探索"。在市场化运营方面,依托博物馆品牌效应,通过全球发行与IP衍生品开发扩大影响力。

国内博物馆科普图书发展呈现"政策驱动,实践滞后"的特征。过去很长一段时间,国内博物馆对科普图书创作工作的重视程度相对不足。多数博物馆的图书出版专项资金偏向于学术专著出版,而科普图书受冷落。受渠道限制的影响,大量博物馆科普图书由于缺乏宣传,"养在深闺人未识"。与火爆的博物馆文创周边相比,科普图书处于相对边缘的配角地位,原创作品数量有限,印数较少,销售渠道单一。

不过近年来,博物馆科普图书的发展趋势逐渐向好。国家通过《全民科学素质行动规划纲要(2021—2035年)》《"十四五"国家科学技术普及发展规划》《关于新时代进一步加强科学技术普及工作的意见》等利好政策的支持,做好顶层设计,推动科普图书迎来了发展的黄金时期。据京东图书公布的京东2024年"双十一"期间战报显示,科普类图书成交额同比增长超240%①,成为增长最快的一个类别。

随着文旅行业"博物馆热"的持续升温,博物馆科普图书受关注度渐渐攀升,涌现出了一批高质量的优秀作品。故宫博物院作为我国唯一一座拥有出版社的博物馆,根据自身优良资源出版了大量的科普图书,如《我要去

---

① 《京东图书11.11收官:科普类图书增长超240%,经济图书增长超100%》,中国产业经济信息网,2024年11月12日,http://www.cinic.org.cn/zgzz/qy/1562999.html。

故宫》《故宫日历》等畅销书。2019年,故宫出版社首推《谜宫》系列文化解谜书,将博物馆知识与人们喜闻乐见的解谜互动结合,发行超过70万册,创造了单册2020万元的出版众筹世界纪录。① 中国国家博物馆的《中国国家博物馆儿童历史百科绘本》累计发行超200万套,探寻"文化IP+教育功能"的融合路径,为行业提供了标杆案例。

但是在这火热的现象背后,也隐藏着种种困境。《光明日报》在2022年国际博物馆日之际,就"科普图书在'读懂'博物馆方面发挥了怎样的作用,如何走得更远"等问题进行过深入调查。调查发现,"博物馆热"的背后一个不容忽视的现状是,我国博物馆科普图书仍处于起步阶段,种类、质量亟待提升。②

一方面,科普图书大多由少数热门博物馆出品,而绝大多数博物馆出版的科普图书数量较少。例如,以各大博物馆为关键词在当当网搜索图书,"故宫博物院"能搜到38 314件,"中国国家博物馆"13 683件,"南京博物院"4 084件,"上海科技馆"4 199件,"中国航海博物馆"1 363件,"中国港口博物馆"223件,"国家海洋博物馆"164件(2025年2月25日数据)。这些数字差距非常大。事实上,每个博物馆都有值得书写的特色。而目前除少数几家博物馆外,我国博物馆普遍存在对自身图书出版能力重视程度不足及相关出版资源挖掘使用不到位的问题。③ 另一方面,科普的内容同质化严重,选题重复度较高。以海洋类科普图书为例,多聚焦海洋生物,而对航海技术、海洋工程等主题开发不足。此外,技术应用方面,传统科普图书局限于二维码等初级形式,多为跳转视频链接,缺乏深度交互设计,难以满足公众的需求。

二、中国航海博物馆青少年儿童科普图书的实践

(一)内容原创:从"知识传递"到"文化浸润"

正如德国哲学家莱布尼茨所言,"世界上没有两片完全相同的树叶",每一座博物馆都有其无可替代的独特之处。中国航海博物馆基于馆藏特色,致力于"弘扬航海文化,传播华夏文明"。从2011年出版第一本青少年儿童

---

① 章宏伟:《赓续历史文脉,谱写故宫出版新篇章——从图书出版到文创融合》,《出版广角》2024年第7期,第5页。
② 于淼、马姗姗:《科普图书,让我们与博物馆距离更近》,《光明日报》2022年7月14日第7版。
③ 牛泽坤、王壮:《博物馆图书出版的现状及发展策略探析——以中国国家博物馆为例》,《出版广角》2018年第6期,第40页。

科普图书开始,经过近 15 年的实践,中海博逐步探索以"航海文化"为核心构建"古今中外、人船港货"的知识体系,包括历史传承系列、儿童绘本系列、青少年故事系列和跨学科融合系列等科普图书。航海学科的专业性和中海博馆藏文物的丰富性,为科普图书创作提供了独特素材,避免了与其他科普图书的同质化,同时注重科学性与趣味性的结合,实现"文物活化"、跨学科融合、价值观传递等内容创新。例如历史传承系列以《舟楫致远》为开篇之作,以博物馆常设展览为基础,介绍了中国航海历史、船舶结构和建造、航海与港口、军事航海、海事、海员等基本概况,为读者了解博物馆提供了便利。《中华船说》从古今数千种船型舟式中精心挑选 50 种,以物代史,向青少年展示中华民族灿烂悠久的舟船演变历程和造船技术。作为一本航海船舶史入门科普佳作,该书先后荣获科技部、交通部、中国航海学会、国家海洋局等八个类别的全国优秀科普图书奖,入选第三届"童阅中国"原创好童书、2023 年桂冠童书"百强名单"、"典赞——2023 科普中国"年度科普图书 20 强、第 32 届全国图书交易博览会少儿阅读节"百种优秀童书"等等,成为传播传统航海文化的标杆之作。围绕此书,与国家邮政局合作开发的成系列的首日封、邮票等文创产品,进一步扩大了其影响力。《潮声万里——寻找古诗词里的航海和舟船》以同名临展为基础,将航海文化与古诗词文化巧妙融合,配套馆藏船模、航海书画创作与诵读实践,构建"文学+艺术+科学"的博雅教育体系。从展柜里的文物到孩子们手中的书本,每一本科普读物都是播种机,通过生动有趣的形式展现航海历史文化的深厚底蕴。中海博作为航海文化的摆渡人,不断书写航海文化新篇章,在科普图书中融入海洋权益意识、环保理念,呼应"海洋强国"战略,培养青少年儿童的探索精神,实现了从单纯知识传递到文化浸润的转变。

(二)受众分龄:从"全龄覆盖"到"精准定位"

国内外很多教育家都倡导的"分龄化教育"理念,这对博物馆青少年儿童教育工作具有重要参考价值。皮亚杰(Jean Piaget)依据儿童思维发展特点,把儿童心理发展分为四个阶段(0—2 岁、2—7 岁、7—12 岁、12—15 岁),分别是动作感知阶段、前运算阶段、具体运算阶段、形式运算阶段。[①] 蒙台梭利(Maria Montessori)"依据儿童心理发展过程中量与质的改变将其分为 0—6 岁、6—12 岁和 12—18 岁三个阶段"。[②] 考虑到青少年儿童年龄层次、兴趣爱好和阅读需求的差异,中海博借鉴英国 DK 出版社等国际知名科普图书出版社的分龄出版经验,针对不同年龄段青少年的认知水平,分年龄层策划了一系列科普图书。

---

① 许政援等编著:《儿童发展心理学》,吉林教育出版社,1987 年,第 34 页
② 杨玥:《儿童心理发展的普遍性特质分析——蒙台梭利的儿童观思想研究》,硕士学位论文,吉林大学,2007 年,第 18—20 页。

针对幼儿群体(3—6岁),核心目标是建立船舶认知和航海兴趣。我们主要采用少儿绘本形式,避免知识的乏味灌输。《小船大奥秘》以可爱的卡通人物形象,生动介绍现代船舶构造及功能,以及古代劳动人民对船舶技术的贡献;《中外航海故事口袋》通过十个有趣的航海小故事,传播中国传统海洋和航海文化;《一起去航海》以"贝贝"号的环球旅行故事,介绍世界地理地貌、各地风俗和航海专业技术知识,这套图书受到幼儿和低年级小学生的欢迎,因精装版脱销,额外加印了平装本。

针对儿童群体(6—12岁),希望能够通过提升阅读兴趣,培养科学探究和问题解决能力。通过《穿越时空的航海》系列,采用"文学+科普"的形式,以两位热爱历史和科技知识的少年的穿越之旅为主线,将古今中外航海知识融入精彩故事中。该系列包括《博物馆奇妙之旅》《时空舵轮》《远航的少年》三册,构建多重时空穿越叙事,让青少年在冒险中亲历航海史重大时刻,激发青少年探索热情,开阔视野。

针对青少年群体(12—18岁),注重从他们的视角出发,把握认知特点,用生动幽默的科学故事引发思考,构建跨学科的知识体系与创新思维。《中华船说》通过生动的故事和精美的插图,将复杂的航海原理和历史事件转化为易于理解的内容。《STEM未来航海家》系列科普图书,共设计五个分册,将航海科普知识与历史、地理、生物、物理等学科相结合,引导同学们通过工程任务挑战、科学实验探究深入了解航海知识和技能,培养科学思维。《远航之翼——航海主题博物馆教育案例集》汇聚多年实践经验,收录35个可复制的教育模块,涵盖小学至高中全学段。

对于高年级群体,他们的阅读和认知水平接近成人,除了趣味性较强的青少年读物,可提供兼具广度与深度的通识读物,如中国航海博物馆的《海帆远影——古代中国航海知识读本》和《沧澜航程——中国近代航海史话》科普图书,既保证图书的专业水准,又普及人文知识,传递科学思维和科学精神,满足了这一群体的阅读需求。

(三)技术融合:从"纸质阅读"到"虚实共生"

在内容呈现形式上,中海博青少年儿童科普图书注重创新,以增强读者的理解和记忆。在视觉形式上,通过活泼的版式、字体设计,结合插图、示意图、图片等元素,采用图文并茂的方式呈现科普内容。将图书打造为可动手体验的产品,如《STEM未来航海家》图书配套实验手册和"物料包",让青少年在制作简易浮力装置等实验中,加深对航海知识的理解。积极打造周边附加产品,开发航海"IP",如《一起去航海》将角色设计开发成徽章、笔记本等动漫产品,《穿越时空的航海之旅》系列将插图设计成明信片、海报等周边文创产品。通过IP形象的塑造,提升科普图书的品牌影响力和吸引力,让航海文化更生动地走进青少年儿童生活。

随着融媒体的广泛应用,中海博积极推动传统纸质图书与新技术、新媒体的有机融合。在《潮声万里——寻找古诗词里的航海和舟船》中插入二维码互动,扫描可观看视频。根据图书内容制作了虚拟展览,受众通过扫描二维码或输入链接登录,不仅能听到诗词朗诵,还能观看古代航海场景还原、船舶建造过程等视频,通过音频、视频、游戏等多种形式,打破图书传播时空限制,提高科普图书的交互性。中国航海博物馆与北京森科文化传播有限公司合作,最新策划的《流动的博物馆——探秘中国航海博物馆》图书,聚焦现代船舶科技主题,结合 AR 动画和丰富的馆藏图片展示,以故事化的叙事方式带领青少年了解不同类型的船舶及其特点和用途,认识船舶的动力来源和操纵原理,探索船舶的建造过程和先进技术,见识多种特殊类型船舶,掌握一定的航海技术和海上生活的基本知识。该书兼具趣味性、互动性、启发性和教育性,旨在激发青少年对航海的兴趣和热爱,培养其科学探索精神和创新思维。

(四) 社会协作:从"单向输出"到"生态共建"

1. 创作团队协作

中海博青少年科普图书的创作队伍主要由博物馆教育人员和专家组成。博物馆教育人员长期工作在一线,在馆校合作、研学互动及航海主题实践活动、亲子活动中积累了丰富的经验,了解青少年的兴趣和认知行为,重视科学性和趣味性的平衡,擅长将深奥的航海知识娓娓道来。在专业资源方面,馆内外的专家库为图书创作提供了有力支持。科普图书策划时,都会邀请权威专家参与、审核,反复打磨书稿结构和内容,确保图书的科学性、权威性。科普教育人员在遇到知识难题时,会查阅大量参考书籍,咨询多位专家学者,力求知识的准确无误。

2. 出版平台联动

中海博与大多数博物馆一样,需要寻求出版社合作。不同类型的出版社具有各自的优势,中海博与教育类出版社、科技类出版社、少儿类出版社等都有过合作。长期以来,科普图书多由博物馆出资创作,出版社负责出版。随着出版经费收紧,如何提高图书质量、扩大影响力成为关键问题。一方面,积极争取出版项目和资金支持,获得立项或奖项有助于提升图书竞争力;另一方面,尝试与外部优秀图书公司合作,从内容策划到销售推广及文创开发等领域开展深度合作,借助图书公司的资源进行市场化运营,提升科普图书的市场竞争力。2025 年中海博与国内知名童书公司——童趣出版公司合作的《海上丝路的千年"船说":航海历史文化儿童百科绘本》科普图书项目,是中海博拓展图书市场化运营的一项破冰尝试。

3. 推广渠道创新

中海博积极探索新时代的图书推广和传播方式,充分利用自身的流量资源,如公众号、视频号、文创商店、网店、微博、小红书、抖音、喜马拉雅等自媒体,以及作为全国中小学生研学基地、科普教育基地与上海市教委联合开展馆校合作项目的优势,开展科普图书的宣传推广工作。

科普图书出版后通过微信公众号推出小说连载、听科普等栏目,满足读者多样化的阅读需求。以《博物馆奇妙之旅》为例,在微信公众号首次开设科普小文栏目,刊登小说连载 34 期,后又以音频形式每周推送一期,共推送 34 期。这期间,微信订阅号关注量增长 10% 以上,并且科普内容累计阅读量达 15 万以上。此后,每年持续更新线上科普图书音频和文稿内容。目前《中华船说》在中海博微信公众号和喜马拉雅平台的点击量为 58 819 次(截至 2025 年 2 月 24 日数据)。另外,该图书内容还作为 2024 年中国航海日上海主题活动之一的"带你听船"栏目,在"上海航运"等公众号推广,向公众展示中华民族灿烂悠久的舟船演变历程和造船技术。

青少年科普图书离不开学校、老师和学生的支持协作。中海博积极开展"走进校园"活动,将科普图书带入课堂。科普图书连续多年作为校本课程课外参考图书,部分馆校合作学校还专程到馆内采购图书作为校内指定阅读图书。此外,中海博联合上海 130 余所中小学开发"远航之翼"课程,出版《远航之翼——航海主题博物馆教育案例集》,并广泛应用到博物馆开展的馆校合作、研学旅行、巡展、主题科普日等活动中。每年的科普宣传周、全国科普日及航海日、博物馆日期间,借助活动扩大宣传,促进航海科普阅读的发展。

三、数智时代的挑战与创新

(一)数字阅读冲击下的转型策略

近年来,随着数字和智能技术的快速发展和广泛应用,以及各领域数字化和智能化的不断推进和深入,人类社会已宣布迈入数智时代。① 数字阅读兴起,给全球纸质书带来了巨大冲击。2023 年美国书业总收入同比下降 0.8%,但有声书同比增长 18.2%,电子书同比增长 2.0%。② 日本 2024 年纸质出版市场销售额同比下降 5.2%,电子出版市场销售额同比增长 5.8%。③ 根据北京开卷信息技术有限公司发布的《2024 年图书零售市场年度报告》显示,2024 年,我国总体图书零售市场呈现负增长态势,码洋规模为 1 129 亿

---

① 王秉:《何为数智:数智概念的多重含义研究》,《情报杂志》2023 年第 7 期,第 71 页。
② 许唯一:《美国有声书 2023 年收入同比增长 18.2%》,《中国出版传媒商报》2024 年 9 月 18 日。
③ 繁星:《实体书店倒闭影响纸质出版市场发展》,《国际出版周报》2025 年 2 月 19 日第 4 版。

元,同比下降1.52%。① 不过少儿类图书在市场中占比最大,其中少儿科普百科类图书的码洋比重持续增加,这一现象充分表明科普图书在少儿市场存在着一定的增长潜力和市场需求。

少儿科普百科类图书码洋比重增长,或许得益于传统媒体在保护少年儿童身心健康方面的独特优势。与传统媒体相比,新媒体内容质量良莠不齐,容易让孩子上瘾,长时间观看还会对视力造成危害。而图书阅读以文字为基础,有助于培养孩子的阅读理解能力和想象力,从而推动了少儿类图书市场的发展。尽管传统图书阅读有诸多优势,但当前青少年阅读习惯正逐渐向数字阅读转移。短视频、AR、VR等新兴数字形式的流行,虽然提高了青少年对博物馆文化的兴趣,但也使他们对数字设备的依赖程度增加,进而降低了对文字阅读的兴趣,最终导致纸质书留存率下降。2024年4月23日发布的《第二十一次全国国民阅读调查成果》显示,2023年我国0—17周岁未成年人数字化阅读方式接触率呈上升趋势。② 新时代背景下的阅读方式正向着多元、立体、互动转变。因此,传统纸质科普图书面临严峻考验,需要探索"纸质+数字"融合的创新发展路径。

为此,博物馆要紧跟科技发展步伐,注入新元素,融合新技术和多媒体内容,使科普图书更符合时代需求,增加纸质书附加值。例如在青少年科普图书中融入AR、VR等技术,使科普知识点可视化,构建立体知识网络。读者借助电子设备,能够更深入理解图书内容,并以类似游戏的方式进行实验和探索,获得沉浸式阅读体验。图书不再是单纯的读物,而是变成可以"玩"的游戏卡和活动单,读者从被动接受知识转变为主动探究的学习者。科普图书的衍生品市场份额逐渐增加,科普影视、有声书、电子书、网络游戏、玩具等产品的市场效益甚至超过纸质图书,并能助推纸质图书的销售。

(二)AI赋能的人机协作模式

当今科技发展迅速,新的技术、理念不断涌现。科普图书的内容不能靠有限的材料反复加工"炒冷饭",而应有前瞻性,鉴古知今,与时俱进。但科普图书内容更新周期较长,与科技发展的同步性不足。在信息获取和更新速度极快的今天,传统的创作和出版模式已难以适应这一变化,图书一旦出版,便很难随着技术的演变及时修正。为解决这一问题,创作者需要具备活跃的创新思维,不断更新知识体系,可以建立专家定期审核和更新内容的机制,并充分利用以ChatGPT和DeepSeek等人工智能为代表的新技术,推动AI技术与科普创作深度融合。AI绝非一点成书的魔法棒,却是事半功倍的好助手。它能凭借强大的数据分析和处理能力,快速筛选整合海量信息,助

---

① 《开卷2024年图书零售市场年度报告发布》,《中国出版传媒商报》2025年1月8日。
② 《第二十一次全国国民阅读调查成果发布》,国家新闻出版署,2024年4月23日,https://www.nppa.gov.cn/xxfb/ywdt/202404/t20240424_844803.html。

力科普图书创作者及时获取最新知识,加速内容更新进程,让科普图书紧跟科技发展浪潮。

智能时代的人机协作不仅能激发更多优秀作品诞生,还能为作品提供更广阔的展示平台。利用AI与大数据技术,开发智能阅读助手。根据读者的阅读兴趣、阅读习惯和阅读进度等行为数据,为读者推荐相关章节和内容。例如,对于对航海历史感兴趣的读者,推荐更多关于航海历史事件和人物的章节;对于阅读速度较快的读者,提供更具深度的拓展阅读内容,提升阅读体验。博物馆必须保持高度的敏锐性和自觉性,主动融入高新技术发展的潮流,积极探索契合时代需求的高质量发展路径,推动科普图书出版在持续创新中实现突破,在技术变革与市场竞争的双重挑战中稳健前行。

（三）航海文化的深度挖掘与表达

我国海洋文化植根于五千年的文明沃土,虽不及农耕文明般占据历史叙事的主流地位,但其精神脉络始终贯穿古今。相较于西方航海文明的全球话语强势,中国航海文化亟待构建具有东方特质的叙事体系。我们的航海内容熔铸古今,汇通中外。我们有责任和使命挖掘、传播中华民族的航海文化,使其立足本土,走向大众,走向世界。但是航海离大多数青少年儿童的生活都比较遥远,孩子们缺少那份感同身受。所以让孩子对航海产生兴趣,需要我们博物馆科普工作者采用一些巧妙的方式。既要让科普内容有趣,还应贴近青少年的生活。比如通过"航海与日常生活"主题,讲进口食品运输的故事,让孩子们知道,如果没有航海,就吃不到智利的车厘子、泰国的榴莲、新西兰的牛奶、法国的巧克力,让孩子们通过身边事物建立与航海的联系,从而产生好奇,在心里种下航海的种子。这种自然浸润于青少年认知图谱的方式,能使航海文化突破"冒险家专属"的刻板印象,真正成为全民族的精神共同事业。

再以2025年春节上映的《哪吒之魔童闹海》为例,这部影片创造了票房奇迹。哪吒是诞生于中国海洋神话的少儿形象,这一经典IP热度持续攀升,带动了相关绘本、图书的热销。该影片的成功充分体现了"内容为王"的创作规律,在展现高超动画技术的同时,更关键的是深入挖掘了中国传统文化内涵,将哪吒这一角色进行创新塑造,使其与当代价值表达深度连接,让观众看到中华优秀传统文化资源的强大生命力。这也为博物馆青少年儿童科普图书创作提供了重要启示,要树立文化自信,深入挖掘中国航海文化内涵,结合现代审美和市场需求进行创新表达,打造优秀的产品,既能彰显本土文化独特性,又具备面向全球讲述的普遍价值。

（四）全员科普与品牌建设

中国新闻出版研究院的"中国出版蓝皮书"《2023—2024中国出版业发展报告》对未来出版业发展与变革提出了"九大趋势",其中提到传统文化科普需求上升和少儿出版步入品牌竞争时代这两大趋势①,这与博物馆青少年科普图书工作密切相关。图书品牌是博物馆的重要无形资产,在竞争激烈的图书市场中,对读者的阅读选择决策有着显著影响。一个具有创新性的科普图书品牌所产生的社会影响和市场效益远超以往。在青少年科普图书中,国外的DK科普图书、大英博物馆,国内的故宫、国博系列图书都已经有较高的知名度,受到众多读者的追捧。博物馆也应致力于塑造个性鲜明、影响力强的出版品牌,通过提供全方位的优质阅读体验,提升读者对博物馆品牌的认同感和忠诚度,进而增强科普图书的市场竞争力和文化传播力。

为了实现这个目标,需要博物馆、出版社、学校、科技企业及社会各界形成合力,共建科普生态圈。除了博物馆教育工作者外,应鼓励博物馆全馆员工共同参与、支持科普创作。同时,博物馆都有一支庞大的志愿者队伍,比如中海博志愿者队伍就包括航海家、船长、造船师、航海学者等专业人士,可以联动专业志愿者的力量提高创作的数量和质量,甚至可以邀请专业作家跨界合作,共同打造青少年儿童科普图书。例如,宁波中国港口博物馆与科幻作家阿缺合作出版了反映水下考古的科幻读物《深海星辰》,这一经验值得借鉴。在与学校的联动方面,协同学校解决青少年儿童"为什么读""怎么读"的问题,进而推动科普图书有针对性地创作。此外,要加大与出版社探索馆社联动,资源共享,强强联合,共同推进图书的创作、出版、推广、销售,形成可持续发展模式。

四、结　　语

中海博在青少年儿童科普图书领域的探索和实践,主要包括构建原创内容体系、创作适龄读物、推进技术融合、加强社会协作等方面,不仅在航海知识传播、文化传承方面发挥了重要作用,也为青少年儿童科学素养的培养和海洋意识的提升奠定了坚实基础。面对数智时代的诸多挑战,博物馆青少年儿童科普图书的发展仍有广阔空间。博物馆青少年儿童科普图书需平衡科学性与趣味性,强化技术赋能与跨领域协作,同时深挖文化内涵以提升品牌竞争力,让科普图书作为博物馆的名片走近青少年儿童,让中国航海文化在全球范围内得到更广泛的传播与弘扬。

[周甜,中国航海博物馆社会教育部馆员,主要研究方向为博物馆教育、科普图书策划与创作。]

---

① 《〈2023—2024中国出版业发展报告〉发布,九大趋势直击出版业发展与变革》,国家新闻出版署,2024年12月16日,https://www.nppa.gov.cn/xxfb/ywdt/202412/t20241216_877437.html。

中国航海博物馆志愿服务工作的实践与探索

王灵林

摘　要：近年来，走进博物馆这所"大学校"看展已然成为一种时尚和潮流。文旅融合的强势出圈，加上"暑期档""国庆档"中大展的叠加影响，"博物馆热"更是持续升温，不少场馆甚至都出现一票难求的现状，这些无疑对现场运营和接待等都提出了更高要求。借助志愿者这一庞大人力资源宝库，不断提升场馆服务能级和拓展业务职能，正逐步成为各大场馆解决当前困境的重要举措。中海博作为国内首座国家级航海类博物馆，在充分结合馆情后，围绕"岗位多元化、管理自治化、项目品牌化"，通过"五个结合""四重联动"和"三项融通"方式，打造"以人为本"的因人设岗模式，形成"中海博经验"，在持续推动本馆志愿服务工作高质量发展的同时，也为业内同行带去启发和参考。

关键词：博物馆　志愿服务　高质量发展

党的十八大以来，以习近平同志为核心的党中央高度重视志愿服务事业，强调推进志愿服务制度化，健全志愿服务体系。2024年4月，中共中央办公厅、国务院办公厅印发《关于健全新时代志愿服务体系的意见》（以下简称《意见》），在新时代新征程就如何"推动志愿服务事业高质量发展"作出了系统部署。中国航海博物馆（以下简称"中海博"）作为国内首座国家级航海类博物馆，于2010年7月5日正式建成对外开放，同步成立志愿者队伍。由于场馆地理位置偏僻和展陈内容专业等客观原因的叠加影响，志愿服务团队发展长期遭受人员流动率大、招募难度大、服务能级难以提升等困境。笔者于2019年6月份接手志愿条线工作时，处境已经非常艰难：2018年团队达标（按照年度服务满12次）人数仅6位；刚结束的两年（2017年6月—2019年6月）一次的招募工作，累计报名者不足40位；即便人数众多的大学生志愿者群体也因在岗时的各种"玩忽职守"而饱受诟病……

与此同时，高质量的志愿服务工作对博物馆事业建设发展是至关重要的。中海博在获评"国家一级博物馆"和"全国文明单位"等高等级荣誉时，志愿服务工作就是其中一项重要的衡量指标。此外，志愿服务工作还能有效整合社会资源,持续提升博物馆的传播力和影响力等。因此急需调整中海博志愿服务工作的策略。经深度调研分析,2019年起以"志愿者服务中海博,我们服务志愿者"为初步工作思路,在不断摸索和实践后确定"岗位多元化、管理自治化、项目品牌化"的工作目标,由此开启中海博志愿者工作的高质量发展之路。自2023年以来,年度活跃人数超过千人,服务总时长达2.5万小时。2024年达标志愿者个人人数达140多位。已初步建成一支服务多元、尽职尽责、团结奋进、管理有序的专业志愿服务队伍。

一、"五个结合"探索因人设岗,完善岗位多元化

志愿服务的目的旨在改善和促进社会进步,中海博作为国家级博物馆和市级志愿服务基地,主动承担社会职责,充分结合场馆自身发展要求和志愿者的不同需求,以"传播航海文化,助力海洋强国"为目的,践行"以人为本"的理念,努力为不同年龄、地域、行业类别和文化背景的志愿者提供相匹配的岗位项目,逐步形成了"馆内+馆外""线上+线下""个人+团队""短期+长期""基础+拓展"因人设岗志愿服务模式,通过不断完善岗位多元化,做到人尽其才。

(一)馆内+馆外

两者结合将进一步扩大志愿服务的阵地建设。中海博地处新城区,位置相对偏僻,离市中心直线距离70多千米。自2023年6月,由志愿者牵线,中海博在南汇新城镇蔚蓝林语居委成功打造首个社区"航海文化角"。截至2024年12月,已在全市打造8处,成为航海文化志愿服务新的宣传阵地和服务场所。伴随"航海文化角"建设,中海博志愿者团队随即依托骨干志愿者成立"绳结队""旗语队"和"宣讲队"等队伍,根据具体实际需求,定期或不定期持续性地开展相关活动;通过"航博社团"的组建,凝聚起区域内的"航海"志愿者,为开展更为丰富多彩且具有系列性的航海科普活动提供源源不断的人员;借助特色品牌项目"牵手·童航"和"星火·远航"的推动,将覆盖面由本市推向全国,也为增加和扩大点位助力。"航海文化角"的建设并非只是简单的复制推广,而是结合各点位具体情况形成各自特点,实现"一'角'一品"。

(二)线上+线下

两者结合将进一步丰富志愿服务的岗位内容。新媒体、新技术的运用,尤其是新冠疫情这一不速之客的到来,加速推动了线上志愿服务的发展——不但极大地丰富了志愿服务的内容,如外文翻译、文案撰写、视频剪

辑、图片处理、信息收集、排版设计等,而且也让志愿者很好地摆脱时间和空间上的束缚,让更多远离博物馆甚至身居异国他乡的有志者也能够参与其中。中海博志愿者基地通过微信公众号"扬帆航博"和视频号"临港一帆"的平台建设,一是发挥了志愿服务记录("月度简报""志愿风采"和"年度总结"等版块)、分享("志愿感悟")、传播("航+说")和管理("关于我们""服务助手""联系我们"和"志愿招募")的功能,二是提升了团队的战力("咨询之窗""成长之路"和"学习园地")、凝聚力("爆款活动")、向心力("志愿先锋")、影响力("航遍沪上")和品牌力("特色项目")的作用,三是为志愿者团队成员提供了在新媒体运维各方面的实践、展示和成长机会。

(三) 个人+团队

两者结合将进一步优化志愿服务的人员组成。"独行快,众行远。"此项举措,一方面注重提升个体独当一面的能力,另一方面协调整合团队"组拳出击"的能力。与个人志愿者相比,团队存在特定优势——迅速壮大队伍,扩大覆盖面;提升培训效率,降低沟通成本;储备人员数量,应对客流高峰;整合人力资源,增强服务能级……当前中海博的志愿者团队主要以大学生、高中生为主,也包括以"海博有约"体验型项目临时加入的企事业机关单位的团员青年组成的短期小队,以及2024年起新组建的特种职业(上海出入境边检轮训总队志愿者队)或港航关联单位(自然资源部东海航海保障中心)的长期志愿者队伍。其中学生团队涉及高校14所,高中20所,具体岗位的设定以高校团队志愿者相对成熟(见表1)。

表1 高校大学生志愿者团队岗位设置表

岗位类别	主要内容	重要程度	所属类型
基础岗位（馆内）	引导咨询、文明劝导、活动巡视等	★	长期
拓展岗位（馆内）	特展讲解、摄影摄像、表演展示等	★★	阶段性/长期
拓展岗位（线上）	资讯收集、题库创建、课件制作、图文设计、"扬帆航博"公众号运维等	★	阶段性/长期
拓展岗位（馆外）	"星火·远航"项目(利用寒暑假赴外省市开展航海文化传播活动)	★★★	阶段性

(四) 短期+长期

两者结合将进一步完善志愿服务的形式。短期和长期属于辩证统一关系。一方面,短期志愿者可以作为长期志愿者的储备人员;另一方面,当长期志愿者因客观原因出现未能履职的情况,可以调至短期志愿者的队伍。具体而言,中海博以一年为一个服务周期,长期志愿者在每年2月的中下旬进行集中招募,分引导咨询、活动协助、讲解服务、特色专长和专业指导五大组别,经面试、注册、培训、试用和考核环节,过程约3个月,要求年度服务满12次,年底进行一次综评,凡符合履职要求的可续期1年,不设限;短期志愿者原则上每季度开展一次招募,主要为"海博有约"和"牵手·童航——小志伴你文明行"两个体验型的志愿服务项目,分别面向个人与团队、亲子家庭提供文明劝导、秩序维护和便民服务等基础岗位,原则上每个自然年限一次。

(五)基础+拓展

两者结合将进一步助力志愿服务的能级提升。基础岗是满足更多社会公众参与中海博志愿服务的需求,倡导"人人都是志愿者,人人都是软实力";拓展岗是践行"一座博物馆就是一所大学校"的要求,让志愿者在参与服务的过程中,不断提升自我,使每一位志愿者都能拥有发光出彩的平台和机会。当前,中海博设置的拓展岗以长期个人岗为主,并逐步向长期团队岗拓展。五大组别中,各组均分别设有基础岗和拓展岗,同时以五大组别为基础岗,又专门设置了"团队管理组"为拓展岗,以更好地推动团队的自我管理,内容涉及各组人员的排班出勤、时长统计、档案建设、服务记录、推优评选、奖项申报、活动实施、带教培训、业务考核、项目开发和品牌建设等。具体岗位设置详见表2。

表2 长期个人志愿者基础岗和拓展岗设置表

序号	组 别	基 础 岗	拓 展 岗
1	引导咨询组	便民服务	文创宣讲、培训带教、巡视督察等
2	活动协助组	水手绳结	活动策划、旗语展示、手工制作等
3	讲解服务组	区域讲解	特种讲解、科普授课、讲稿编写等
4	特色专长组	摄影摄像	图文设计、视频剪辑、对外宣传等
5	专业指导组	培训指导	"遇见"活动、"航博"课堂、"航博名家零距离"等
6	团队管理组	原"组"岗位	日常管理、对外联动、团队建设等

注:特种讲解包括但不限于全程讲解、专题讲解、情景讲解和外语讲解。

二、"四重联动"提升团队合力，推动管理自治化

志愿者自管组织的建立，不仅可以更好地组织和管理志愿者团队，同时也能有效地提升志愿者的积极性和参与度，甚至还能极大地提升归属感和成就感。笔者自2019年接手该条线工作后就积极推进和落实，从最初的"组长+管理员"模式，陆续增设"绳结队""旗语队""宣讲队"队长、"航海文化角"站长、"航·博社"社长和品牌项目负责人等，逐步形成组织架构完善、分工明确、凝心聚力的管理团队，并不断推动管理的自治化，全面参与中海博志愿服务条线工作。

（一）有序招募严选志愿者人才

中海博的每一名志愿者都将历经报名、面试、注册、培训、试用和考核等环节，确保每一名志愿者都经过严格选拔，能够以自身最佳状态为社会公众提供好各类志愿服务。报名渠道分线上和线下，其中线上主要依托官微和志愿者公众号。面试形式主要采用线上微信视频，少部分会通过线下现场面试。注册平台主要是上海志愿者网。培训形式多样且成系统，包括但不限于"线上+线下""理论+实操""集中+分组""基础+提升""选修+必修""通用+专项"等，除长期志愿者以外，参与的培训相对简单。试用周期主要针对长期志愿者，关键在于检测志愿者是否能够在规定时间内达到一定的服务频次。在试用环节，我们采用"以老带新"的模式，通过"师傅带徒弟"，高效提升培训效果并助力增强团队凝聚力。考核是为了有效保证志愿服务质量，采用"专项专考"，即不同的组别或项目以不同的形式进行考核，一方面是让即将转正的志愿者得到身份上的认同，另一方面是为即将上岗的志愿者提供有价值的建议，查漏补缺。

（二）常态培训打造学习型团队

中海博将集中培训、带教培训和专题培训充分融合，并形成独特的志愿者培养带教制度。除了针对新志愿者的系统培训外，中海博还依托团队中的专业指导组（成员主要由船长、轮机长、引航员、验船师、极地科考工作者、航运经济分析师及其他港航领域的专业人士组成），以线上"航博"课堂和线下"遇见"活动相结合的方式，固定频次开展培训授课。在为多才多艺的志愿者提供展示平台的过程中，挖掘出了在"旗语展示""绳结教学""视频剪辑""手工制作"和"航海科普"等各方面有专长的志愿者，通过梳理文稿、录制视频和线上直播的方式形成了各类学习资源包，经过整合集中在"扬帆航博"公众号上呈现。通过"精彩·奇航"和"千帆·竞航"等志愿者专属活动

开展,在增进交流的过程中,相互学习共促进步。

(三) 特色活动推动团队凝聚力

团队的归属感、付出的认同感和自我价值实现的成就感,是稳定和留住骨干及优秀志愿者的重要抓手。中海博通过打造"航"系列特色专属活动,不断增强团队凝聚力和战斗力。活动每月开展一场,结合每场活动的任务要求和参与对象的不同,采用"定向邀请+自主报名"结合的方式,开展主题明确、形式多样、内容丰富的活动。3月份的"先锋·领航"活动,任务要求是表彰上一年度的优秀志愿者及团队,所以受邀对象为受表彰的个人和团队代表,同时欢迎其他志愿者主动报名参加,向先进学习。9月份"星火·远航"活动,任务要求是针对整个暑期开展"星火·远航"项目作经验总结,并启动新一轮大学生志愿者的招募,所以定向邀请的对象就是参与该项目各实践队的领队和负责人。11月份"求索·探航"活动,任务主要是总结和谋划全年志愿者工作,所以团队管理组的志愿者属于定向邀请。另外,为推动管理自治化,确保每次活动的顺利开展和新颖性,活动由协助组志愿者牵头,团队成员群策群力,并由团队管理组落实和推进。具体活动开展情况可见表3。

表3 中海博"航"系列特色志愿者专属活动表

序号	月份	名称	参与对象	活动亮点和特色
1	1月	扬帆·启航	各组、各团队、各项目代表及馆外"航海文化角"相关负责人代表	以辞旧迎新、总结当年度志愿者工作、谋划来年计划为主
2	2月	纵横·申航	以管理团队成员为主,吸纳部分擅长对外联动的成员	重点落实"航海文化角",启动新志愿者的线下招募
3	3月	先锋·领航	获得年度各类优秀的志愿者和团队、长期志愿者代表,以及获奖志愿者的家属	志愿者才艺展示、表彰优秀志愿者和团队
4	4月	生命·巡航	年度获奖志愿者及团队代表、部分上年度"月度之星"的代表	结合清明节,在春暖花开之际,带领优秀志愿者们远足,赴兄弟场馆参观学习,并探索可以联动开展的志愿者项目
5	5月	精彩·奇航	志愿者中有特别技艺、才能、绝活和特长的,包括但不限于各类手工制作、摄影摄像、才艺表演、培训授课	结合劳动节,探索"劳动美、志愿美",挖掘志愿者队伍中高手,探索和践行因人设岗

续 表

序号	月份	名称	参与对象	活动亮点和特色
6	6月	牵手·童航	志愿者及其5—14岁的孩子,共10—15组	结合儿童节,开展以亲子为单位的"志愿服务+参观学习"结合的志愿者活动
7	7月	传承·护航	参与带教的"老"志愿者和当年度加入的"新"志愿者	"新老结对",以"传、帮、带"的模式来保证和持续提升志愿服务能级
8	8月	志同·趣航	参与馆外"航海文化角"开展活动的志愿者和线上参与"航博"课堂的专业指导组志愿者	结合"爱心暑托班"及暑期社区居委开展的航海宣教活动,一起探索如何将相对专业和枯燥的航海知识变得生动和有趣,逐步将相关活动和课程打造成精品
9	9月	星火·远航	参与"星火·远航"项目的大学生志愿者代表及各高校领队等	一是总结"星火·远航"项目的开展,二是动员招募新一批大学生志愿者
10	10月	远帆·归航	年龄即将满70周岁或者服务满一定年限已经超过70周岁的志愿者	结合重阳节,为"二次退休"的志愿者们带去一份来自中海博志愿者基地的关爱
11	11月	求索·探航	以管理组志愿者为主,同时吸纳部分核心骨干志愿者	总结当年并为第二年志愿服务条线工作的开展进行谋划,重点是年度推优和"千帆·竞航"活动技能大比武的准备
12	12月	千帆·竞航	参加"技能大比武"的志愿者及担任评委和大众评委的其他志愿者代表	开展技能大比武,一是为提升志愿服务能级,二是为补充和完善志愿者推优工作的开展

(四)规范标准提升管理向心力

志愿者自管组织作为推动和提升志愿服务工作高质量发展的关键,在主动性、专业性、奉献性、创新性和持久性等方面都有很高的要求。中海博自启动"管理自治化"进程以来,全方位提升管理组成员的综合能力。例如,构建常态化培训体系,打造"学习型团队";结合月度例会的开展,形成"民主型团队";通过"航"系列专属活动的落实,塑造"友善型团队";完善技能比武、推优评选等举措,促进"战斗型团队";构建"管理员—组长—自管会委员"的架构,打造"可持续型团队";等等。为提升管理向心力,明确了各层级管理的任职要求和方式、职责和分工、晋升和转岗等。与此同时,在推动

"航海文化角""航博社团"的建设,以及精品项目的推进开展过程中,增设队长、社长和项目负责人等,为志愿服务高质量发展输送源源不断的横向支撑。团队管理组成员的任职要求和职责分工(详见表4)。

表4 中海博团队管理组成员的任职要求和职责分工表

序号	成员身份	任职要求	任职方式	职责分工	备注
1	管理员	担任长期志愿者不少于一年	自行申报竞聘	负责各自所属组别的志愿者	纵向管理架构,属层层递进关系
2	组长	担任管理员身份满一年,且有组长空缺	由自管会认定聘任		
3	自管会委员	担任组长满三年	由馆方认定后聘任	负责整个志愿者团队	
4	队长	担任长期志愿者不少于一年	自行申报竞聘	负责各自小队的志愿者	属相对独立的横向架构,为纵向管理架构提供横向支撑
5	站长	担任长期志愿者不少于一年;且居住在"航海文化角"附近,能够担负对外联络职能	自行申报竞聘	负责各自"航海文化角"	
6	社长	"牵手·童航"项目中荣获"讲解之星"称号,且具备自行创建社团并持续开展航海文化传播的能力	自行申报竞聘	负责各自"航博社团"	
7	项目负责人	"星火·远航"实践队队长,且参与该项目至少两年以上,并具备统筹协调等相关能力	由馆方认定后聘任	负责各志愿服务项目	

注:所有任职要求,需在正常履职、无违纪的前提下。

三、"三项融通"扩大志愿群体,创新项目品牌化

中国青年志愿者协会原副会长谭建光在《新时代志愿服务项目高质量发展的五个导向》一文中提出:促进志愿服务项目的高质量发展,要特别注重把握需求导向、问题导向、效果导向、质量导向和共享导向等。即根据党和国家发展的要求,根据人民群众生活的需求,不断做实做好志愿服务。中海博在推动特色志愿服务项目的过程中,也正紧密围绕这些指导意见有序

开展,先后打造了"牵手·童航""星火·远航""初心·护航"等项目,助力上海"五个中心"建设,尤其是上海国际航运中心建设,服务国家海洋强国、航运强国战略。

(一)"牵手·童航"

该项目于2021年寒假正式启动,旨在为广大中小学生提供奉献社会、展现自我的平台,依托志愿服务项目将学生的社会实践和场馆学习结合起来。初期结合馆内大展招募小讲解员,启动"牵手·童航——小志带你看大展"项目;后逐步形成"小志伴你文明行"和"小志伴我共成长"(即在馆外打造"航博社团"),成为立体式成长型的志愿服务项目。其中尤以"小志带你看大展"阶段最关键。经过长期探索和实践,已逐步形成"系统培训+场馆讲解+校园宣讲"三位一体的完整培养模式。经过系统培训"理论+实操""基础+提升""集中+分组""必修+选修"等,通过讲解考核后,再依次完成场馆讲解和校园宣讲两项任务。2024年暑期围绕"天下有道——周礼"展,共招募培养了35位"小志讲解员",展览期间讲解528场,服务观众8 950人次,后有29位"小志讲解员"完成了校园宣讲,受众2 045人次。该项目的开展,不仅培养了一批"小志讲解员",服务超过数万人次的观众,同时在这个过程中又潜移默化地吸引着更多的"小志讲解员",前赴后继一起践行志愿精神,传播航海文化。项目开展情况详见表5。

表5 "牵手·童航"项目历次开展情况表

序号	时间	展览名称	小志人数	讲解场次	服务人数	校园宣讲	受众人数	备注
1	2021年1月	大海就在那	30	340	5 100	/	/	定向招募
2	2022年1月	世界航海五百年	27	548	8 125	/	/	定向招募
3	2022年7月	大汉海疆	33	/	/	25	1 200	全市招募
4	2023年7月	江海共潮生	31	460	8 489	21	1 050	全市招募
5	2024年7月	天下有道	35	528	8 950	29	2 045	全市招募

注:2022年7月"大汉海疆"展因疫情影响,受众主要为在校师生,约1 200人,并由此开启校园宣讲。

(二)"星火·远航"

该项目于2022年6月正式开启,截至目前已经先后联动14所高校。2024年"星火·远航"项目正式确定以"服务强国建设,汇聚青春力量,传播航海文化,助力青年发展"为发展定位。项目主要依托大学生寒暑假返乡及参与社会实践的契机,由中海博提供科普讲座、赠送图书、手工制作、展板讲解等教育活动资料包,经过系统的培训、试讲和考核后,将航海文化有效地传播到全国各地。伴随着该项目的开展,有效增强了航海文化在全国范围(尤其是内陆、中西部地区)的传播力,让偏远山区的孩子也有机会不断汲取航海知识,感受到我国灿烂优秀的航海文明,了解我国在新时代航海事业领域取得的辉煌成就,增强文化自信。项目仅在2024年就联动上海14所高校,组建52支实践队,奔赴全国20个省(自治区、直辖市)的40个区县,共计开展112场航海科普活动。在模式开展方面也充分沿用"五个结合"——根据各点位受众的实际需求开展短期或长期的航海文化宣教;项目开展中,志愿者既可以单兵作战,独当一面,也可以组队整合,增强航海文化宣教的能级和频次;馆内"学习提升和素材准备"与馆外"实践历练和精度打磨"相结合;线上搜集信息,提升优化课件,创新航海文化宣教内容和模式,线下实现检验成效;在夯实基础的情况下不断推陈出新。项目开展情况详见表6。

表6 "星火·远航"项目历次开展情况表

序号	时间	参与学校	队伍数量	活动场次	受众人次	涉及区域	备注
1	2022年7月	1	1	5	80	江西	受疫情影响,仅成行鹰潭线路
2	2023年1月	3	5	8	115	安徽、湖北、吉林、广西、江苏	
3	2023年7月	5	15	34	2 340	浙江、安徽、江西、重庆、湖南、甘肃、宁夏、云南、西藏	
4	2024年1月	4	10	20	894	四川、甘肃、新疆、江西、浙江、重庆	
5	2024年7月	14	52	112	4 672	四川、安徽、福建、山东、湖南、浙江、宁夏、广西、陕西、江西、河北、河南、吉林、西藏、重庆、甘肃、云南、湖北、新疆、江苏	

注:(1) 14所学校包括上海电力大学、上海海洋大学、华东师范大学、上海海事大学、上海建桥学院、中央美术学院、上海交通大学、上海科技大学、复旦大学、同济大学、上海健康医学院、上海工艺美术职业学院、上海交通职业技术学院、上海民航职业技术学院;(2) 受众人数统计的均为线下人数。

(三)"初心·护航"

该项目当前尚处于探索和尝试阶段,主要是为应对人口老龄化的问题,让老年人"老有所学,老有所乐,劳有所得"。以欧景综合为老服务中心"航海文化角"的建设为契机,先在2024年4月联动上海出入境边检轮训总队,为辖区的老年居民带去一堂题为"出入境政策小课堂及电诈预防"的讲座;而后又在7、8两月招募组建了"旗语队"并开展系列培训和活动。后续,一方面将进一步深挖志愿者团队中的特种职业,如医生、律师和公安等为社区老年人提供一些专业的资讯解答,以探索"航海志愿服务+"模式,为老年人的初心保驾护航;另一方面将进一步整合"星火·远航"和"牵手·童航"项目,通过志愿者们的技能和才艺丰富老年人的精神世界。

四、结　　语

　　志愿服务是社会文明进步的重要标志,是新时代党引导动员人民群众贡献智慧力量、创造美好生活、实现奋斗目标的生动实践。博物馆志愿服务工作如何体现高质量?《意见》中明确提出:到2035年,基本形成系统完备、科学规范、协同高效的志愿服务制度和工作体系,志愿队伍素质过硬、管理规范,服务领域不断扩展,服务能力显著提升,助力经济社会发展作用更加凸显;阵地网络覆盖广泛、布局合理,制度保障更加有力;志愿服务国际合作交流深入发展;志愿服务社会参与率、活跃度大幅提高,全社会责任意识、奉献意识普遍增强,志愿服务成为社会主义文化强国的重要标志。

　　当前,中海博志愿服务基地正以此为目标,在充分结合场馆自身实际情况的前提下,将"岗位多元化""管理自治化"和"项目品牌化"作为重要抓手,不断完善管理办法,优化组织构架,提升服务能级,创新服务模式,落实服务成效,改进激励措施,搭建交流平台,增加学习渠道。当然,要真正实现志愿服务事业的高质量发展,离不开持续调动和激发志愿者参与的主动性和积极性,需要细水长流,更需要水到渠成。

［王灵林,中国航海博物馆社会教育部馆员,主要研究方向为航海科普和志愿服务。］

世界桦树皮文化中的
特色舟船：桦皮船

叶 冲

摘 要：桦皮船是世界桦树皮文化的组成部分，其出现具有历史必然性。在门类众多的桦树皮制品中，桦皮船的体量大，建造工艺也相对复杂，是桦树皮文化发展到一定阶段的产物，出现时间相对较晚。在中国，桦皮船主要见于中国桦树皮文化的核心区域即东北地区。东北各民族使用过的桦皮船，船型多样，称谓、用途有别，大小、规格与形制不等。从建造选材看，东北桦皮船的基础材料主要是白桦的树皮和松树等木条，辅助材料包括木钉、鳇鱼皮及各种植物纤维和兽筋线、油脂等。桦皮船具有"三皮文化"（树皮、鱼皮、兽皮）特征，是极具地域特色的舟船类型。

关键词：桦皮船 桦树皮文化 桦树皮制品 三皮文化 特色舟船

中国各地的传统舟船，不仅种类多，且各具特点，有的还极富特色，呈现出多姿多彩的面貌。来自北美、东欧、西伯利亚及亚洲东北部地区的桦皮船，是一种造船基础材料特殊且极富地域特色与原始文化属性的传统舟船，中国航海博物馆等国内外一些博物馆，收藏有各民族的桦皮船，保存了这种传统舟船的文化遗产。

本文将桦皮船置于世界和中国桦树皮文化的背景下，结合前人论述[1]，进一步挖掘古籍、方志及中外文献等资料，对桦皮船的属性地位、出现时间及中国东北各民族桦皮船的使用情形、建造选材等问题进行阐述。

---

[1] 今人关于桦皮船的介绍及论述可详参凌纯声：《中国远古与太平印度两洋的帆筏戈船方舟和楼船的研究》，载《"中研院"民族学研究所专刊之十六》，"中研院"民族学研究所，1970年，第48—52页；史源：《赫哲族的桦皮船》，《学习与探索》1981年第2期；力群、蔡风：《桦皮器皿和桦皮船》，《中国民族》1982年第4期；李桂芹：《桦皮船》，《黑龙江民族丛刊》1986年第3期；额尔敦桑：《森林之舟——鄂伦春族桦树皮船》，《中国博物馆》2010年第3期。

一、桦皮船的属性及其地位

桦皮船是世界桦树皮文化的组成部分,在中国主要见于桦树皮文化的核心区域即东北地区。

从世界范围看,北半球存在一个桦树皮文化带①,主要分布地区包括:欧洲北部②、东欧波罗的海③、俄国西伯利亚④、蒙古⑤、朝鲜北部、日本北部⑥、北美大陆北部⑦,以及中国的东北地区、内蒙古北部与新疆北部。这一范围内的民族,由于寒冷的气候和相应的自然资源条件,在特定的历史条件和经济发展水平下,以桦树(主要是白桦)皮为原料,发展制作了一系列生产生活用具与器皿,形成了桦树皮文化。⑧

中国东北地区是中国桦树皮文化的核心区域,是世界桦树皮文化的组成部分之一,且文化面貌保存比较完整。东北各族人民的桦树皮制品,种类丰富,涉及衣、食、住、行等各方面,包括:(1)建筑与交通运输用品,如帐篷、仓库、车篷和桦皮船;(2)各种实用的生产工具与生活器皿,如桶、盆、盘、碗、杯、盒、包、箱、篓、漏斗、夏帽、摇篮、拾果器,以及捕鱼所用的绳、网和狩

---

① 关于桦树皮文化的论述可详参吕光天:《论北方渔猎民族的桦树皮文化》,《社会科学战线》1983年第4期;关学君:《试论北半球的"桦树皮文化"》,《北方文物》1987年第3期;吴雅芝:《试论东北桦树皮文化》,《民俗研究》1996年第3期;谷文双:《论东北地区少数民族的桦树皮文化》,《黑龙江民族丛刊》2004年第3期;于学斌:《北方民族的桦树皮文化:历史学考古学民族学的会通》,《满语研究》2006年第1期;殷焕良:《中国古代北方民族桦树皮文化研究》,硕士学位论文,内蒙古大学,2009年;殷焕良:《源远流长的中国古代桦树皮文化》,《草原文物》2011年第2期;王益章、王铁峰编著:《白桦遗韵:中国北方桦皮文化》,黑龙江人民出版社,2011年。桦树皮文化带的地理分布与桦树生长区域是对应的。世界范围内,桦树主要生长于北纬40—70度的北寒温带和部分北寒带,以及海拔400—4100米的山坡或林中;但在一些高原、高山等地区,由于海拔高度,也有桦树生长的条件,如中国的青海、四川等部分地区,曾出土过一些桦树皮制品的文物。但这些存在过桦树皮制品的特殊地区,并非世界桦树皮文化的主要分布地区。
② 使用桦树皮的人群有斯堪的那维亚山脉以东的挪威人、芬兰人、瑞典人等。
③ 使用桦树皮的人群有拉脱维亚人。
④ 使用桦树皮的人群有雅库特人、汉特人、曼西人、涅涅茨人、哈卡斯人、图瓦人、绍尔人、托法拉尔人、埃文基人、鄂罗奇人、那乃人等20多个民族,桦树皮制品广泛应用于生产、生活及宗教等各方面。
⑤ 使用桦树皮的人群主要为蒙古族。
⑥ 使用桦树皮的人群主要为北海道的阿伊努人。
⑦ 使用桦树皮的人群广泛分布于自阿拉斯加直到大西洋沿岸的许多印第安部落群体中,如奇佩瓦(即奥吉布瓦)人、米克马克人、米斯坦西亚人、蒙塔格奈人、纳斯卡皮人、瓦巴纳基人、特特德布人、休伦人、波塔瓦托米人及贝奥图克人等20多个部落和群体。
⑧ 在北半球南方的温带和亚热带则形成了以楮树皮为主体的树皮文化,如中国台湾的高山族,中国云南与老挝、泰国交界区的哈尼族等。

猎时用的拟声工具鹿笛、狍哨等;(3)军品,如以桦皮缠弓或裹鞍镫,制作弓袋、箭囊、刀鞘等;(4)具有艺术性的装饰品,如镶嵌画。

桦皮船是门类众多的桦树皮制品之一,除渡水、运输功能外,还在狩猎与捕鱼生产等方面发挥着举足轻重的作用,中国和世界其他桦树皮文化地区均如此。在中国桦树皮文化的核心地区即东北地区,满族、赫哲族、鄂伦春族、鄂温克族、达斡尔族等在大、小兴安岭地区的河流及黑龙江、乌苏里江、松花江等水域,使用着形态大致相同的桦皮船。西伯利亚的一些少数民族,乘桦皮船在水上捕猎驼鹿、捕鱼或进行水上交通运输。例如生活在黑龙江下游及乌苏里江等处的那乃人①,主要以江上捕鱼为生,他们所用的桦皮船独具特色,抗风浪能力较强。又如西至叶尼塞河、东至鄂霍茨克海南部沿岸的俄罗斯境内的埃文基人②,其水上交通工具包括桦皮船,通常用双叶桨划行。③ 20世纪50年代叶尼塞河上常见的桦皮船,船长3.5—6米,宽0.55—0.6米,可乘1—3人,只有6—8公斤重。④ 北美印第安人的桦皮船类型较多,如奇佩瓦人、贝奥图克人、米克马克人、多格里布人、库特奈-萨利什人的桦皮船,在形状与结构等方面各不相同(图1)。其中,多格里布人的桦皮船,形状与俄国西伯利亚及中国东北一些民族的桦皮船很相似。⑤ 加拿大文明博物馆收藏有加拿大原住民阿尔冈昆族印第安人的桦皮船(图2),长3.56米,宽0.81米,由桦树皮、云杉根、树脂等制作。⑥

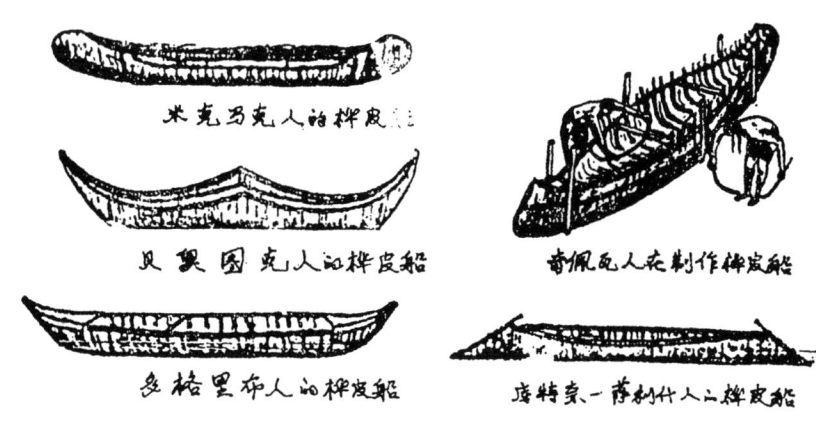

图1 北美印第安人的各式桦皮船

---

① 赫哲族在俄国的一支,俄国称那乃人。
② 中国境内的埃文基人被称为鄂温克人,详参王国庆著:《满通古斯语族同源词研究》,阳光出版社,2015年,第12页。
③ 郭燕顺、孙运来编:《民族译文集》(第一辑),吉林省社会科学院苏联室,1983年,第75页。
④ C. B. 奥勒鲁契夫主编:《野外调查手册》(上卷第二分册),胡金麟译,科学出版社,1959年,第110页。
⑤ 关学君:《试论北半球的"桦树皮文化"》,《北方文物》1987年第3期。
⑥ 中国国家博物馆编:《加拿大原住民的杰作:加拿大文明博物馆珍藏展》,中国社会科学出版社,2008年,第112—113页。

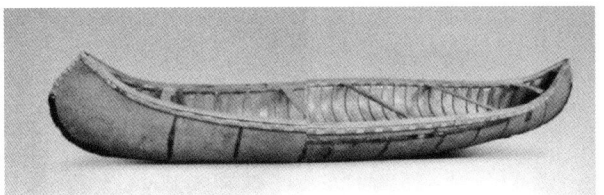

图 2　加拿大阿尔冈昆族印第安人的桦皮船

二、桦皮船的出现时间

在桦树皮文化的各种物质制品中,桦皮船的出现时间相对较晚。

桦树皮文化属于一种与人类社会原始狩猎、采集和渔捞经济密切相关的原始文化,在文化人类学上有"活化石"之誉。恩格斯指出,人类社会发展到蒙昧时代的高级阶段①,一些已发明弓箭但还没掌握制陶术的民族,会以木材、树皮、芦苇、石器等制作生产生活用具。② 剥树皮可能起源于中石器时代或新石器时代初期③;也有学者推论,世界桦树皮文化可能在 2—3 万年前由古亚洲人发明并由印第安人从亚洲迁移带到北美④。中国境内考古发现最早的桦树皮器皿残片在内蒙古扎赉诺尔,距今 1 万年左右(旧石器时代晚期)。⑤

桦皮船是世界桦树皮文化中出现相对较晚的桦皮制品,至晚自元代以来就在中国东北地区使用,且一直使用至当代。在世界桦树皮文化制品中,桦皮船的体量较大,制作技术也相对复杂。可以说,桦皮船将古老的桦树皮工艺发展到一个较高的水平,这可能是桦皮船出现相对较晚的一个原因。中国元代文献《析津志辑佚》记载了生活在黑龙江地区的女真人"用桦皮船"。⑥ 鄂伦春族在渡水运输工具方面,初用兽皮船,后用桦皮船。南北朝时期活跃于黑龙江流域的室韦人是鄂伦春的族源之一⑦,《北史》记室韦人"度

---

① 蒙昧时代指从人类诞生至农业、畜牧业发生之前这一时期的人类社会,是原始社会的前半期。详参华南师范学院历史系《起源》试释编写组编:《〈家庭、私有制和国家的起源〉试释》,华南师范学院历史系《起源》试释编写组,1979 年,第 56 页;高荣贵主编:《经济学辞源》,吉林人民出版社,1991 年,第 443 页。
② 恩格斯:《家庭、私有制和国家的起源》,载《马克思恩格斯全集》(第二十一卷),人民出版社,1965 年,第 33—34 页。
③ 吕光天:《论北方渔猎民族的桦树皮文化》,《社会科学战线》1983 年第 4 期。
④ 赵复兴:《桦皮文化和桦皮制品》,《黑龙江民族丛刊》1986 年第 1 期。
⑤ 干志耿、孙秀仁著:《黑龙江古代民族史纲》,黑龙江人民出版社,1987 年,第 30、32 页。
⑥ 熊梦祥著:《析津志辑佚》,北京图书馆善本组辑,北京古籍出版社,1983 年,第 216 页。
⑦ 尤明慧著:《非物质文化遗产保护研究:鄂伦春族田野案例》,民族出版社,2022 年,第 120—124 页。

水则束薪为筏,或有以皮为舟者"。鄂伦春族曾用犴①皮船(或称鹿皮船)作为在山里渡河的临时运输工具,但每次使用时间不宜过长,行驶2—3个小时(最多半天左右)就会浸泡变软,需重新风干后才能再次下水使用。后来,鄂伦春人用当地盛产的桦树皮制作桦皮船,从而取代了兽皮船。②《北史》所记的皮船,可能就是这种以鹿皮为基材的兽皮船,这从侧面也说明桦皮船出现时间较晚。

姜大鹏考证认为,朝鲜史料记载的明代女真人在中朝边境一带所用的"者皮船"应当就是桦皮船,其名应是朝鲜人根据女真语言音译得来的。③ 清代以来,关于桦皮船的文献记载与调查论述逐渐增多。康熙年间成书的《宁古塔纪略》记宁古塔地区"以桦皮为船,止容一人,用两头桨,如出海捕鱼,则负至海边,置水中,过风便归"。④ 乾隆《盛京通志》记:"黑龙江桦皮船,仅受一二人,携以入水,游行便捷。"⑤道光《吉林外记》记当地"有以桦皮作船,大者能容数人,小者挟之而行,遇水则渡,游行便捷"。⑥

三、中国东北地区桦皮船的使用情形

中国东北地区各民族使用的桦皮船,船型多样,称谓、用途有别,大小、规格与形制不等。

中国东北的黑龙江省、吉林省及内蒙古呼伦贝尔等大、小兴安岭地区及黑龙江、乌苏里江、松花江等水域的满族、赫哲族、鄂伦春族、鄂温克族、达斡尔族曾使用桦皮船。各民族使用过的桦皮船称谓有别,种类多样,至少包括泥马赊枯、吉拉、拨子(大红船)、扎哈等几种,主要用于捕鱼、狩猎、渡水、水上运输、传递信息等。用途决定船的大小规格与形制,船体长度一般从2米至9米不等。

满族人称桦皮船为"陀勒欢威乎","陀勒欢"是桦树皮的意思,"威乎"

---

① 犴,是驼鹿的俗称。驼鹿是现代生存鹿类中最大的一种,体长200—280厘米,体型高大,是典型的亚寒带针叶林动物,在中国东北主要分布于大、小兴安岭等地。详参中华人民共和国濒危物种进出口管理办公室编:《中国东北地区珍稀濒危动物志》,中国林业出版社,1999年,第660—661页;马逸清等编著:《黑龙江省兽类志》,黑龙江科学技术出版社,1986年,第412—418页。
② 韩有峰编著:《鄂伦春族风俗志》,中央民族学院出版社,1991年,第68、70页;黑龙江省地方志编纂委员会编:《黑龙江省志·方言民俗志》,黑龙江人民出版社,2001年,第589页;王为华著:《鄂伦春原生态文化研究》,黑龙江人民出版社,2009年,第71页;关小云、王再祥编著:《中国鄂伦春族》,宁夏人民出版社,2012年,第62页。
③ 姜大鹏:《明代女真者皮船考》,载辽宁省博物馆、辽宁省辽金契丹女真史研究会编《辽金历史与考古》(第九辑),科学出版社,2018年,第190—198页。
④ 吴振臣撰:《宁古塔纪略》,清钞本。
⑤ 吕耀曾等修:《盛京通志》卷二十七《物产》,清咸丰二年刻本。
⑥ 萨英额撰:《吉林外记》卷七《物产》,清光绪渐西村舍本。

图 3　恰喀拉人的桦皮船

则指独木船。① 乾隆《皇清职贡图》记载,恰喀拉(女真一支)人"散处于珲春沿东海及富沁、岳色等河,……其屋庐、舟船,俱用桦皮"②,并附有一幅目前已知年代最早的桦皮船绘图(图3)。从图上看,恰喀拉人的桦皮船是一种小型的捕鱼船,长2米左右,仅容一人。黑龙江省黑河市黑龙江边的外三道沟村满族人所用的桦皮船,一般长约3米,宽1米左右,两头尖而上翘。③"泥马赊枯"是满族人对其所用的一种桦皮船的称呼④,长十余尺(约3.2米)⑤,宽二三尺(约0.64—0.96米),船体中间为坐人或载物的船舱,首尾部用鳇鱼皮封盖。⑥ 嘉庆《三州辑略》载清代竹枝词"泥马赊枯郎斗捷,自矜赤鲤跨琴高",并引《西陲纪略》注曰:"泥马赊枯者,以桦皮为之,止容一人,两手持小桨划行,更为迅速。"⑦光绪《吉林通志》载乾隆皇帝诗曰:"泥马赊枯尤捷便,恰如骑鲤遇琴生。"⑧哈尔滨市阿城区金上京历史博物馆的满族风俗展,展出了满族人使用的桦皮船。⑨

赫哲族称桦皮船为"乌木日沉"⑩。18世纪末,在黑龙江东北部抚远地区的赫哲族出现了一种大型的桦皮船,称"吉拉",船底近圆形,载重量大,主要用于运载渔获,需15—20人扳桨划船。⑪ 20世纪30年代,民族学家凌纯声在松花江下游自依兰至抚远一带实地调查,记述吉拉"长三丈(约9.6米),

---

① 赵振才、赵艺:《舟、艍与独木舟、树皮舟》,《北方文物》1992年第3期。
② 傅恒、董诰等纂:《皇清职贡图》卷三《恰喀拉妇》,清嘉庆十年武英殿增刻本。
③ 黑龙江省黑河市爱辉区瑷珲镇外三道沟村志编纂委员会编:《外三道沟村志》,方志出版社,2022年,第64页。
④ 尹郁山编著:《吉林满俗研究》,吉林文史出版社,1991年,第68页。
⑤ 按清代营造尺1尺合32厘米计,后同。
⑥ 刘明新:《浅析满族的交通习俗》,载刘连香主编《民族研究文集:历史·文化·保护》,中央民族大学出版社,2011年,第194页。
⑦ 和宁撰:《三州辑略》卷八《竹枝词》,清嘉庆十年修旧钞本。
⑧ 长顺修,李桂林纂:《吉林通志》卷六《高宗纯皇帝御制诗·威呼》,清光绪十七年刻本。
⑨ 李学成:《论满族的民族融合历程研究》,载何晓芳主编《满学研究》(2),民族出版社,2019年,第69页。
⑩ 也写作"乌莫日沉"或"五米日陈"。
⑪ 黄任远编著:《赫哲族风俗志》,中央民族学院出版社,1992年,第31页;抚远县地方志编纂委员会编:《抚远县志(1909—1985)》,中华书局,1998年,第186页;高文德主编:《中国少数民族史大辞典》,吉林教育出版社,1995年,第680页;王世卿、王积信、吕品著:《赫哲鱼文化》,黑龙江教育出版社,2011年,第88—89页。

宽六尺（约1.92米），前头用十六人执桨划船，后一人执舵，行极速，似吉拉虫，故名"①。光绪《吉林通志》记赫哲人"渡水之舟，曰拨子，俗名大红船，剥桦木皮，缝作鸡卵形而平其底，长六尺余，只可容二人。一人坐于中，一人前立摇楫，日可行数百里"。② 20世纪30年代，凌纯声在实地调查时见到赫哲族在水上乘坐的桦皮船(图4)，长2.08米，宽0.45米，配长、短桨各一把，长桨长2.84米，短桨长1.26米，在中流时用长桨，靠岸时用短桨。③ 20世纪50年代，抚远县街津口村赫哲人的桦皮船，大的可乘坐四五人，主要在夏季乘船打猎捕鱼及驮运猎获物，一般可使用两三年。④《赫哲族风俗志》记赫哲族桦皮船一般长约3米，最宽处约0.7米，高0.15米，两头用鲟鱼皮封好，中间留一人坐的地方，以单桨划行，用于叉鱼(图5)或送信。⑤ 也有长7米，宽0.65米，可乘2—4人的桦皮船。中国航海博物馆收藏有两艘赫哲族当代制作的桦皮船，分别长5.7米、4米。黑龙江省民族博物馆、黑龙江省同江市的赫哲族博物馆、泉州海外交通史博物馆等博物馆，均收藏或展示有赫哲族桦皮船的实物(图6、图7)。⑥ 佳木斯市博物馆收藏一件20世纪80年代制作的赫哲族桦皮船模型(图8)，长1.7米，为国家二级文物。⑦

图4　20世纪30年代赫哲族的桦皮船

---

① 凌纯声著：《松花江下游的赫哲族》(上册)，国立中央研究院历史语言研究所，1934年，第81页。
② 长顺修，李桂林纂：《吉林通志》卷二十七《舆地志十五·风俗》，清光绪十七年刻本。
③ 凌纯声著：《松花江下游的赫哲族》(上册)，国立中央研究院历史语言研究所，1934年，第81页。
④ 中国科学院民族研究所黑龙江少数民族社会历史调查组编：《黑龙江省抚远县街津口村赫哲族调查报告》，中国科学院民族研究所黑龙江少数民族社会历史调查组，1958年，第37页。
⑤ 黄任远编著：《赫哲族风俗志》，中央民族学院出版社，1992年，第31页。
⑥ 曲守成、孙雪坤：《北方渔猎民族桦皮文化述论》，载李陈奇主编《黑龙江省文物博物馆学会第五届年会论文集》，黑龙江人民出版社，2008年，第119—120页；黑龙江年鉴编辑委员会编：《黑龙江年鉴(1991)》，黑龙江人民出版社，1991年，第547页。
⑦ 《〈三江国宝〉——佳木斯市博物馆馆藏赫哲族桦皮船》，《佳木斯日报》微信公众号，2024年11月7日，https：//mp.weixin.qq.com/s/AoOFCiXgs6_uuzDDNa6A_Q。

图 5　赫哲人驾桦皮船叉鱼

图 6　黑龙江省民族博物馆收藏的赫哲族桦皮船

图 7　乌苏里江赫哲族的桦皮船

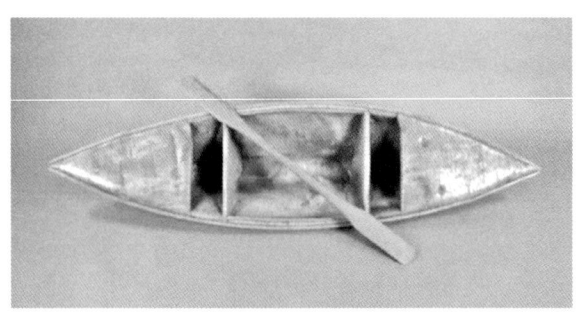

图 8　佳木斯市博物馆收藏的赫哲族桦皮船模型

鄂伦春族称桦皮船为"奥木鲁钦""木罗贝""木沫沁"①。康熙《龙沙纪略·物产篇》记："鄂伦春地，宜桦，冠履、器具、庐帐、舟渡，皆以桦皮为之。"嘉庆《黑龙江外记》载："扎哈，小船也，较威呼尤轻捷，裁受两三人。相传墨尔根察边者猝遇江涨，协领那里勒泰以马革为扎哈径渡。其后，预以桦皮为之，犹那遗法。"②民国《黑龙江志稿》记："扎哈，小舟也，以皮革或桦皮为之，较威呼尤轻捷，载受两三人，陆行载于马上，遇水用之以渡。"③民国《呼伦贝尔志略》记，内蒙古呼伦贝尔地区"河渡有鹹艕、扎哈二种"，扎哈"较鹹艕为小，受两三人而轻捷过之，又有制以桦皮者，则鄂伦春人之利涉品也"。从清代、民国文献记载看，扎哈是鄂伦春族用桦树皮缝制的小船。1855—1856年，俄国人马克在黑龙江中上游一带看到鄂伦春族④捕鱼使用的桦皮船，"长两俄丈"⑤，即长约4.2米⑥。黑龙江省博物馆收藏的鄂伦春族桦皮船长7.1米，宽0.67米，高0.25米。⑦ 1962年，黑龙江省民族博物馆在呼玛县（今塔河县）十八站乡，征集了一艘鄂伦春族桦皮船，长7.7米，宽0.72米，高0.2米，以单桨划行，桨长2.6米，另备2根撑竿。⑧ 内蒙古博物院收藏的鄂伦春族桦皮船，征集于呼伦贝尔市鄂伦春自治旗，长6.6米、宽0.66米、高0.23米，可运载300—600斤货物或乘2—4人，用于渔猎及水上交通运输等。⑨瑷珲历史陈列馆收藏了一艘20世纪四五十年代的鄂伦春族桦皮船（图9），长7米。东北师范大学东北民族民俗博物馆也收藏了一艘鄂伦春族桦皮船（图10）⑩，为晚清文物，长6.3米。坐落于呼伦贝尔市阿里河镇的鄂伦春民族博物馆、坐落于呼玛县的白银纳乡综合文化站等，也收藏展示了鄂伦春族桦皮船。⑪

---

① 也写作"木若沁"。
② 西清撰：《黑龙江外记》卷四，清光绪二十年渐西村舍丛刻本。
③ 万福麟修，张伯英等纂：《黑龙江志稿》卷六《地理志·风俗器用》，民国十年刻本。
④ 俄国人称之为"奥罗绰人"。
⑤ P.马克著：《黑龙江旅行记》，吉林省哲学社会科学研究所翻译组译，商务印书馆，1977年，第76页；孟宪章主编：《中苏经济贸易史》，黑龙江人民出版社，1992年，第124页。
⑥ 俄丈为俄国长度单位，"两俄丈"约合2.1米。
⑦ 李桂芹：《桦皮船》，《黑龙江民族丛刊》1986年第3期。
⑧ 黑龙江省地方志编纂委员会编：《黑龙江省志·文物志》，黑龙江人民出版社，1994年，第398—399页。
⑨ 韩有峰编著：《鄂伦春族风俗志》，中央民族学院出版社，1991年，第70页；黑龙江省地方志编纂委员会编：《黑龙江省志·文物志》，黑龙江人民出版社，1994年，第398—399页；呼伦贝尔盟史志编纂委员会编：《呼伦贝尔盟志》，内蒙古文化出版社，1999年，第950页；额尔敦桑：《森林之舟——鄂伦春族桦树皮船》，《中国博物馆》2010年第3期。
⑩ 全国高校博物馆育人联盟主编：《探秘高校博物馆》，上海交通大学出版社，2014年，第101页。
⑪ 中国博物馆学会编：《中国博物馆志》，华夏出版社，1995年，第190—191页；关金红、张檄文主编：《白银纳鄂伦春族乡志》，白银纳鄂伦春族乡人民政府，2002年，第183页。

图9　瑷珲历史陈列馆收藏的鄂伦春族桦皮船　　图10　东北师范大学东北民族民俗博物馆收藏的鄂伦春族桦皮船

鄂温克人称桦皮船为"佳乌""夹耶""夹伊",鄂温克文写作"sal"①。鄂温克族桦皮船,有的长约9米(图11),无首尾之分,前后均可行驶,用较短的双头桨划水,可载五六百斤或2—6人;有的长五六米,宽不足一米,可载二三百斤,用于渡水、捕鱼、狩猎或沿河流运输物品等。几乎每个鄂温克家庭都有一艘桦皮船。②

图11　鄂温克族长9米的桦皮船

达斡尔族早期曾使用过桦皮船,称"欧依斯·洁毕"(Ois Jiebi),可乘坐两人或装载200余斤货物,近代以来就不再使用了。③ 中国航海博物馆收藏

---

① D. O. 朝克著:《鄂温克语研究:汉文、鄂温克文对照》,民族出版社,1995年,第24页。
② 额尔古纳右旗史志编纂委员会编:《额尔古纳右旗志》,内蒙古文化出版社,1993年,第243页;根河市史志编纂委员会编:《根河市志》,内蒙古文化出版社,1998年,第402页;杜拉尔鄂温克民族乡志编纂委员会编印:《杜拉尔鄂温克民族乡志》,杜拉尔鄂温克民族乡志编纂委员会,2006年,第69页;《内蒙古通志》编纂委员会编:《内蒙古通志·第六编·民俗》,内蒙古人民出版社,2007年,第184页。
③ 孟志东主编:《中国达斡尔族通史》,辽宁民族出版社,2018年,第725页;毛公宁主编:《中国少数民族风俗志》,民族出版社,2006年,第1142页;毅松:《达斡尔族的传统交通习俗》,载宝力格编《草原文化研究资料选编》(第七辑),内蒙古教育出版社,2012年,第301页。

有两艘达斡尔族桦皮船(图12),分别长5.5米、4米。

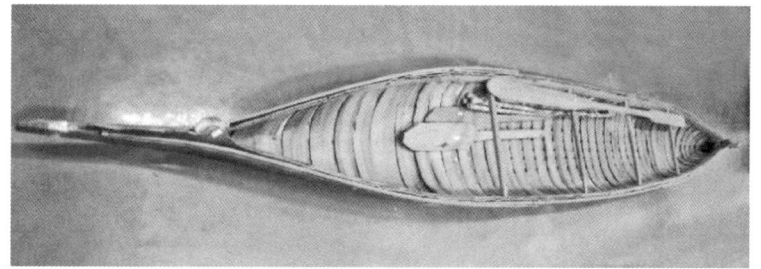

图12 当代达斡尔族制作的桦皮船

闫沙庆认为,鄂温克族和鄂伦春族的桦皮船,在形状及用途方面基本相同,而赫哲族桦皮船的形状则稍有不同。[①]

四、东北桦皮船的建造选材

桦皮船需要长期在水中浸泡,行猎时要与河中石头碰撞,需要坚固结实的优质桦皮建造,质量相对较差的桦皮可用于制作其他工具或器皿。桦皮船是建造材料特殊但极富特色的舟船,也是因地制宜的产物。

从建造选材看,东北地区的桦皮船,基础材料主要是木条和白桦的树皮(图13),辅助材料包括木钉、鳇鱼皮及各种植物纤维和兽筋线、油脂等,极富区域特色。做骨架(图14)的木条多用松(樟子松)木,也用杨、柳、桦

图13 鄂温克族制作桦皮船的场景

---

① 闫沙庆:《鄂温克族的桦树皮文化》,载宝力格编《草原文化研究资料选编》(第七辑),内蒙古教育出版社,2012年,第69页。

等树种;船底、船帮用蒸好压平的白桦树皮(图 15、图 16)。小的桦皮船用植物纤维(如椴、柳等树皮,以及红松根或野生纤维)、兽筋线(如鹿筋线)或麻线等,将桦树皮缝在骨架上;较大的桦皮船则钉上木钉。接缝和钉孔处,涂灌以溶化的松树、桦树等油脂进行黏合、堵孔和防漏。船的两头以松木杆削成,有些船的两头(图 17)或某些部位用鳇鱼①皮覆盖船舱,以防风浪

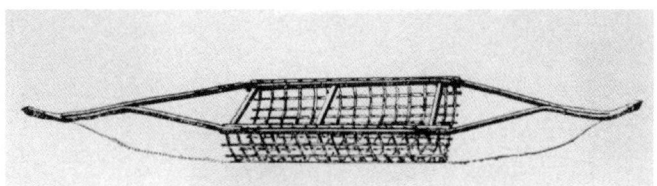

图 14　20 世纪 30 年代赫哲族桦皮船的骨架

图 15　20 世纪 30 年代赫哲人压平桦皮

图 16　20 世纪 30 年代赫哲人在桦皮船船骨外包桦皮

---

① 清代,东北黑龙江、松花江一带有鳇鱼贡,鳇鱼是江河中最大的鱼种之一,一般体重 100—300 斤,最大的鳇鱼有 5 米多长,重 1 000 多公斤。详参李嵩岩:《鳇鱼考——兼谈赫哲族人捕鳇》,《黑龙江民族丛刊》1986 年第 4 期。

图 17　20 世纪 30 年代赫哲族桦皮船的船身与头部

将水灌进船内。① 从世界造船史的角度看,桦皮船实际也是一种无金属的缝合船。②

中国东北是世界上著名的白桦分布区。白桦遍及东北各林区,以大兴安岭为最多。③ 白桦是桦树皮文化的物质基础,是桦皮船最主要的基础材料之一。一方面,白桦林的自然资源极为丰富。北半球的桦树有 40 多种,中国东北就占 12 种之多。④ 据统计,白桦占大小兴安岭、长白山全部林木的 20% 左右。⑤ 另一方面白桦具有突出特性:(1) 白桦皮外白内紫,厚半厘米左右,由许多层纤维极细、组织严密、薄如纸张的韧性细皮组成,"白桦皮可揭至十余层,薄如通草,可以代纸"⑥;(2) 耐腐蚀性强⑦;(3) 白桦皮有极好的韧性,可弯、可折、可拉伸,易于塑形;(4) 白桦皮富含油脂,可提取白桦油,是较好的黏合剂,具有极佳的防水、防潮性能⑧;(5) 白桦皮有极好的再生性,普通树木一旦失去外皮就会死掉,但白桦的树皮剥完后过两三年又会

---

① 可详参黄任远编著:《赫哲族风俗志》,中央民族学院出版社,1992 年,第 31 页;王兆明主编:《新生鄂伦春族乡志》,黑龙江人民出版社,2003 年,第 304—305 页;黑龙江省黑河市爱辉区瑷珲镇外三道沟村志编纂委员会编:《外三道沟村志》,方志出版社,2022 年,第 64 页;内蒙古鄂温克族研究会编著:《鄂温克族人物志》,内蒙古文化出版社,1996 年,第 8 页;黑龙江省地方志编纂委员会编:《黑龙江省志·方言民俗志》,黑龙江人民出版社,2001 年,第 589—590 页。
② 陈晓珊:《从桦树皮船与线缝船看世界早期原生态造船技术》,载上海中国航海博物馆主办《国家航海》(第二十八辑),上海古籍出版社,2022 年,第 24 页。
③ 成俊卿、杨家驹、刘鹏著:《中国木材志》,中国林业出版社,1992 年,第 143 页。
④ 宋德金:《谈桦木与东北古代文明》,《北方文物》1985 年第 3 期。
⑤ 力群、蔡风:《桦皮器皿和桦皮船》,《中国民族》1982 年第 4 期。
⑥ 杨同桂撰:《沈故》卷二《桦木桦皮》,民国铅印辽海丛书本。
⑦ 于济源:《满族的桦树皮文化》,载关志伟主编《吉林满族风俗》,吉林人民出版社,2006 年,第 192 页。
⑧ 《中国地域文化通览》编委会办公室编:《中国地域文化通览·吉林卷》(下),《中国地域文化通览》编委会办公室,2011 年,第 404 页。

重新长出来①，且易剥离，用刀划剥下来，取材方便。剥桦树皮的时间、选材等均有讲究。光绪《吉林通志》记："桦木遍山皆是，状类白杨。春夏间剥其皮，入污泥中，谓之糟。糟数日乃出，而曝之地，白而花成形者贵。"②以前，东北地区的每年农历五月至六月是剥桦树皮的时节，妇女们成群前往繁茂的桦树林，选择树干笔直、少有疤节、树龄30年以上的桦树进行剥皮。这个季节的桦树皮水分充足，易于剥成整张的桦树皮。桦树皮剥下后的处理方法，在定居和游猎民族之间产生了差异——定居民族，挖坑以马粪、污泥等填埋桦树皮；游猎民族采用蒸煮或火烤（图18），这两种处理方法都能使树皮变软，从而加工制成各种器具。

图18　20世纪30年代赫哲人火熏桦皮

樟子松是东北地区的重要用材树种之一，在兴安岭300—800米山地上，白桦常与落叶松或樟子松混交。③樟子松材质轻而富含松脂，耐腐力强④，在水中浮力大，纹理细直，易于切分，是制作桦皮船骨架的上佳选择。⑤

上述材料制成的桦皮船，呈柳叶形，质地轻盈，船体重10余公斤，一人一手可拎起，也可扛在肩上（图19）或载于马上。因船体两端尖细而上翘，适合在林间穿行，遇水乘渡，不用时可将桦皮船沉入岸边浅水中以防日晒暴裂。

---

① 王益章、王铁峰编著：《白桦遗韵：中国北方桦皮文化》，黑龙江人民出版社，2011年，第5页。
② 长顺修，李桂林纂：《吉林通志》卷三十三《食货志六》，清光绪十七年刻本。
③ 李明何：《白桦》，《内蒙古林业》1985年第5期。
④ 熊大同编著：《苗木培育》，黑龙江科学技术出版社，1982年，第63、164页。
⑤ 那敏著：《桦树皮船制作技艺传承人——郭宝林》，民族出版社，2011年，第36页。

图 19　单人可肩扛的鄂伦春桦皮船

桦皮船轻捷,水中划行几乎无声,动物不易察觉,有利于打猎,因而成为东北各民族捕鱼、狩猎、渡水、水上载运与交通的重要工具。桦皮船顺流每小时可行 25 公里左右,逆流上行每小时 10 公里左右,但不耐用,一般只可用 2—3 年。①

五、小　　结

在原始社会早期,一些已发明弓箭但还没掌握制陶术的民族,以原始狩猎、采集和渔捞为主要经济形式,生活不定居或半定居,需要经常迁徙和移动,要求这些民族制作工具的材料易于获得,加工过程与处理技艺不能太复杂,制成品最好具有重量轻、便于携带、不怕摔碰等优点。

北半球桦树皮文化带上的这些民族,生活在桦树、松树等原材料特别丰富的地区,这些材料所具有的特性和优点成就了桦皮船这一特色船型。桦皮船是世界桦树皮文化的一种物质体现,也是这些民族受地理自然环境等制约,主动适应环境,利用并改造自然的结果。因此,桦皮船的出现具有历史的必然性,其分布地区也呈现出一定的地域性。从建造选材看,桦皮船还保存了"三皮(鱼皮、树皮、兽皮)文化"的痕迹。

不过,就本文目前梳理的资料与研究情况看,有些问题仍有待进一步研究,如世界桦皮船最早起源于何时、何地,中国东北与世界其他地区的桦皮船是否存在技术关联,一些学者提到的南美洲民族(如印第安民族乔诺人、

---

① 黑龙江省黑河市爱辉区瑷珲镇外三道沟村志编纂委员会编:《外三道沟村志》,方志出版社,2022 年,第 64 页。

火地人)制作的树皮船①是否为桦皮船,等等。

[叶冲,中国航海博物馆学术研究部(藏品保管部)副主任、副研究馆员,主要研究方向为中国古代航海史与传统舟船史。]

---

① A. B. 叶菲莫夫、C. A. 托卡列夫主编:《拉丁美洲各族人民》,李毅夫等译,生活·读书·新知三联书店,1978年,第506页;高平叔编:《蔡元培史学论集》,湖南教育出版社,1987年,第228页;凌纯声:《中国远古与太平印度两洋的帆筏戈船方舟和楼船的研究》,载《"中研院"民族学研究所专刊之十六》,"中研院"民族学研究所,1970年,第48—49页;中国社会科学院拉丁美洲研究所编:《拉丁美洲历史词典》,上海辞书出版社,1993年,第181页。

试论当代航海类博物馆航海文化的传承功能

——以中国航海博物馆为例

亓玉国

摘　要：基于文化遗产学理论框架，界定"航海类博物馆"与"航海文化"的概念，探讨航海类博物馆与航海文化传承的关系。以案例分析与功能阐释相结合为研究路径，选取我国首家国家级航海博物馆、国家一级博物馆——中国航海博物馆为研究样本，考察其在展览展示、文化教育传播等方面的创新实践，提出航海类博物馆实现航海文化传承的"多维度叙事体系与互动机制"路径与"创新驱动—双管齐下—生态协同策略"及全员参与和专业化人才保障体系建设。

关键词：航海类博物馆　航海文化　传承路径与策略　保障措施

　　我国航海活动历史源远流长，它不仅推动了民众对世界的认知与探索，还促进了不同地区之间的文化交流和经济发展。① 尤其是明代时期郑和七次下西洋，集中彰显了中国古代航海事业的辉煌成就。长期航海实践过程中孕育出的科学航海、文明航海、友好航海等中国式航海文化，已经成为中华文化的重要组成部分，是不可或缺的精神瑰宝之一。航海与生产生活密不可分，但受明后期至清"重陆轻海"等不利因素影响②，大众对航海活动距离感有待拉近，对航海文化感知度有待进一步融合。现代社会发展过程中，与航海相关的传统舟船文化遗产也正在面临逐渐消失消亡的风险。当下在国家"海洋强国"战略与"一带一路"倡议的宏观背景下，守护航海文化遗存，传承航海精神已成为新时代的重要命题。航海类博物馆是中国航海文物与航海文化的重要守护者和传播者，承担传承航海文化、弘扬华夏文明的重要使命。探讨航海类博物馆在航海文化传承中的作用与策略，对推动航海文化在新时代继续发展具有重要现实意义。

---

① 孙光圻著：《中国古代航海史》，海洋出版社，2005年，第3—10页。
② 黄顺力：《"重陆轻海"与"通洋裕国"之海洋观刍议》，《深圳大学学报》（人文社会科学版）2011年第1期，第126—131页。

一、航海类博物馆与航海文化

（一）航海类博物馆

航海类博物馆是以航海、海洋为主题,融合收藏、展示、研究、教育等多种功能的文化机构。① 在"海洋强国"战略指引下,航海类博物馆的战略价值日益凸显。我国积极支持航海类博物馆建设,在人力、物力、财力等方面给予大力投入,推动其建设水平不断提高。② 2005年党中央、国务院举行纪念郑和下西洋600周年活动,并以此为契机宣布筹建中国航海博物馆。历经五年筹备,中国航海博物馆于2010年7月5日正式建成开放。该馆航海类文物收藏众多,展览举办内容丰富,教育活动开展形式多样,自建成之日起便已成为展示中华传统悠久航海文化的重要窗口。此后中国南海博物馆、天津国家海洋博物馆、宁波中国港口博物馆等一系列大馆相继建成。2014年以"凝聚国内航海文博力量,构建中外航海文博平台"为宗旨,中国博物馆协会航海博物馆专业委员会成立。协会数据显示,2022年有38家会员单位③,截至2024年我国已有50余家航海类博物馆及相关机构。2021年5月中宣部、国家文物局等多部门联合发布《关于推进博物馆改革发展的指导意见》,持续推进我国博物馆事业高质量发展。相信在国家支持引导下,航海类博物馆必将进一步发展完善,成为传播弘扬航海文化的重要阵地。

（二）航海文化

航海文化是指人类在航海活动过程中创造并积累的物质财富与精神财富总和。④ 从物质层面来看,包含航海技术设备、港口设施遗存等实体遗产,其中船舶是航海文化的典型代表。不同历史时期的船舶各具特色,独木舟开启了人类早期航海的征程,中期出现的传统木帆船推动了航海技术的发展,当代钢铁巨轮则展现了现代航海业的繁荣。距今约8 000年有"中华第一舟"之称的萧山跨湖桥独木舟⑤,不仅是我国先民近岸航行的工具,更是解码古代航海知识的历史实物。从精神层面分析,航海文化蕴含着航海者勇

---

① 王宏钧主编:《中国博物馆学基础》,上海古籍出版社,2001年,第36—44页。
② 国家文物局编:《中国博物馆事业发展报告(2022—2023)》,科学出版社,2024年,第6页。
③ 中国博物馆协会航海博物馆专业委员会、中国航海博物馆编著:《中国航海类博物馆2022年度发展报告》,河海大学出版社,2023年,第2页。
④ 辛加和著:《航海文化》,人民交通出版社,2009年,第12页。
⑤ 中国博物馆协会编:《中国考古遗址博物馆·史前遗址博物馆》,江苏凤凰文艺出版社,2022年,第91—99页。

敢探索未知的精神、面对困难时坚持不懈的毅力及不断开拓进取的创新意识。① 基于勇敢、坚韧、智慧和合作的价值观,我国历代航海先民形成了科学航海、文明航海、友好航海等精神,包括妈祖航海信仰等一系列与精神相关的价值遗产。从制度文化层分析,则涵盖航海管理制度、外交交往准则等遗产,如郑和船队"宣德修好"的外交实践②、宋代市舶司制度等贸易规范。现代社会,传承和弘扬航海文化就是要深入了解中华悠久航海文化内涵,多维度、系统性传承,这不仅有助于我国强化民族认同,培养文化自信与创新精神,更为"人类命运共同体"价值理念提供有力支撑。

二、航海类博物馆在航海文化传承中的作用

航海类博物馆具有航海文化遗产保护与航海文化传播作用。这与其收藏的文物、举办的展览展示活动具有重要关系。数据显示,2022年航海类博物馆藏品总数已达704 364件(套),藏品类别多样,涵盖了中国舟船、海上贸易、航海技术、海洋信仰、现代航运及海战等中国航海发展过程中的历史文化遗存。③ 中国航海博物馆藏品管理系统数据统计,博物馆现拥有藏品总数21 424件(套),其中珍贵文物数1 300多件(套)。在展览展示活动方面,各航海类博物馆通过开展展览展示活动的方式充分传播了航海文化。2022年度海专委38家会员单位除常设展外,新举办展览259场次。中国航海博物馆2023年全年开展陈列展示项目30项。保护与传播航海文化是促进航海文化传承的重要手段,航海类博物馆通过收藏、展览展示等各类活动提高了公众对航海文化的认识,增强了公众的文化自信心与自豪感。

航海类博物馆具有航海学术引领与航海文化教育作用。2022年航海类博物馆共举办学术讲座114场,参与人数达285万人次,开展各项航海文化研究课题27项。以中国航海博物馆为例,2024年举办5场"中海博大讲坛"学术讲座,吸引线上、线下逾50 000人次聆听交流。先后出版《国家航海》"16—19世纪东亚海域交流史"研究专辑、《靖疆御海:中国航海博物馆藏明清海防珍品释读》、《黄浦江古今地图集》、《黄浦江古今影像集》等书刊。中国航海博物馆立足自身特色、多方联动推进文化教育活动。2024年"航海文化角"活动被列为"学思想见行动——建设习近平文化思想最佳实践地"阶段成果案例,输送展览进社区、进校园33场,配套讲座43场,教育活动10余

---

① 贺云翱:《中华航海精神光耀古今》,《中国航海》2021年增刊第1期,第24—25页。
② 郑闻天:《论郑和航海时期的中国海洋外交》,《东岳论丛》2018年第11期,第114—123页。
③ 中国博物馆协会航海博物馆专业委员会、中国航海博物馆编著:《中国航海类博物馆2022年度发展报告》,河海大学出版社,2023年,第14—15页。

次,惠及观众 4.1 万余人。以"古船"为主题推动面向学校、老师、学生三个层面开展活动。组建 70 支"星火远航"队伍奔赴全国 50 余个县市,开展活动 130 余场,开展航海文化教育活动,相关经验还在清华大学召开的"文化遗产传播体系建设研讨会"上作专题分享。鉴于航海文化在中华文化体系中的重要地位及其育人价值,航海类博物馆必将继续加强航海学术引领与教育活动,为航海文化培养更多的传承者。

三、航海类博物馆实现航海文化传承功能的有效路径和策略

(一) 多维度叙事体系与互动机制

多维度叙事体系与互动机制是航海类博物馆实现其功能的有效路径。中国航海博物馆通过"展览—研究—教育—传播"四位一体的模式推动航海文化传承。在展览层面,突破传统线性叙事,采用"主题式时空串联"手法,既设古代航海史展馆又设现代海洋展馆,将古代航海技术与现代海洋科技并置展示,强化观众对航海文化连续性的认知。面向专业研究者,定期举办"中海博大讲坛"学术讲座,推动航海学术交流。教育功能的深化则体现为"分众化"策略的应用。① 针对教师、青少年、成人游客、社区群体等开发"航海大舞台""开学第一课""博老师演习会"等不同项目,将航海文化传承嵌入体验式学习。在传播维度上,充分利用现代信息赋能,逐步建立 3D 化航海文物藏品数字档案库,激活文化遗产。博物馆还构建"元宇宙"项目②,利用 AR、VR 技术复原中央福船、海洋展馆等内部空间,用户可通过虚拟化身参与游戏互动。以上实践不仅突破了实体场馆的物理限制,更通过技术手段印证了"数字孪生"理论在航海文化传播中的有效性③。

(二) 创新驱动策略

夯实基础,多措并举激发航海类博物馆创新活力,是航海类博物馆实现航海文化传承功能的前提。为提升内部管理质量,中国航海博物馆从文物征集、保管、展览策划、运营服务等多层面出发加大内部管理力度。航海文物是传播航海文化的重要载体。在内部建设过程中,中国航海博物馆建立

---

① 中国电影博物馆编:《探影博观:中国电影博物馆 2022 学术成果集》,中国电影出版社,2022 年,第 229 页—230 页。
② 顾振清、肖波、张小朋等:《"探索·思考·展望:元宇宙与博物馆"学人笔谈》,《东南文化》2022 年第 3 期,第 134—160 页。
③ 谭姗姗:《数字孪生打开博物馆数字化转型新宇宙》,《东南文化》2022 年第 3 期,第 150—151 页。

了系统化征集体系,通过专项征集、社会捐赠等多渠道不断丰富具有历史价值和文化意义的航海文物种类与数量,如古老的航海仪器、航海日志、船模等,充实藏品库,为公众呈现丰富多彩的航海文化。在藏品管理层面,根据《博物馆馆藏文物登录规范》,研究形成符合自身特色的藏品体系和类别,努力实施分级分类保管体系。为发挥博物馆在航海文化传承中的价值,针对诸如清同治九年金陵制造局双耳铜炮等这些高等级、体量大的航海文物,量身定制科学规划展示空间。建立"线上—线下"深度协同教育机制,通过"四心"服务强化博物馆运营,为游客营造领略航海文化的良好体验。

航海类博物馆还应以深挖文化内涵为根基,以技术应用为引擎,努力促成内容迭代与技术革新的双向良性互动。随着社会发展,数字技术的发展水平日益提升。为助力航海文化传承,航海类博物馆有必要引进数字技术,加强对数字技术的应用。① 可交互空中成像技术、三维扫描技术、增强现实技术、虚拟现实技术、全息投影技术等属于先进的数字技术,中国航海博物馆在展厅和藏品管理中均有所应用。例如,中国航海博物馆于2024年打造了"沧海云帆"元宇宙项目展现中国辉煌的航海历史与科技,游客可通过佩戴AR眼镜走进航海世界,深度参与。

(三)双管齐下策略

通过展览讲好中国航海故事"历史书",引发情感共鸣,可以有效拓展航海文化传播。航海故事中蕴含着航海精神,承载着丰富的航海文化。为扮演好自身在航海文化传承中的角色,中国航海博物馆从"人""船""港""货"四个方面讲解航海故事。"人"指的是航海人物。通过陈列普通航海人物或航海家等各类与航海活动相关人物的遗物、日记等方式,还原他们的成长轨迹与航海经历,使公众见证他们的成长,感受航海人物的精神力量。"船"指的是舟船文化。中国航海博物馆以不同时期的"沙船""福船""广船"等船模为载体,并配合图文展板,介绍舟船的演变历程,讲解船舶的作用,让公众了解船舶在航海中的价值意义。"港"指的是港口发展。依托洋山港等港口沙盘,还原不同时代港口风貌,展示港口从简单停靠点到繁华贸易枢纽的变迁,使公众清楚港口的发展史。"货"指的是海丝贸易。借助实物、仿真场景展现丝绸、瓷器等海上丝绸贸易货物,讲述关于海上丝绸贸易往来文化碰撞的故事,激发公众探索海上丝绸贸易的兴趣。值得注意的是,在讲述上述航海故事的过程中,航海类博物馆还可以从水系、航运等角度出发对航海故事进行合理拓展与延伸,增长公众见识。

航海知识是人类文明的构成要素,普及航海知识"科普书",提升公众认知,在航海文化传承与发展中具有重要作用。为推动航海文化传承,促进航

---

① 王玉红:《守护历史记忆,创新传承之路——新时期博物馆的数字化改革》,《文物鉴定与鉴赏》2024年第23期,第84—87页。

海文化持续发展,航海类博物馆需要面向公众特别是青少年普及航海知识,使航海文化变得"可知、可感、可触、可及"。一方面,丰富活动形式。中国航海博物馆通过邀请航海专家、老船长的方式开展航海知识讲座活动,深化公众对航海知识的理解与认识。同时,还针对青少年组织航海模型制作活动,鼓励他们动手制作船模。在制作的过程中为他们讲解船舶结构和航行原理。这样不仅可以完善他们的航海知识体系,而且可以提高他们的动手操作能力。除此之外,可以与社区、学校合作,举办社区"航海生活节"活动,开发航海教育项目,提高公众与学生对航海知识的知晓度,让航海文化深入公众与学生的生活中,增强他们人文素养,培养他们的航海文化传承意识,保证他们主动参与航海文化传承活动。① 另一方面,做好文字注解工作。在航海展示品旁详细注明与之相关的知识。以航海罗盘为例,可以在展示品旁注明罗盘从北宋至现代社会的发展历程,介绍罗盘的重要结构,如指南针和刻度盘。在信息时代,中国航海博物馆还通过在展品旁设置二维码和互动式讲解屏等方式,引导公众主动查询航海展品背后的航海知识,增强公众参与感。

（四）生态协同策略

航海类博物馆可通过加强联动,构建"博物馆—政府—企业—社区—学校"协同网络,形成航海文化传承的生态闭环。航海类博物馆可以与相同类型的博物馆合作,共享航海文物与航海知识、技术,提高博物馆整体发展水平,更好地为航海文化传承贡献力量。2014年6月,中国博物馆协会航海专业委员会成立,并不断壮大,成为中国博物馆领域令人瞩目的新生力量。作为专委会主任委员,中国航海博物馆利用协会平台与其他航海类博物馆在陈列展览、学术研究、社会教育、文创开发、公共服务方面加强联动,硕果累累,已成为弘扬航海文化、传播华夏文明的重要公共文化机构。水利部门、文旅部门、自然资源保护部门是与航海文化保护与传承息息相关的部门。② 航海类博物馆需要积极与这些部门沟通交流,建立合作关系。从水利部门的角度,博物馆可以与水利部门共同打造水上航海文化展览项目,让公众在水上观看航海文化,了解真实、生动的航海历史。从文旅部门的角度,博物馆有必要与文旅部门合作建立航海文化园,全方位、多角度展示航海文化。③ 在建设航海文化园的过程中,还可以突出博物馆的地位,保证公众走入博物馆,探究航海文化。从自然资源保护部门的角度,航海文化传承中需要保护

---

① 顾婧:《构建博物馆研学教育的新模式——基于扬州中国大运河博物馆的实践探索》,《文物天地》2024年第12期,第115—119页。
② 吴挽挽、刘磊:《大连东北亚国际航运中心航海文化传承与创新中的政府职能研究》,《经济师》2022年第11期,第128—129页。
③ 李硕祺、胡静、陈芳:《文旅融合视域下西安碑林博物馆IP形象视觉设计:文化传承与创新理念的交织》,《人像摄影》2025年第1期,第187—188页。

的自然资源类型包括海洋资源(珊瑚礁、红树林、海草床等)、海洋能源资源(潮汐能、波浪能等)、海岸带资源(海滩、沙丘、河口湿地),为增强航海文化的生命力,顺利推进航海文化传承工作,博物馆可以与自然资源保护部门合作,构建航海文化自然资源保护方案,并组建工作队伍,开展自然资源保护活动。近些年中国航海博物馆也一直坚持航海展览进机场、进企业、进地铁、进学校,形成生态协同,促进航海文化传承。

发展更宽维度的生态协同,应进一步开展国际互动,开创双赢局面。航海类博物馆可以与拥有独特航海文物或展览资源的博物馆联合举办特展。中国航海博物馆曾与荷兰阿姆斯特丹海事博物馆、大英博物馆、比利时海事博物馆等互动,先后举办了诸多合作展览,不仅引进国外先进航海技术发展历程的展览,还将本馆具有特色的航海文化展品送往国外展出,促进文化双向交流,推动文化发展,增强博物馆在国际上的影响力。2023 年,中国航海博物馆派员参加国际海事博物馆协会(ICMM)论坛,向国外展示中国悠久的航海历史与文化。为促进学术发展,提高航海文化建设水平,支持航海文化传承,国内航海类博物馆还可以进一步与国际海事博物馆协会联合举办学术研讨会,邀请国内外航海历史、海洋文化等领域的专家学者共同探讨航海文化的传承与发展,分享最新研究成果,为博物馆的学术研究注入新的活力。另外,还可以与其打造航海文化科普宣传教育项目,推进航海文化科普宣传教育活动,大力传播航海文化。随着这些活动的开展,国内航海类博物馆必将切实落实航海文化传承任务,增强航海文化的生命力,进而开创中西方航海文化交流互利共赢的新局面。

四、航海类博物馆航海文化传承的保障体系

(一)全员航海文化传承建设

为提高航海文化传承效果,中国航海博物馆提出了"全员建库,全员创作,全员营销"活动。在全员建库上,引导讲解员、学术研究员、展览策划员、管理人员等多主体收集航海文物信息、历史文献资料、航海故事口述记录等,加强航海文化资源库建设,更好地开展航海文化宣传教育活动。在全员创作上,推动全员参与航海文化创作活动,发挥全员优势,提高航海文化创作水平。例如,鼓励研究人员探究航海历史,撰写相关文章,深度解读航海历史,挖掘航海文化内涵,深化公众对航海文化的认识,提高公众文化素质。同时,要求设计师以航海为主题创作艺术作品,丰富航海文化宣传教育素材,便于在增强公众人文素养的基础上提升他们的审美水平。在全员营销上,营造人人都是宣传员、人人贡献金点子的积极氛围,激发全体员工参与

航海文化推广活动的热情,保证推广效果。航海类博物馆在全员营销的过程中,还可以指导员工将信息技术、网络技术、新媒体技术、大数据等先进技术应用在航海文化营销活动中,促进航海文化传播。①

(二)专业航海文化传承人才培育

为调动员工参与航海文化传承工作的积极性,航海类博物馆有必要建立合理的培育激励机制。例如,可以针对在航海文化传承创新工作中有突出表现的员工进行物质与精神层面的激励,保证其以更加积极的态度对待航海文化传承活动,丰富航海文化传承创新成果,推动航海文化发展进步。另外,还需要完善平时考核、年度考核、专项考核相结合的综合考核评价体系,科学指导考核工作,提高考核工作开展效率与质量。在形成考核结果后,还需要加强结果的利用,为后续航海文化传承工作的推进提供指导。为提高航海文化传承队伍建设水平,支持航海文化传承工作,航海类博物馆不仅需要培育人才,而且需要引进人才。② 在人才培育方面,可以结合博物馆航海文化资源、航海文化传承要求,以及员工航海文化素养发展情况、发展需求等,构建完善的培训教育内容,优化推进培训教育活动,促进员工专业能力成长与发展。在人才培育的过程中,需要注重营造良好的工作环境,还需要为员工提供充足的航海文化资源收集、航海文化推广等实践机会,增强他们的文化传承能力。在人才引进方面,可以依托人才引进政策,加大航海文化研究专家、文创设计高手等人才引进力度,努力打造行业领军人才,提高博物馆在航海文化领域的影响力。

五、结　语

新时代语境下,航海类博物馆开展航海文化传承,其本质是将历史记忆转化为当代价值,在海洋意识培育、海权观念建构等维度发挥深层次作用。中国航海博物馆的实践表明,通过创新驱动突破传统范式,依托生态协同凝聚社会合力,辅以系统性保障措施,方能进一步激活航海文化的传承效能,进而为"海洋强国"战略提供更坚实的文化支撑。

[亓玉国,中国航海博物馆藏品修复部主任、副研究馆员,主要研究方向为藏品保护、修复及舟船复原考证。]

---

① 白鸽、张霞:《传承千年古韵,坚守文化根脉——探寻哈尔滨文庙(黑龙江省民族博物馆)背后的故事》,《奋斗》2025年第1期,第72—74页。
② 朱雪峰:《激扬航海文化,引领百年航程》,《企业文明》2020年第11期,第71—73页。

从远洋船舶视角看新中国航运事业发展历程（1949—2024年）

顾申琳、陶　峰

摘　要：新中国成立75年来，中国远洋船舶与航运业发展经历了从弱到强的历史性跨越，成为国家工业化、现代化和全球化进程的重要标志。本文以远洋船舶发展为切入点，系统梳理了1949—2024年中国航运事业的历史轨迹与时代特征：1949—1978年起步阶段，中国在西方技术封锁下艰难构建远洋船队基础，通过自主攻关实现造船技术原始积累；1978—2001年改革开放阶段，航运业全面接轨国际标准，集装箱运输革命推动产业升级，造船工业实现规模化发展；2001—2012年协同发展阶段，形成港口、航运、造船"三位一体"格局，造船产能跃居世界首位，深海平台研发取得突破；2012—2024年高质量发展阶段，航运业深度服务"一带一路"建设，绿色智能船舶技术引领产业变革，上海国际航运中心跻身全球前列。中国航运业通过技术创新、制度改革与全球化布局，不仅实现了从"买船难"到造船强国、从区域航运到全球网络的转变，更为全球航运体系重构贡献了中国方案。

关键词：船舶历史　造船强国　新中国航运　船舶技术发展

航运与国运息息相关，彼此紧密相连。航运不仅是经济交流的重要通道，更是国家实力和国际地位的重要标志。正如习近平总书记在上海考察时所指出的，"经济强国必定是海洋强国、航运强国"①，航运业的繁荣不仅促进了国家经济的快速增长，也为国家提供了战略资源和能源的安全保障。在全球化背景下，航运作为国家间贸易的主要运输方式，直接关系到国家的经济命脉和国际竞争力。

从古至今，许多国家的兴衰和大国的崛起都与航海、航运事业紧密相连。从地中海东岸的腓尼基人，到古希腊人，再到15世纪末以来的葡萄牙、西班牙、荷兰、英国，以及近代的美国，都通过发展航运而变得强大。在当代，日本、韩国、新加坡等国的快速崛起，同样离不开航运的支撑。

新中国成立以来，远洋船舶的发展与航运业的崛起紧密交织，既是国家

---

① 《习近平在上海考察》，《人民日报》（海外版）2018年11月8日第2版。

工业化、现代化的缩影,也是对外开放、全球化参与的重要标志。从依赖外轮到自主创新,从近海探索到全球布局,中国航运业用75年时间完成了从航运弱国到航运大国再到航运强国的历史跨越。新中国航运逐步崛起的历程大致可分成四个阶段:从零起步,打破封锁阶段(1949—1978年);改革开放,国际接轨阶段(1978—2001年);协同发展,三位一体的航运大国阶段(2001—2012年);高质量发展,航运强国阶段(2012—2024年)。

一、从零起步,打破封锁(1949—1978年)

新中国成立初期,面对西方国家的全面禁运和国际封锁,中国领导人决心打破束缚,发展自己的远洋船队。1953年,毛泽东主席提出了"海上长城"的宏伟构想,旨在通过发展远洋航运,增强国家的海上实力。这一构想成为中国远洋海运事业的起点,中国的远洋航运事业从零起步,经历了自力更生、艰难破局的发展历程。

(一)新中国远洋船的基础

新中国第一艘远洋船的源头可以追溯到1949年前后。新中国成立初期,由于外部环境的复杂和严峻,航运事业面临着重重封锁,许多中国远洋船舶不得不悬挂外国旗帜。例如,1948年,中国共产党拥有的第一艘远洋货船"东方"轮,悬挂巴拿马旗。当时,经请示中央,华润公司购买3500吨二手客货船,由于中国共产党还未建立政权,没有国旗,货船注册巴拿马籍。1949年2月底,"东方"轮秘密由香港首航大连,满载向解放区运输战略物资、归国华侨和北上民主人士,由此开启了新中国的远洋事业。[①]

1949年9月28日,由船长方枕流领导的"海辽"轮高举义旗,冲破国民党的重重障碍,胜利抵达大连港。这是中国共产党领导下的第一艘起义成功的船舶,受到毛主席高度赞扬,是中国海运斗争史上的光辉篇章。与此同时,招商局旗下的15艘海轮也相继起义成功并回归新中国。这些海轮的加入,不仅极大地增强了新中国海运船队的实力,更重要的是,它们为新中国的航运事业奠定了坚实的基础,标志着新中国航运事业的正式起步。

(二)国际封锁下的航运破局

新中国成立初期,面对国内经济建设的紧迫任务,航运成为连接国内外市场、引进先进技术设备、促进经济发展的重要通道。而此时西方国家对华实施全面禁运,远洋运输几乎空白。但中国人民从不放弃,积极开辟国际航

---

① 《中国远洋海运发展史》编委会编:《中国远洋海运发展史》(第1卷),人民交通出版社,2020年,第11页。

线,以打破西方国家的封锁。至1978年,中国初步构成自主远洋运输体系。

1951年,中国与波兰合资成立中波轮船公司,以四艘旧船起家,开辟首条远洋航线(中国—波兰),突破封锁运送战略物资。1951年,中波公司所属船舶"布拉斯基"轮,第一次在中波航线上航行。

1961年,第一艘悬挂中华人民共和国国旗的远洋船舶——"光华"轮(周恩来总理对"光华"轮的命名寓意深远,意为"光我中华"),首航至印度尼西亚雅加达,执行了一项意义重大的接侨任务。这一壮举不仅标志着新中国在国际航运舞台上赢得了初步的地位,更是中国主权与领土的象征。新中国向世界展示了其远洋航运的实力和决心,对于打破国际封锁、促进对外交流具有重要意义。

1961—1974年,悬挂五星红旗的船舶从开辟第一条国际航线到完成环球航行,历时13年彻底打破国际封锁。1961年5月,"和平"轮首航雅加达,开辟了1949年以来第一条悬挂五星红旗的远洋货运航线。1962年4月,"国际"轮首航联邦德国汉堡、英国伦敦、比利时安特卫普、摩洛哥达尔贝达,开辟欧洲航线;同年6月,该船开辟非洲航线。1970年7月,"东风"轮首航加拿大,开辟北美航线。1974年6月,"金沙"轮成为新中国第一艘完成环球航行的船舶。

(三)造船技术的积累突破

在远洋航运初创时期,由于国内造船能力有限,中国不得不通过租船和改造船的方式来满足远洋运输的需求。然而,这并不意味着中国放弃了自主造船的努力。相反,租船只是权宜之计,自主造船才是长远之计。随着国家经济的发展和科技的进步,中国开始着手自主建造远洋船,逐步摆脱对外依赖。

1958年11月,大连造船厂建成第一艘中国船厂自主建造的万吨级远洋货船"跃进"轮下水,该船载重量15 930吨,设计图纸、钢材和设备全部从苏联购买。1963年5月,该轮首航日本,开辟中日航线任务途中因触礁沉没,暴露出了当时中国造船技术的短板。

1960年,由江南造船厂建造,中国第一艘自行设计、主要材料和配套设备立足国内的万吨级远洋货轮"东风"轮下水。1965年12月试航成功,建造周期七年(由于太强调国产化,1960年4月下水后停顿)。它的建造成功,开创了中国自行设计建造万吨级船舶的先河。

1970年,由沪东船厂建成投产,我国自行设计、自行建造完成第一艘7 500吨级甲型客货轮"长征"轮。1972年,中华造船厂建造的国产第一艘1.5万吨级的运煤专用船"安源"轮下水。1974年,大连造船厂建造完成国产首艘2.4万吨级原油船舶"大庆42"轮。1978年9月,新中国出口第一艘万吨级货轮"绍兴"轮,也是中波公司拥有的第一艘中国建造的船舶。

从"跃进"轮到"绍兴"轮,从依赖苏联技术到逐步实现自主设计,从

1万吨到 2.4万吨,从进口到出口,中国在船舶设计、动力系统、船体结构等方面取得了重要进展。这一时期的技术积累和经验总结,逐步缩小了与国际先进水平的差距,为改革开放后中国成为世界造船大国提供了重要支撑。

二、改革开放,国际接轨(1978—2001年)

1978年中国实施改革开放政策后,航运业为对外开放的窗口之一,中国在船舶制造和航运领域取得了显著进展。通过技术引进与市场化改革,逐步从"封闭式生产"向"外向型经济"转型,实现跨越式发展;通过出口导向和技术积累,为中国造船工业从第三梯队向造船大国跃升奠定基础;通过大力发展集装箱运输,积极参与国际竞争,成为国际贸易链的关键一环。

(一)航运全面发展,走向国际

1979年3月,中华人民共和国成立后第一艘悬挂美国国旗的远洋货轮"利·莱克斯"号首航中国。该年4月,"柳林海"轮成为有史以来抵达美国本土的第一艘悬挂五星红旗的船舶,中美海上航线正式开通。① 2015年,习近平总书记访美时,美国微软公司赠送总书记 3D 打印的"柳林海"号,以突出"柳林海"轮在中美关系上做出的卓越贡献和引领作用。1979年5月,"红旗121"轮开辟台湾海峡直航航道,新中国成立后,封锁了30年的台湾海峡禁区终于被冲破。

1983年3月,"清河"轮全体船员参加在法国马赛举行的国际海员体育运动会,共参加七个项目比赛,荣获金杯一个、金牌和铜牌各一枚,这是中国首次参加国际海员运动会。1984年11月,中国自行设计制造的第一艘万吨级远洋科学考察船"向阳红10号"(上海江南造船厂建造),启航中国首次南极科考任务。1989年,我国正式走上世界海运舞台中央,跻身国际海事组织当时仅有的八个 A 类理事国行列。② 1992年4月,广州远洋"赤峰口"轮执行中国首次参加的联合国维持和平行动任务。

从"柳林海"轮到南极科考船和联合国维和行动任务船,勾勒出改革开放后中国航运业全面发展的全景图。不仅展现了中国对国家统一与海洋权益维护的决心,也映射出中国在国际航运舞台上的崛起和担当。

---

① 《中国远洋海运发展史》编委会编:《中国远洋海运发展史》(第2卷),人民交通出版社,2020年,第23页。
② 卢锐、赵鹏飞:《激荡改革创新的时代力量——访原交通部副部长林祖乙》,中国交通新闻网,2018年10月12日,https://www.zgjtb.com/zhuanti/2018-10/12/content_213745.html。

（二）造船工业的全面崛起

1978—2001年，船舶工业在"中国的船舶要出口，要打进国际市场"的指示指引下，率先开放，开启了我国船舶工业现代化、国际化发展的新征程，造船工业突飞猛进，建造了大型货船、钻井平台、科考船、浮船坞等各类第一艘船舶，船舶吨位和技术水平大幅提升。

1981年12月，中国第一艘按照国际标准建造的出口万吨巨轮"长城"号起锚驶向国际，开创了中国船舶出口新纪元。1984年7月，中国第一座海上半潜式石油钻井平台"勘探三号"正式交付使用。该平台总长91米，宽71米，高约30米，由中国自行设计、自行建造（上海船厂建造），达到了同时期国际上同类型半潜式钻井平台的水平，并创出当时中国海上钻井深度达5 000米的纪录，做出重大贡献。1991年12月，中国建成第一座15万吨级巨型浮船坞"南通"号。这个消息立时轰动了当时的航运界，它的建成填补了中国修船业的空白，结束了中国不能修理10万吨级以上大型船舶的历史。2001年，5 668 TEU集装箱船"新大连"号建造完成。该船总长279.6米，型宽40.3米，是我国首款自主设计建造的最大型超巴拿马型集装箱船。此船型共批量建造八艘，由大连新船重工与沪东中华造船集团各承建四艘，形成了国内南北船企协同攻关的里程碑。其成功建造不仅打破了日韩船厂在超大型集装箱船领域的垄断，标志着中国从散货船制造向高技术附加值船型升级的战略转型，从而显著提升中国航运企业在跨太平洋贸易中的竞争力。

（三）集装箱革命，紧随航运时代变革

20世纪世界集装箱航运行业经历了从萌芽到全球化的深刻变革，重塑了全球贸易格局。集装箱航运的全球化浪潮，既是中国航运业从落后走向现代化的"催化剂"，也是中国经济融入世界体系的"海上桥梁"。

1978年9月，"平乡城"轮半集装箱船从上海港首航澳大利亚，装置162个标准集装箱，于10月中旬抵达，开辟了中国第一条国际集装箱班轮航线，标志着中国远洋集装箱运输的正式开始。1980年3月，"西江"轮首开香港至菲律宾的全集装箱定期班轮航线。1980年5月，中远总公司"嫩江"轮首开香港至欧洲的集装箱航线。1981年2月，"张家口"轮首开中国至美国的全集装箱班轮航线。1981年6月，"抚顺城"轮首开中日第一条集装箱班轮航线。1994年5月，"剑河"轮首开南美集装箱航线。

中国洞察航运时代变革，紧抓集装箱革命浪潮，从零起步，与航运强国接轨。中国集装箱吞吐量从1978年不足1万标箱，增至2001年集装箱年吞吐量3 700万标箱①，彻底打破了国际航运大国的垄断。中国已从集装箱运

---

① 林红梅：《徐祖远：中国港口60年从一穷二白跨越为港口强国》，中国政府网，2009年9月10日，https://www.gov.cn/jrzg/2009-09/10/content_1413849.htm。

输的旁观者转变为核心参与者,为 21 世纪成为全球第一大造船国和港口国奠定了基础。

三、协同发展,三位一体的航运大国（2001—2012 年）

2001 年中国加入 WTO,外贸井喷式增长,远洋运输需求激增,航运网络与超级港口群逐步形成;入世驱动的航运繁荣,倒逼中国造船产业升级和技术创新;远洋资源的需求与开发,使海洋工程装备迅速崛起。至 2012 年,三者协同推动中国成为造船总量世界第一、船队规模世界第三(仅次于希腊和日本)、海工平台全产业链世界领先的三位一体航运大国。

（一）"中国航运和港口军团"形成

2005 年 4 月,第一艘装载我国汽车的国产滚装船"富泉口"轮开往中东地区。我国汽车第一次搭乘国轮,实现了"中国制造+中国运输",宣告了外国轮船垄断我国汽车出口远洋运输市场的历史结束。2007 年 7 月,亚洲首艘万箱级集装箱船"中远亚洲"轮投入中国至欧洲航线的运营。这是首条中国拥有全部产权并由中国船员驾驶的集装箱巨轮。该船总长 349 米,可装载 10 062 个 20 英寸标准箱(TEU),总排水量 14 万吨。2008 年 12 月,中国首艘 30 万吨超大型矿石运输船(VLOC)"合恒"轮,一举创下了中国航运和造船史的三个第一:中国第一艘超大型矿石运输船,也是当时最大的矿石运输船;第一艘航运业和钢铁制造业签署的长期货运合同支持的大型矿石运输船;第一艘国内具有自主知识产权的超大型矿石运输船。

2012 年,全球港口货物吞吐量前十大港口中,"中国军团"分量进一步加重,我国的宁波—舟山港、上海港、天津港、广州港、苏州港、青岛港、大连港、唐山港分别揽取全球第一、第二、第四、第六、第八、第九、第十的席位(余下的第三、第五分别由新加坡港和荷兰的鹿特丹港摘得),中国超级港口群已完全形成。

（二）造船能力跨越式增长,成为造船大国

2002 年 8 月 31 日,中国自主建造的第一艘 30 万吨级超大型原油船(VLCC)"伊朗·德尔瓦"号交付(为伊朗国家油船公司建造),实现了中国超大型油船建造"零"的突破,揭开了我国造船史的新篇章,从此打破了日本、韩国对超大型油船市场的垄断。2002 年 12 月,中国建成第一艘"国轮国造"的 30 万吨超大型油轮"远大湖"轮,标志着中国造船业追赶国际先进水平迈上新的台阶,被海外传媒称为"中国迈向世界造船大国进程中一个里程碑式的事件"。2002 年 12 月,世界半浅船"全能冠军"和有"亚洲第一船"之

誉的"泰安口"轮建成。

2008年4月，上海沪东船厂建成中国首制第一艘液化天然气船（LNG）"大鹏昊"轮（该船船长292米，可以载货6.5万吨），标志着中国成功摘取LNG船这颗"明珠"，开启LNG新篇章。

工信部统计数据显示，2010年全国造船完工量6 560万载重吨，新承接船舶订单量7 523万载重吨，手持船舶订单量19 590万载重吨。[①] 2010年中国在造船业的三大核心指标——完工量、新接订单量和手持订单量上首次超越韩国，成为世界造船第一大国。

（三）深海钻井平台领域迅速崛起

中国在海工平台领域迅速崛起，形成深海钻井平台和海工船的产业链自主建造，不仅展示了中国的技术创新能力和产业实力，也为中国在海洋资源开发中赢得了更多的话语权和主动权。

2009年6月，"世界首座，中国制造"圆筒型超深水海洋钻探储油平台"SEVAN DRILLER"（希望1号）完工。该平台总高135米，直径84米，设计水深12 500英尺，钻井深度40 000英尺，是当时世界海洋石油钻探平台中技术水平最高、作业能力最强的高端领先产品，是国际海工建造制高点。入选2010年国家"十大技术进展"，2011年度国家科技进步奖一等奖。

2010年6月，中国建造完工世界首座自航自升式海洋平台"SUPER M2"。8月，中国开工建造世界最大深海钻井船"大连开拓者"号。该船合同金额5.6亿美元，预示着中国企业将打破韩国长期以来在世界钻井船建造领域的垄断。时任国务院副总理李克强亲笔批示："向参与研建的全体同志表示祝贺，希望将该项目打造成世界海工装备的精品。"

2012年5月，上海外高桥船厂建造的国内首座深水半潜式钻井平台"海洋石油981"在南海海域首钻成功。标志着中国海洋石油工业的深水战略迈出了实质性的步伐，跻身深海油气开发强国。8月，中国签订世界首个圆筒型浮式生产储卸油平台"希望6号"项目。"希望6号"是中国从国外获得的第一个从设计、采购、建造、调试到部分海上安装和运输的总包一站式交钥匙工程。

四、高质量发展，航运强国之路
（2012—2024年）

党的十八次全国代表大会召开以后，中国航运业从规模扩张转向高质

[①] 《2010年中国造船业订单超越韩国位居世界第一》，航运在线，2011年1月20日，https://news.sol.com.cn/html/2011-01-20/AA3865E3AB9E75F2A.shtml。

量发展,在智能航运、绿色转型和产业链协同上持续突破,在全球化航运网络扩张、船舶建造技术突破及上海国际航运中心建设等领域取得显著进展,成为全球造船与航运的核心力量。近年来,中国聚焦可持续发展,积极参与全球海事治理,推动构建开放型世界经济,领航世界的同时,为全球航运贡献着中国力量。

(一)助力"一带一路"建设,为全球航运贡献中国力量

2013年中国提出"一带一路"倡议后,中远海运等企业加速布局亚欧、非洲、南美等新兴市场航线,开通多条"21世纪海上丝绸之路"班轮航线。2016年,中远集团与中海集团合并成立中国远洋海运集团。该年4月,中远海运集团收购比雷埃夫斯港相关股权。2023年3月,中远海运集团投资埃及苏科纳港口新集装箱码头,构建全球化航运网络。截至目前,中远海运集团船队规模达到1300多艘,综合运力超1.13亿载重吨,全球排名第一。

2013年9月,"永盛"轮首航北极东北航道,成为第一艘通过北冰洋抵达欧洲的中国商船。2018年,载重冰级多用途船"天恩"轮、"天惠"轮、"天佑"轮多次利用该航道缩短亚欧航线航程,推动"冰上丝绸之路"建设。

2014年,中国1.91万TEU"中海环球"轮成为当时世界最大集装箱船。2015年,中国"紫荆松"轮成为停靠巴基斯坦瓜达尔港的第一艘商业货轮,这是瓜达尔港历史上首次货物出口,开启"中巴经济走廊"建设。

2020年后,中国航运业率先复苏,疫情期间中国航运企业保障全球供应链稳定。2021年,全球100大集装箱港口共完成集装箱吞吐量6.76亿TEU,其中中国港口完成集装箱吞吐量2.76亿TEU,占比高达40.8%。①

近几年,中国港口规模稳居世界第一,海运船队运力规模跻身世界第二(第一为希腊)。中国的发展需要世界,世界的发展也需要中国。中国通过"一带一路",显著提升了全球航运能力,为全球航运业的可持续发展贡献了中国力量。

(二)造船强国,"造船明珠",绿色智能船舶

2017年12月,中国自主研发的全球首艘智能船舶"大智"号交付使用。"大智"号是全球首艘通过船级社认证的智能船舶,标志着中国在智能船舶领域引领全球开启智能化航运时代。2019年6月,中国建成全球第一条智能化的超大型超级油轮"凯征"号,它拥有智能航行、智能机舱、智能能效管理、智能货物管理和智能平台五个智能船舶附加标志。

2020年,北斗卫星导航系统完成全球组网,逐步替代GPS成为船舶定位核心系统。2022年9月,我国自主研发首艘自主航行300 TEU集装箱船"智

---

① 《全球100大集装箱港口排名出炉,中国港口占28席》,"港口圈"微信公众号,2022年8月29日,https://mp.weixin.qq.com/s/xn0cTzUBN3BzhO2dnRzmpw。

飞"号开始智能航行实验测试,该船具有人工驾驶、远程遥控驾驶和无人自主航行三种驾驶模式,将有望实现智能船舶与青岛港无人化码头的船岸协同作业。

2023年1月,全球首艘智能型无人系统母船"珠海云"号交付使用,推动智能化与新能源结合。"珠海云"号是全球首艘具有远程遥控和开阔水域自主航行功能的科考船,动力系统、推进系统、智能系统、调查作业支持系统等核心要素均为我国自主研制。2023年11月,上海外高桥船厂建造的中国首艘国产大型邮轮"爱达·魔都"号命名交付,标志着我国成功摘取了造船业"皇冠上的最后一颗明珠"。我国成为能够同时建造航空母舰、LNG船、大型邮轮"三颗明珠"的国家(2008年4月,上海沪东船厂建成中国首制第一艘LNG船"大鹏昊"轮;2012年9月,江南造船厂建造的我国第一艘航空母舰"辽宁舰"交付予中国人民解放军海军)。

2024年,中国造船完工量占全球55.7%,新接订单占比74.1%,手持订单占比63.1%,连续15年保持全球第一。在全球18种主流船型中,我国有14种船型的新接订单位居世界首位。我国已形成造船全船型产业链,高端化、智能化、绿色化加速推进的造船强国。

(三) 上海国际航运中心建设取得瞩目成果

上海国际航运中心的建设是国家战略的重要组成部分,对提升中国在全球贸易中的枢纽地位、推动长三角一体化发展及服务"双循环"新发展格局具有深远意义。作为全球集装箱吞吐量最大的港口城市,上海依托洋山深水港、浦东国际机场等核心枢纽,构建了高效的海陆空立体物流网络。

2017年底,上港集团打造洋山四期自动化码头。相比传统码头,洋山四期人员减少70%,综合效率提升30%,人均劳动生产率为传统码头的213%。作为全球能效最高的自动化码头,洋山四期2024年吞吐量预计超过700万标箱。

2022年,上海港远洋集装箱船舶平均在港时间,比新加坡、伦敦等13家全球主要港口平均在港时间短0.69天,即平均每船节省16.5小时。①

2024年12月22日,上海港迎来2024年装卸的第5 000万个标准集装箱,成为全球首个年吞吐量超5 000万标箱的港口,创下全球港口发展史的最高纪录,上海港连续15年吞吐量居全球第一。1994年上海港集装箱吞吐量突破100万标准箱,2024年集装箱吞吐量5 150.6万标箱,上海港集装箱吞吐量30年增长50倍,这是上海国际航运中心建设的一个缩影。②

---

① 王力、孟群舒:《上海港:全球首个5000万标箱大港,数字、智能、绿色"三箭齐发",瞄准全球领先国际航运中心战略目标》,《解放日报》2024年12月22日。
② 王海燕:《新修订的〈上海市推进国际航运中心建设条例〉,助力上海建设全球领先的国际航运中心》,上观新闻,2025年1月3日,https://sghexport.shobserver.com/html/baijiahao/2025/01/03/1490710.html。

2024新华·波罗的海国际航运中心发展指数显示,上海紧追新加坡和伦敦,连续五年位列全球航运中心城市第三名。

近年来,通过数字化升级(如自动化码头、区块链提单)、绿色低碳转型(LNG船舶加注、岸电技术)及自贸区制度创新,上海加速向高端航运服务(航运金融、法律仲裁)延伸,从规模领先迈向功能升级的新阶段,进一步巩固了其作为全球航运枢纽的地位,为建设海洋强国、交通强国做出贡献。

五、结　　语

新中国成立75年以来的远洋船舶演变史,中国从跟随者变为主导者,映射了国家从计划经济到市场化改革、从追赶到引领的进程。新中国远洋船舶演变发展进步的背后,更是国家战略与全球地位的升华。展望未来,中国将建成"安全、便捷、高效、绿色、经济"的合作共赢现代航运体系,远洋船舶技术全面领先,成为全球航运创新的策源地。

[顾申琳,中国航海博物馆藏品征集部主任,主要研究方向为航海历史、涉海藏品研究。]

[陶峰,中国航海博物馆藏品征集部馆员,主要研究方向为船舶、涉海类藏品研究。]

上海市国有博物馆
公共文化服务供给研究

——以中国航海博物馆为例

陈婉玲

摘 要：在市场经济体制不断改革完善下，我国经济发展和文化事业已然取得了巨大成就。高质量建设公共文化服务是新形势下衡量国家综合实力的一项重要因素，也是中国特色社会主义文化强国建设的重点工作内容。于国民而言，生活水平不断提高、可支配收入不断增加，人们在基本温饱得以满足的条件下，对文化生活的需求日益增长。在现代化公共文化服务体系大背景下，关注公众公共文化服务需求，扩大公共文化服务覆盖面，提升服务供给能力，增强国家软实力，保障国民文化素质、精神需求成为重要发展目标。基于此，对近年来博物馆公共文化服务的实际情况进行梳理，并列举了提升服务水平的相关措施，旨在更好地发挥博物馆服务人民的社会功能，增强民众的文化获得感、幸福感与满足感。

关键词：上海市 中国航海博物馆 公共文化服务 供给模式

博物馆作为重要的公共文化服务机构，是公共文化服务体系的重要组成部分，承担着传承历史文化、普及科学知识、提高公众素质的重要使命，是公共文化服务供给的重要来源之一。随着公共文化服务的普遍性发展和公众对公共文化方面个性化需求的不断提高，给博物馆行业如何充分发挥公共文化服务职能、满足公众公共文化需求、实现供需平衡带来了新的挑战和机遇。

一、公共文化服务与供给主体

《中华人民共和国公共文化服务保障法》将由政府主导，社会力量参与，以满足公民基本文化需求为主要目的而提供的公共文化设施、文化产品、文化活动及其他相关服务，列入公共文化服务范畴。笔者将继续使用该法律的定义对公共文化服务展开研究，且认为公共文化服务是一种基于社会效益、不以营利为目的、为社会提供非竞争性及非排他性公共文化产品的资源配置活动,涵盖国家公共文化设施的建设、文化生产力的发展、文化信息的宣传管理及居民城乡文化生活的改善等职能,同时公共文化服务产生过程中所延伸出的各项公共文化设施、文化产品、文化活动及其他相关服务也应包含在内。

在公共文化服务供给主体层面,国内外学者对此存在不同想法。德克-扬·克兰(Dirk-Jan Kraan)指出,西方大部分公共服务是由公共机构提供的,尽管政府之间存在着差异。① 针对"大都市地区因为存在政治分裂现象使公共服务无法公平和有效"这类观点,米尔德·华纳(Mildred Warner)和阿米尔·赫菲茨(Amir Hefetz)通过回归模型来评估公共服务由政府提供或是私有化,在效率、公平性和民众呼吁方面是否有显著差异。结果表明,尽管理论层面和实际层面都能证明由政府或是市场私有提供公共服务都能妥善处理效率问题,但效率并不是唯一的最终目标。② 利用市场私有化能够解决地区公共服务需求的多样性和适用性问题,但不能过度依赖市场来提供和治理区域服务。国内学者刘京晶提出,文化体制改革使公共文化机构成为我国公共文化服务主要供给主体,逐渐成为政府公共文化服务购买的承接者。③ 金颖若、盘晓愚认为,政府是公共文化服务责任主体,具有对公共文化服务规划、政策制定、直接生产和监督管理职能。在市场经济下,有必要限定政府职能,从计划经济下的"全能政府"向"有限政府"转变,让社会和市场去实施更多的公共事务。④ 但政府仍处于主体角色地位。

二、上海市国有博物馆公共文化服务供给政策背景

上海在全面服务国家战略全局的同时,逐步形成了具有上海特色、符合上海城市建设的建设思路和基本框架,为公共文化服务体系建立健全提供了有效的出发点和着力点,在理论和实践中都予以清晰地把握和有效地构建。

2009年至2023年末,上海市共颁布公共文化服务相关地方性法规两部、规范性文件九份、工作文件三份。(见表1)

---

① Dirk-Jan Kraan, *Budgetary Decisions: A Public Choice Approach* (Cambridge: Cambridge University Press, 2010), p.64.
② Mildred Warner and Amir Hefetz, "Applying Market Solutions to Public Services: An Assessment of Efficiency, Equity, and Voice," *Urban Affairs Review* 38, NO.1(2002): 70-89.
③ 刘京晶著:《政府购买:公共文化服务社会化路径研究》,知识产权出版社,2020年,第64—66页。
④ 金颖若、盘晓愚:《推进供给主体多元化,改善公共文化服务》,《贵州民族大学学报》(哲学社会科学版)2018年第1期,第46—49页。

表 1　上海市公共文化服务相关政策

序号	效力位阶	文　件	颁发机关/组织	印发时间	时效性	相　关　内　容
1	地方性法规	《上海市公共文化服务保障与促进条例》	上海市人大(含常委会)	2020年	现行有效	鼓励学校……定期组织学生参观博物馆、美术馆、纪念馆等展馆图书馆、文化馆、博物馆(纪念馆)、美术馆、科技馆等公共文化设施的管理单位应当通过信息化、数字化、智能化等技术手段,加强公共文化数字产品内容原创研发,拓展公共文化服务应用场景,提高公共文化数字产品品质符合国家规定的公共图书馆、文化馆、国有博物馆(纪念馆)、国有美术馆、科技馆等公共文化设施的管理单位可以开展文化创意产品开发,取得的收入按照规定纳入本单位预算统一管理,用于加强公共文化服务,继续投入文化创意产品开发或者对符合规定的人员予以激励
2	地方性法规	《上海市社区公共文化服务规定》	上海市人大(含常委会)	2012年	现行有效	暂未发现相关内容
3	地方规范性文件	《浦东新区公共文化领域区与镇财政事权和支出责任划分实施方案》	浦东新区人民政府办公室	2024年	现行有效	全面系统梳理公共文化领域各类事项,进一步优化公共文化领域的财政体制政策环境

续 表

序号	效力位阶	文　件	颁发机关/组织	印发时间	时效性	相　关　内　容
4	地方规范性文件	《长宁区关于推进国家公共文化服务体系示范区创新发展的实施意见》	上海市长宁区人民政府	2023年	现行有效	暂未发现相关内容
5		《上海市公共文化设施收费管理办法》	上海市发展和改革委员会、上海市文化和旅游局、上海市教育委员会、上海市科学技术委员会、上海市体育局、上海市财政局、上海市市场监督管理局	2022年	现行有效	暂未发现相关内容
6		《上海市关于推进公共文化服务高质量发展的意见》	中共上海市委宣传部、上海市文化和旅游局、上海市发展和改革委员会、上海市财政局	2021年	现行有效	暂未发现相关内容
7		《长宁区关于推进公共文化服务高质量发展的实施意见》	上海市长宁区人民政府	2020年	现行有效	着力提升公共文化服务效能。……坚持公共图书馆、文化馆、美术馆、博物馆、社区文化活动中心等公共文化场馆免费开放工作

续 表

序号	效力位阶	文 件	颁发机关/组织	印发时间	时效性	相 关 内 容
8	地方规范性文件	《嘉定区创建国家公共文化服务体系示范区实施规划》	上海市嘉定区人民政府	2018年	现行有效	完善嘉定区图书馆、文化馆、博物馆等区级文化设施建设管理，形成核心带动效应 提升公共博物馆美术馆设施功能。提升嘉定博物馆、科举博物馆、竹刻博物馆等系列主题展馆服务效能 探索由政府负责政策、土地、设施等服务配套，社会力量共同参与展品藏品提供、项目运作、展览策划的公共博物馆、美术馆运行新模式
9		《普陀区关于加快构建现代公共文化服务体系的实施意见》	中共上海市普陀区委办公室、上海市普陀区人民政府办公室	2018年	现行有效	暂未发现相关内容
10		《嘉定区持续推进国家公共文化服务体系示范区建设工作的实施意见（2018—2020）》	上海市嘉定区人民政府办公室	2018年	现行有效	暂未发现相关内容
11		《杨浦区关于加强社区现代公共文化服务体系建设的指导意见》	上海市杨浦区文旅局	2017年	现行有效	暂未发现相关内容

续 表

序号	效力位阶	文　件	颁发机关/组织	印发时间	时效性	相　关　内　容
12	地方工作文件	《嘉定区创建国家公共文化服务体系示范区的实施规划(2015—2017年)》	上海市嘉定区人民政府	2015年	现行有效	对文化馆、图书馆、博物馆、美术馆及社区文化活动中心等公共文化服务测评、美术馆开展第三方绩效评估和市民满意度测评，促使公共文化机构服务效能不断提升博物馆、美术馆继续探索社会力量共同参与的公共博物馆、美术馆运营新模式通过新建、扶持、引进等措施，逐步提升区内博物馆的规模和品质，打造层次分明、互为补充的博物馆服务网络
13		《浦东新区创建国家公共文化服务体系示范区规划(2013—2015)》	上海市浦东新区人民政府	2014年	现行有效	在各区属图书馆、文化馆、博物馆建立和实施群众意见征询制度，健全读者和公众参与文化服务的制度，图书馆、博物馆以及大型文化中心"建立公共文化服务机构运营管理和资金保障，力争在"建立公共文化服务机构运营的公众参与制度"方面提炼经验，取得实效加快全区文化馆、图书馆、美术馆、博物馆等各类公共文化服务阵地的数字化建设，构建信息流畅对接的公共文化服务数字平台
14		《徐汇区公共文化服务设施建设三年行动计划(2009—2011年)》	上海市徐汇区人民政府	2009年	现行有效	暂未发现相关内容

经梳理罗列,14份政策法规中共有6份文件直接涉及博物馆公共文化服务建设,内容核心包含拓宽公共文化服务应用、提升公共文化服务效能、加快公共文化服务数字化建设等要点、目标及措施,为上海市博物馆公共文化服务高质量发展奠定基础。

三、上海市博物馆公共文化服务现状分析

(一)上海市博物馆数量及分布情况

新形势下,作为国际化大都市和历史文化名城,上海市博物馆高质量建设方兴未艾,直观体现在备案博物馆数量(图1)、展览输出数量及文化服务形式创新三个方面。

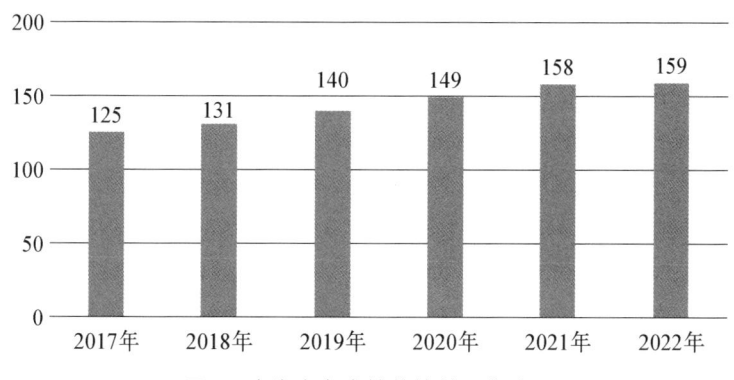

图1 上海市备案博物馆数量统计图

近年来,上海市的博物馆发展呈现出一种稳健增长的态势。截至2022年末,上海市共有备案博物馆159座,其中国家一、二、三级博物馆29座,129座博物馆对外免费开放。结合上海市常住人口统计,相当于每15万人就可以拥有一座博物馆;而按照城市面积计算,则大概每40平方千米就有一座博物馆,其体量在长三角地区可谓首屈一指。但在对上海市各行政区博物馆数量情况统计过程中,发现上海市博物馆资源供给在空间布局均衡上存在一定挑战(见表2)。

表2 2022年底上海市各行政区博物馆统计表

上海市行政区	占地面积(平方千米)	常住人口数(万人)	博物馆数(座)	地均博物馆数(平方千米/座)	人均博物馆数(万人/座)
崇明区	1 413	60.73	4	353.25	15.18
奉贤区	687.39	112.63	5	137.48	22.53

续 表

上海市行政区	占地面积（平方千米）	常住人口数（万人）	博物馆数（座）	地均博物馆数（平方千米/座）	人均博物馆数（万人/座）
青浦区	668.49	126.56	6	111.42	21.09
松江区	604.64	195.45	8	75.58	24.43
金山区	586.05	82.37	3	195.35	27.46
浦东新区	1 210.41	578.2	23	52.63	25.14
嘉定区	463.16	189.34	8	57.90	23.67
宝山区	365.3	227.19	9	40.59	25.24
闵行区	372.56	268.88	7	53.22	38.41
杨浦区	60.61	124.25	9	6.73	13.81
虹口区	23.48	76.94	8	2.94	9.62
普陀区	55.53	124.36	6	9.26	20.73
静安区	36.77	94.05	14	2.63	6.72
长宁区	37.18	68.46	8	4.65	8.56
徐汇区	54.93	111.48	18	3.05	6.19
黄浦区	20.52	50.78	22	0.93	2.31

注：（1）表内博物馆包含当地博物馆、纪念馆、陈列馆；（2）本文分析时，2022年底崇明区常住人口数量尚未公布，故用2021年底常住人口数量分析。

数据来源：上海市文旅局官网、上海市各行政区人民政府官网、各行政区国民经济和社会发展统计公报、政府信息公开工作年度报告。

根据2022年底统计数据和地理信息系统分析，黄浦区在文化设施布局方面呈现出显著的高密度特征，徐汇区、长宁区、静安区、虹口区及杨浦区的博物馆资源也较为集中，显示出这些区域在文化设施建设方面的积极投入和文化资源的相对丰富。然而，崇明区、金山区、奉贤区等则面临着地理面积广阔但博物馆数量稀少的状况，而闵行区、金山区、宝山区在人均博物馆资源方面也明显落后于黄浦区等中心城区。不均衡的文化资源配置，直观地映射出不同地域和社会群体在享受公共文化服务资源时的差异性。这种差异可能导致一些区域的公共文化资源过剩和浪费，而另一些区域则可能面临文化资源的短缺和拥挤。这种现象不仅影响了公共文化服务的均等化和效率，也可能在一定程度上削弱了公共文化服务体系的整体效能。

（二）公众对博物馆文化服务需求日益增长

随着教育体系的持续优化与公众文化素养的普遍提升，社会各界对博物馆文化服务的需求正以前所未有的速度增长，呈现出多元化、深层次及高度专业化的特征。越来越多的人将博物馆纳入假期出行计划单中，渴望走进博物馆感受、探索历史和文化的魅力，探索中华文化的历史底蕴和伟大的创造力。同时，面对"双减"政策背景下学校课外负担的减轻，博物馆作为暑假期间青少年的研学基地和科普教育平台，其作用愈加凸显。大批青少年通过研学课程、亲子活动及游学项目等方式涌入博物馆，将历史课本中的知识同博物馆中文物的历史背景相结合，气氛热烈。

这种趋势促使博物馆的热门临时展览频繁出现"一票难求"的情况。2023年，中共一大纪念馆共接待观众293.8万人次，上海自然博物馆（上海科技馆分馆）接待观众279.17万人次，上海博物馆接待观众176.7万人次。上海博物馆"金字塔之巅：古埃及文明大展"首月便接待观众32万人次，奉贤博物馆"丹甲青文——中国汉字文物精华展"共接待观众30万人次。同时，一些博物馆却鲜有人问津，门可罗雀，观众量远远未达到预期，导致馆内资源得不到充分利用，形成资源浪费。冷热不均的现象进一步加剧了文化服务资源的不均衡分配，人气高的博物馆持续受到关注，而"冷门"博物馆则更加边缘化，难以进入公众视野，出现强者越强，弱者越弱的"马太效应"。

（三）上海市博物馆公共文化服务供给氛围浓厚

当前上海市各大博物馆公共文化服务供给氛围浓厚，在博物馆展陈数量、形式方面表现明显。

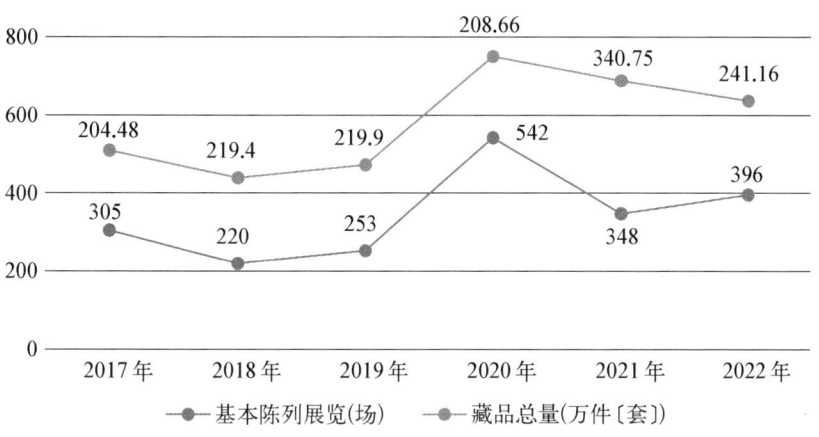

图2 上海市博物馆基本陈列展览及藏品总量数据统计图

自2017年起至2022年末，上海市博物馆界在基本陈列展览的举办方面体现出一种波动而上升的趋势。这期间，上海全市博物馆的基本陈列展览数量经历了不同幅度的增减变化，但总体上呈现上升趋势。（图2）在文化服务形式方面,2021年全市博物馆创新举办线上数字展览90场,推出数字化藏品82.65万件(套);2022年举办数字展览293场,推出数字化藏品82.7万件(套),无论是数量还是质量均有较大提升。从过去的线下办展发展到现在的线上线下相结合的模式,打破了时间和空间上的禁锢,拓宽受众人群,为更多公众提供服务的同时,亦是大数据时代背景下陈展新形式的一次有效探索。

除此之外,上海市各大博物馆纷纷试行减免费开放惠民政策,认真践行"人人都能享有品质生活"的理念;完善场馆无障碍设施设备,积极打造"有爱无碍"博物馆;通过开创上海市博物馆青少年教育示范项目品牌活动,为青少年提供更优质的文化宣教平台;积极参与全国博物馆十大陈列展览精品推介、中国"十大热搜展览"项目评选,入选中国博物馆热搜榜,多措并举提高博物馆知名度、影响力,努力构建结构优化、体制完善、内容丰富、独具特色的博物馆体系,在数量和质量上保证博物馆公共文化服务供给,赋能美好文化生活。

四、中国航海博物馆公共文化服务供给情况分析

(一)重视教育文化资源,丰富公共文化内涵

以2022年为例,中国航海博物馆(以下简称"中海博")策划并推出了"祈愿季""赏船季""航海季"和"感恩季"四大主题性文化活动,打造能够同时容纳近300人的"航海大舞台",全年在此平台上开展了包括航海艺术之旅、航海时光之旅、航海空间之旅、航海科技之旅、航海职业之旅等在内的206场系列活动,吸引了约2.56万名参与者。中海博还联合国内42家单位,高质量举办"航海生活节"文化活动,推出了"青花环游记"等系列教育活动,致力于在全国范围内推广航海文化知识。

此外,中海博重视全国研学实践基地的建设,积极开发研学课程,建设中海博讲师团,打造"航海云课堂"线上航海文化科普品牌。通过直播形式,开展系列航海科普知识讲座,2023年全年的累计观看量超过了百万人次,为公众提供了多元化的文化享受渠道。

与此同时,免费推出"听·沧澜航程""听·科普"系列科普音频、"南越传奇"音频剧及"一分钟看展"等科普视频,开展"云游中海博"系列直播,全媒体浏览量逾600万次,受到广泛好评。编辑出版《远航的少年》《中华船说》等科普图书,形成了丰富的教育资源,积极探索不同的文化服务形式。充分利用数字技术,以"文化+科技"的形式推动文化服务走进公众生活,加深公众对航海文化的认识和兴趣,为公共文化服务多样性发展开辟了新的路径。

(二) 转变服务理念,满足公众文化"软"需求

在保证常设高质量展陈前提下,中海博抓住各大重要时间节点,打造出多批次精品临展。2022年全年推出陈展项目31项,其中"世界航海五百年""红色记忆蓝色航海"两场主题大展入选上海市博物馆陈列展览"精品推介""精品云展览"。中海博结合热门展览、节日文化、时事热点开发了众多具有航海文化特色的文化创意产品,入选"第二届全国文化创意产品推介文博百强文创产品单位"。与此同时,策划航海特色主题餐饮,推出"盛夏心动,甜味航海"气泡水饮品、福船雪糕,同光明集团推出联名款冷饮"熊小白",同国际饭店联名推出蝴蝶酥礼盒等由公共文化延伸出的文化产品。配合当前的精品展览,博物馆还在观众餐厅推出了"寻迹舌尖之旅"项目,提供特色美食套餐,让观众在学习知识文化的同时,能享受舌尖上的文化创意。

(三) 创新服务形式,积极将文化服务推入公共空间

中海博在浦东机场建设国内首个航海文化体验中心,将部分精品展览输送至人民广场等三处地铁交通枢纽等公共区域,定期向虹桥枢纽、滴水湖地铁站输送展览,通过这些方式营造航海文化氛围,扩大宣传范围。还与上海市闵行区、浦东新区、宝山区等社区街道建立了紧密的联动机制,通过"送展进社区"的形式积极参与到社区文化建设中,丰富社区居民文化生活,在社区层面深化了"航海文化进社区"项目的影响力和覆盖面。

中海博与上海各区域中小学校开展深度合作,建立"一区一校一品"合作机制。通过学校预约和博物馆派送的双向互动方式,将丰富的航海文化资源带入校园,以巡回展览、配套讲座及社会教育活动等形式将航海文化送入校园。从2018年至2022年年底,中海博已与上海市126所学校完成签约,合作项目覆盖上海全市。

(四) 完善公共文化服务基础,更新馆内基础设施设备

在场馆布局与展览设计方面,中海博不断对现有展览空间开展优化更新,积极增加互动式展览项目。为提高游客入馆效率和满意度,中海博及时更新票务系统,实现门票、年卡、影院门票等在线购票功能,满足购票便捷化需求。此外,同步对闸机验票口进行了技术优化,提高入场流程的效率和舒适度。在展区内,中海博对LED大屏进行了集成改造,提升了活动信息发布和展示效果。

同时,为了提升访客的整体体验,博物馆对观众餐厅的设施设备进行了更新,优化了功能布局,并对场馆内的咖啡厅和补给港进行了整改升级。更新开放区域的标识及警示牌,完善公共卫生设施,升级引导公共服务标识,提升夜间开放的灯光设备,配置夏季遮阳设施,全方位为市民公众提供优质服务。

五、提升博物馆公共文化服务水平的措施

（一）挖掘文化底蕴，丰富文化资源供给

1. 增强展览的丰富性和多样性

当前大多数博物馆内介绍多以文字、图片形式呈现，文物以放在展柜里的形式展出，互动展项相对较少且常年没有更新，是当前公共文化服务质量提升的短板之一。应打破传统展览形式的局限，积极探索多样化的展陈方法。具体而言，可以借鉴上海博物馆瓷器展或杭州市良渚博物院"文明之光的折射"艺术展，将瓷器、文物复制，转化为可以触摸的展品。观众可伸手感触精美的纹饰，通过指尖直观感受。南京博物院博爱馆为公众提供可触摸地图，让山川河流摸起来高低厚度不同，布置了融入嗅觉元素以感受生烟草味道的嗅闻盒及《坤舆万国全图》触摸板等多媒体互动项目。从触觉、嗅觉丰富观众的感知，从多个感官维度丰富观众的参观体验，不同人群都可直观感受文化具象化的魅力，是当前博物馆文化服务无障碍化建设的重要举措。对于无法直接展示的珍贵文物，还可以引入虚拟现实（VR）、增强现实（AR）等技术，设立数字文物体验区，为观众提供沉浸式历史探索体验，推动博物馆文化服务向更加智能化、无障碍化的方向发展。

此外，部分博物馆常设展览位置相对固定且占地空间较大，可供布置临时展厅的空间相对有限。鉴于博物馆空间布局的限制，应灵活调整展览规划，优先配置临时展厅以承载更多创新、时效性强的展览内容，并通过精心设计的宣传策略与区位布局，提升临时展览的吸引力与影响力。

2. 深度开发博物馆延伸产品

当前，以文创产品为核心的博物馆延伸产品，已经成为观众与博物馆建立情感、传承文化的重要媒介。相比上海博物馆、上海自然博物馆等文创产品的销售量，其他博物馆文创产品在开发和市场推广上略显不足，对公众多样化产品需求捕捉尚不敏感。

（1）创新文创商店布局。上海市博物馆年度报告中显示，上海博物馆、中共一大纪念馆及上海科技馆在文创产品经营上展现了巨大的市场影响力。2023年，上海博物馆文创产品总收入达到11 656万元，中共一大纪念馆达到4 800万元，上海科技馆4 751万元，中海博250.2万元。经过对文创产品销售额较高的博物馆，如上海博物馆、中共一大纪念馆及湖北省博物馆文创销售区域实地探查，发现其文创商品并不局限于摆放在固定的文创商店里，巧妙地利用展区内的每一处人流高峰地带，如展区过道、电梯口、出口等，采用灵活的"地堆"陈列方式，增设多处文创展销点，提升了产品的可见

度与购买便利性。可借鉴上述博物馆的成功案例,对文创商店的布局进行创新性调整。不局限于固定商店的传统模式,寻找区内观众流量密集的区域,设置流动的"文创展销点"或"文创角"。这些创新空间将成为文创产品的展示窗口,增加产品曝光率的同时,渲染营造文化氛围,激发观众购买欲望。

（2）文创产品设计多元化与精细化。文化与创意产业蓬勃发展的背景下,文创产品设计已超越了简单的文化元素堆砌,向着多元化与精细化的深度和广度不断探索。文创产品的设计应当重视文创产品的功能性、文化性、审美性、创新性和情感性等原则,对传统文化元素合理运用,并融入行业特色,形成具有独特魅力和市场竞争力的文化形象(IP)。[1] 将文化内涵与市场需求创意连接,要细致研究不同年龄层、性别、兴趣偏好的消费者群体,重视从多层次需求分析,洞察市场多样化需求。从留念、自用、装饰到馈赠亲友等多层次需求点出发,设计层次分明、品类丰富的文创产品。具体来说,可针对不同需求,开发包括小巧精致的纪念品、寓教于乐的玩具、典雅别致的家居摆设,以及高端定制的礼盒套装等,满足不同年龄层、不同消费偏好的消费者需求。同时,对文创产品的适用性也应当着重考量,在日常所需物品中开发与艺术相结合的产品,提升生活品质的同时,传递文化价值。

（3）加强数字化平台建设。数字博物馆成为当前博物馆界热门话题,是信息化时代对文化遗产保护、开发、再利用的新途径。而将文物数字化,是数字博物馆建设的核心内容。[2] 数字化手段丰富了文物、资料的收藏、保护方式,便于以数字化的形式对观众开展知识传播和教育,为学术成果的信息交流搭建平台,为实现不同文化资源条件水平地区的资源共享提供机会。[3] 当数字化的文物走出博物馆,能够扩大观众群体服务范围,使文化资源得以更平等、更广泛地共享。[4]

博物馆官方网站作为公众获取文化产品信息的首要官方渠道,是博物馆面向观众的重要窗口。然而,在浏览部分博物馆官网时,尽管首页更新了重要展览的宣传封面,但点击后却缺乏详细的介绍和更多内容。现有活动项目仅有简要介绍,实时活动内容未得到及时更新,且缺乏报名渠道。各类文物简介仅有图片堆砌,仅仅是将文物影像化,没有分类指引,也无法获得相应的文物介绍,同数字化标准和意义差距较远。要重视和不断优化博物馆官方网站建设,丰富完善相应内容,为观众提供更加便捷、高效的线上服

---

[1] 李典著:《博物馆文化创意产品开发设计与发展思路研究》,吉林人民出版社,2020年,第11—25页。
[2] 周明全、税午阳、王学松等:《文物数字化关键技术及其在数字博物馆中的应用》,数字博物馆研究与实践会议论文,北京,2009年,第249—254页。
[3] 徐士进、陈红京、董少春编著:《数字博物馆概论》,上海科学技术出版社,2007年,第27—30页。
[4] 苏怡、张沛沛:《借助数字科技激活、强化和释放"博物馆的力量"——从故宫博物院与腾讯集团跨界的合作谈起》,《中国博物馆》2022年第2期,第14—18页。

务。通过数字化平台,观众可以随时随地浏览博物馆的展览信息、藏品介绍和学术研究成果;参与线上互动活动,观看虚拟展览和直播讲解;甚至可以在线购买文创产品等,拓宽博物馆的传播渠道和受众范围,提升观众的参与度和满意度。

(二)深化公共文化服务意识,积极应对当前形势

1. 强化人本导向的公共文化服务理念

富永军认为,公共文化服务如今已不应只满足于基本公共文化服务,要在以人民群众为主体的基础上,将文化发展的最终结果交予人民共享,着力建设现代化公共文化服务体系。在一定意义上,优质高效的公共文化服务水平使文化成为每个人都可以享有的权利。① 李德庚强调,要重视和提升现场参观的价值,不能把公众视为等待装满的空桶,而是能够独立思考有判断的体验者、参与者,也不应该把自己看作是知识、服务的供给者。② 这些理念的转变要求我们打破传统的"传播—接受"模式,构建以"预设—触发"为核心的新型互动关系。在博物馆公共文化服务信息内容的设定上,细化和差异化成为关键。在确保科学普及的基础上,我们应增加贴近公众、通俗易懂的展览项目介绍,让文化知识更加亲民。同时,语音导览作为重要的辅助工具,也应根据不同受众群体的特点进行精细化设计。例如,针对专业学者、成人、青少年及特殊群体,我们可以提供不同层次的讲解内容和形式,真正实现以人为本的公共文化服务。

深化"以人民为中心"的服务理念,转变公共文化服务理念,了解并关注观众的实际需求与偏好。重视服务质量的评估和评估方式,观众的反馈是驱动学习型组织建设的关键因素,有效的观众反馈可以帮助机构组织快速提升服务质效。③ 具体来说,就是博物馆观众意见调查应该改变以往每年固定时间段开展问卷调查或访谈的方式,可针对不同的展览、活动,对刚体验过的观众进行回访,其有效性和针对性更具有参考价值。同时,加强内部团队建设,通过系统化的培训与教育,提升员工对公众基本权益的尊重与保障意识,共同构建包容、开放、共享的文化环境。

2. 灵活策略应对经济形势

博物馆公共文化服务高质量发展并非一蹴而就,需要持续的战略规划、精细化的管理和不断地创新探索,这一过程与社会经济环境、经济形势密切相关,应积极采取动态适应与调整的模式。面对复杂多变的社会经济环境,需保持高度的战略敏锐性与灵活性,根据经济形势的变化及时调整策略。

---

① 富永军著:《现代公共文化服务发展与建设研究》,吉林美术出版社,2018年,第30—136页。
② 李德庚著:《流动的博物馆》,文化艺术出版社,2020年,第249—259页。
③ 约亨·沃茨、克里斯托弗·洛夫洛克著:《服务营销精要》(原书第3版),李巍、黄磊译,机械工业出版社,2022年,第325—327页。

在经济承压阶段,应展现出博物馆应有的韧性与前瞻性,将重心转向内部治理结构的优化与核心竞争力的提升。通过深化内部管理制度改革,推行精细化管理,实现资源的高效配置与利用。积极学习、引入先进的运营模式与管理理念,不断提升服务效率与质量。此外,还应加强博物馆资源储备工作,构建丰富多样的公共文化服务内容、资源"蓄水池"。当经济回暖、条件成熟之际,博物馆则应把握机遇,积极拓展对外影响力,结合线上、线下多渠道策略乘势而上,有效吸引社会资金的关注与支持,为博物馆的可持续发展注入新的活力。

(三)资源整合联动,拓展博物馆展现新形式

1. "博物馆+"跨界融合创新

在数字化时代,文化应当具有体验性,其体验形式具有多样化的特征,跨界将会是常态,无界也将指日可待。[①] 当前"博物馆+"的创新合作模式方兴未艾。"博物馆+街道""博物馆+社区""博物馆+地铁站"等合作模式逐渐兴起,重塑了博物馆的公共文化服务形态。在博物馆公共文化服务供给建设过程中,可以进一步通过巧妙的"破壁"与"跨界",探索和拓展更多元化、专业化的"博物馆+"实践路径,打破单一文化载体的传统定位,将文化元素渗透到城市的各个领域。利用街道、社区、地铁站等公共场所设置小型展览、互动装置或文化角,在图书馆、美术馆、咖啡馆等本身具有文化氛围的场所开展联动,打造更多的公共文化服务体验点,实现文化元素的无缝对接与广泛渗透。

2. 强化博物馆间协同合作

重视上海市博物馆行业之间的联动合作,积极借助上海市博物馆协会的桥梁与纽带作用,推动"大馆引领,小馆跟进,强馆扶持,弱馆共强"的发展模式,促进博物馆事业的均衡发展,建立博物馆之间的资源、信息共享机制,共同提升服务水平。可借助上海市博物馆协会平台,与其他博物馆定期举办行业交流会、学术研讨会及创新论坛等活动,推动博物馆间高效沟通与协作。积极拓宽合作视野,联动高等院校、相关企业单位和社区街道,鼓励并引导公共文化服务受益者向供给者角色转变,实现双向互动和共同发展。

[陈婉玲,中国航海博物馆学术研究部(藏品保管部)助理馆员,主要研究方向为博物馆学等。]

---

① 高书生编著:《文化数字化:关键词与路线图》,北京联合出版公司,2022年,第69—70页。

行业博物馆文物征集工作刍议

沈 捷

摘 要：博物馆藏品是国家宝贵的科学文化财产，是陈展、研究、宣教等业务活动的物质基础。中海博的文物收藏起始于2007年，在没有收藏大纲、没有展示策划文本的情况下，凭借着早期征集人的一腔热血与对航海人文技术的基本理解开启了最初的征程。时至今日，中海博的文物征集经历了从迷茫到坚定、从全面撒网到系列化、精品化的洗礼。由此，对历史进行恰如其分的归纳和总结，为未来发展寻找合适的道路与基石，成为前行的重要前提。本文拟从宏观政策、行业发展、经济形势等多种角度出发，对涉海类行业博物馆文物征集所面临的大环境、大趋势进行分析，并从中海博实际情况和发展特色出发，探讨涉海类行业博物馆在新形势下推动文物征集工作开展的趋势和出路。

关键词：行业博物馆　文物征集　涉海类文物　发展趋势

行业博物馆作为反映特定行业历史、文化和科技发展的重要场所，其文物征集工作对于丰富馆藏、展现行业特色具有关键意义。随着国际交流日益频繁，以及国内社会经济快速发展，行业博物馆所处的环境发生了深刻变化。深入研究行业博物馆文物征集工作在过去的实践基础上，如何顺应新形势确定未来发展方向，对于行业博物馆的可持续发展至关重要。

一、行业博物馆的出现和发展

在党的十七大和十八大先后提出"文化的大发展和大繁荣"及"扎实推进社会主义文化强国建设"相关理论后，从中央到各级地方政府机关、企事业单位都关注起文化产业的发展及自身的文化建设。借着这股春风，全国各地相继涌现出大量的博物馆、纪念馆、展示馆，这些面向社会公众的展馆在大大满足了马斯洛理论中人们对文化、对精神境界、对自我实现的需求的同时，催生出了一个新的名词，那就是"行业博物馆"。

作为专注于某一特定行业或领域的特殊博物馆，行业博物馆通常以向社会大众展示与行业相关的实物藏品的方式,向公众传播本行业的专属文化和知识积累。以官方数据来看,2023年全国国有博物馆总数为4586家,其中隶属于文化文物系统管理的博物馆计3438家,其他行业国有博物馆1148家,行业馆占比为25.03%。① 从中国博物馆协会所设立的33个专业委员会进行分析,以行业为主题的专委会仅有高等学校专委会(1992年成立)、服装与设计专委会(2006年成立,会员100家)、钱币与银行专委会(2006年成立)、航海博物馆专委会(2014年成立,会员47家)、陶瓷专业专委会(2021年成立)等五个,整体占比仅为15%左右。②

以航海博物馆专业委员会(以下简称"海专委")为例,作为各大行业类博物馆的后起之秀,海专委成立于2014年6月,是以中国航海博物馆(以下简称"中海博")为主任委员单位,由国内航海、水运、舟船、海丝、港口、海关、海事、航海军事、海洋城市、民俗文化等航海元素鲜明的各类博物馆自愿组成的专业委员会。通过十余年的不懈努力,海专委逐渐发展成为一个拥有47家会员单位的公益性群众团体。然而,在47家会员单位中,与航海主题强相关的涉海类行业博物馆不过半数,余者则仍以传统综合类博物馆为多。从以上情况中可以得窥我国行业类博物馆发展之一斑。

随着全球化的不断深入和"一带一路"倡议的推进,航运在文化交流、经济合作等方面的重要性日益凸显,涉海类行业博物馆作为传承和弘扬航海文化的重要载体应运而生。自诞生之日起,涉海类行业博物馆便天然地承担着为国家培植和宣扬"向海而兴"的文化内核,并从而促进社会民众层面对推进中国式全球化的决心和信心。然而,在当今复杂多变的政治、经济形势下,涉海类行业博物馆的发展存在明显的瓶颈和短板:文物短缺造成的大馆大院"名品重器"冲击下的定位迷失,专业领军人才难以培养,展览、社教、文创等延伸业务的高度同质化。因此,寻找突破文博专业壁垒、所处行业壁垒的"第三条发展道路"成为当务之急。

二、文物征集的核心价值与涉海类行业博物馆的发展

(一)博物馆的灵魂——文物

博物馆所面对的观众层次复杂,目的不一。观众中既有行业精英、专业人士,也有普通民众(如学生、退休工人、消遣好奇者等等)。他们中间,有的

---

① 国家文物局编:《中国博物馆事业发展报告(2022—2023)》,科学出版社,2024年,第15页。
② 数据来源:中国博物馆协会官方网站专业委员会栏目。

希望安静地欣赏展品,感受展品带来启迪与思想互动,细细品味;有的只是看个新奇,掠视而过。精英与大众、高雅与通俗如何兼顾,始终是整个博物馆行业所需要共同面对和解决的问题,行业类博物馆自然也是概莫能外的。

通常来说,博物馆具备数种文化价值,即证史价值、知识价值、审美价值、道德价值和情感价值,不同的观众群体文化背景不同,审美体验不同,其差异性也会增强。文物是有形的,可以被感知,每件文物都有自己的经历、自己的故事,有它自己的特定内容。在陈列展示中,首先被观众把握的是文物本身所提供的审美价值,这是文物之美呈现给观众的第一语言。在此基础上进而展示的是它的第二语言——理性的结论,即文物本身所蕴含的证史价值和知识价值。比如英国国家航海博物馆藏哈里森 H4 航海钟的征集,使精密计时器发展史研究提前了数十年,就是很好的例证。

而凌驾于上述价值之上的,是博物馆藏品所蕴含的强烈的情感特征,通过展品背后的故事所蕴含的感性色彩来感染观众。如中国革命博物馆陈列中一具杀害刘胡兰烈士的铡刀,其表现形式仅仅是用粗铅丝将刀头捆住放在地上,无法张开,但站在观者角度却很难不去想象这刀如何张开又怎样铡在年轻姑娘的颈项上。在这样的想象中,观众无法不被这种野蛮和刘胡兰的不屈所震撼,这种强烈的情感色彩是从文字中读不出来的。

作为国内首屈一指的涉海类博物馆,中海博的馆藏中亦有不少蕴含有强烈感情色彩的藏品,其中最具代表性的无疑是"东方之星"轮船难遗存物了。该批展品是中海博在得知船难信息后第一时间行动,克服重重阻碍征集而来的历史见证物,其所蕴含的人文价值和共情效应是任何其他形式的展品或多媒体观赏体验所难以带来的。

正是由于文物藏品附着着如此之多的理性价值和感性色彩,才使征集和收藏始终在博物馆的发展中起到基石和根本的作用。对于行业博物馆,对比传统博物馆,其获取文物藏品的渠道和通路更为狭窄,也因此行业博物馆的发展良莠不齐。从可查询到的上海地区行业博物馆的参观人数来看,上海玻璃博物馆 2023 年接待近 17 万人次,上海电影博物馆 2013—2022 年接待 120 余万人次,中国证券博物馆 2018—2022 年接待了 68 765 人次,上海天文馆 2023 年接待了 108.2 万人次,中国烟草博物馆、上海近现代新闻出版博物馆等场馆未见具体数据。总的参观人数与传统博物馆,如上海博物馆 2023 年接待 176.7 万人次,上海历史博物馆 2023 年接待 127.53 万人次,中华艺术宫 2024 年接待量突破 150 万人次等相比较存在较大差距。① 论其缘由,除地理因素、新馆效应、宣传力度等客观情况以外,最大的原因在于藏品的吸引力不足。

与此形成反差的是一些地处偏远的郊县博物馆的兴起,最有代表性的即是 2019 年开馆的奉贤博物馆。在短短数年间,该馆多次引进重量级文物

---

① 数据来源:各博物馆网站等相关平台。

展览,2019年其联合故宫博物院举办的"雍正文物大展"在三个月展期内客流量超过17万,仅展出两个月的"与天无极——陕西周秦汉唐文物精华展"在疫情防控条件下亦有逾10万人前往参观,2024年举办的"丹甲青文——中国汉字文物精华展"更是在四个月展期内客流量达到30余万人次。之所以这些展览可以吸引观众,乃至打造了奉贤博物馆这一文化品牌,其主要原因即展览中展出了大量对普罗大众来说耳熟能详的高等级、高知名度的文物展品。由此可以印证的是,"镇馆之宝""明星展品"对公众吸引力的决定性作用。

(二)新建涉海类行业博物馆文物收藏现状

作为近十余年来建立的涉海类行业博物馆中的典型代表之一,中海博在筹建期间即专门设立文物征集部门和文物专项征集资金进行专业化运作,对文物征集不可谓不重视。但由于其并非隶属于传统文物行业,其征集渠道、专业素质与传统大馆仍存在一定差距,主要集中在缺少"镇馆之宝"级的高质量文物藏品、征集渠道较为狭窄、文物系统支持力度不足等。

以2016年12月发布的《第一次全国可移动文物普查数据公报》来看,按照文物级别统计,珍贵文物共计3 856 268件,占比6.02%;一般文物24 353 746件,数量占比38.01%;未定级文物35 863 164件,占比55.97%。其中,一、二、三级文物的占比分别为0.34%、0.86%、4.82%。以中海博现有的收藏结构进行分析,除三级文物、未定级文物的收藏水平高于全国水平以外,一、二级文物及一般文物的数量、占比远低于全国水平,尤其是一级文物,不到全国水平的3%。(见表1)除此以外,中海博可以定为一般文物以上的中坚藏品的数量占总数的24.57%,亦低于全国44.03%的水平。

表1 中海博藏品数量与全国第一次可移动文物普查数据比较表

文物分类		全国文物总数	占比(%)	中海博藏品数量	占比(%)
珍贵文物	一级文物	218 911	0.34	3	0.01
	二级文物	551 192	0.86	79	0.37
	三级文物	3 086 165	4.82	1 369	6.4
一般文物		24 353 746	38.01	3 807	17.79
未定级(含参考品、其他物品等)		35 863 164	55.97	16 136	75.42
总计		64 073 178	100	21 394	100

数据来源:国家文物局《第一次全国可移动文物普查数据公报》(2016年)。

同样从《第一次全国可移动文物普查数据公报》中去寻找产生上述情况的缘由时可发现,以全国范围内的文物来源统计,来自旧藏(25 967 788 件)、发掘(10 935 063 件)、征集购买(10 488 715 件)的文物藏品占据了前三名,合计 47 391 566 件,数量占比 73.96%。(见表 2)而对于类似中海博的行业博物馆来说,其文物藏品主要来源为征集购买、接受捐赠及极其少量的拨付、移交等。也就是说,以全国平均水平数据来看,传统综合类博物馆中 70%以上的藏品来源渠道是以中海博为代表的行业博物馆所难以涉及的领域,即以传统馆 30%—40%的渠道规模来追赶传统馆的收藏水平,其难度可想而知。

表 2　第一次全国可移动文物普查藏品来源统计表

可移动文物来源	文物数量	数量占比(%)
征集购买	10 488 715	16.37
接受捐赠	3 841 275	6.00
依法交换	92 536	0.14
拨付	3 437 877	5.37
移交	3 906 038	6.10
旧藏	25 967 788	40.53
发掘	10 935 063	17.07
采集	3 083 823	4.81
拣选	1 069 340	1.67
其他	1 250 723	1.95
总数	64 073 178	100

数据来源:国家文物局《第一次全国可移动文物普查数据公报》(2016 年)。

另外,在 2023 年全国博物馆藏品统计数据中我们可以看到,2023 年全国博物馆藏品总数超过 100 万件(套)的博物馆计 10 家,50 万—100 万件(套)的计 5 家,10 万—50 万件(套)计 73 家,5 万—10 万件(套)计 79 家,1 万—5 万件(套)计 613 家,0.5 万—1 万件(套)计 504 家,其余 5 549 家。[①] 中海博的收藏数量应处于全国博物馆的 300—780 名之间。而根据一级博物

---

① 国家文物局编:《中国博物馆事业发展报告(2022—2023)》,科学出版社,2024 年,第 50 页。

馆 2023 年馆均藏品数 10.59 万、二级博物馆 2023 年馆均藏品数 2.67 万的数字可知①,中海博的馆藏数量大致与二级博物馆的水平齐平,有很大的提升空间。

相比较在同一周期内先后成立的宁波中国港口博物馆、天津国家海洋博物馆等行业博物馆可以发现,其文物收藏的总量分别为 1.5 万余件(套)和 4 万余件(套)②,其藏品总量等均与中海博处于同一数量级。可见在新建的涉海类行业博物馆中,馆藏状况大致类似。而正是由于文物收藏的相对有限,在该类博物馆开展展览、社教、研究等衍生工作时,往往会出现展品同质化、单一化的情况,借展外馆藏品乃至复制、仿制文物成为某些馆赖以发展的"生存之道"。然而,就像我国在芯片、AI 等高科技领域奋力突破,以期达到自给自足的目标一样,作为命脉和根基的文物短缺对于行业博物馆发展来说有着极其巨大的影响,建立自身的基础性收藏、特色收藏,以期达到甚至突破全国平均水平,是极其有必要的。

(三) 文物征集与涉海类行业博物馆品牌建设

在文化遗产保护与传承的背景下,多数新建的涉海类行业性博物馆通常位于地理环境相对偏僻的区域,且以特定行业或文化主题为核心,往往面临知名度低、公众关注不足的困境。如何打造竞争力,提升社会影响力,成为每个馆亟待解决的问题。

对于行业博物馆的文物征集部门来说,获取具有特定主题的藏品、构建有"明星文物"镇馆的系统性、专业化馆藏体系,并为馆内展览、研究等提供基础支撑是其当仁不让的义务和职责。除此以外,考虑到行业博物馆的文物征集部门在面向相对小众的收藏群体以外,还面向整个行业及其上下游产业的社会群体,于是就有了通过该职能进行"文化破壁",推动博物馆从边缘走向公众视野的可能性。如地处偏远的扶风博物馆即通过"学术研究+故事化表达""传统展览+新媒体传播"双轨并行的方式,以文物征集及其背后的故事为切入口,既深化了文物内涵的挖掘(如《故事扶风》的出版),又借助数字技术、跨界合作提升了地处偏远的博物馆的传播广度。

从传播策略上来讲,无论是举办主题宣传周或公益展览、邀请捐赠者讲述文物背后的行业历史故事、短视频平台发布文物征集纪录片或微访谈等展示文物入藏的完整过程,还是通过行业垂直媒体(涉海类行业博物馆可通过《中国交通报》《中国水运报》《航海》杂志及其他相关新媒体平台)等多渠道传播征集信息,都是将文物征集转化为品牌建设的关键手段。亦即通过精准的主题定位、多元的参与机制与创新的传播策略,使地理位置偏僻、知

---

① 国家文物局编:《中国博物馆事业发展报告(2022—2023)》,科学出版社,2024 年,第 51 页。
② 苏文菁、李航编:《中国海洋文化发展报告(2024)》,社会科学文献出版社,2024 年,第 154 页。

名度较低的博物馆将征集活动纳入行业文化生态体系,通过形成"征集—展示—传播—反馈"的良性循环来完成从"小众专业"到"大众共鸣"的转型,从而实现社会关注度的跃升。

除此以外,"显眼包"的出现,也为文物成为"明星""网红"进而带动整个博物馆的知名度提升提供了一条可复制的路线,即征集在现代社会网络文化、新文化条件下有"传播潜力"的文物藏品。

三、涉海类行业博物馆文物征集的关键要素分析

中国是海洋大国更是航海大国,是"海上丝绸之路"和"海上瓷器之路"的起点。随着我国迎来了海运发展的大时代,作为与航海事业相伴相生的航海文化也越来越多地吸引着全球航海界的目光。随着"国有博物馆是文物的最好归宿""国有博物馆的文物是永久的国有财产"等理念的深入人心,国有博物馆在文物保管、保养、陈列、研究方面的优势,让文物持有者更愿意优先将文物转让给国有博物馆,这些都为行业博物馆文物藏品的征集和收藏带来了前所未有的机遇。与此同时,大量博物馆的新建及由此导致的收藏竞争,也正成为所有从业者的新挑战。

(一)涉海类行业博物馆的发展对文物征集工作的影响

从功能定位上来讲,文物征集是博物馆区别于展览馆、科普馆的重要职能,其既有填补历史空白、构建历史证据链、推动某一专业领域技术史研究的史学价值,亦有保存物质载体的文化基因、建构集体的记忆、建设文化认同的符号系统等文化遗产的传承功能。作为博物馆履行"记忆机构"职能的基础工作,征集与收藏始终被认为是博物馆最基础的职能,其对文明的物质遗存、非物质文化遗产的保存具有不可替代的作用。对于建立时间较短、难以参与考古发掘的行业博物馆来说,由于缺少考古发掘的移交通道,其对于征集职能的依赖性更甚于传统博物馆。

从涉海类行业博物馆的发展历程上来讲,自2010年中海博对外开放以来,诞生了一批以航海为主题的博物馆,如天津国家海洋博物馆、中国(海南)南海博物馆、广东海上丝绸之路博物馆、宁波中国港口博物馆。据不完全统计,全国范围内已建有规模不等的涉海类博物馆70余座。可以说,在短短的十余年时间中,涉海类行业博物馆的总体数量在泉州海外交通史博物馆、中国甲午战争博物馆、中国船政文化博物馆、招商局博物馆等二三十家老馆的基础上增长了数倍。

随着全国涉海类博物馆的竞相涌现,这些年来,已出现了涉海类文物收藏市场相对活跃的现象,使涉海类行业博物馆这一群体迎来了加速发展的

关键机遇期,也使各个馆陷入了收藏难度不断加大的矛盾突显期。

1. 文物资源的有限性与需求激增的冲突

由于文物所具备的稀缺性和不可再生性,具有重要历史、艺术或科学价值的文物(如古代沉船遗物等)的数量是有限的。诸多博物馆的新建和重建使需求在短期内集中爆发,而文物存量的有限性导致国内的涉海类藏家和有限的涉海类藏品成为人人争食的"唐僧肉",博物馆之间为追求文物藏品而展开的无序竞争也大大刺激了国内航海藏品市场的发展。以海捞瓷为例,2006年,出海打捞海捞瓷在一些沿海渔民眼中还是一个"傻事",大部分渔民均不屑于此;2008年后,随着福建碗礁沉船、南海华光礁沉船的相继出水,国内海捞瓷收藏市场逐渐升温,不少渔民开始加入盗捞的行列;到2013年,沿海部分渔民打捞海捞瓷的违法活动已到了非常猖獗的程度,出现了使用炸药爆破沉船等情况,给我国水下文物发掘和保护带来了毁灭性的破坏。而这种情况反映到收藏市场上,就出现了一件原本在数年前并不被藏家看好的海捞瓷片价格一度被从几百元炒到上万元的情况。除此以外,还出现了拍卖市场上多家博物馆之间互相竞价,变相抬高拍品的经济价值的情况。

2. 学术研究滞后与征集方向模糊

涉海类文物,之前没人做过专门研究,缺少传统收藏门类自成体系的积淀和发展,其价值只有在类似于中海博之类的专门主体群中才能得以实现。对于绝大多数的非专业人群来说,提起涉海类文物,第一时间想到的是以古船、船舶部件、船舶仪器、出水文物、外销商品、外贸货币等为代表的古代文物。事实上,国家近年来颁布的各类制度、文件(如《近现代文物征集参考范围》《近现代一级文物藏品定级标准》)明确指出:"当代中国重大事件、重要人物、著名英烈和爱国志士的有关文物以及反映中国近现代各方面发展的文物均可列入文物范畴,其中,极其重要的可列为一级文物。"正因如此,中海博所收藏的"1996年'上海航运交易所开业祗喜'铜锣"(图1)、"2006年上海国际航运中心洋山深水港区一期工程竣工验收证书"(图2)等许多现代藏品,亦被上海市鉴定委员会的专家群体评为珍贵文物。

图1 "上海航运交易所开业祗喜"铜锣

图2 洋山港一期竣工证书

这充分说明了涉海类文物的征集不仅有为传统收藏界所认可的文物大类,还有那些在航海行业发展中具备特殊历史价值的物质遗存。因此,对文物征集者来说,必须重视发掘文物在经济社会发展变迁中的价值,亦即是发掘行业文物这一特殊藏品本身及其背后延伸的历史、社会价值,并以此为基础对本行业代表性物品的收藏价值进行规范定义。而行业类文物形成通用、规范的定义不仅可以解决长期存在的文物认定模糊问题,填补学术空白,还可以使先行者在突破固有认识的基础上,在一定时间内掌握文物征集的优先权。

3. 地方保护主义与资源共享困境

对于幅域万里的中国来说,沿海省份间乃至市与市之间均存在或多或少的文化差异和区域认同差异,乃至民间有"十里不同音,百里不同俗"等说法。不同的民俗自然会产生不同的文化遗产和文物遗存,然而对于已建立本地、本区域涉海类博物馆的地方来讲,由于文物的稀缺性及地方博物馆天然承担着区域文化的宣传职能,对本地出土或出水的文物进行属地保护、限制其跨区域流通几乎成为每个地方的"本能"。在中海博多年的征集历程中多次发生某藏品平时无人重视、无人管理,但一旦有他人征集则"敝帚自珍"的情况。实际上,该种困境的本质是缺乏全国性的航海文物资源共享平台所造成的,这也就成为航海资源特别是古沉船资源相对贫瘠的地区提升自身博物馆建设水平的一道天然的障碍。

基于以上种种,对于航海主题博物馆来说,大型博物馆间通过一个常态化的平台和机制进行探讨和交流,明确各自的主要馆藏特色和体系,建立差异化的征集方向;中小型博物馆聚焦地方特色航海文化(如渔村民俗、区域性非物质文化遗存),避免同质化竞争,就显得极为有必要。

(二)宏观环境对行业博物馆征集工作的影响

1. 财政资金方面

在当今纷繁复杂的国际形势影响下,近年来国家财政的运行和预算执行中存在一些亟待进一步研究解决的困难和问题,主要表现在:受外部复杂环境、经济转型升级压力加大及政策性因素的影响,财政收入持续稳定增长的难度依然较大,在维持现有财政收入的情况下,文化公益项目下的一些博物馆等文化机构仍在建设发展,财政平衡势必将面临压力;另外,国际经济形势的变化也将牵动国内经济形势走向,国内的经济形势将受其影响。对博物馆的资金拨付的影响因素越来越多,在以后的几年内,资金压力风险会逐步加大。

2. 政策层面

近年来,政策聚焦于合法合规性、程序标准化和社会监督,国家先后出台了多项政策法规用以规范博物馆的文物征集行为,如2021年由国家文物局、财政部颁布的《国有博物馆藏品征集规程》及新修订的《中华人民共和国文物保护法》等政策文件。

将新、旧两版《中华人民共和国文物保护法》进行对比可以发现,对于馆藏文物的管理,新法在文物收藏单位管理规范升级、禁止对国有文物藏品的质押抵押、文物的利用、文物市场的规范、国际合作等方面都进行了新增和修改。(见表3)

表3 新、旧《中华人民共和国文物保护法》对比

维　　度	2017版内容	2025版内容
收藏单位义务	未明确来源合法性审查	新增合法性识别义务
禁止性行为	无抵押、质押规定	禁止国有单位抵押、质押
文物利用	强调保管	强制开放,教育功能强化
市场交易规范	无具体虚假宣传限制	销售或拍卖需如实宣传
国际合作	未单列鼓励条款	新增国际交流支持

对于文物征集来说,最需要重视的一是新法首次提出对文物的来源进行合法性审查和识别,避免征集行为成为非法流通渠道;二是新法首次提出"国家鼓励公民、组织合法收藏",鼓励民间收藏,并强调通过加强市场交易规范,禁止虚假宣传等方式,净化市场环境,为博物馆后续进行民间文物征集提供了更可靠的流通渠道。

除上述文件以外,《关于推进博物馆改革发展的指导意见》中还在优化征藏体系方面明确提出:"树立专业化收藏理念,强化党史、新中国史、改革开放史、社会主义发展史相关藏品征集,注重旧城改造、城乡建设等反映经济社会发展变迁物证的征藏,丰富科技、现当代艺术、非物质文化遗产等专题收藏,鼓励反映世界多元文化的收藏新方向。"在协调不同属性博物馆发展方面提出:"探索建立行业博物馆联合认证、共建共管机制,将高校博物馆、国有企业博物馆等纳入行业管理体系,引导文物系统富余资源在运营管理、充实藏品、保护修复、开放服务等方面支持行业博物馆。"为涉海类行业博物馆的文物征集工作开辟了新的方向和渠道。

3. 技术革新层面

自2024年ChatGPT问世以来,AI技术、数字技术的大发展使新一轮的社会变革初见端倪。从其发展趋势来看,亦有可能通过对征集方式与价值挖掘转型方面的革新影响博物馆的文物征集职能。例如通过数字文博平台进行全景扫描、AI衍生品创作等技术,降低对实物征集依赖,最终达成从单一实物向"实物+数字"多元载体拓展的多轨模式。

另外比较成熟的方式还有,通过自研算法和数据库技术缩短文物采集时间,使博物馆能快速处理海量线索。例如敦煌莫高窟通过环境监测数据

优化壁画类文物征集优先级等,均是行业博物馆可以借鉴的工作方式。

(三) 专业人才的培养对行业博物馆征集工作的影响

现代博物馆事业正处于蓬勃发展的阶段,其在社会文化生活中所扮演的角色愈发重要。随着时代的日新月异和博物馆理念的不断更新,博物馆对专业人才的要求也呈现出显著的变化。这一趋势对于行业博物馆而言,影响尤为深远且复杂。

1. 行业博物馆专业人才培养的现状分析

行业博物馆因其独特的行业属性,其人才招募和培养模式具有与综合性博物馆不同的特点。在人才招募方面,尽管部分行业博物馆会通过社会招聘的形式,吸引那些接受过博物馆专业系统学习或有博物馆丰富工作经验的专业技术人员加入,但在实际的管理团队或核心骨干结构中,非文博专业人员占据较大比例的情况较为常见。

这些非文博专业人员虽然可能在其所在行业领域具备深厚的知识和丰富的经验,然而由于缺乏系统的博物馆专业学习背景,他们对于博物馆的业务工作,尤其是像征集这样具有专业性和复杂性的工作,理解和掌握程度有限。大多只能依靠日常业务工作中的非系统性学习和自身的经验积累,来逐渐提升自己在博物馆工作中的能力和素养。

反观老牌综合性博物馆,有着相对成熟和完善的人才培养模式,如传统的以老带新、师徒相传。在这种模式下,新入职的员工能够在经验丰富的资深员工的言传身教下,系统且有针对性地学习博物馆工作的各个环节和专业技能。而行业博物馆由于缺乏这样有效的传承模式,专业人才的培养就显得相对缺乏针对性和有效性。这无疑对行业馆的人才培养提出了更高的要求和艰巨的挑战。

2. 专业人才对博物馆征集工作的重要性

在现代博物馆的各项业务工作中,文物征集工作是博物馆得以持续发展和丰富馆藏的重要基础。而这一工作对专业征集人员的能力和素质提出了极高的要求。

首先,专业征集人员需要具备如同"金刚眼力,鞠盗心思"般敏锐的鉴别能力。在文物征集过程中,面对种类繁多、来源复杂的文物,鉴别真伪、判断文物的历史价值和文化价值是至关重要的环节。这不仅需要专业人员拥有深厚的历史学、考古学等传统学科背景知识,能够准确把握不同历史时期的文化特征和艺术风格,还需要他们在长期的实践中积累丰富的鉴别经验,炼就一双"火眼金睛",识破各种可能存在的赝品和仿制品,确保征集到的文物具有较高的品质和价值。

其次,高素质的征集人员能够制定科学合理的征集规划。许多行业博物馆在征集工作中存在"照单全收"或"主次不分"的问题,这往往导致馆藏文物缺乏系统性和针对性,未能充分体现行业博物馆的特色和优势。专业的征集人员凭借其对本博物馆所处行业的历史发展和前沿技术的深入了解,能够准确把握行业发展的脉络和关键节点,明确馆藏文物的征集方向和重点,有计划、有目的地开展征集工作。他们能够根据博物馆的发展战略和定位,筛选出与行业紧密相关、具有代表性和研究价值的文物,避免盲目征集和资源浪费,从而提高征集工作的质量和效率。

综上所述,专业人才的培养对于行业博物馆的征集工作具有至关重要的影响。行业博物馆应高度重视专业人才的培养,借鉴综合性博物馆的成功经验并结合自身特点,建立科学有效的人才培养机制,提高征集人员的专业能力和综合素质,从而推动行业博物馆征集工作的高质量开展,丰富和完善行业博物馆的馆藏体系,更好地发挥行业博物馆在传承和弘扬行业文化方面的重要作用。

四、结　　语

从涉海类行业博物馆的发展现状来看,中海博要以一级博物馆的身份继续发展和迈进,必须以馆藏水平达到一级博物馆的基本馆藏水平(2023 年一级博物馆馆均藏品数 10.59 万件〔套〕)为目标而进行努力。任重而道远的目标任务和宏观形势要求中海博既要向省市级综合性博物馆学习,更要在渠道和人才上进行竞争和突破。

因此,中海博有必要在今后的三至五年中,以突破原有征集渠道瓶颈、制定适合本馆性质的征集规划和收藏体系、发展专业人才队伍为目标加大工作力度,力争在民间收藏领域、近现代航海技术领域、拍卖市场领域、非物质文化遗产项目领域、海员领域等有所发展和突破。

〔沈捷,中国航海博物馆陈列展示部副主任、副研究馆员,主要研究方向为藏品管理、航海类藏品鉴赏、涉海类非物质文化遗产等。〕

行业博物馆的藏品管理实践与思考
——以中国航海博物馆为中心

武世刚

摘　要：行业博物馆是行业历史遗存的征集、收藏、保护与管理机构。行业专题类藏品凝聚着行业发展的历史内涵和文化积淀，将行业博物馆藏品进行规范科学的收集、分类、管理、利用，把行业藏品潜在的价值内涵发掘出来，有利于厘清行业发展脉络，促使全社会重视对行业历史传统的继承和保护，也为今后的利用、服务奠定基础，并形成持续的良性机制，进而助力现代行业的发展。本文主要以中国航海博物馆藏品管理工作实践为例，对照主流博物馆的传统做法与标准，在业务操作的规范性、合理性、有效性等方面进行探讨；从行业博物馆的角度，在藏品管理工作的守正与创制方面进行粗浅思考，以期为博物馆（特别是行业博物馆）藏品管理提供一些新的思路、启发和解决方案。

关键词：行业博物馆　藏品　管理　中国航海博物馆

　　行业博物馆是行业历史遗存的征集、收藏、保护与管理利用机构。行业专题类藏品凝聚着行业发展的历史内涵和文化积淀，是行业文明的载体，也是人类社会发展进步的历史见证，具有重要的历史价值、科技价值、社会价值和行业文化价值。① 将行业博物馆藏品进行规范科学的收集、分类、管理、利用，把行业藏品潜在的价值内涵发掘出来，有利于厘清行业发展脉络，促使全社会重视对行业历史传统的继承和保护，也为今后的利用、服务奠定基础，并形成持续的良性机制，助力现代行业的发展。②

　　中国航海博物馆（以下简称"中海博"）于2010年7月开馆，由交通运输部与上海市政府共同筹建成立，以舟船航海为立馆主题，行业隶属为交通港航系统，是较为典型的行业博物馆。建馆以来，博物馆发展稍有成效，影响渐显。博物馆收藏经过十余年的积累，形成了较有行业专题特色的藏品体系，比如船模、航海仪器设备、海图、涉海文书票证等纸质文献等等。藏品管理工作围绕藏品的征集、定名、定级、入藏、登录、运输、点交、保管、保护及利

---

① 陆建松：《行业文化与行业博物馆》，《博物馆研究》2001年第3期。
② 白婧：《中国行业博物馆的社会价值初探》，《中国民族博览》2017年第3期。

用等,历经了十余年的摸索实践。本文主要以中海博藏品管理工作为例,对照历史艺术类主流博物馆的传统做法与标准,在业务操作的规范性、合理性、有效性等方面进行探讨,从行业博物馆的角度,在藏品管理工作的守正与创制方面进行粗浅思考,或可为博物馆(特别是行业博物馆)藏品管理提供一些新的思路、启发和解决方案。

一、藏品收藏

藏品是博物馆各项功能发挥的物质基础。社会要求博物馆利用藏品去完成社会赋予博物馆的任务和功能,博物馆必须加强、充实和完善博物馆收藏。[①] 行业博物馆收藏应该与博物馆自身的定位相符合,经过积累逐步形成自身的特色,在此基础上开展研究、展览、教育、活动等诸多业务,才能形成自身的专题特色,符合创立行业博物馆的宗旨与初衷。中海博筹建工作始于2005年,到2010年建成开馆,至今年建成开放15年。作为国家级航海类专题博物馆,始终围绕立馆宗旨与定位,致力于收藏、保护中国航海历史和航海活动及与之相关的文化遗产、历史见证,为了研究展示需要,也会征集一些其他国家、地区或民族的航海类藏品。博物馆的收藏经历了从无到有、从零散化到系列化的积累过程,其中凝聚了中海博诸多文物工作者的辛勤付出,得到了社会各界的热心支持和积极响应。

2007年上海市政府为中海博专门出台了《上海中国航海博物馆捐赠办法》[②],国家文物局也发布了《国有博物馆藏品征集规程》[③],之后博物馆层面又陆续制定了征集管理办法、拍卖征集细则、征集中长期规划等文件,不断优化征集策略,从制度层面进一步明确了中海博藏品收藏的定位、任务和发展方向,更规范了藏品收藏的操作流程和路径,有利于藏品征集工作的可持续发展。在征集渠道和途径方面,来源单一是其劣势,主要是靠征集民间流散文物及接收社会捐赠。由于行业博物馆条块分割属性,与主流博物馆相比,在考古发掘、公安或海关罚没移交等方面,缺乏更多的政策支持。[④] 建议国家出台相关政策,鼓励国有博物馆之间更为灵活宽松的藏品调拨与交换,旱涝调剂,真正盘活"文物存量",让深藏库房的藏品活起来。

值得一提的是,行业博物馆收藏可以注重行业领域、系统资源的挖掘,通过行业的力量,实现对于该专项领域内相关发展脉络的梳理和分散资源

---

① 宋向光:《博物馆藏品与博物馆功能》,《文博》1996年第5期。
② 《上海中国航海博物馆捐赠办法》,上海市人民政府令第74号,2007年9月17日。
③ 《国家文物局、财政部关于印发〈国有博物馆藏品征集规程〉的通知》,中国政府网,2021年5月20日,https://www.gov.cn/zhengce/zhengceku/2021-06/23/content_5620290.htm。
④ 陈红琳:《破解行业博物馆发展困局——中国农业博物馆藏品体系建构实践分析》,《中国博物馆》2021年第3期。

的掌握。行业博物馆只有扎根于行业才会有持久的生命力。① 在中海博藏品征集过程中,港航类管理机构、企事业单位、科研院所、行业协会及业内热心人士等,都给予了大量支持。截至目前,中海博的馆藏总量达到 21 000 余件(套),其中来自行业系统的捐赠占到了近一半,初步形成了符合本馆定位的较有特色的收藏体系,包括古今中外颇具代表性的经典船模,外观精美功能各异的航海仪器设备,不同窑口、不同水域的海捞瓷外销器物,涉海的图籍、档案、文书、票证等纸质文献,海事管理、海军海防、民俗信仰、体育休闲等专题收藏,体量庞大,内容多元,蕴含了丰富的与行业历史文化相关的物证信息。

二、藏品定级

参考国家层面出台的文物藏品定级标准,中海博也制定了自己的文物藏品定名定级工作管理办法。考虑行业博物馆的特殊性,结合自身馆藏的特点情况,我们在对馆藏物品本身的历史价值、艺术价值、科学价值等进行充分研判的基础上进行初步鉴选,分为藏品、参考品、其他物品三大类。其中,藏品即一般传统博物馆认定的珍贵藏品(包括一、二、三级文物)和一般藏品,参考品包含了不少现代的模型、图纸、资料、照片、舟船部件、生产生活实物等,其他物品时代更晚近,价值亦等而下之。从数量的比例分布来看,文物级别的藏品(即一、二、三级文物和一般藏品)仅有 5 200 余件(套),非文物藏品(包括参考品和其他物品)近 16 000 件(套),其中比较有特色的舟船模型 900 余件(套),多为现代制作,出于管理与利用的便利,将其定为参考品。

具体操作层面,中海博设立定名定级工作小组,先对征集入馆的藏品进行初步鉴选。根据初步鉴选意见,一般藏品、参考品、其他物品的定名定级由馆内自行确认完成。鉴选确认的珍贵藏品,先行入库,后根据数量与类别集中批次,邀请馆外专家对拟定一、二、三级的藏品进行鉴定评审,完成专家评审及馆内流程之后再行报备文物局。新近国家文物局制定了《国有馆藏一级文物定级工作指南》②,后续一级文物的定名定级工作将根据最新要求执行。

而在珍贵藏品的价值鉴定过程中,我们除了按照传统博物馆文物门类邀请相关领域的专家之外,也会根据藏品情况邀请行业史、科技史等航海、造船领域的专家。一些定级的文物,不能完全以历史文物的标准来看待,行业类藏品时代分布上晚近的会更多一些(1840 年以后),因此我们参照国家文物局《文物藏品定级标准》特别是《近现代一级文物藏品鉴定标准》,对航

---

① 冯毅:《基于完善博物馆评估体系的行业博物馆发展思考》,《东南文化》2019 年第 2 期。
② 《国家文物局关于印发〈国有馆藏一级文物定级工作指南〉的通知》,国家文物局,2024 年 12 月 20 日,http://www.ncha.gov.cn/art/2024/12/24/art_2318_47061.html。

海类的级别文物进行了认真而慎重的鉴选定级工作。比如1996年"上海航运交易所开业祗喜"铜锣,属于全国性或地方性重大事件具有直接见证或佐证意义的文物,虽然时间很短,从功能上来说物件也很普通,却见证了上海航交所的成立。既是重大事件,亦是重要节点,也是直接见证,该铜锣是中海博较早征集的一件藏品,后确认为二级藏品。再比如卢作孚自用派克钢笔。卢作孚系民国民生轮船公司创办人,是中国近现代航运业先驱,被誉为"中国船王"。钢笔系其家属捐赠,据其子介绍卢先生最后遗嘱亦与该笔有关。时代为民国,笔尖也已歪曲,却属于重要历史人物的重要见证物,后定为二级藏品。可见,行业博物馆藏品的价值鉴定,除了传统历史考古类文物的标准之外,更应充分考虑其在行业发展历史中的地位和价值,综合考量来确认其价值与级别。

三、藏品分类

航海类藏品内涵丰富,外延广泛,具体包括了航海理论与技术、船舶及其部件设备、造船、船模、航运、港口、海事、海关、航道、海上救捞、水下考古、海上交往、外销贸易、海军海防、海洋渔业、海洋习俗、船员海员、教育研究、相关航海体育休闲等各个方面。藏品分类一是为了依据其质地、功能或用途清晰反映藏品体系和结构,二是为了方便管理与利用。① 作为行业博物馆,中海博馆藏在质地、时代上与主流博物馆有明显区别,质地以金属、木质、塑料或复合材料为多,多数年代也并不古老,只是传统博物馆年代范围的一个较小区间。如果按照陶瓷、青铜、书画、玉器或年代等主流博物馆文物分类②,很难直观反映中海博藏品的面貌。针对中海博藏品情况,参考科学类博物馆分类逻辑③,既能客观分类反映藏品特点与分布,又能相对均衡便于管理利用,我们把馆藏作如下分类:(1)1949年以前的藏品,相对时间较早,历史文物价值较高的藏品,分为航海文物类;(2)中海博还收藏不少现代创作的雕塑、油画、碑拓、工艺美术品等,单设一类航海艺术品;(3)馆藏中反映1949年以后航海生产生活的工具部件、仪器设备、用品用具等不在少数,专设航海实物一类;(4)在1949年以后的收藏品中,相关图书、照片、图纸、档案资料等平面类的藏品占了馆藏近三分之一,因此有必要专设航海文献一类;(5)古今中外比较有代表性的舟船,见证了人类历史的发展,但

---

① 陈菁:《博物馆藏品分类之初探》,《中国博物馆》2014年第3期。
② 国家文物局编著:《博物馆藏品保管工作手册》,群众出版社,1993年,第64页;国家文物局第一次全国可移动文物普查工作办公室编:《普查藏品登录操作手册》,文物出版社,2014年,第116—121页。
③ 刘时凯:《谈科学博物馆的藏品分类——立足德意志博物馆和英国科学博物馆集团的经验》,《科学教育与博物馆》2020年第6期。

很多经典实船无法保留到现在,即使存世也难以征集到位,因实船体量庞大,也很难灵活地为展览所用,因此相关的代表性舟船模型成了中海博的一个收藏特色,虽然都是现代创作,但大多制作精良、考证严密、观赏性强,不少博物馆的展览都会借展相关的船模,因其特色性和包装运输管理的特殊性,我们也在馆藏中专门单设了模型一类;(6)单设了其他一类,包括为数不多的生物标本,以及馆藏中无法归入前述分类的收藏。在以上六大类一级分类之下,再按照质地、功能或载体进行二级分类。(详见表1)我们认为,这样的藏品分类,符合行业博物馆的藏品特点,也可以较为清晰地反映出博物馆的藏品构成,便于后续的分类管理与利用。

表 1 中海博藏品分类表

一级目录	二级目录
航海文物类	陶瓷器类、金属器类、钱币类、琉璃玉石类、石刻石雕砖瓦类、竹木牙骨漆器类、古籍纸质类、航海仪器类、绘画类、其他
航海艺术品类	书画碑帖类、工艺品类
航海实物类	仪器设备类、生产生活用具类、民俗用品类、实船类、武器类、其他
航海文献类	书籍类、照片及底片类、电磁介质类、地图图纸类、档案资料类、邮品类
模型	船模类、车模类、飞机模型类、沙盘类、其他
其他	生物标本类、其他

四、藏品管理

传统博物馆的文物收藏,经过数代文博人探索的努力与积累,已经形成了一套相对来说规范、完整、科学、严密的管理方法,国家文物局颁发的《博物馆藏品管理办法》对藏品管理的原则、标准和流程都做了明确的规定,多年来也一直是行业遵循的基本操作依据。[①] 大部分藏品管理参照传统博物馆标准的藏品工作规范与标准执行,但结合行业博物馆的馆藏特点,也会出现较为特殊的情况与处理。一是存放。一些大体量藏品,如中海博藏品中有一部分为船上拆解的部件属具,体量较大,有的超长,有的超重,也难以全部用于对外展示。这类超常规体量的藏品,其保护管理要求难以完全按照传统文物标准来执行,大多只能放置于户外存放,搭建简易风雨棚对存放条

---

① 陈娟:《传统管理方法与现代藏品管理的关系》,载河南博物院编《河南博物院建院80周年论文集》,大象出版社,2007年,第291页。

件稍作改善,需要定期维保,平时则用油布包裹延缓风吹日晒对其的伤害。二是搬运。大体量的藏品,有的几米甚至十几米长,有的重达几百甚至上千斤,远超常规文物体量的规格,搬运远非人力所能及,必须借助专用设备甚至大吊车来完成。因此我们常年与馆外的专业团队合作,来完成大件藏品的搬动、运输。三是安装与包装。在中海博的藏品中,有些藏品结构比较复杂,比如一些航海仪器设备,还有帆船模型,需要保管员熟悉仪器设备及船模结构,需要拆解与安装,需要升帆降帆,来保证藏品在包装与搬运过程中的安全。但随着博物馆的发展,特别是行业博物馆类型多样,藏品类型已经远非传统文物门类能够覆盖,尤其是工业类、科技类、工艺类藏品的保管养护,需要进行更多的探索和研究,形成可复制、可推广的新的标准,来进一步提升行业博物馆藏品管理水平。

五、藏品利用

新时代的文物工作要求,在保护第一、加强管理的基础上,更加重视挖掘藏品价值、有效利用、让文物活起来。具体讲就是要提升藏品利用率,创新藏品利用形式,因此对于藏品管理工作者也有了更高的要求,除了做好征集藏品入库、信息更新维护、人员出入库、藏品上下架、藏品提退库、库房安全巡查、空间整理优化、藏品装具更换、抽查盘点等常规的藏品保管工作之外,需要在藏品利用方面做出更多的探索与尝试。一是展览、教育、文创、宣传等博物馆的各项业务活动,这是最为直观的藏品利用转化。博物馆一般都有相应的业务部门,但有的熟稔业务与商务,对藏品却不太了解。因此对于藏品相对熟悉的保管人员,当仁不让,应该积极地发挥其对藏品的支撑作用,双向奔赴,真正实现让藏品说话,挖掘其最大价值。比如有的保管人员本身对于外销瓷、航海仪器设备、舟船模型或航运史比较有研究,在策展当中会有其优势。2019年的"长三角航海非物质文化遗产大展"、2023年的"漳州窑瓷器展"、2024年的"航运江南:长三角水上交通历史文化展",内容策划皆由研究保管部门人员主创,较好地盘活了馆藏,丰富了展览主题。二是图书出版。中海博藏品保管和学术研究隶属于同一个部门,当初这样的部门设置也是希望加强对于馆藏的研究和阐释。近年来,经过专题策划,结合馆藏资源,联动馆内外研究学者,先后出版《海帆远影——中国古代航海知识读本》《沧澜航程——中国近代航海史话》《航运江南——馆藏近代江南地区航运遗珍释读》《云帆万里:中国航海博物馆馆藏选粹与释读》《靖疆御海:中国航海博物馆藏明清海防珍品释读》。其中前两本是通识性读本,后三本是我们策划的"中海博典藏研究丛书"。丛书定位于对馆藏从不同角度、不同专题分门别类地进行整理研究,一方面满足公共文化需求,将馆藏向社会公布,供公众对涉海文物更好地鉴赏研究;另一方面进一步发掘和阐释馆藏文物的价值和内涵,拓展航海历史文化研究的深度和广度,用以服务支撑博物馆各项业务工作,通过多种形式、多元渠道让文物活起来,弘扬中华优秀的传统文化,讲好航海故事,继而不断增强历史自觉,坚定文化自信,服务国家建设。三是社会共享利用,深化文物资源免费共享、素材共用、知识共研、共同开发。这是国家文物局"文物事业高质量发展案例指南"评选中提倡和鼓励的,也作为衡量博物馆运行发展的一项指标写入了博物馆评估办法。随着近年来的"文博热""海洋热",社会各界越来越关注航海历史文化,关注中海博的馆藏利用,博物馆对此也给予了积极的回应和支持,希望与社会力量一起围绕馆藏资源构建博物馆面向公众的阐释空间。比如华东师范大学王张华教授出版的科普图书《我要去航海》、澳门文化局出版的《葡萄牙人在华见闻录》,皆选用了中海博的数幅海图藏品;央视的"国宝大会""寻古中国"纪录片、交通运输部管理干部学院的现场教学展厅等,中海博都无偿提供了藏品资料,对其支持。四是古为今用。这也是行业博物馆着眼于未来,扎根行业,服务行业,与行业互相促进发展,应该发挥的独特优势。行业博物馆搜集了本行业范围内古今中外较为完整的文献和实物资料,在研究行业的发展历史、工艺技术演变方面有着得天独厚的优势。行业博物馆研究古代传统的工艺技术、行业历史,并结合本行业生产发展的需要,以古鉴今,推陈出新,对于未来的科研生产及行业发展具有重要的借鉴和启示作用。① 近年来,中海博每年为"北外滩国际航运论坛"、中国航海日"航海文化论坛"开展文化服务,先后与中远海运、招商局、海洋局、航道局、打捞局、江南造船厂、民生公司、中波轮船、中国外轮代理公司、长荣海运等在藏品征集保护、展览、教育活动、研究出版等方面开展诸多合作,在行业发展过程中很好地发挥了博物馆的文化助力作用。

行业博物馆收藏、展示的是各行业的历史、文化与科技,内容涉及自然科学、人文科学等诸多领域,时间跨度从古到今甚至未来。它不仅只关注过去的传统积累,也应重视现实生活乃至未来发展的趋势。行业文化的现实性和社会性使行业博物馆与现代人们的生活密切相关,它把传统和现代结合起来,贴近现实与生活,具有极强的时代感,给社会公众以展望和启示。② 作为行业博物馆,中海博应致力于策划更好的项目,联动更多的资源平台,更有效地利用馆藏资源,形成新质生产力,助力行业发展,传播行业历史文化。

[武世刚,中国航海博物馆学术研究部(藏品保管部)主任、中国航海学会航海历史与文化研究专委会秘书长、副研究馆员,主要研究方向为藏品管理、航海史、海洋文化遗产等。]

---

① 王畅:《试论行业博物馆的特殊性》,《中国博物馆》2003年第4期。
② 陆建松:《关于建设行业博物馆的若干问题》,《中国博物馆》2001年第3期。

博物馆库房藏品装具应用探索

——以中国航海博物馆为例

朱金龙

摘　要：藏品装具是存放藏品的专用设备，在物理性能上可以保护藏品免受磨损或撞击等外力的损伤，在化学性能上可以阻挡灰尘、污染物及光对藏品的损伤，能减缓外界温度、湿度波动对藏品保存的不利影响。针对藏品缺乏装具及装具不符合标准的现状，中国航海博物馆遵循优先保护最珍贵藏品的原则，持续对等级藏品更新配置装具，实现对藏品的最优保护。近几年，中海博更新配置的装具主要有无酸囊匣、铝合金文物箱、塑料收纳箱、纸质藏品装具、船模防尘罩、油画防尘罩、钱币保护盒、RP 保护材料等几个种类。通过对藏品包装的完善，使藏品保护工作得到很大的提升，但在使用过程当中，库保员也发现其不足，有待提升之处。藏品装具更新换代是个任重道远的工程。

关键词：装具　博物馆　管理　包装

藏品是博物馆的立足之本，切实做好博物馆藏品管理工作是博物馆一切业务工作的基石。《中国博物馆学基础》中提到："藏品是博物馆业务活动的物质基础，博物馆所有陈列、研究、社会教育和服务、编辑出版等等，都离不开藏品。博物馆的藏品数量和质量，直接影响到博物馆的业务水平和社会效益。"[①] 由此可见，藏品是博物馆存在的基础。

文物藏品是国家宝贵的精神文明财富，是历史上十分珍贵的重要证据。而藏品一个最突出的特点就是单一性，即珍贵藏品的数量只有一件，一旦损坏是无法再生的。这就要求博物馆加强对藏品的保护和管理，尤其是珍贵的等级藏品。采取科学合理的保护措施，不仅可以有效减少文物藏品在展览和保存过程中的损耗，而且还能够确保文物藏品所蕴含的独特的人类精神文明财富得到有效保护。

在对藏品进行保护的过程中，要对藏品做好预防性的保护。积极完善博物馆藏品保存环境，使藏品拥有一个较为稳定且有利于保存的外在条件，

---

① 王宏钧主编：《中国博物馆学基础》，上海古籍出版社，2006 年。

这也是藏品得以流传的重要手段。藏品装具就是调整藏品微环境的良好措施。

一、藏品装具的作用

藏品装具是存放藏品的专用设备,包括柜、箱、架、盒等。藏品是否能保存长久,与藏品装具的保护直接相关。藏品装具在物理性能上可以保护藏品免受磨损或撞击等外力的损伤,其结构为藏品提供支撑,以利于持拿,避免保管人员直接持拿藏品而造成损坏。藏品装具密闭且阻光的微环境,在化学性能上可以阻挡灰尘、污染物及光对藏品的损伤,能减缓外界温度、湿度波动对藏品保存的不利影响,也可以为藏品提供防火、防震等保护措施。

由此可见,无论是藏品在库、展出还是运输过程中,藏品装具都可以为其提供多重保护,藏品装具是保护藏品最廉价的工具。[1] 不仅如此,藏品装具上还可以记录一些与藏品相关的文字信息,如原始号、名称、数量、尺寸、完残程度等,这些基本信息可以帮助库管员快速识别藏品的身份。

配置专用装具是藏品保管的重要工作,除了利于藏品安全存放与运输,更是在资源及经费有限的情况下所能采取的主动且有效地改善藏品保存状态的措施。给藏品配置专属装具,能达到一定程度的文物预防性保护的目的,使藏品处于一个洁净、稳定的安全保存环境,延缓藏品劣化,防止藏品磕碰损坏。[2] 笔者将结合中国航海博物馆(以下简称"中海博")近年藏品保管的经历,谈一谈博物馆库房藏品装具的应用。本文的装具主要指藏品包装规范中的内包装,侧重库房藏品保存时使用的装具。

二、中海博库房藏品装具原始状况

中海博成立于2010年,是经国务院批准设立的中国首家国家级航海博物馆,致力于"弘扬航海文化,传播华夏文明"。经历了十几年的藏品征集积累,如今中海博藏品覆盖船模、航海仪器设备、陶瓷、民俗家具、生物标本、纸质文献等几十大类,数量已达2万余件(套)。

(一) 藏品无装具

由于所收藏的藏品来源复杂,许多藏品来自民间收藏家之手,藏品装具

---

[1] 孙治国著:《古籍保护与修复技术研究》,吉林大学出版社,2022年,第57页。
[2] 刘彦琪著:《文物展具与装具》,大象出版社,2023年,第266页。

五花八门,大部分藏品根本没有包装(图1)。已有包装装具的部分藏品,由于年代久远,包装也已破烂不堪。由于馆内库房面积有限,而部分船舶机械设备、船模类藏品体积巨大,只能直接摆放在库房地面,处于裸放保存状态,难以做到细致地按类别、级别、质地进行存放保护。某些纸质藏品原本无装具,为了防散失、防潮,暂用密封袋封装。西洋银质餐具,直接在文物柜里一个挨一个地摆放,既不安全,也不美观。特别是每次布展、撤展时,总是因为包装问题,提心吊胆,担心一旦碰损,造成不可弥补的损失。在众多的藏品装具中,只有选配得当才可能充分发挥其作用。

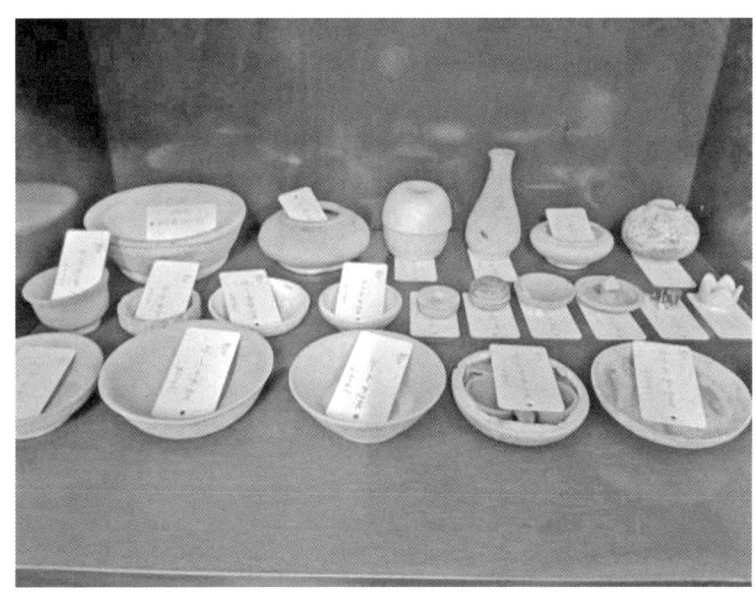

图1　藏品无装具

(二)装具不符合标准

目前,博物馆内的大部分囊匣是随藏品进馆的,为原藏品所有者制作配置好的。传统囊匣(锦盒)多以纸板为主要原料,再以织锦饰面,各色丝绸和棉花做内衬,所用黏合剂为面粉糨糊或糯米糊。其质量和耐久性优良,许多至今仍保存良好。但也有部分用料不佳、做工不精的囊匣,已出现散架、脱胶的现象(图2),对藏品安全造成一定的威胁,尤其是制作过程中所用化学黏合剂是否含酸及氯离子难以明确。文物存放其中,通常不符合文物预防性保护的要求,有较大的隐患,必须剔除更换。

另外,原藏品所有者提供的囊匣,内部空间通常无法匹配藏品,无法提供良好的支撑和缓冲。常见的做法是使用柔软的报纸、卫生纸、泡沫塑料等进行填充(图3)。这种做法往往无法达到防止文物碰损的效果。另外,卫生纸等内衬材料散发的化学成分也对藏品的安全构成威胁。这些囊匣均列入藏品囊匣更换清单。

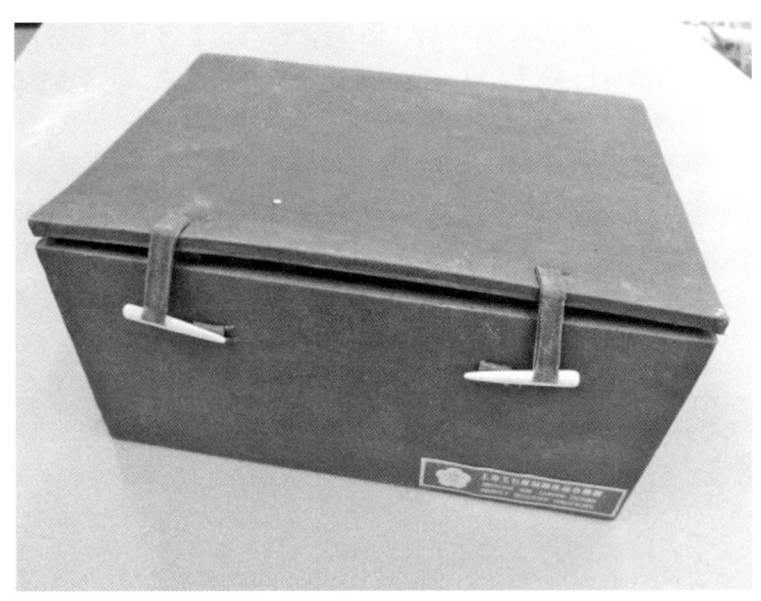

图 2　藏品装具变形起翘

图 3　藏品装具内部填充材料不标准

三、藏品装具配置

(一) 藏品装具配置的原则

配置藏品装具总的要求是有利于藏品的长期保存及便于藏品取拿。同时也要根据国家的相关要求,保证装具的安全性,以及经济实用性。主要体现在以下两个方面：第一，装具用材应对藏品无损。在选材上，除了要重视经济性和实用性之外，更为重要的是这些材料不能和藏品发生化学反应，同时也不能对藏品造成物理伤害。第二，结构牢固、启用方便。装具的设计要符合取用的标准，以及考虑取用的过程中是否会对藏品造成伤害。如果藏品装具的结构存有缺陷或者不够坚固，可能会对藏品造成不可预料的伤害。

藏品装具的配置，应遵循优先保护最珍贵藏品的原则，众所周知，要进行预防性保护，实行分级保护；同样，藏品装具配置也应实行分级处理，优先装备最珍贵藏品装具，集中力量和资金优先配置等级藏品的装具，优先保护等级藏品。[①] 根据博物馆的经济实力，在有限的经济条件下合理配置。中海博以每年约50件珍贵等级藏品的进度持续更新配置装具，以达到经济实用最大化，实现对藏品的最优保护。

（二）中海博藏品装具配置的探索

在具体的操作过程中，库保员整体分析各类藏品的包装状况，分析哪些是急需解决的，如果不配置装具，藏品可能面临着极大风险。同时，也要考虑各类藏品包装有什么特殊要求。如陶瓷、玉器类需要根据藏品形状做出随型软内囊匣，确保藏品绝对安全；抽屉中的一些小件藏品，可以设计多格装具，每格中放一件，既不凌乱，又便于查找。由于需要配置的藏品数量多，规格尺寸差异较大，所以要逐一进行衡量，相近的就定做同一规格的囊匣，摆放起来也比较整齐。

博物馆的藏品包装与装具管理应形成一套适合本馆藏品特点而且行之有效的管理方法和流程。中海博为了高质量完成博物馆藏品包装工作，特聘请专业的藏品装具制作公司协助完成，给予有力保障。与供应商之间充分探讨，对装具进行科学合理的设计，力求装具造型、结构、包装方式和谐统一，便于藏品保管和提取利用。严格控制选材，认真做好装具的验收。同时，积极培养库保员成为专业装具制作人员，购买工具与原材料，自己制作囊匣装具，尽量在藏品最需要的时候能够提供最合适的装具。

藏品装具由藏品包装盒及其内设置的防震与缓冲包装材料共同组成，缓冲材料为减缓藏品受到的冲击和震动而衬垫在藏品周围的包装材料。按照国家标准《文物运输包装规范》（GB/T23862-2009）的要求，文物重量小于等于30千克时，用瓦楞纸箱做内包装箱。单瓦楞纸箱应使用BS-1.4类或以上等级，双瓦楞纸箱应使用BD-1.3类或以上等级。防震缓冲材料要求紧贴于文物和内包装箱之间，缓冲材料应质地柔软，富有弹性，不易疲劳变形、虫蛀和长霉。包装容器内部应采用无污染的包装材料，不能排放出对文物

---

① 北京博物馆学会编：《博物馆藏品保管学术论文集》，中国林业出版社，2009年，第126页。

有害的物质。① 因此,在实际操作中,藏品装具一般采用进口文物包装专用无酸瓦楞纸板。该无酸瓦楞纸板可以防止藏品包装材料在接触藏品的过程中酸性物质的迁移,从而减缓藏品的衰化,起到保护作用。藏品装具的贴身材料尽量使用绵纸、无酸纸、宣纸等,其主要目的是对藏品表面进行保护,防止藏品在取用和运输过程中与其他包装材料发生摩擦而造成表面损伤。

截至 2024 年底,中海博藏品总数 2 万余件(套),已定名定级珍贵藏品 1400 余件(套)。其中原有囊匣装具完好无须更换的藏品近 700 件(套),体积巨大、结构稳固不需要装具承装的藏品 130 件(套),近年已定做藏品囊匣 360 件(套),铝合金箱承装藏品 10 件(套),更换封套承装藏品 100 余件(套),待制作包装材料藏品近 100 件(套)。目前,珍贵藏品使用囊匣、封套等装具预防性保护比率达到 93%(图 4)。待制作装具的珍贵藏品将在今后几年分批次完成补充制作。

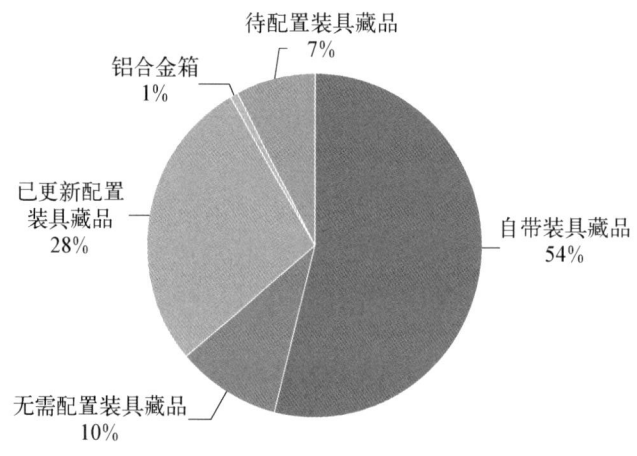

图 4　珍贵藏品装具配置统计图

(三) 配置装具的类型

在众多的藏品装具中,只有选配得当才可能充分发挥其作用。中海博藏品库房内体积巨大、结构稳定的藏品,比如石刻、船舶设备、航海仪器等藏品,一般直接放置于库房地面,覆盖一层防尘布或透明塑料布;地图类藏品直接放入底图柜抽屉内,无须再配置装具。近几年,中海博更新配置的装具主要有以下几个种类:

1. 无酸囊匣

无酸囊匣是随着时代的发展和科技的进步研发出的一种新型囊匣。它是一种由无酸卡纸、无酸瓦楞纸板等不含活性酸的中性材料制作而成的囊匣,有着纸张强度高、性能好、存放时间长久的优点。藏品存放在内可以使

---

① 公益财团法人日本博物馆协会编:《博物馆藏品操作手册:文物及艺术品包装运输指南》,中国文物交流中心译,译林出版社,2017 年,第 24 页。

其不发霉、不受潮,隔绝污染空气。无酸囊匣内部的设计还可以阻热、蓄热,保证囊匣内部的气密性,使藏品长时间处于入匣时的温度、湿度环境,从而延长藏品的寿命。

囊匣要根据藏品的材料、大小、形状及重量等因素进行设计,依托藏品本身,对藏品不同部位提供有效的保护,尤其是容易出现损坏和断裂的部位,同时营造藏品的适宜微环境,实现预防性保护功能。囊匣的盒型有翻盖盒、对开盒、天地盖盒、天地盖侧开盒、翻盖侧开盒等。使用的材质为无酸瓦楞纸板、无酸硬纸板、奥松板等。内囊形式有泡棉随形铺布、棉垫、泡棉开槽、底部软墙、棉垫、底部颗粒垫。

对于陶瓷、银器、漆器、古籍等珍贵藏品都可以采用无酸囊匣来进行预防性保护。比如中海博收藏的"泰兴"号沉船出水的 100 件瓷器,为清代德化窑青花瓷器,其风格和形状基本相同,因此为其制作成套囊匣(图5),集中放置。中海博收藏的一批银质刀、叉等西方餐具,近 100 件(套),为同一批入馆,形制、材质相似。为其制作翻盖侧开盒,长 400 厘米,宽 340 厘米,高 280 厘米,其尺寸与木制橱柜一个隔层相仿,每层刚刚好放入一个囊匣(图6)。囊匣采用奥松板、无酸硬纸板制作,外覆宋锦,每盒四层分隔,每层 8 个分格,内置棉垫(图7)。

图5 "泰兴"号沉船瓷器使用的囊匣

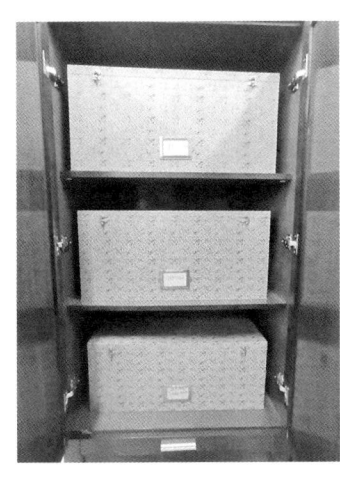

图6 银质刀叉囊匣置于藏品柜中

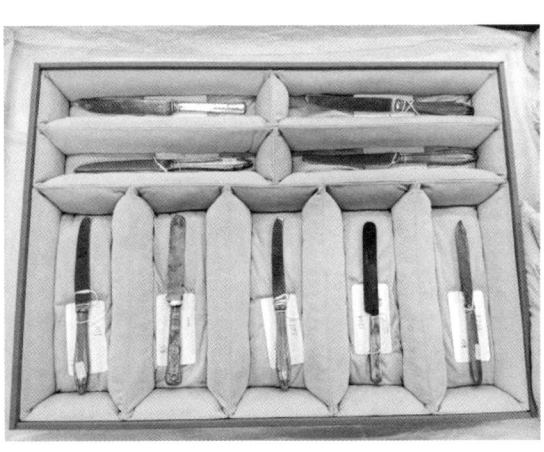

图7 银质刀叉囊匣每层布置

中海博也从专业文博产品供货商处购得无酸瓦楞纸及无酸泡棉等材料,进行自行设计和简单的藏品囊匣装具制作。既满足文物预防性保护的要求,又最大限度地利用博物馆有限的资金,提高库保员的动手能力。

2. 铝合金文物箱

铝合金文物箱(图8)主材使用三维铝合金材料,内囊、缓冲和填充材料使用环保材质,结构坚固,耐冲击。可以放置体积和重量较大的藏品,但造价较贵。中海博采购的数量较少,主要承装质量较重、年代久远的西方航海仪器,如19世纪晚期美国制铜车钟、17世纪英国制反射式望远镜等。中海博将囊匣、塑料收纳箱与铝合金文物箱结合使用,既做到了利于藏品的保存,又达到对资金利用的最大化。

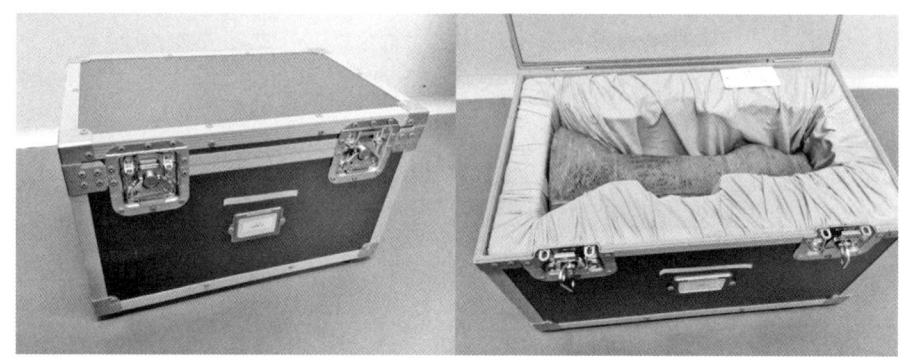

图8　铝合金箱

3. 塑料收纳箱

塑料收纳箱(图9)的优点是自重较轻,密封性好,价格便宜,可以采购较多;缺点是箱体的体积较小,一次性放置的藏品数量较少,不能放置较重的藏品,箱内的缓冲材料需库保员自行填装。收纳箱适用于保存纸质、纤维、木器等小件藏品。中海博使用的是加厚高清透明整理箱,分33升和21升两个规格。

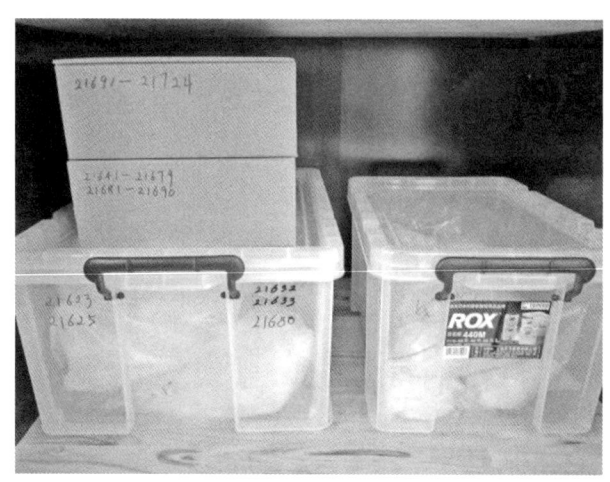

图9　塑料收纳箱

4. 纸质藏品装具

与裸露在环境中保存相比,纸质藏品装在无酸纸袋或无酸盒内,至少可以减少藏品表面的灰尘和霉菌孢子的浓度,阻碍霉菌的迅速成长,也可以阻挡外部水蒸气对藏品的直接影响。常用纸质藏品装具分两类:

(1)封套。防止纸张直接磨损,用于单页纸张的管理。中海博采用纯真薄页纸封套(图10),45克,半透明,适用于保存漆器、彩绘、陶瓷、水彩画、照片等藏品。

图10　纸封套

(2)书盒。以无酸瓦楞纸板等材料严格按照古籍的尺寸制作,能够对古籍类藏品实行更加精准的保护。对于空气中的颗粒物、一些酸碱性的物质、油渍或者水等都可以隔离,同时也阻碍了虫卵在其上孵化和繁衍。古籍使用棉纸包装好,再放入书盒中。为了避免书籍之间的摩擦和重压,每个书盒内放置的书籍数量不宜过多。

5. 船模防尘罩

船模是中海博的特色藏品,且收藏数量巨大。目前馆藏船模类藏品拥有的装具大部分为玻璃罩或者PVC罩,随着材料的老化与变形,某些年代久远的保护罩已不适合使用。面对大尺寸船模普遍无保护罩的情况,近年中海博对大型船模类藏品的装具进行探索。例如,中海博藏品2010年制"天池"号沿海客货轮比例模型,其长271厘米,宽62厘米,高73厘米,无包装装具,为防灰尘,特制作由3厘米不锈钢管组装的防尘架,加装由纤维布制作的防尘罩(图11)。当其展出不在库房时,防尘罩可以折叠,防尘架可拆卸集中放置,节省空间。当藏品归库时,再组装起来,罩在船模上方。其尺寸与船模相匹配,不会触碰船模上的零部件(图12),起到防尘和保护船模的作用。

6. 油画防尘罩

油画是绘画藏品的一种,但油画所用材料及形制有别于卷轴、册页。油画尺寸一般较大,加之画面上涂的颜料层较厚,触动后颜料极易脱落。目前中海博馆藏油画按照大小分类,小幅面的油画大多直接挂于油画架上,大幅

图 11　船模防尘罩

图 12　船模防尘罩内部

面的多靠墙摆放,年久极易落灰,因此采用防尘罩(图13),遮挡灰尘,防止光线照射。

历史题材油画《招商局收购美商旗昌轮船公司》为2019年由招商局集团无偿捐赠,由著名画家殷雄绘制,讲述招商局早期历史上最重大事件——1877年招商局收购美商旗昌轮船公司全部产业。该油画尺寸长480厘米,宽275厘米,体量巨大。对于该油画,为其量身定制防尘保护罩,采用特为其制作的相框面罩加以保护。

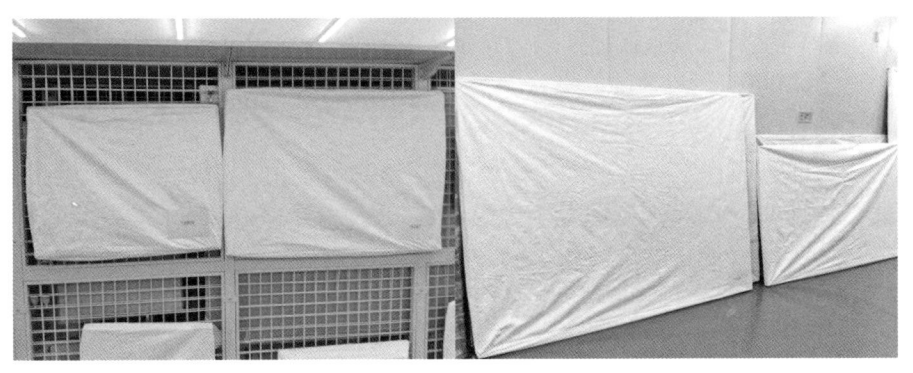

图 13　油画防尘罩

7. 钱币保护盒

小件藏品一般比较精细,如印章、钱币、玉饰件等。这类藏品不宜单件做囊匣,单独做囊匣藏品太小,保存时容易丢失,可以按照类别几件合装一个囊匣中。中海博的纸质钱币采用德国灯塔 A4 活页聚酯膜,共 20 页,每页 3 行。对于 19 世纪美国、英国、瑞士等国的一批怀表装入一个囊匣集中放置。

荷兰、西班牙等国及其附属殖民地在 16 世纪至 20 世纪初的海外贸易中流通的一批银币,数量近 60 枚,形制相似,采用亚力克塑料圆盒进行承装。亚克力包装通透性较好,既适合保存,也便于展示。展示时无须将银币从亚克力盒中取出,带盒展示,美观大方,保护性又好。

8. RP 保护材料

密封的聚乙烯塑料装具对于金属藏品的长期保存更有效果。因为这类材料本身不是霉菌的营养源,而且吸水率低,可以较长时间抵御外界的高湿度对内部物品含水率的影响。

RP 保护材料(图 14)一般由专用脱氧剂与能高度隔绝外部环境的高阻

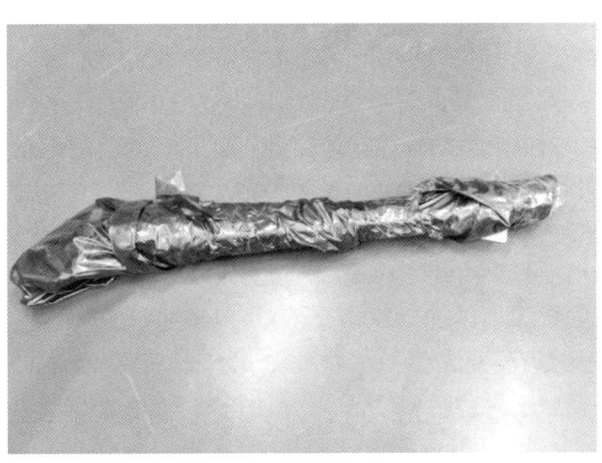

图 14　RP 保护材料

隔性保护袋组合使用,形成一个无氧、无水、无有害气体,只有氮气的保护空间。用 RP 材料封护,在封护膜内均匀放置防潮剂及氧指示剂,隔绝虫、霉、尘埃、湿气影响。封护好的金属藏品放置于柜架层板或囊匣中,避免光照、磕碰和磨损。

19 世纪英国"剑鱼"号帆船船锚,由于锈蚀严重进行修复处理,归库后无藏品装具。为了隔绝氧气与水汽,特采用 RP 保护膜进行包裹,内置脱氧剂,使该船锚处在一个 RP 材料构建的微环境中(图 15)。

图 15　RP 材料保护中的"剑鱼"号帆船船锚

四、成效与不足之处

由于对藏品包装工作的高度重视,通过各方面的努力工作,中海博的藏品包装发生了很大变化。大量珍贵藏品的保护条件得到了根本地改变,迈上了一个新台阶。藏品包装的完善,使藏品保护工作得到很大的提升。从中海博的成效看,藏品包装更加规范,安全系数得到增加,许多珍贵藏品得到了较好的保护,藏品保护在防虫、防潮、防尘等方面有了很大的提高。藏品摆放更加有序和整齐,搬运也较便捷,降低了藏品在保存、运输、布展过程中出现意外的概率。

尽管囊匣装具对于藏品能起到一定的保护作用,可是在长期的使用过程当中,库保员也发现了一些不足之处。首先,当取用藏品时,囊匣会和藏品发生摩擦,如果取用过程比较频繁,容易对藏品造成一定损害。其次,藏品在使用过程中可能会发生一些物理变化,比如书籍翻动太多,会使其变厚,原本的函套就不再适用,藏品尺寸无法调整,囊匣就需要更换。再次,随着藏品装具的完善,占用面积无形中扩大,原本就有限的库房空间更显不足。许多藏品要重新更换位置,因而存在大量后续工作。

五、结　　语

　　藏品的保护工作是一个不断完善、不断提高、循序渐进的过程。目前中海博珍贵藏品装具已按批次更新配备，但是由于资金限制，大量一般藏品与参考品等其他等级藏品还未满足配置需求，只能根据藏品等级与病害程度逐年更换藏品装具。但我们坚信，藏品保管工作正是在这种不断规范、不断改进过程中不断提高的。藏品装具更新换代仍是个任重道远的工程。

［朱金龙，中国航海博物馆学术研究部（藏品保管部）馆员，主要研究方向为船史研究、藏品保管。］

文化创意产品成本管理的多维剖析与创新路径

李科勤

摘　要：文化创意产品成本管理的成效，对文创产品能否成功推向市场并满足社会需求起着决定性作用。文章通过深入剖析文创产品的成本结构，进一步探讨其在成本管理过程中面临的创意不确定性、市场动态变化、人力成本上升及知识产权保护等多方面挑战，并提出构建成本管理体系、优化供应链控制、完善成本核算及创新驱动等应对策略与方法。展望未来，应将数字技术、区块链、虚拟现实技术等引入文创产品成本管理，推动其持续进阶。

关键词：文化创意产品　成本管理　创新路径

在全球经济一体化与文化多元化的大背景下，文化创意产业正以迅猛之势蓬勃发展，逐步成为推动各国经济增长与文化繁荣的关键力量。据联合国教科文组织数据显示，2019—2023年，全球文化创意产业总规模持续扩张，年复合增长率达6.5%。截至2023年，其总规模已接近2.3万亿美元，在全球GDP中的占比提升至3.1%，就业人口占到总就业人口的6%。其中，美国、欧洲和日本等发达国家和地区的文化创意产业规模占全球总量的60%以上[1]，他们在创意研发、技术应用和市场拓展等方面展现出强大竞争力。中国作为拥有丰富历史文化资源的国家，近年来文化创意产业发展态势同样迅猛。2019—2023年，国内文化创意产业增加值年复合增长率高达12.8%，2023年增加值达到5.9万亿元，占国内GDP的比重为4.59%。[2]

文创产品作为文化创意产业的核心载体，已逐渐成为人们生活中不可或缺的部分。它涵盖文化艺术、时尚设计、影视娱乐、数字内容等多个领域，凭借独特的创新性、文化性、艺术性和体验性，满足了消费者日益多样化的精神文化需求。然而，随着市场竞争的日益激烈，文创产品的成本管理问题日益凸显，成为制约文创单位发展和行业进步的关键因素。有效的成本管

---

[1] United Nations Conference on Trade and Development, *Creative Economy Outlook*, 2024 (Geneva: UNCTAD).

[2] 数据来源：国家统计局网站（https://www.stats.gov.cn）。

理对文创单位至关重要,通过科学合理的成本管理策略,文创单位能够降低运营成本、提高生产效率,进而增加利润空间,提升自身盈利能力。本文旨在深入剖析文创产品的成本构成及管理过程中面临的挑战,为文创单位提供针对性的成本管理方法与策略,助力其降低成本,提高效益,增强市场竞争力,推动行业规范化与健康发展,促进资源优化配置。[①]

一、文化创意产品成本构成剖析

(一)创意研发成本

创意构思与设计费用在文创产品成本构成中占据重要基础地位,是将创意转化为实际产品的关键起始环节。这一环节费用涵盖多方面,包括市场调研,如针对目标受众的问卷调查、访谈等所产生的费用;头脑风暴会议的组织费用;设计软件的购买或租赁费用;以及设计方案修改费用。此外,知识产权获取与保护成本是文创产品研发成本中不容忽视的重要部分,对维护文创单位创意成果、保障合法权益意义重大。这部分成本主要包括申请专利、版权登记、商标注册及维权等方面产生的费用。

(二)生产制作成本

原材料采购成本在文创产品生产制作成本中占重要地位,不同类型文创产品对原材料需求差异显著,导致采购成本呈现多样化。以陶瓷文创产品为例,其主要原材料包括黏土、石英、长石等,这些原材料的品质和价格因产地、纯度等因素而有所不同。

生产设备与场地使用费用是文创产品生产制作成本的重要组成部分。在生产设备方面,不同类型文创产品所需生产设备各异,购置或租赁费用也各不相同。对于一些需要高精度加工的文创产品,如金属工艺品,可能需要购置先进的数控加工设备,这类设备价格昂贵,一台可能在数十万元甚至上百万元。生产场地的费用在制造成本中占比也是需要考虑的重点项目,主要有两种形式,其成本表现也不同。若厂房建设属于投资者,需要前期投入大量资金在不动产建设上,在产品的成本表现为日后每月摊销的折旧费用,并考虑后续的维修维护成本;若投资者采用租赁形式使用厂房,在成本中表现为长期待摊的租赁费,和使用他人不动产带来的管理费用。

制作人工成本是文创产品生产过程中不可或缺的部分,主要取决于生产工艺的复杂程度和所需人工工时。对于一些工艺复杂、需要高度手工技

---

① 李明、张华:《文化创意产业成本管理的理论与实践》,《文化产业研究》2023年第3期。

巧的文创产品,如苏绣、蜀绣等刺绣类文创产品,制作过程需耗费大量人工时间和精力,人工成本相对较高。

(三) 营销推广成本

广告宣传费用是文创产品营销推广成本的重要组成部分,涵盖线上线下多个维度开支。线上广告投放渠道丰富多样,包括社交媒体平台、搜索引擎广告、视频平台广告等;线下广告投放则包括户外广告牌、地铁广告、公交广告等。宣传物料制作费用也是广告宣传费用的一部分,包括海报、宣传单页、宣传册、产品包装等。营销活动策划与执行成本是为推动文创产品销售和品牌传播而产生的费用,涵盖举办各类营销活动及参加展会等方面的开支。

(四) 运营管理成本

人员薪酬与福利成本在运营管理成本中占据重要地位,涵盖创意设计、市场营销、生产管理、财务管理、人力资源管理等多个部门相关人员的薪酬。行政与管理费用涵盖文创单位日常行政管理活动中的各项开支,差旅费也是行政与管理费用的重要组成部分。由于业务拓展和项目合作需要,文创单位员工经常出差,根据出差地点、交通方式和住宿标准不同,差旅费支出也有所差异。办公用品采购费用也必不可少,文创单位还需支付物业管理费、网络通信费等其他行政费用。为保障文创单位正常运营和员工工作安全,文创单位还需购买财产保险和员工意外险。[1]

二、文化创意产品成本管理面临的挑战

(一) 创意的不确定性与成本控制难题

创意灵感获取难度大且成本投入高。创意灵感的获取充满不确定性,犹如大海捞针,这一过程往往需要投入大量成本。创意并非凭空产生,创作者需深入了解市场需求、消费者偏好及文化潮流等多方面信息。市场调研是获取这些信息的重要途径,但市场调研本身需耗费大量人力、物力和财力。参加各类文化交流活动、艺术展览、行业研讨会等,也是激发创意灵感的重要方式。为提升创意团队专业素养和创新能力,文创单位还会定期组织员工参加专业培训课程,这同样会产生不菲的培训费用。

创意转化过程中的变数导致成本增加。创意转化为实际产品的过程充

---

[1] J. Smith and L. Johnson, "Cost Management in the Creative Industries: A Case Study of a UK-based Design Firm," *Journal of Creative Economy* 8, No. 2(2022): 78-92.

满变数,这些变数常常导致成本大幅增加。在创意转化初期,设计方案的不断修改和完善是导致成本增加的常见因素。由于创意的抽象性和主观性,往往需要与客户、团队成员进行反复沟通和协商,无疑会进一步增加成本。产品开发过程中技术难题的出现也会导致成本不可预见地增加。当文创产品涉及新兴技术应用时,如虚拟现实(VR)、增强现实(AR)等,开发团队可能会遇到技术瓶颈,需要投入更多时间和资源进行技术攻关。[①]

产品原型制作和测试也是创意转化过程中的重要环节,同样可能带来成本增加。制作产品原型需要使用各种原材料和工具,并且可能需要多次制作才能达到理想效果。在测试过程中,若发现产品存在质量问题或不符合市场需求,就需要对原型进行改进和优化,这会导致原材料浪费和制作时间延长,从而增加成本。

(二)市场动态变化与成本风险

消费者偏好变化对产品定位产生影响。消费者偏好的变化时刻影响着文创产品的市场定位,进而带来一系列成本风险。随着社会发展和文化多元交融,消费者的审美观念、兴趣爱好及价值取向不断发生变化。曾经备受欢迎的传统风格文创产品,可能因消费者对现代简约风格的追求而逐渐失去市场优势。为应对这种变化,文创单位需及时调整产品定位,重新制定营销策略,包括选择合适的营销渠道、调整广告宣传内容、举办新的营销活动等,这些都会增加营销成本。

市场波动对生产规模与成本产生冲击。当市场需求突然增长时,文创单位为满足市场需求,可能需要扩大生产规模,增加原材料采购量、购置或租赁更多生产设备、招聘和培训新员工等都会导致成本大幅增加。反之,当市场需求下降时,文创单位的生产规模需要缩小,这又会带来一系列新的成本问题,如设备闲置成本、员工安置成本等。

(三)人力资源成本上升的压力

创意人才的稀缺性导致高薪酬成本。创意人才在文创领域极其稀缺,文创单位不得不付出高昂薪酬和优厚福利来吸引他们。为吸引和留住创意人才,文创单位还会提供各种优厚福利,如舒适办公环境、灵活工作制度、丰富员工活动、定期培训和学习机会等。

人员流动带来成本损耗。当创意人才离职时,文创单位首先需投入大量时间和费用进行新员工招聘。从招聘信息发布、简历筛选、面试组织到最终录用,每一个环节都需耗费人力、物力和财力。新员工入职后,文创单位需要对其进行培训,培训成本不仅包括培训师资费用、培训材料费用、培训

---

① J. Smith and L. Johnson, "Cost Management in the Creative Industries: A Case Study of a UK-based Design Firm," *Journal of Creative Economy* 8, No. 2(2022): 78-92.

场地费用等直接成本,还包括因新员工在熟悉工作过程中效率较低而产生的间接成本。

(四)知识产权保护与维权成本

侵权行为频繁发生导致损失。文创产品因其独特创意和文化内涵,极易成为侵权目标,侵权行为的频繁发生给文创单位带来多方面严重损失。以某知名动漫 IP 为例,该 IP 凭借精彩剧情、鲜明角色形象及丰富文化元素受到广泛欢迎。随着该 IP 的火爆,市场上出现大量侵权产品。据不完全统计,在短短一年内,侵权产品的市场份额达到正版产品的 30%,导致该文创单位销售额直接减少 1 000 万元以上。侵权行为还严重损害文创单位的品牌形象和声誉,消费者在购买到质量低劣的侵权产品后,往往会对正版品牌产生负面评价,降低对品牌的信任度和忠诚度。

维权过程复杂性导致高昂成本。维权过程需要文创单位投入大量时间、精力和费用。当发现侵权行为后,文创单位首先要进行证据收集,这需要耗费大量时间和人力。文创单位可能需要安排专人对侵权产品的销售渠道进行调查,包括线上电商平台、线下实体店等,记录侵权产品的销售信息、价格、数量等。在法律诉讼阶段,文创单位需要聘请专业律师团队代理案件,诉讼过程中还会产生一系列其他费用,如诉讼费、鉴定费、差旅费等。整个维权过程往往漫长而复杂,可能需要数月甚至数年时间,时间成本高昂。①

三、破解文化创意产品成本管理挑战的方法与策略

(一)全面的成本预算管理及监控

1. 制定全面且精准的成本预算

在文化创意产品成本管理中,制定全面且精准的成本预算是关键的第一步。文创单位应结合文创产品项目的各个环节进行成本预算。在创意研发阶段,需考虑创意构思与设计费用,包括市场调研费用,如针对目标受众的问卷调查、访谈等所产生的费用,以及头脑风暴会议的组织费用、设计软件的购买或租赁费用等。在知识产权获取与保护方面,要预算申请专利、版权登记、商标注册的费用及可能的维权费用。对于生产制作成本,需详细规划原材料采购成本,根据不同文创产品对原材料的需求,考虑原材料的价格波动、采购渠道等因素。生产设备与场地租赁费用也需纳入预算,根据生产规模和工艺要求,确定所需生产设备的购置或租赁费用,以及生产场地的租

---

① 王芳、刘阳:《文创产品成本控制策略研究》,《企业管理》2024 年第 6 期。

赁费用。制作人工成本则要根据生产工艺的复杂程度和所需人工工时进行预算。①

2. 预算的动态调整与监控机制

在文创产品成本管理过程中,预算的动态调整与监控机制是确保成本控制目标实现的重要保障。市场环境瞬息万变,消费者需求、原材料价格、市场竞争等因素随时可能发生变化,文创单位需要根据实际情况对成本预算进行及时、合理的调整。通过实时监控项目的成本支出情况,及时发现成本偏差,并采取相应措施进行调整。文创单位可以利用财务管理软件,对各项成本费用的支出进行记录和分析,定期生成成本报表,以便管理层及时了解成本预算的执行情况。文创单位还应建立预算调整的审批流程,确保预算调整的合理性和规范性。当需要对成本预算进行调整时,相关部门应提出详细的调整申请,说明调整的原因、调整的金额及对项目的影响等。审批部门应根据文创单位的战略目标、财务状况和项目实际情况,对调整申请进行严格审核,确保调整后的预算符合文创单位的整体利益。②

(二)文创产品的成本控制与优化

1. 优化创意研发流程降低成本

通过合理规划创意研发流程,文创单位能够避免不必要的重复劳动和资源浪费,提高研发效率,从而有效降低成本。在创意构思阶段,文创单位可以提前制定详细的创意规划,明确创意方向和目标,避免在创意过程中出现盲目探索和反复尝试的情况。

2. 供应链管理与成本优化

供应链管理在文创产品成本优化中占据重要地位,通过与供应商建立长期稳定的合作关系,文创单位能够获得更优惠的采购价格和更好的服务。某文创单位在原材料采购方面,与一家优质的供应商建立了长达五年的合作。在合作期间,供应商根据文创单位的采购量和合作年限,给予了10%—15%的价格优惠,文创单位承诺每年从该供应商处采购一定数量的原材料,并且按时支付货款。双方还定期进行沟通和交流,共同解决合作过程中出现的问题。这种长期稳定的合作关系不仅降低了文创单位的采购成本,还确保了原材料的质量和供应稳定性,避免了因原材料供应中断而导致的生产停滞和成本增加。

3. 生产环节的成本节约策略

在文创产品生产环节,采用精益生产理念是节约成本的重要手段。精

---

① A. Brown and B. Green, "The Impact of Intellectual Property Protection on Cost Management in the Cultural and Creative Sectors," *International Journal of Cultural Policy* 12, No. 4(2023): 101-115.

② 陈宇、张伟:《数字化技术在文创产品成本管理中的应用》,《信息技术与管理》2022年第2期。

益生产强调消除浪费,通过优化生产流程,减少不必要的生产环节和等待时间,提高生产效率。某文创单位在生产一款陶瓷文创产品时,通过引入精益生产理念,对生产流程进行了重新规划和优化。对陶瓷烧制环节进行了技术改进,缩短了烧制时间,提高了烧制效率;对产品检验环节进行了优化,减少了检验时间和不合格产品的出现概率。通过这些措施,生产效率提高了30%,废品率降低了15%,生产成本显著降低。[1]

(三) 文创产品的成本核算与分析

1. 建立科学的成本核算体系

建立科学的成本核算体系是文化创意产品成本管理的重要基础,它能够为文创单位提供准确、详细的成本信息,为成本控制和决策提供有力支持。在确定核算对象时,文创单位需根据文创产品的特点和生产流程进行精准定位。对于以项目为导向的文创单位,如影视制作公司,每个影视项目都可作为独立的核算对象,涵盖剧本创作、拍摄设备租赁、演员薪酬、后期制作等各项成本。对于批量生产文创产品的文创单位,如文创文具生产企业,可将不同种类的文具产品作为核算对象,分别核算原材料采购、生产加工、包装等环节的成本。

2. 深入的成本分析与决策支持

深入的成本分析是文创单位实现有效成本管理的关键环节,通过对成本数据的细致剖析,能够准确找出成本变动的原因和成本控制的关键点,为文创单位的各项决策提供有力支持。例如,通过成本分析发现某类文创产品原材料成本过高,进一步分析可能发现是采购渠道不合理或者原材料浪费严重,从而针对性地采取措施,如优化采购渠道、加强生产过程中的原材料管理等,以降低成本。[2]

(四) 创新驱动的成本管理策略

利用新技术降低成本。数字化技术的广泛应用,使文创产品的设计、生产和销售流程得到极大优化。在设计环节,借助先进的设计软件和工具,设计师能够更高效地进行创意构思和设计表达。3D 建模技术让设计师可以快速构建产品的三维模型,直观地展示产品的外观和结构,减少了传统手工绘图和模型制作的时间和成本。虚拟现实(VR)和增强现实(AR)技术则为产品设计提供了更加沉浸式的体验,设计师可以在虚拟环境中对产品进行全方位的测试和调整,提前发现问题并进行优化,避免了在实际生产过程中因设计缺陷而导致的成本增加。

---

[1] 《某陶瓷公司开展精益生产管理》,天行健管理顾问有限公司,2021 年 11 月 18 日,http://www.leanchina.cn/alfx/4293.html。

[2] C. Hompson and D. Davis, "Leveraging New Business Models for Cost Management in the Creative Economy," *Journal of Business Strategy* 35, No. 3(2024):145-158.

创新商业模式与成本管理。创新商业模式是实现文化创意产品成本有效管理的重要途径。平台模式的出现，为文创单位提供了一个整合资源、降低成本的有效平台。以某知名文创电商平台为例，该平台汇聚了众多的文创产品创作者、供应商和消费者。通过平台的大数据分析功能，能够精准地了解消费者的需求和偏好，为文创产品的研发和生产提供有力的指导。文创单位可以根据平台提供的数据分析结果，有针对性地开发产品，减少市场调研成本，提高产品的市场适应性，降低因产品滞销而产生的成本。[1]

共享模式在文创领域的应用也为成本管理带来了新的思路。一些文创单位通过共享办公空间、设备和人才等资源，实现了成本的降低。例如，多个小型文创工作室可以共享一个办公场地，共同承担租金和物业管理费用；共享专业设备，如3D打印机、摄影设备等，减少设备购置成本；共享创意人才，根据项目需求灵活调配人员，提高人才利用率，降低人力成本。[2]

众筹模式作为一种新兴的融资方式，也为文创产品的成本管理提供了新的可能性。通过众筹平台，文创项目可以提前获得资金支持，降低了项目的融资成本。众筹过程还能够帮助文创单位了解市场需求，减少产品开发的盲目性。例如，一个文创项目在众筹过程中，通过与支持者的互动，能够了解到消费者对产品的功能、设计、价格等方面的期望，从而在产品开发过程中进行针对性的调整，避免因产品不符合市场需求而导致的成本浪费。[3]

四、结　　论

本研究深入剖析了文化创意产品成本管理的多维层面，清晰揭示了其在文创单位发展中的核心地位。文创产品以其创新性、文化性、艺术性和体验性等显著性特征，在文化创意产业中确立了重要地位。切实有效的成本管理是推动文创单位发展的关键驱动力。面对文创产品成本管理过程中遭遇的创意不确定性、市场动态变化、人力成本攀升及知识产权保护等一系列挑战，文创单位需在成本预算管理方面发力，制定兼具全面性与精准性的预算方案，并构建起动态调整与实时监控机制。更为重要的是创新驱动的成本管理策略，如利用数字化技术、智能制造等新技术，以及创新商业模式，如平台模式、共享模式、众筹模式等，有效降低成本。通过有效的成本管理能够提升文创单位盈利能力，增强市场竞争力，保障文创单位可持续发展。文

---

[1] 刘悦、孙明：《文化创意产品的市场需求分析与成本管理》，《市场营销导刊》2023年第4期。

[2] E. Garcia and F. Martinez, "Cost Management in the Cultural Heritage-based Creative Industries: A Comparative Study of European Countries," *European Journal of Cultural Studies* 15, No. 3(2022): 189-205.

[3] 赵刚、钱红：《文创企业的人才管理与成本控制》，《人力资源管理》2024年第5期。

创单位应综合运用多种成本管理方法与策略,不断优化成本管理体系,以应对市场挑战,实现可持续发展。

展望未来,在新兴技术应用方面,随着人工智能、区块链、虚拟现实等技术的不断发展与成熟,将在文创产品成本管理中发挥更为关键的作用。此外,文化创意产品成本管理涉及经济学、管理学、艺术学、法学等多个学科领域,加强跨学科研究能够整合不同学科的理论和方法,为成本管理提供更全面、深入的解决方案。①

[李科勤,中国航海博物馆财务部副主任、会计师,主要研究方向为企业成本预算管理。]

---

① G. White and H. Black,"The Role of Cost Management in the Sustainability of Creative Enterprises," *Journal of Cleaner Production* 35, No. 4(2023): 230-245.

博物馆展览项目预算评审优化

——以中国航海博物馆临展项目为例

朱姻莹

摘　要：近年,国家深化预算管理改革,以项目财政评审为抓手,提高财政资源配置效率,为建立现代预算标准体系奠定基础。对于博物馆来说,如何做好预算评审工作,使申报项目顺利通过预算评审,仍是重大挑战。由于发展历程短,目前国内关于博物馆预算项目财政评审相关的法律法规、理论书籍、参考文献等较为欠缺,可供参考的资料、评审思路和方法较少。本文在梳理我国财政评审的背景、意义、流程、方法及内容基础上,结合行业博物馆展览项目实例,从申报项目的完整性、必要性、可行性、合理性出发,对博物馆预算项目财政评审存在的难点及问题进行分析,并从调研学习、因地制宜、发展热点、内容创新、跨界融合、预算编制、申报材料七个角度探讨如何结合业务需求降低博物馆预算项目资金评审核减率。

关键词：预算评审　资金管控　预算管理　博物馆展览项目

近年来,党中央明确要求各级政府严格落实过"紧日子"的要求,2024年度政府工作报告也再度强调各级政府要习惯过"紧日子",凸显了这不是一时之需而是长久之计。如何过好"紧日子",把过"紧日子"作为习惯、变成常态,将"紧日子"过成"平常日子",预算评审无疑是一把好抓手。预算评审是提升财务资金管理效率、优化财政资金配置的源头,要精打细算,把资金花在刀刃上,过好"紧日子"。

博物馆作为承载和传播历史、文化、艺术的重要场所,随着国家对文化事业的重视,其建设与发展得到了前所未有的支持。然而,由于近年来国家财政支出压力的增大,博物馆预算项目的评审标准也日益严格。对于博物馆而言,预算评审资金核减率成为影响博物馆预算项目实施的关键因素之一,因为评审结果决定了项目最终的资金支持额度,而可用资金的多少将直接影响到项目的实施内容。

中国航海博物馆(以下简称为"中海博")作为财政全额拨款事业单位,其预算项目曾多次被抽取进行财政评审。这几年里中海博一直在摸索中不断前行,虽然积累了不少经验,但也存在一些无法避免的困难。因此,本文主要以中海博展览项目为例,对近几年展览项目的预算评审开展情况进行总结,归纳出预算评审的一般审核方法与要点;再对预算评审开展过程中存在的难点及问题进行分析,探讨如何结合业务需求降低博物馆预算项目资金评审核减率,以期能为未来工作做出指导,以及为相关单位或从业人员提供一些参考意见。

一、博物馆预算评审现状分析

预算评审是财政部门依据法律法规和规章制度,运用专业技术手段,对资金安排和使用进行审核和评价的财政管理活动。其主要目的是为预算编制、预算绩效管理等提供技术支撑,是确保财政资金有效使用和博物馆运营可持续发展的重要环节。

(一)博物馆预算评审的背景

1999年,财政部成立财政投资评审中心,对财政资金进行有效合理的监管,保证政府财政资金的使用效益。2015年,财政部《关于加强中央部门预算评审工作的通知》要求,将预算评审工作实质性嵌入部门预算管理流程。[①] 2016年5月,在财政部的指导下,预算评审工作深入项目预算管理,形成项目标准化管理与预算评审互补的模式,靶向解决项目管理精准度不够、适用性不强、有效性不足等问题。2017年6月,项目预算申报费用结构进一步规范,预算评审的方式方法也在规范的支出结构中更趋完善。[②] 2020年,《中华人民共和国预算法实施条例》提出,建立与现代预算制度相适应的预算评审制度。2021年,国务院印发《关于进一步深化预算管理制度改革的意见》,提出建立健全项目入库评审机制和项目滚动管理机制。2023年,财政部印发《预算评审管理暂行办法》,提出进一步健全项目支出预算评审制度,提高预算评审工作的管理水平。

在上述大背景下,预算评审成为确保博物馆财政资金安全、提高使用效率的重要手段,各级财政部门也出台了一系列具体措施,如《中央补助地方博物馆、纪念馆免费开放专项资金管理暂行办法》《博物馆评估管理办法》等,为博物馆财政评审提供了明确的政策依据和操作指南,政策层面的支持为博物馆预算评审提供了有力保障。博物馆作为非营利性机构,其运营资金主要来源于政府财政拨款。如何在确保公共服务质量的前提下,实现资

---

① 高萃:《从财政评审角度看财政项目支出预算编制优化研究》,《质量与市场》2023年第11期。
② 叶书彦:《提升财政预算评审效能的实践与思考》,《西部财会》2023年第12期。

金的可持续支持,确保博物馆的长期稳定发展,财政评审无疑是最好的抓手。

(二) 博物馆预算评审的重要性和影响

随着博物馆事业的不断发展,预算评审在博物馆预算项目管理中扮演着越来越重要的角色。预算评审不仅仅是博物馆获取资金的前置条件,更是促进其自身发展、提升服务质量的重要抓手。通过财政评审,博物馆可以更好地把握政策导向,优化资源配置,提升服务质量,实现可持续发展。

首先,预算评审有利于提高博物馆资金使用效益。博物馆预算项目通常投资额较大,且非定额标准部分占比大。财政评审可以通过对项目资金投入情况进行核查,对投资效益和资源配置效果进行评估,识别和避免不必要的支出,从而保障财政资金的科学、高效使用。

其次,预算评审有利于博物馆控制项目成本和防范风险。博物馆预算项目在设计和施工阶段存在许多不确定因素。财政评审通过实行"先评审、后预算"的工作机制,促使博物馆提前筹划项目,按规定完成论证、制定实施计划、项目方案等前期工作,识别和控制其中的风险,确保项目在预算范围内按时完成,避免因预算超支或成本失控而导致的项目延误或失败,减少不必要的损失。

再次,预算评审有利于加强博物馆预算规范管理,提高财政预算编制质量。通过对博物馆预算项目的立项审批、论证研究、设计方案和预算编制等各环节进行客观的审核,及时发现项目申报中存在的问题,剔除项目预算中不合理的部分,督促博物馆进行科学的预算编制,合理安排项目预算资金。

此外,预算评审有利于博物馆加强绩效管理。预算评审作为财政安排预算的重要决策依据,不仅是财政部门合理配置资源的有效手段,更是落实全面实施预算绩效管理的有关要求,为预算绩效管理全过程打下坚实的基础。预算评审与事前绩效评估、绩效目标管理等有效衔接,通过评审结果反馈推动预算单位改进预算管理,是落实过紧日子要求,是成本预算绩效管理的重要推手。[①]

最后,预算评审有利于提升博物馆的社会效益和经济效益。财政评审能使博物馆预算项目获得合理的资金安排和高效的资金使用,进而可以提供更多优质的公共文化服务,吸引更多观众。不仅可以提升博物馆的知名度和影响力,还能带动当地文旅产业的发展。

(三) 博物馆预算项目财政评审现状

目前,我国博物馆预算评审尚处于初级阶段,主要由各级政府文化主管

---

① 任晓冬、王越:《预算评审与预算绩效管理体系建设相互作用研究——以预算评审项目为例》,《预算管理》2024年第10期。

部门负责,存在评审标准不统一、评审过程不透明、评审结果应用不足等问题。例如,不同地区的博物馆财政评审标准存在较大差异,导致评审结果难以横向比较。另外,评审过程缺乏透明度,评审结果的公开性和公正性受到质疑。评审结果的应用也不充分,部分博物馆在评审后未能获得相应的财政支持,影响了博物馆的正常运营和发展。

博物馆预算项目具有其特点:一是通常涵盖多个方面,包括但不限于展览设计、藏品保护、教育活动、科学研究、基础设施建设等,这些项目的实施不仅需要专业的知识和技能,还需要大量的资源投入;二是具有周期长的特点,从项目规划、申报、评审到最终实施,需要经历漫长的时间,在这个过程中,项目内容可能会根据实际情况进行调整,这就要求预算申报具有一定的灵活性和可调整性,以应对不确定因素;三是通常涉及多部门协作,项目负责人需要确保各个部门之间的沟通顺畅,协调资源分配,避免重复投入,这不仅增加了项目的复杂性,也对预算申报提出了更高的要求;四是具有较高的公众关注度,作为公共文化机构,博物馆的项目往往受到社会的广泛关注,公众对项目的期望值较高,这种高度的关注度要求博物馆在项目规划和实施过程中,不仅要考虑专业性和科学性,还要注重社会影响和公众参与。这些特点在很大程度上决定了项目在财政评审过程中的复杂性和挑战性。

近年来,随着博物馆事业的快速发展,政府逐渐意识到财政评审的重要性,开始尝试引入第三方评审机构,提高评审的科学性和公正性。2019年,文化和旅游部发布了《博物馆评估管理办法》,明确了博物馆评估的内容、程序和标准,为博物馆财政评审提供了政策依据。

虽然博物馆预算评审机制不断完善,评审标准也逐步科学化与合理化,但根据近年来的统计数据,全国范围内博物馆预算项目的财政评审资金核减率仍普遍较高,平均核减率超过20%。高核减率在一定程度上制约了博物馆的发展,尤其是在资金紧张的情况下,甚至导致一些重要项目的搁置或取消,从而直接影响项目的顺利实施和博物馆的长期规划。

二、中海博展览项目财政评审案例分析

中海博作为国家一级博物馆,近年来多次举办各类展览,旨在弘扬中华民族灿烂的航海文明和优良传统,丰富公众的文化生活,提升城市文化软实力。其展览项目具有鲜明的特色和较高的专业性,每个展览项目不仅需要精心策划,还需要投入大量的人力、物力和财力。然而,这样的高规格展览项目在财政评审过程中,往往面临着更严格的审查和较高的资金核减率。

从2021年至今,中海博共计四个展览项目被抽取到财政部门开展预算评审。其中,两个项目通过评审,一个项目复评后通过评审,一个项目暂缓。(详见表1)

表1 中海博历年展览项目财政预算评审结果

项　　目	项目评审情况
1	预算核减率35%
2	预算核减率25%
3	预算核减率30%
4	暂缓

根据2021—2024年的数据可以看出,中海博在历年展览项目的财政评审过程中,资金核减率一直居高不下。中海博的展览项目除去暂缓项目后,平均资金核减率也高达30%。这一高核减率不仅影响了项目的预算安排,也导致了项目实施过程中资金的紧张,进而影响了展览的质量和效果。

为进一步找出中海博财政评审资金核减率高的原因,本文将以项目4为案例,对该项目财政评审工作的具体开展情况进行深入分析。

(一) 项目背景

项目4为行业专题展览项目,该项目筹划资金大,涉及面广。该项目的主要目的是建设某行业专题展示馆,传播该行业的历史、文化精神,服务国家战略,提升文化软实力、城市软实力。该项目选址为已装修完成的办公空间,涉及展陈面积约4 000平方米,三面为玻璃幕墙,层高4.5米,地坪等已经铺设。计划利用该办公楼的其中几层作为展示场所,在原有办公楼内根据展示馆展陈及装饰的要求,重新对该办公楼进行设计布置,不涉及任何工程性改造。费用主要包括两部分:一是基础环境营造、陈列布展及藏品存储空间改造等费用;二是配合场馆开馆的综合保障费用,用于开馆活动、观众服务设施设备、人员办公,以及相关物资、对外运营服务保障等。

(二) 项目实施过程

中海博根据财政预算评审的审核方法和要点,结合项目特点和评审目标,以项目的完整性、必要性、可行性、合理性为抓手,理清项目申报思路,准备项目申报材料。

1. 项目完整性

首先,中海博对大量与项目相关的资料、手续进行梳理,提供了具有市领导圈阅的批复依据、市政府相关专报、市政府专题会议纪要、主管部门的批复文件及其他相关资料,以此来佐证项目立项资料齐全,申报程序合规。

其次,中海博完成了展陈大纲的编制和评审,完成了展陈设计和具体实施方案编制,并提供了相关材料。中海博按照市财政评审中心下发的《市级财政项目预算评审申报指引》要求,及时、规范、准确地编制完成了项目申报文本,具备完整的项目内容。

最后,中海博根据项目方案主动梳理了项目预算编制过程,并根据支出标准,对于项目申报不实、不细的内容及时修正和补充,申报材料中具备项目预算编制逻辑及测算过程。

2. 项目必要性

首先,申报材料中重点阐述了该项目将作为某行业专题展示馆进行建设,该项目的建设有助于提升上海城市软实力。通过展示该行业的发展历史,体现其发展的时代特征,揭示该行业与国家战略实施、城市发展、市民生活工作的密切关系。并通过展示其发展成就,贯彻新发展理念,激发全行业人员为共同理想、共同目标而奋斗的使命感和责任感,增强社会的凝聚力和影响力。

其次,申报材料对该项目的筹建过程及情况进行了详细说明。关于该项目的筹建早在2000年就曾被提出,后因选址方案变动未能落实。进入新时代,党和国家将提高国家文化软实力作为一项重大战略任务。为积极响应国家号召,提升行业文化传播力、影响力,2021年经研究决定,重新启动该项目筹建工作,并向时任市领导报送了相关专报。2022年,上海市市长龚正主持召开市政府专题会议,研究该项目筹建推进工作,会议明确该项目按照中海博分馆模式推进筹建。专题会议后,向市政府专报该项目筹备情况,明确了该项目的功能定位、展示内容和展馆选址,后经多位市领导圈阅。

3. 项目可行性

首先,中海博成立了该项目筹建工作领导小组,负责协调落实该项目建设运营资金、前期规划、立项设计、建设管理等工作。该项目将作为中海博分馆的形式独立运营,因此中海博设立了该项目运营专班,项目完成后,由专班负责场馆的开放运营管理。中海博作为我国第一个大型国家一级航海专题博物馆,管理机构健全,有丰富展馆运营经验,并且已有上海潜艇展览馆作为中海博的第一家合作分馆成功运营,因此该项目作为中海博分馆模式独立运营合理可行。

其次,中海博通过收集资料和大量走访调研,多次组织开展行业专家专题咨询,确定了展示馆的功能定位、重点展示内容、主要展示形式等。在前期走访、调研、咨询的基础上,不断优化、完善展陈大纲,更新、丰富主要内容,完成了展陈大纲的编制和评审,为展陈方案设计提供了基础。推进展陈重点内容梳理、展品征集等工作,在展陈大纲基本定型的基础上,围绕展示主题和展示内容,选择、收集、征集相关的展品和资料,已储备1600件(套)相关藏品,为展陈设计方案编制打下良好基础。

最后,中海博完成了该项目方案的审查和批复,项目方案经中海博上级主管部门审查后,同意批复立项。项目实施方案包括了基础条件、前期工作、实施方案主要内容、运行管理及保障措施、项目计划进度等内容,重点说明了项目的可行性。

4. 项目合理性

首先，申报材料中重点说明了项目主要实施内容的预算需求、资金来源和使用计划、预算绩效目标情况等内容。其中，"项目主要实施内容的预算需求"分类说明了项目实施的主体、主要内容和预算需求等；"资金来源和使用计划"说明了项目所需资金的构成和来源，资金规定的用途、支付的计划进度等；"预算绩效目标情况"简要描述了本项目要达到的主要绩效目标，重点关注资金规模和绩效目标的匹配性。

其次，申报材料以计量单位、单价、数量、预算需求、测算依据和规格参数等为基础，详细编制了项目预算明细。其中，"申报单价"有明确支出标准的费用结构参考支出标准、有行业规范的参考行业信息指导价、有公开透明市场价格的参考同类厂家市场询价；"申报数量"以项目实施内容、建设方案等资料为基础，从项目实际需求出发，确定申报数量；"测算依据"提供了预算测算的文件依据、计算过程和报价参考说明等。

（三）项目财政预算评审结果

尽管中海博在项目前期进行了大量的工作，按市财政评审中心要求整理材料并及时报送，但最终市财政评审中心出具的评审意见却依旧不尽如人意。经评审，市财政评审中心专家组认为，中海博项目4场地与业务需求脱节，项目内容、方案缺少特点，项目予以暂缓实施。

三、博物馆项目预算评审存在的难点及问题

通过对项目4的案例分析，我们可以看出业务需求对预算评审的影响深远，尤其是在博物馆预算项目的财政评审中。在博物馆预算项目中，业务需求的明确与合理化是确保项目顺利通过财政评审的关键因素之一，业务需求的清晰度、合理性和可行性直接影响到项目的预算编制、实施过程及最终的财政评审结果。清晰的业务需求能够为项目提供明确的方向和目标，帮助评审人员更好地理解项目的必要性和可行性，增强评审人员对项目价值的认可度。它不仅关系到项目的实际运行效果，还直接影响到财政评审过程中资金核减率的高低。此外，项目申报时项目内容、项目方案缺乏新意，成本控制不力和经济性缺乏等问题也会影响评审结果，导致资金核减率上升。

随着当前财政预算管理改革工作的不断推进和深入，中海博预算的科学性、完整性、专业性得到了较大的提升。但综合中海博近几年的项目财政评审情况及其他博物馆单位项目财政评审情况来看，现阶段博物馆项目预

算评审存在的难点及问题主要还是未能充分结合业务需求,主要表现为以下几点:

(一)不了解行业,馆外调研不够

无法准确掌握行业的最新动态、市场趋势、竞争状况及观众需求等关键信息,导致在决策时缺乏充分的数据支持,增加决策的风险和不确定性。无法准确识别目标客户群,或者无法确定最适合自身的定位,导致项目或业务方向出现偏差,资源投入与市场需求不匹配,影响项目的长期发展。在缺乏足够行业知识的情况下,可能发生盲目跟风或模仿,而忽视了自身的独特优势和核心竞争力,制定的策略缺乏针对性和有效性。对行业趋势和观众需求了解不足,导致项目在市场中难以脱颖而出,无法满足观众的期望和需求。对行业缺乏了解,导致在资源配置上出现不合理的情况,将资源投入低回报率的领域或项目中,而忽视了真正具有潜力的项目。

(二)没有因地制宜,场地与业务需求脱节

场地设计没有充分考虑到业务的具体需求,空间布局不合理,可能会限制展览的规模、内容和形式,不仅影响观众满意度,甚至可能导致安全隐患。场地的功能设置与业务需求不匹配,缺乏相应的设施设备或必要实施条件,导致业务受限。场地的地理位置或交通状况不符合业务需求。例如,场地选在了偏远地区或交通不便的地方,会使观众到访率低,知名度和影响力受到限制,需要投入更多的资金用于市场推广和宣传,导致运营成本增加。场地选择与业务需求在成本效益上不匹配。例如,业务规模较小,但选择了过于豪华或面积过大的场地,这将导致不必要的成本浪费;反之,业务规模较大,但选择了过于简陋或面积过小的场地,则无法满足业务发展的需求。

(三)缺少特色,没有结合发展热点

项目主题不明确,缺乏独特性。在策划初期,由于未能深入研究和明确博物馆的主题与定位,项目团队往往难以形成清晰、统一的展览思路,这种模糊性影响了后续展览内容的选择与组织,导致展览内容泛而不精,项目缺乏鲜明的特色和亮点。项目在策划和实施过程中未能充分考虑当前社会、科技、文化等领域的发展趋势和热点话题,未能准确把握行业的发展趋势和市场需求,导致项目在定位、内容或形式上与当前行业热点脱节。项目在设计和实施过程中未能融入行业最新的创新理念和技术,导致项目在功能性、实用性或体验性上缺乏亮点,难以在激烈的市场竞争中脱颖而出。市场营销策略未能跟上行业的步伐,仍然采用传统的宣传方式和渠道,导致项目的知名度和影响力受限。

（四）缺少内容，方案过于模板化

展览内容过于宽泛或缺乏深度，未能深入挖掘地域文化、历史背景等独特元素，未能全面展示主题，缺乏系统的、连贯的叙事线索，使观众难以获得完整的信息和深刻的理解。展览内容仍然停留在历史事件的简单叙述上，没有进行足够的创新，未能将历史事件与现代生活、科技、艺术等领域进行跨界的融合和创新，会让观众感到缺乏新鲜感和吸引力。展览布局和陈列方式往往遵循固定的模板，缺乏创新和个性化设计。展览空间利用不充分，缺乏合理的分区和流线设计，观众在参观过程中容易感到混乱和疲惫。展览内容与创新技术脱节，一些博物馆在展览内容的策划和设计上，仍然过于依赖传统的展示方式，如静态的文字说明、图片展示等，而忽视了虚拟现实（VR）、增强现实（AR）、大数据分析等创新技术的应用，这使博物馆的展览内容缺乏互动性和趣味性，难以吸引年轻观众或寻求新奇体验的游客。

项目实施方案未能全面涵盖博物馆业务需求。例如，展览项目的方案仅有展览内容的设计，缺乏场馆的基本维护、设备运营、安全保障、人员配置等其他方面。项目实施条件不完备，项目的场地条件、人员条件等不满足实际方案需求。例如，在方案设计时未能结合空间布局和观众需求，现有卫生间、残疾人通道等配套设施无法满足到访参观的密集人流及特殊人群。项目的实施方案只从技术和安全性角度考虑，忽略了经济性需求，造成投资金额的增大。[①] 例如，在国产设施设备能满足需求的情况下，依然选择使用昂贵的进口设施设备，不仅缺乏经济性，也不利于后期的维护维修。

（五）缺少布局谋划，没有跨单位、跨平台融合

项目缺乏整体的布局和谋划，导致工作目标不明确，无法确定长期和短期的任务方向，无法考虑到潜在的风险和问题，缺乏有效的风险评估和应对措施。项目策划时未能考虑未来的发展需求，导致后续扩建或改造困难，缺乏长远规划，项目可持续性差，难以适应未来的发展变化。缺乏跨领域的合作和交流，与其他文化机构、科研机构、企业等单位的资源共享不足，导致项目在资源、技术、市场等方面存在短板。未能充分利用行业内的优质资源，如专业人才、先进技术、成功案例等，失去很多创意和灵感来源，导致项目在开发、运营等方面存在不足。缺乏与其他平台的合作，如线上平台、社交媒体等，导致项目宣传和推广受限。

（六）业务需求不明确，项目预算编制不合理

项目在预算编制时没有明确业务需求，预算编制全凭往年经验或想象，

---

① 杨拓：《财政投资评审遇到的问题及解决思路》，《新理财（政府理财）》2023年第4期。

导致编制的费用标准过高、规模过大、数量过多,如设备购置数量偏多(或重复申报)、单价偏高等。没有根据实际业务需求进行测算,导致项目预算的费用测算依据不充分、标准不统一、误差较大等。项目预算结构不合理,如部分项目需求及主体内容不突出、间接费用占比偏高、项目支出不属于本项目列支范围等。项目支出内容不够明确,支出明细构成与项目实施方案、项目需求缺乏相关性,项目预算编制的数量不匹配,超出实施方案范围。项目支出预算没有根据需求进行细化,缺乏具体费用明细组成、项目费用的测算过程和测算依据等,导致项目预算编制不合理、不准确,项目最终资金安排不合理。

(七)缺乏基础数据,申报材料不规范

申报材料不够翔实、准确、与实际情况不相符,未能够充分体现业务需求,导致项目的必要性和可行性无法全面反映,如缺少必要的批复文件或相关类似材料、原始资料不齐全、签证资料不规范或意见表达不清甚至失真、重要事项无从考证、竣工图与现实不相符等。[1] 申报材料的格式不符合预算评审的要求,如项目文本格式不规范、项目内容不完备等。申报材料缺乏业务需求的证据支持,如项目缺少具体的实施方案或子项目实施方案,项目预算支出内容不明确,缺乏具体费用明细组成、项目费用的测算过程和测算依据等。

四、降低博物馆预算项目资金评审核减率的探讨

随着当前财政预算管理改革工作的不断推进和深入,其重要性日益凸显。然而,目前国内博物馆财政评审工作还面临着诸多问题,这些问题严重影响了博物馆的项目实施和正常运营。以下将通过调研学习、因地制宜、发展热点、内容创新、跨界融合、预算编制、申报材料七个角度来探讨如何结合业务需求降低博物馆预算项目财政评审资金核减率。

(一)加强调研学习,增加行业了解

首先,拓宽调研渠道。可以通过走访相关博物馆、机构、企业、专家等,获取第一手资料。借鉴成功案例,实地考察成功的博物馆项目,学习其成功经验。参加行业会议、研讨会、展览等活动,了解行业最新动态和趋势。加入行业社群或论坛,与同行分享经验,获取深入见解。

其次,实施深度访谈与调研。与行业内的专家、学者建立联系,邀请他

---

[1] 林亚山:《财政投资评审风险识别与防控对策》,《海峡科学》2023年第9期。

们进行咨询或参与调研,获取专业知识与见解。开展观众调研,通过问卷调查、访谈等方式,深入了解观众的需求、偏好和反馈,为博物馆的项目及服务优化提供依据。

最后,促进内部沟通与知识共享。定期组织内部培训或者知识分享会,提升员工对行业趋势的理解和认知。整理调研成果和行业知识,构建内部知识库,便于员工查阅和学习。营造开放、包容的组织文化,鼓励员工主动探索新知识,提出创新想法。

(二)因地制宜,充分结合业务需求

首先,加强对项目的业务需求分析,明确博物馆的定位、目标受众、主要功能(如教育、科研、娱乐等)及运营等业务需求。合理利用现有资源,对场地的地理位置、面积、结构、设施等条件进行评估,根据场地的地理位置、建筑特点和现有资源,结合业务需求和观众参观习惯等,合理规划展览空间、互动区域、休息区等,提高场地的使用率和利用率,确保观众的参观体验舒适且高效。

其次,深入了解场地的大小、形状及内部结构,如柱子、楼梯的位置等,规划好出入口、消防通道、紧急疏散路线等安全措施,确保无障碍通行,方便残障人士进出。检查场地结构承载、天花板高度、地面材料、通风和照明设施等,是否满足项目实施条件及需求,如有问题,及时对项目方案进行调整。

最后,场地的规划设计应具有适应性,可以采用模块化设计,使各个区域可以根据实际情况灵活调整。注重可持续性,可以选择高效的建筑材料和设备、设计合理的通风和采光系统、采用可再生能源等,降低能源消耗,减少环境污染。

(三)突出特色,结合发展热点

首先,要明确展览主题。主题选择需综合考虑历史、文化、艺术、行业、科学等多方面的因素,以及当前社会的热点问题和公众的关注点,并与博物馆的定位、资源和展览空间相匹配。这样主题才能既具特色、吸引力,又能深刻反映展览内容,成为贯穿整个展览的灵魂。

其次,加强行业趋势研究,紧跟创新步伐。密切关注相关行业的最新动态,包括设计理念、技术手段、受众需求等方面的变化。通过关注行业报告与研究,跟踪行业领军企业的动向,以及参与行业内的专业会议和展览,深度分析行业大趋势,可以站在"风口"前沿,获取前沿信息和灵感,挖掘项目的独特卖点或创新点,提前布局项目策略。

此外,关注当前社会、经济、科技等领域的发展热点,将发展热点与项目的核心价值相结合,并将其融入项目的核心理念和设计中,使项目不仅具有前瞻性和创新性,还能与公众产生共鸣,提升项目的吸引力和市场竞争力。

最后,密切关注市场变化和技术进步,及时调整项目的策略和方向。市

场是瞬息万变的,技术进步也是日新月异的。因此,项目需根据市场反馈和技术发展趋势,灵活调整策略和方向。通过不断调整和优化,可以使项目始终保持竞争力,满足市场和受众的需求。

(四)丰富内容,创新展示形式

首先,深入研究相关历史,挖掘自身的历史文化资源。可以通过考古发掘,获取珍贵的历史文物和遗址信息;通过查阅和研究历史文献,了解历史事件、人物和社会背景,深入挖掘和揭示文化特征。通过围绕特定的主题或人物,如民族英雄、艺术家等,构建富有感染力的展览内容,注重展览的叙事性和互动性。通过合理的布局和展示手段,将历史事件和人物故事串联起来,形成一个完整的叙事体系,构建富有感染力的展览内容,展示项目主题的独特魅力。

其次,项目在策划和实施的过程中,要注重与公众的互动和交流。通过举办文化活动、教育课程等方式,提升公众的参与度和认同感,增强公众的文化认同感和自豪感,促进文化的传承和发展。再依据展览主题,挑选具有代表性、独特性和故事性的展品。在展览设计与布置上,结合展览主题和展品特点,确定独特的视觉设计风格。合理规划展厅空间,确保展品之间的间距适中,参观流线顺畅。同时,运用恰当的照明和色彩搭配,突出展品的展示效果,提升观众的视觉体验。

此外,项目在制定方案时,需充分考虑观众需求和博物馆的空间布局,设计合理的参观路线和互动环节。同时,场馆的基本维护、设备运营、安全保障、人员配置等其他方面需准备充足,以提升观众的参观体验。

最后,借鉴国内外相关博物馆、其他行业或领域的成功案例,创新展示方式。如利用虚拟现实(VR)、增强现实(AR)等现代科技手段,或采用"沉浸式戏剧"形式再现历史场景,打造沉浸式展览环境,提升观众的参与度和体验感。

(五)加强布局谋划,跨单位、跨平台融合

首先,要明确项目的整体目标和战略方向。对项目背景、目标、任务、资源等进行全面分析和规划,确保各部门和单位对项目有清晰的认识和统一的理解。同时,要加强顶层设计和统筹谋划,从全局角度出发,对项目进行整体布局和规划,制定详细的项目计划,包括时间表、任务分配、资源预算等,确保各阶段、各领域的工作能够相互衔接、协同推进。

其次,加强与高校、科研机构、其他博物馆等单位的合作,整合优质资源。将不同领域的知识和文化融合在一起,实现资源共享、优势互补、协同创新,打造独具特色的展览和活动,提升项目的质量和水平。

此外,结合当前的文化潮流和市场需求,与热门大 IP 和重要文物进行联动,策划具有吸引力的展览。还可以推出多样化的活动和产品,如开发以热

门 IP 和重要文物为元素的文创产品等,以满足公众多元化需求,拓宽文博市场的消费空间。这种跨界融合不仅能够提升文博项目的知名度和影响力,还能够促进文化的传承和创新,为文博事业的持续发展注入新的活力和动力。

最后,与周边文化产业融合发展。通过形成"博物馆+旅游"的发展态势,利用智能化、数字化和可视化技术,以及特色展品等核心资源,与周边文化产业形成联动,共促多元化发展。这种融合发展不仅能够拓展博物馆的旅游空间,丰富当地旅游消费形式,还能促进当地文旅产业的整体发展。

(六) 明确业务需求,把好项目预算编制关

首先,需明确项目的目标和业务需求。项目目标应具体、可量化,能够清晰地反映博物馆预算项目的预期成果。例如,展览项目的目标可能包括提升观众参观体验、增加展览的互动性和教育功能、提高博物馆的社会影响力等。明确这些目标后,进一步细化业务需求,如展览内容的策划、展陈设计、技术支持、宣传推广等。每个业务需求都应该有明确的量化指标,以便在预算编制过程中进行合理分配。

其次,进行详细的市场调研和成本分析。市场调研是了解观众需求、竞争对手情况和行业趋势的重要手段。通过市场调研,可以掌握观众对博物馆预算项目的期望,以及市场上类似项目的成功经验和失败教训,为业务需求的分析提供数据支撑。成本分析则是对各项业务需求进行详细的费用估算,包括材料费、人工费、设备租赁费等。通过市场调研和成本分析,可以确保预算编制的科学性和合理性,避免因信息不足而导致的预算偏差。

最后,强化事前绩效评估,提高预算编制的科学性和精准度。对项目实施必要性、投入经济性、绩效目标合理性等方面进行评估,有助于在充分考虑资金规模的基础上,合理安排预算资金,优化预算编制和成本测算,避免财政资金的浪费。

(七) 结合业务需求,规范申报材料

首先,确保申报材料的全面性和系统性。申报材料应当包括项目背景、目标、内容、预算、效益评估等多个方面的详细信息。项目背景部分需要清晰阐述项目的必要性和紧迫性,目标部分则要具体明确,便于预算评审时衡量项目的预期效果。内容部分应详细描述项目的实施步骤、时间安排、人员分工等,确保预算评审时能够全面了解项目的操作流程。预算部分需列出详细的预算明细,包括各项费用的计算依据和标准,以便预算评审时进行审查。效益评估部分则要从经济、社会、文化等多角度分析项目的预期效益,增强项目的吸引力。

其次,注重申报材料的规范性和专业性。申报材料的格式应当符合预算评审的要求,语言表达要准确、严谨,避免使用模糊不清或夸张的词汇。

在撰写过程中,可以邀请相关领域的专家进行指导,确保材料的专业性。此外,可以参考以往成功项目的申报材料,学习其在格式、内容、语言等方面的优点,为自己的申报材料提供参考。

再次,加强申报材料的证据支持。申报材料中提到的所有数据、事实、观点都应当有可靠的证据支持。例如,项目背景部分可以引用权威机构发布的统计数据或研究报告,目标部分可以参考类似项目的成功案例,内容部分可以提供详细的实施计划和时间表,预算部分可以附上相关的合同、发票等证明材料,效益评估部分可以提供专家的意见或预测模型。这些证据的支持不仅能够增强申报材料的说服力,还能够提高财政评审中心对项目的信任度。

最后,注重申报材料的可读性和可理解性。申报材料应当结构清晰、逻辑严谨,便于财政评审中心快速掌握项目的核心内容。可以使用图表、列表等辅助工具,使信息更加直观、易懂。同时,应当避免使用过于专业或晦涩的术语,确保财政评审中心能够准确理解项目的情况。在撰写过程中,可以请专家进行审阅,收集他们的意见和建议,进一步优化申报材料。

五、结　　语

财政预算评审工作在推动现代预算制度标准体系建设中发挥着重要的作用,是我国财政体系改革的重点关注内容,是强化财政资金管控的重要环节,是促进项目支出预算编制规范化、科学化、精细化的重要手段。博物馆作为承载着文化传承与展示重任的财政预算单位,其财务管理与预算编制的科学性、合理性不仅关系到自身的运营效率,更直接影响到公共财政资源的有效利用和文化事业的发展。因此,博物馆必须深入研读、分析各项政策条例,不断改进财政评审过程中遇到的各种问题,建立和完善内部财政评审工作机制,提升工作效能,才能进一步降低博物馆预算项目财政评审资金核减率,推动申报项目立项,为文化事业的繁荣发展贡献力量。

[朱姻莹,中国航海博物馆财务部助理馆员,主要研究方向为博物馆综合管理。]

中国航海类博物馆 2023—2024 年度发展报告

蔡亭亭、崔夏梦

摘　要：在梳理、总结2023—2024年度中国博物馆协会航海博物馆专业委员会会员单位运营情况的基础上，形成《中国航海类博物馆2023—2024年度发展报告》，呈现以海专委会员单位为代表的中国航海类博物馆2023—2024年度发展动态。两年来，中国航海类博物馆立足国家战略，顺应时代形势，响应观众需求，在藏品管理、陈列展览、公共服务、文创开发、学术研究、国际交流等领域强优补弱、推陈出新、彰显特色，实现总体优化、专项突出、特色鲜明的高质量发展。

关键词：航海类博物馆　海专委　博物馆业务　发展报告

中国博物馆协会航海博物馆专业委员会（以下简称"海专委"）是在中国博物馆协会领导下，由国内航海、水运、舟船、海丝、港口、海关、海事、航海军事、海洋城市、民俗文化等航海元素鲜明的各类博物馆（统称"航海类博物馆"）自愿组成的专业委员会。海专委成立于2014年，截至2024年底，会员单位已发展到47家。这些航海类博物馆空间分布广泛，主题特色鲜明，近年来紧跟行业动态，在各项业务领域积极开展创新实践，深入挖掘展示区域文化与行业特色，已逐渐发展为传承中国航海历史与文化、弘扬中华航海精神的重要文化平台。

《中国航海类博物馆2023—2024年度发展报告》①是以海专委的整体发展和会员单位2023—2024年度运营情况为基础资料②，经系统梳理、总结而形成的综合性报告。报告对以海专委会员单位为代表的中国航海类博物馆2023—2024年度发展情况进行综合论述，以期为了解中国航海类博物馆当

---

① 《中国航海类博物馆年度发展报告》是集资料性和研究性为一体的综合材料，报告理念于2022年12月在海专委年会上提出，《中国航海类博物馆2022年度发展报告》于2023年以书籍形式出版，《中国航海类博物馆2023—2024年度发展报告》以专稿形式发表。

② 39家会员单位提供了2023年度运营情况相关资料，44家会员单位提供了2024年度运营情况相关资料，是下文的主要依据。

下发展态势、探索航海类博物馆未来发展方向提供参考。

一、概　述

2023—2024年,海专委新增天津国家海洋博物馆、中山市博物馆、浦东历史博物馆、合浦县博物馆、中国海盐博物馆(盐城市博物馆)、海南省博物馆6家会员单位,会员单位数量达到47家,构成更加丰富多元。从单位性质来看,会员单位以文物部门所属博物馆为主,共有35家;行业性国有博物馆也是海专委中的重要力量,共有9家;另有非国有博物馆3家。(图1)

海专委会员单位大多为沿海地区海洋文化、航海文化特色鲜明的地方综合类博物馆,或以航运、航海相关内容为主题的专题类博物馆,主题定位与其所处地域相辅相成——会员单位均位于中国沿海、沿江或运河流域,覆盖13个省(自治区、直辖市)30个城市,其中以东部沿海的广东、福建、浙江、上海、江苏、山东、辽宁分布最为集中。广东省有9家,为会员单位最多的省份。(详见表1)

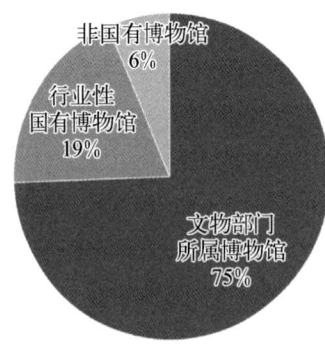

图1　海专委会员单位构成
（截至2024年底）

表1　会员单位地域分布(截至2024年底)

所在省(自治区、直辖市)	单位数量	所在城市	单 位 名 称
辽宁	3	葫芦岛	葫芦岛市博物馆
		大连	旅顺博物馆
			大连博物馆
北京	1	北京	中国海关博物馆
天津	2	天津	天津市文化遗产保护中心(天津市文物管理中心、元明清天妃宫遗址博物馆)
			天津国家海洋博物馆
山东	4	聊城	中国运河文化博物馆
		威海	中国甲午战争博物院

续 表

所在省(自治区、直辖市)	单位数量	所在城市	单 位 名 称
山东	4	烟台	蓬莱古船博物馆
			烟台市博物馆
江苏	4	苏州	太仓博物馆
		泰州	中国人民解放军海军诞生地纪念馆
		南通	江苏省江海博物馆
		盐城	中国海盐博物馆(盐城市博物馆)
湖北	2	武汉	中山舰博物馆
			江汉关博物馆
上海	4	上海	中国航海博物馆
			上海交通大学董浩云航运博物馆
			中国留学生博物馆
			浦东历史博物馆
浙江	7	杭州	跨湖桥遗址博物馆
		宁波	行舟致远海事博物馆
			浙东海事民俗博物馆(庆安会馆)
			宁波博物院
			中国港口博物馆
		嘉兴	嘉兴船文化博物馆
		舟山	舟山博物馆
贵州	1	遵义	贵州航运博物馆
福建	6	福州	中国船政文化博物馆
			福州马江海战纪念馆
		泉州	泉州海外交通史博物馆
			泉州华侨历史博物馆
			福建省世贸海上丝绸之路博物馆
		漳州	漳州市博物馆

续　表

所在省(自治区、直辖市)	单位数量	所在城市	单 位 名 称
广东	9	广州	广州博物馆
			广州十三行博物馆
			广州海事博物馆
			南越王博物院(西汉南越国史研究中心)
			广东民间工艺博物馆
		深圳	招商局历史博物馆
		东莞	鸦片战争博物馆
		中山	中山市博物馆
		阳江	广东海上丝绸之路博物馆
广西	2	防城港	防城港市博物馆
		北海	合浦县博物馆
海南	2	海口	海南省博物馆
		琼海	中国(海南)南海博物馆

在 2024 年第五批全国博物馆定级评估工作中,航海类博物馆新增国家一级博物馆 3 家、国家二级博物馆 4 家、国家三级博物馆 2 家(表 2),取得突破性进展。目前 47 家海专委会员单位中,一级博物馆数量已达到 22 家,占比提升至 47%;二级博物馆 9 家,三级博物馆 8 家,未定级博物馆 8 家。(图 2)数据表明,我国航海类博物馆不仅实现了规模扩张,更在专业化建设、规范化管理等方面取得显著成效,社会影响力和公共服务能力得到行业与公众的广泛认可。

表 2　第五批国家一级、二级、三级博物馆名录中的海专委会员单位

序　号	单 位 名 称	等　级
1	中国海关博物馆	一级
2	跨湖桥遗址博物馆	一级
3	中国运河文化博物馆	一级

续表

序 号	单 位 名 称	等 级
4	江苏省江海博物馆	二级
5	中国船政文化博物馆	二级
6	广州海事博物馆	二级
7	防城港市博物馆	二级
8	蓬莱古船博物馆	三级
9	福州马江海战纪念馆	三级

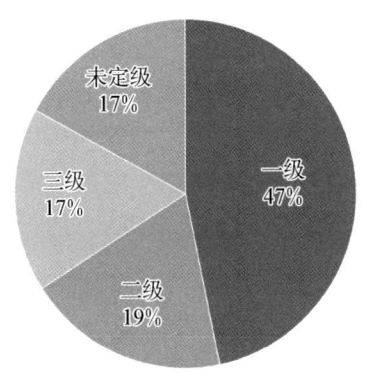

图 2　会员单位等级分布（截至 2024 年底）

二、藏品管理

藏品是博物馆开展各项业务活动的基础。2023—2024 年,海专委会员单位扎实推进各项藏品工作,在藏品征集方面积极探索,藏品利用、保护、数字化与信息化建设等业务稳步发展。

（一）藏品征集

2023 年,各馆共新增藏品 6 941 件(套)。2024 年,31 家会员单位有新藏品入藏,新增藏品总数为 4 565 件(套),与 2022 年(10 018 件〔套〕)[①]、2023

[①] 2022 年业务数据及信息均引自中国博物馆协会航海博物馆专业委员会、中国航海博物馆编著:《中国航海类博物馆 2022 年度发展报告》,河海大学出版社,2023 年。后文不再赘述。

年相比明显减少①,其中新增藏品不足200件(套)的单位有21家,占据主要部分(表3)。总体来看,航海类博物馆近三年新入藏藏品数量呈逐年递减趋势。大部分博物馆每年新增藏品较少,可能与经费调整、征集渠道收窄等因素有关。相对而言,近年来建设的新馆或经历整体改造提升的单位,在藏品征集业务中更具活力,如中国(海南)南海博物馆、中国运河文化博物馆、中山市博物馆等。(图3)

表3 2024年31家会员单位新增藏品数量分布情况

新增藏品数量(件〔套〕)	单 位 数 量
50以下	12
50—200	9
201—400	8
400以上	2

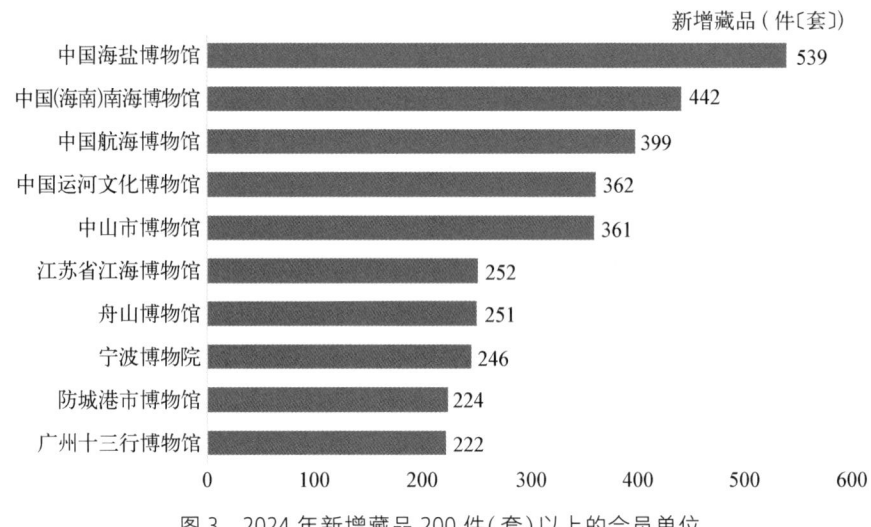

图3 2024年新增藏品200件(套)以上的会员单位

海专委会员单位在藏品征集方面的建设与探索,对国内外航海类博物馆藏品征集工作有一定参考意义。② 以2024年业务情况为例,航海类博物馆藏品征集工作体现出以下特点:(1)征集方式主要为有偿征集、接受捐

---

① 2022年、2023年、2024年提供年度运营情况相关资料的会员单位数量分别为38家、39家、44家,在样本数增加的情况下,新增藏品总数逐年减少。
② 各馆收藏主题与特色馆藏可参阅中国甲午战争博物院:《2022年度中国航海类博物馆藏品工作发展报告》,载中国博物馆协会航海博物馆专业委员会、中国航海博物馆编著《中国航海类博物馆2022年度发展报告》,河海大学出版社,2023年,第15—21页。

赠、调拨移交三种,其中社会捐赠占据重要地位;只有少数单位通过考古发掘、田野采集新增藏品,如泉州海外交通史博物馆等。(2)核心征集方向紧扣各馆主题定位,地方历史与文化相关藏品、航海类藏品是两大主要方向,航海类藏品尤以各类外销瓷、外销工艺品、沉船出水文物为多。(3)注重充实现有特色馆藏,完善藏品体系建设,如南越王博物院不断丰富瓷枕收藏序列,中国航海博物馆从海外征集一批西方航海仪器,持续充实馆藏西方航海文物系列。(4)专题类博物馆在继续征集本馆主题相关文物的同时,有扩大征集范围的趋势,如福州马江海战纪念馆将征集范围从马江海战相关文物拓展至近现代海战、近代舰船等方面。(5)抗战文物、革命文物征集力度加强。2024年为中华人民共和国成立75周年,2025年为抗日战争胜利80周年,中国甲午战争博物院、舟山博物馆等多家单位尤其关注爱国主义教育、党史教育有关的档案文书、近现代文物等,为相关主题的收藏与展示打下基础。

(二)藏品利用

2023年,会员单位展出藏品总数为36 269件(套),外借展出藏品总数为6 430件(套)。2024年展出藏品共46 471件(套),同比增长28%;32家会员单位有藏品外借展出,外借总数为7 480件(套),同比增长16%,约占展出藏品总数的16%。2024年漳州市博物馆外借展出藏品2 095件(套),中国(海南)南海博物馆外借963件(套),南越王博物院外借827件(套),在馆际藏品交流中表现得尤为活跃。

纵观2022—2024年会员单位藏品利用数据(图4),可看出近三年展出藏品、外借藏品的总数与平均数均增长明显,外借藏品占比总体亦呈上升趋势,反映出藏品利用率的有效提升。在新增藏品数量总体减少的情况下,航海类博物馆积极投入"重收藏更重利用"的动态化策展模式,通过展出与外借展出盘活现有藏品,深化跨区域联动、馆际交流合作和资源共享,从而更

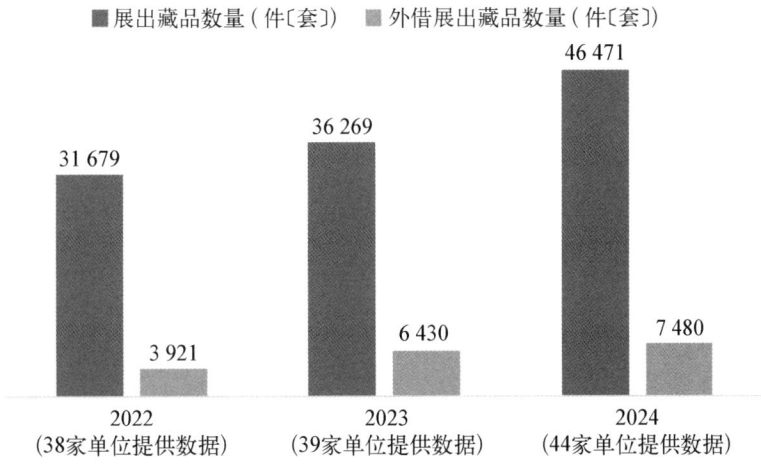

图4　2022—2024年会员单位展出藏品情况

好地贴近公众,服务社会。可见,航海类博物馆正在成为更具活力、更加开放的社会文化引擎。

(三)藏品数字化与信息化建设

各馆持续顺应智慧数字博物馆建设的时代需求,积极推进藏品数字化和信息公开化建设工作。2023 年共实现 3 425 件(套)藏品的数字化,公开 6 812 件(套)藏品信息。2024 年,19 家会员单位开展藏品数字化工作,年度新增数字化藏品 29 362 件(套);11 家会员单位新增信息公开藏品,共计 2 485 件(套)。其中,中国海关博物馆大力推进藏品数字化工作,2024 年数字化藏品达 24 031 件(套),成果显著。

(四)藏品保护

47 家会员单位中,具备文物修复资质的计有 13 家,占比约 28%,修复资质涉及玉、石、陶、瓷、金、银、铜、铁、书法绘画、古籍善本、碑帖拓本、珐琅器、织绣等各类。(表 4)2023 年海专委会员单位修复文物藏品共计 421 件(套),2024 年达到 1 243 件(套)。

表 4 具备文物修复资质的会员单位(截至 2024 年底)

序号	单 位	资 质 类 型
1	大连博物馆	书法绘画、古籍善本、碑帖拓本、文件、宣传品、档案文书、织绣品
2	泉州海外交通史博物馆	铁器、干燥漆木器、饱水漆木器、石刻砖瓦、古籍善本、织绣、档案文书
3	广东海上丝绸之路博物馆	瓷器
4	广东民间工艺博物馆	织绣类和陶器类
5	海南省博物馆	瓷器、陶器、铁器、铜器、饱水漆木器、干燥漆木器、石器、书法绘画、织绣、牙骨角器
6	旅顺博物馆	陶器、瓷器、铜器、书法绘画、古籍善本、织绣、玉石器、铁器、金银器、雕塑、造像、石刻砖瓦、文具、甲骨、玺印符牌、钱币、牙骨角器、竹木雕、家具、珐琅、档案文书、碑帖拓本、邮品、文件、名人遗物、法器、度量衡等
7	南越王博物院	玉石器、陶器、瓷器、铜器、铁器
8	中国港口博物馆	陶瓷
9	中国航海博物馆	古籍善本、档案文书、书法、绘画、铜器、陶瓷

续表

序号	单　位	资　质　类　型
10	上海交通大学董浩云航运博物馆	纸质档案
11	烟台市博物馆	玉石器、陶器、瓷器、铜器、铁器、石刻砖瓦、书法绘画、古砚、钱币、家具、碑帖拓本、文件、宣传品、档案文书
12	中国（海南）南海博物馆	玉石器、宝石、陶器、瓷器、铜器、金银器、铁器、其他金属器、漆器、雕塑、造像、石器、石刻、砖瓦、书法、绘画、文具、甲骨、玺印符牌、钱币、牙骨角器、竹木雕、家具、珐琅器、织绣、古籍善本、碑帖拓本、武器、邮品、文件、宣传品、档案文书、名人遗物、玻璃器、乐器、法器、皮革、音像制品、票据、交通运输工具、度量衡器、标本、化石、其他
13	中国甲午战争博物院	未定级文物藏品

三、陈 列 展 览

展览是博物馆收藏、研究和教育等功能的集中体现，也是博物馆作为公共文化机构服务社会公众的最直接产品。2023—2024 年，海专委会员单位通过系统性策展实践，持续打造精品展览，展览主题多样，既有综合性主题，也有航海专题。综合性主题方面，中国古代艺术与文明、中华优秀传统文化、地方历史文化与名人、节日献礼、革命与爱国主义教育等是热门策展主题；航海专题则多聚焦航海历史与技术、海上丝绸之路、沉船与水下考古、中外交往与文明互鉴、海军海防建设、海洋生态等方面。

（一）基本陈列

部分航海类博物馆通过改陈提升或打造新的基本陈列、长期展览，丰富展览内容，提升展示效果，增强对观众的持续吸引力。2024 年，会员单位新办或改造后重新开放的基本陈列、长期展览达 11 项，包括中国（海南）南海博物馆全新推出的"深蓝宝藏——南海西北陆坡一二号沉船考古成果特展""探海寻踪——中国水下考古与南海水下文化遗产保护"两项长期展览，漳州市博物馆新开放的"漳台一家——漳州与台湾融合发展"等三项专题陈列，中国港口博物馆改陈后重新开放的"水下考古在中国"基本陈列，嘉兴船文化博物馆新增的"东方大港"基本陈列等。

（二）临时展览

2023—2024年,航海类博物馆策划设计了一批主题多元、形式多样、内容丰富的临时展览,为广大观众奉献了高品位、高质量的文化大餐,知名度、影响力和文化辐射力显著提升,在全国文博行业中日益占据重要地位。2023年,各馆共推出线下临展348项,线上展13项;2024年,共推出线下临展403项,新开放线上展11项。

据统计,2024年度有41家会员单位举办了馆内临展,总数达328项。各馆临展数量大多在10项以内,超过10项的博物馆有11家(表5),占比27%,大多为中等及以上规模的国家一级博物馆。其中,宁波博物院开展馆内临展20项,属本年度会员单位之最;海南省博物馆紧随其后,举办馆内临展18项。

表5 2024年41家会员单位馆内临展数量分布情况

馆内临展数量（项）	单 位 数 量
1—5	13
6—10	17
11—15	9
16—20	2

从社会效益来看,2024年的临展年度参观总人次超过3 000万,有17项临展吸引了50万以上的观众前来观展。在第二十二届(2024年度)全国博物馆十大陈列展览精品推介活动中,海南省博物馆"千古风流 不老东坡——苏轼主题文物展"与中国港口博物馆"水下考古在中国"专题陈列斩获精品奖,广州海事博物馆"遇见黄东:一个清代广州'事仔'的大世界"获国际及港澳台合作奖,中国海关博物馆"以关之智 助国之强——智慧海关建设'智关强国'行动专题展览"获优胜奖。包括泉州海外交通史博物馆"半个世纪的守护——泉州湾宋船出土50周年展"在内的3项展览入选国家文物局组织的2024年度"博物馆里读中国——弘扬中华优秀传统文化,培育社会主义核心价值观"主题展览推介项目;宁波博物院"东方的起点——宁波与西安:海陆丝绸之路跨时空对话"、中国海盐博物馆"融·通——中国古代盐业金融思想的演进"、中国航海博物馆"航运江南:长三角水上交通文化展"等8项展览入选2024年度文博行业100个热门展览。

从展览策划的形式与主题来看,2024年度航海类博物馆临展主要呈现以下趋势：

1. 原创性主题临展明显增多

2022年、2023年会员单位原创临展数量分别为108项、106项,2024年则一举超过150项。原创临展的持续涌现不仅彰显了航海类博物馆专业策展力量、展览创新水平的精进,更折射出航海类博物馆积极履行文化服务使命、深度响应文旅融合时代命题的实践自觉。

2. 馆际展览交流保持强劲态势

在引进、输出展览方面,航海类博物馆开展馆际深度展览合作,资源共建共享。从2022年到2024年引进、输出临展的总场次分别为141、229、253(图5),既彰显了行业活跃度,提升了藏品利用率,又促进了航海文化的跨区域传播交流,成为各地公共文化服务的亮点。在2024年展览交流格局中,引进展数量较输出展高出91%,有赖航海类博物馆进一步提升策展力量和展览产能,为可持续的展览输出提供支撑,逐步形成"文化输出+资源引入"的双向模式;海专委会员单位之间交流合作的展览达53场,占总数的21%,凸显出海专平台在统筹行业资源、深化馆际协作中的枢纽作用。

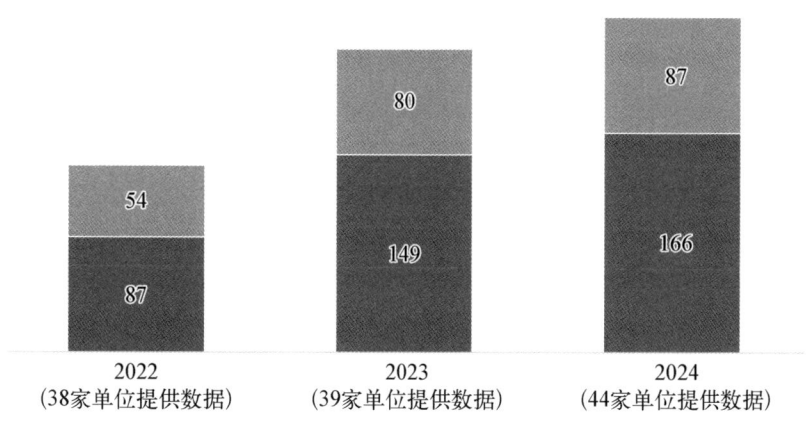

图5 2022—2024年会员单位引进、输出展览场次

在大型展览协同创新方面,近年来,基本每年都有航海类博物馆主持策划的大规模航海主题联展,整合跨区域文物资源,推出广受欢迎的精品临展。2024年具有代表性的是宁波博物院"东方的起点"展览,联合国内39家文博单位,汇集481件(套)海陆丝路文物,系统详述自新石器时代至今海陆丝绸之路的独特魅力、深远影响及当代价值,为观众呈现了一场丝路文明盛宴。海南省博物馆"千古风流 不老东坡——苏轼主题文物展"整合全国59家博物馆332件(套)文物,中山市博物馆"雄才大略汉武帝——刘彻和他的时代"展出17家文博单位180余件(套)文物,亦是联合办展的典范。此外,上海博物馆"寰宇东西——马可波罗眼中的中国和世界"特展深度融入海专委多家场馆的藏品资源与专业力量,印证航海类博物馆已成为全国航海主题展览的关键支撑。

在国际展览交流方面,2024年度国际合作展达20项,与2022年(5项)、2023年(8项)相比呈现跨越式发展,合作对象覆盖东亚、东南亚及欧洲重点区域,折射出航海类博物馆国际影响力的提升。其中出境展6项(如中国船政文化博物馆"福建船政文化巴黎展"),入境展6项(如中国〔海南〕南海博物馆"峇峇娘惹的世界"),联办展8项(如澳门保利美高梅博物馆"蓝色飘带——探索神秘海域 邂逅百年遗珍")。值得注意的是,出境展与入境展数量均衡,可见中国航海类博物馆正在国际航海文化叙事场域构建双向对话机制。

3. 航海主题展览视角与叙事维度革新

在本年度的策展实践中,航海类博物馆从宏观航海历史脉络中聚焦细微之处,构建起立体的航海文明阐释体系,众多临展令人耳目一新。有以微观叙事讲述中外交往的展览,如广州海事博物馆"遇见黄东"展,以生活在清乾隆时期广州一位名叫黄东的小人物的视角深入历史现场,展现一个时代的微观历史画卷;有通过跨学科对话展示海上丝绸之路与东西方文明互鉴的展览,如中国航海博物馆"草木生光辉——航向世界的中国植物"展览,尝试植物与文物的跨界联合,讲述通过海路驶向世界并产生深远影响的中国植物故事;有从全新视角反映中外文化交流的展览,如烟台市博物馆"弄潮儿——古代中国人的时尚生活",从时尚美学的角度,解码中国古人如何引领世界时尚生活潮流,并关注世界其他文化对中国的影响。此外,航运文化、丝绸之路区域史、港口变迁与城市记忆、外销艺术品、华人华侨、海防历史、海军建设等,也是本年度航海主题展览的重点方向。

4. 受众群体区分明显,公共服务类展览增加

宁波博物院"文物中的动物世界"、江苏省江海博物馆"洪荒印记——辽西古生物化石科普特展"、中国留学生博物馆"飞行无限,逐梦蓝天"航空科普展等,主要面向青少年儿童的趣味性科普展增多;与行业、学校、社会机构等合作举办的作品展、爱心公益展、成果展等,也在博物馆展览体系中占有一席之地,体现了航海类博物馆的社会担当。

四、公众服务

2023—2024年度,航海类博物馆在提高服务质量、创新服务方式等方面展开积极探索,不仅基础服务能力得到提升,更以观众体验为重要评估标准,通过多平台、多形式的社会教育活动和宣传推广,充分履行航海类博物馆的公众服务与文化普及职能。

(一) 对外开放

2023年,会员单位全年接待观众共计2 948.76万人次,与2022年(923万人次)相比,增幅高达220%。反映出后疫情时代,航海类博物馆在恢复正

常开放后紧抓文旅复苏与"博物馆热"契机,客流量与关注度大幅提升。2024年,客流量增长势头仍较强劲,全年接待观众共约3 964.87万人次,同比增长34.5%。2024年客流量超过100万人次的有13家(图6),其中广东5家,海南2家,辽宁、天津、山东、江苏、浙江、福建各1家,集中于沿海地区。

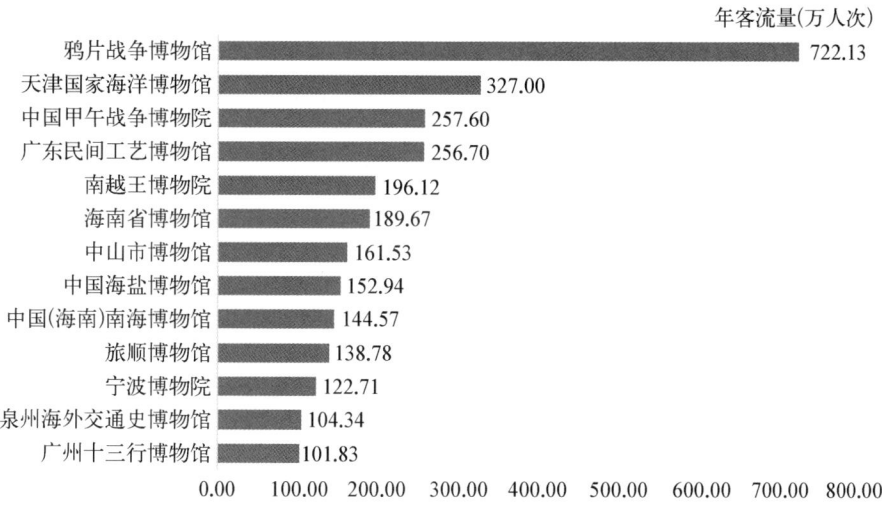

图6 2024年客流量超过100万人次的会员单位

从观众群体来看,2023年、2024年会员单位接待未成年观众总数分别为549.63万人次、746.33万人次,未成年观众占比基本持平,均为观众总数的五分之一左右。天津国家海洋博物馆、中国(海南)南海博物馆、中国甲午战争博物院、鸦片战争博物馆等深受未成年观众的欢迎。

2023年、2024年会员单位接待境外观众总数分别为24.69万人次、46.65万人次,2024年较2023年增长89%。广东民间工艺博物馆、泉州海外交通史博物馆、鸦片战争博物馆、南越王博物院等是接待境外观众的主要阵地。上海交通大学董浩云航运博物馆2024年接待境外观众26 000人次,占该馆年度观众总数的12%,这一比例显著高于国内大多数博物馆,彰显出该馆在国际展示与交流方面的杰出成果。

(二)社会教育

讲解服务方面,2023年各馆讲解总场次达59 691场,参与人次达322.82万。2024年开展讲解活动总场次超过7万场,参与人次近340万,与2023年相比稳中有升;其中免费讲解场次49 469场,占比超过70%,有25家单位的讲解活动全部为免费服务,公共文化服务惠民程度持续提升。

除讲解外,航海类博物馆还配套传统节庆、"7·11"中国航海日等重要纪念日、基本陈列、临时展览、时事热点等,推出众多独具特色、寓教于乐的社教活动,向公众普及航海、海洋、民俗、城市历史文化等多个领域的科学文化知识。2023年,各馆共开展各类教育活动6 795场,参与人次4 479.91万;

2024年,开展各类教育活动10 611场,参与人次超过4 642万。

从活动形式来看,线下教育活动在体验深度、互动方式和情感联结等方面具有独特优势,占据主导地位。2024年度共举办9 684场,包括研学、冬夏令营、读书会、培训班、手工DIY、演出、沉浸式体验等多种,同比增长60%,参与人次超过380万。相比之下,线上活动则拥有更广的覆盖面,更强的便捷性、拓展性,以及更高的信息传递效率。2024年度开展主题直播、云研学、音视频展播、竞赛等活动共927场,同比增长27%,参与人次4 262万,如泉州华侨历史博物馆线上录制、展播闽南童谣的"乡音传乡情——闽南童谣"活动,江汉关博物馆线上推出的"传'钢铁'意志,续城市荣光"江汉关故事。如何利用好线上、线下各自优势,策划融合线上、线下的社教活动,是航海类博物馆进一步提升观众体验、发挥教育职能的一大探索方向。南越王博物院以"互联网+博物馆学堂"教育形式打造的线上、线下一体化社教课程"探越学堂"是其中的典型案例。

从服务范围来看,众多会员单位除了在馆内开展线下教育活动,还以图片展览、流动巡展、移动课堂等形式将航海文化公益科普活动带进校园、社区、机关、企事业单位等,更好地服务基层,服务公众。2024年共举行馆外流动展览351次,并与737所学校开展馆校合作活动,比2023年增加117所,增幅19%。

在社教工作实践中,航海类博物馆打造出一批优质教育活动品牌。研学类活动品牌发展成熟,如广州博物馆"穿粤记"城市游学主题巴士精品研学、中国人民解放军海军诞生地纪念馆"蓝色梦想"研学游、海南省博物馆"南溟学堂"暑期研学等。竞赛及游园、集市类活动社会反响良好,观众参与热情高,如中国航海博物馆"何以中国·蓝色文化"航海知识竞赛、广州海事博物馆"数字海丝新篇章"海上丝绸之路云上策展大赛等,参与人数以万计。沉浸式体验类活动异军突起,发展蓬勃,如中国海盐博物馆依托基本陈列开发的"史海盐踪沉浸游"活动,设计五大趣味闯关游戏,深度还原海盐历史发展变迁的过程,展现源远流长的海盐文化和盐城厚重的历史底蕴,本年度共开展27场,参与人次1 350人。可以发现,为满足观众的多元需求,社教活动的内容和形式呈现多元化、融合化趋势,力求为观众们带来视觉、触觉、听觉、空间等多感知融合的沉浸式体验,对航海类博物馆更好地弘扬航海文化、服务社会具有重要意义。

(三)志愿者建设

2023年,会员单位新增志愿者3 059人,总服务时长达169 578.36小时。2024年新增志愿者3 552人,志愿者总人数达到10 073人,形成稳定、有力的志愿服务队伍,全年服务总时长达204 438.16小时,在博物馆公众服务、宣传教育等领域做出了积极贡献。有18家单位组织了"博物馆之友",总人数达15 946人,有效增强了博物馆与社会的互动,发挥博物馆宣传教育功能,培养文博爱好者和后备力量。

（四）宣传推广

有效的宣传推广是博物馆履行公众服务职能的重要方式。2023—2024年，航海类博物馆利用多种平台开展媒体宣传和服务，在文案和形式上也不断追求新颖、潮流，社会关注度持续提升。

各馆宣传渠道主要分为多媒体自营和媒体报道两类。多媒体自营方面，据统计，截至2024年底，海专委会员单位中已有33家开通官方网站，26家开通微博，38家开通微信公众号，25家开通微信视频号，19家开通抖音。小红书、哔哩哔哩等平台也颇受欢迎。其中微信公众号开通率达到81%，年推送信息数量、关注人数在各平台中均为最多，官方微信公众号已成为航海类博物馆使用最广泛、最有效的线上宣传推广平台。通过线上发布知识科普、文物故事及博物馆展览、活动、讲座、文创、公共服务信息、行业动态等资讯，以兼顾知识性、服务性、趣味性的内容和图文、视频、直播、H5等多样化的形式，航海类博物馆正发挥"云端"优势，让更多人了解航海、走进航海类博物馆。

媒体报道方面，2023年会员单位获得本省市媒体报道共2 527次，中央媒体报道676次，境外媒体报道47次。2024年各馆本省市媒体报道共16 137次，中央媒体报道共8 339次，远超2023年；海南省博物馆、中国（海南）南海博物馆、中山市博物馆、南越王博物院备受媒体关注；还有7家会员单位得到境外媒体宣传报道共计53次，报道较多的是泉州华侨历史博物馆、鸦片战争博物馆、中国海盐博物馆、中山市博物馆和宁波博物院，显示出这些博物馆的国际知名度与海外影响力。

五、文创开发

文创是博物馆重要的文化供给。2023—2024年，一批航海类博物馆发掘自身潜力，紧跟时尚潮流，依托馆藏文物、博物馆IP、临时展览等，积极研发文化创意产品，着力打造文创品牌，既满足大众的文化消费需求，又为自身发展增添活力，实现了经济效益和社会效益的双赢。

（一）文创类型

2023年，共有24家会员单位提供了文创运营资料，新增文创产品共计615种。从类型来看，各馆主要依托馆藏文物或配套展览研发兼具实用性和装饰性的日常用品（表6），其中冰箱贴、钥匙扣、徽章、贴纸、雪糕等为大类。

表6 2023年会员单位文创类型详情表

序号	文创类型	具体细类
1	生活用具	包、盘、瓶、罐、灯、扇、伞、筷子、梳子、镜子、茶具、杯、杯垫、T恤衫、冰箱贴、充电宝、手机支架、车载号码牌等
2	文具	砚台、书签、贴纸、手账、直尺、回形针、笔记本、文件夹等
3	玩具	拼图、飞盘、扑克牌、魔方、盲盒、明信片、拼装模型等
4	饰品	首饰、丝巾、挂件、徽章、雕塑、钥匙扣等
5	香类	香皂、香包、香薰、香膏、车载香氛、插花香片、香炉等
6	食品	雪糕、咖啡、酒水、糕点、棒棒糖等
7	新年礼盒	对联、中国结等

2024年，有31家会员单位开展了文创相关工作，新增文创产品共计1 134款，比2023年增长84%。文创品类仍以生活日用品、办公学习用品、收藏纪念品、饰品、玩具、食品几大类为主。与2022年①、2023年相比主要反映出如下特点：

1. 文创产品更加贴近生活

实用性产品范围更广、分类更细，覆盖众多日常生活高频使用场景，并与馆藏文物、航海元素等文化符号深度融合。泉州华侨历史博物馆依托馆藏侨批信件开发制作侨批氛围灯，传递出深厚的文化底蕴和美好的祝愿；防城港市博物馆依托馆藏民族服饰织绣纹样，开发"经纬翩跹清凉扇"，彰显民族文化的独特魅力。此外，还有手机包、行李牌、PP夹、丝织品、眼镜布、颈枕、各类饰品等多种产品。

2. 注重年轻化与趣味性

通过盲盒、玩偶、桌游、玩具等娱乐性或社交属性较强的产品，瞄准收藏欲、分享欲强烈的年轻群体，满足年轻群体对惊喜感、"松弛感"的追求，在驱动消费的同时，以寓教于乐的形式推动航海文化教育。例如中国运河文化博物馆"粉彩海棠式花盆"五谷种植盲盒、烟台市博物馆蚕宝宝解压玩具、舟山博物馆"瀛洲集粹"系列集换式卡牌、中山舰博物馆的中山舰主题华容道玩具等等。

---

① 2022年文创品类可参阅宁波中国港口博物馆：《2022年度中国航海类博物馆文创工作发展报告》，载中国博物馆协会航海博物馆专业委员会、中国航海博物馆编著《中国航海类博物馆2022年度发展报告》，河海大学出版社，2023年，第45—46页。

3. 品牌意识增强

多家博物馆或大力发展自有 IP，或通过跨界融合推出联名产品，以提升文创影响力。南越王博物院将馆藏文物西汉错金铭文虎节 IP 化，已形成有较高知名度的文创品牌，推出的"虎节福仔"可动萌宠荣获 2024 年度全国文化创意产品宣传展示活动"使用体验案例"。中国航海博物馆则与老字号国际饭店合作，推出网红产品蝴蝶酥的中海博联名款，以馆藏"福船"元素包装，融合航海文化与海派文化，荣获 2024 上海金榜伴手礼、2024 年"上海礼物"设计大赛优秀奖。

4. 收藏纪念类产品大幅增加

除传统的纪念币、明信片、船模、文物仿制品、礼盒外，还有集章纪念册、卡纸、漂流瓶、纪念盘、各类摆件等多种品类，教育功能与收藏价值并重，提升观众文化消费的仪式感。例如蓬莱古船博物馆推出的装饰品漂流瓶，招商局历史博物馆的"海辽轮"1953 年版五分钱纸币卡纸，中国港口博物馆的港博十周年纪念盘、金属摆件，等等。

5. 数字化转型加速

以"数字文创"构建线上、线下联动场景，创新观众文化体验。广州海事博物馆推出的数字导玩小程序，以互动方式引导观众打卡展览精彩内容；旅顺博物馆开发的数字纪念章，内置芯片，采用无线射频识别技术与手机感应互联，结合数字云，展现文物信息的同时，还具备 AI 讲解功能，真正实现让文物"活"起来。

(二) 文创销售

伴随博物馆客流量的显著增长和公众文化消费需求的日益旺盛，2023—2024 年航海类博物馆文创销售增幅突出。2023 年海专委会员单位文创销售总额为 2 962.49 万元，同比增长 191%；2024 年文创销售总额达 4 850.05 万元，同比增长 64%。以 2024 年为例，从销售渠道来看，博物馆线下文创商店或售卖点为主要销售平台；仅 8 家单位开通了线上售卖平台，线上销售额共计 41.13 万元，同比增长 73%，但仍不足总销售额的百分之一。航海类博物馆在利用线上平台推广销售文创产品方面仍大有可为。

开发文创产品产生了可观的经济效益。2024 年共有 24 家会员单位获得了文创销售收入(表 7、表 8)，销售额在百万以上的单位有 7 家，其中广东 3 家，海南 2 家，浙江、上海各 1 家，销售额共 4 357.09 万元，占会员单位销售总额的 90%。广东民间工艺博物馆年销售额高达 1 663.8 万元，连续两年突破 1 000 万，远远超出其他单位，同比增长 49%，创下历史新纪录。

逐年增长的文创数量与销售额，反映出航海类博物馆主动响应消费新趋势与新时代博物馆高质量发展要求、走文旅融合之路的创新实践与文化赋能成效。但同时，各地区、各馆文创产业发展存在明显的不平衡现象，且

表7 2024年24家会员单位文创销售额分布情况

销售额(元)	单位数量
1万及以下	2
1万—10万(含10万)	6
10万—50万(含50万)	5
50万—100万(含100万)	4
100万—500万(含500万)	4
500万以上	3

表8 2024年文创销售额超过50万元的会员单位

序号	单位	新增文创产品（款）	销售额（万元）	参观人次（万人）
1	广东民间工艺博物馆	44	1663.8	256.7
2	海南省博物馆	130	872	189.67
3	宁波博物院	45	532.76	122.71
4	中国(海南)南海博物馆	227	433.93	144.57
5	南越王博物院	110	420	196.12
6	中国航海博物馆	51	249.37	60.85
7	广东海上丝绸之路博物馆	120	185.23	98.23
8	烟台市博物馆	95	98.6	42.2
9	天津国家海洋博物馆	数据未提供	88.1	87.02
10	中国海盐博物馆	45	74.21	26.22
11	中国港口博物馆	12	54.26	62.52

有差距不断增大的趋势。部分场馆受限于经费不足、藏品资源不足、缺少明星文物、缺乏渠道等现实条件，文创发展仍处于起步乃至停滞阶段。如何推动航海类博物馆文创产业取得进一步突破，推广文创大馆的先进经验，增加并充分利用客流资源，结合各馆实际挖掘航海文化的深层叙事，还需航海类博物馆共同探索。

六、学 术 研 究

2023—2024年,航海类博物馆通过开展课题研究、出版学术著作、举办学术会议等方式,向社会推介航海博物馆学科领域的新观点、新理念、新实践,取得了不少新的研究成果,为推动航海类博物馆学科建设、学术交流和事业发展发挥了重要作用。

（一）科研课题与项目

2023年会员单位共开展各类科研课题及项目共计33项,包括国家级2项、省级5项、市级23项;2024年开展科研课题及项目33项(表9),其中国家级3项、省级7项、市级及以下23项。国家级项目中,南越王博物院"南越王宫博物馆展示利用项目"获评"全国考古遗址保护展示十佳案例",烟台市博物馆"'烟台红色文博轻骑兵'红色资源赋能乡村振兴项目"入选国家文物局2023年度文物事业高质量发展推介名单。

表9　2024年会员单位国家级、省级科研课题及项目

序号	课题(项目)名称	博　物　馆	课题级别
1	阳春那漠窑调查勘探项目	广东海上丝绸之路博物馆	省级
2	阳江海朗所城调查勘探项目		省级
3	海洋出水陶瓷文物保护应用示范		国家级
4	南越王宫博物馆展示利用项目	南越王博物院	国家级
5	南越王墓出土人类遗骸综合研究		省级
6	文化遗产数字化保护与展示——以南越文王墓为例		省级
7	博物馆数字展览交互叙事探讨		省级
8	古代叙事性人物画可视化与交互性研究——以馆藏清陈韶《鄞江送别图》长卷为例	宁波博物院	省级
9	"烟台红色文博轻骑兵"红色资源赋能乡村振兴	烟台市博物馆	国家级
10	宁波市建筑类文化遗产病害研究和预防性保护策略探讨	浙东海事民俗博物馆（庆安会馆）	省级

这些科研项目的研究主题除与航海相关的地域文化、华侨史、考古调查、古代海上丝绸之路、海舶人群生活、水下遗产、出水文物保护应用之外，还涉及遗址与建筑类文化遗产的研究保护和展示利用、革命文物与红色展览、科普教育等多个领域，以及数字化与数字展览、考古成果的博物馆转化、文旅融合、文创产品开发等热点，充分反映出航海类博物馆研究范围的广泛性和研究方向的多元化。

（二）学术成果

从主办刊物到出版专著，从学术文集到展览图录，2023—2024年航海类博物馆在学术研究领域成果颇丰。2023年海专委会员单位主办学术期刊、集刊、馆刊共11种；2024年增加至13种、30期，其中约1/3为内部刊物，为博物馆内部学术积累与交流提供重要阵地。中国航海博物馆主办的《国家航海》为CSSCI（2023—2024）来源集刊、中国人文社会科学期刊AMI综合评价入库集刊，泉州海外交通史博物馆主办的《海交史研究》为CSSCI（2023—2024）来源期刊（扩展版）、中国人文社会科学期刊AMI综合评价扩展期刊。

2023年会员单位编辑出版各类学术著作共43本，申请专利1项。广东民间工艺博物馆的"陈家祠文物预防性保护智能监测平台"获得国家版权局颁发的"计算机软件著作权登记证书"，该专利可对文物建筑进行监测与风险预警预报。2024年会员单位出版学术著作共51本，与2022年（15本）、2023年相比显著增加；新申请专利一项，即中国航海博物馆的船模（七扇子）外观设计产品。

各馆出版的学术著作以研究专著和图录为主。以2024年为例，研究专著围绕馆藏文物、海洋文明、海上丝绸之路、海战、运河文化、地方史、近现代史、近代名人等主题，如中国航海博物馆《云帆万里：中国航海博物馆馆藏选粹与释读》《靖疆御海：中国航海博物馆藏明清海防珍品释读》、中国甲午战争博物院《沧海岁月：中华海洋文明史论》、中国运河文化博物馆《聊城运河文献校注》、泉州海外交通史博物馆《世遗之城——宋元中国的世界海洋商贸中心》、中山市博物馆《回望家史——我所了解的郑观应家族》等等。出版图录共17本，可细分为展览图录、藏品图录和资料集成型图录，如跨湖桥遗址博物馆《晋国霸业：山西出土两周时期文物精华展图录》、广州博物馆馆藏陶瓷系列丛书①、广州海事博物馆《驾象牵犀 拣金拾翠——南海神庙出土文物选编》等。此外，还有少量策展笔记、考古报告、论文集、科普图书，以及年鉴、影像集、地图集等工具类图书。

---

① 该系列丛书包括《广州博物馆藏广彩瓷器》《广州博物馆藏粉彩瓷器》《广州博物馆藏青花瓷器》三本，由广东岭南古籍出版社出版。

(三) 学术交流

开展学术讲座、学术会议等活动,是航海类博物馆加强行业交流、活跃学术氛围的重要方式。2023 年,会员单位配套主题展览、文物研究、专题活动等举办讲座共计 140 场,其中线上讲座 16 场,线下讲座 103 场,线上、线下结合讲座 21 场,讲座参与人次共计 388 643,共有 9 场以线上或线上、线下结合方式开展的讲座参与人数破万。

2024 年各馆共开展讲座 217 场,同比增长 55%,参与总人次约 848 215,社会关注度显著提升。线下讲座 180 场,参与人次 16 387;线上讲座 17 场,参与人次 224 191;线上、线下结合讲座 20 场,参与人次 607 637。有 9 家单位 2024 年全年开展讲座达 10 场以上,其中舟山博物馆举办 26 场为最多。

学术会议方面,2023 年会员单位召开学术会议共计 11 场,参会人数 1 558 人;2024 年举办学术会议 23 场,参会总人数约 2 238 人,较 2023 年有明显增长。这些会议以航海相关议题为主,还有部分围绕博物馆展览体系建构、数字时代的博物馆教育与研究、博物馆社会教育高质量发展、文物保护修复与活化利用、文创开发等博物馆业务相关主题。以 2024 年为例,较为重要的航海相关大型学术会议见表 10。

表 10 2024 年部分航海相关学术会议

序号	会议名称	主办单位	主要议题
1	"地缘政治视野下的近代东亚战争与历史记忆"国际学术研讨会	山东大学、中国甲午战争博物院、韩国东北亚历史财团	甲午战争与东亚国际关系,甲午战争时期通信网络,北洋水师建设,中外交涉视角中近代东亚关系
2	"文本·图像·文物"丝绸之路科技与文化国际学术研讨会	陕西师范大学、中国海外交通史研究会、跨大陆交流与丝路文明联盟(ATES)	陆海丝绸之路沿线科技文化交流及其社会历史影响
3	中国航海日"航海文化论坛"	中国航海学会等	发展航海文化,服务航运强国
4	"沉船与港口"学术研讨会暨"泉州湾宋代海船"出土 50 周年纪念会	中国海外交通史研究会、国家文物局考古研究中心	古代沉船与港口发展,沉船保护及其附属物研究,传统木帆船复原与造船技术探源,船舶发展史
5	跨湖桥文化命名二十周年学术研讨会	杭州市萧山区人民政府、浙江省文物考古研究所、中国博物馆协会考古遗址博物馆专业委员会等	20 年来跨湖桥文化的新发现与新认识,跨湖桥在长江中下游稻作文化史中的地位

续 表

序号	会议名称	主办单位	主要议题
6	"漳州月港与航海文明"专题会	中国航海学会航海历史与文化研究专委会、中国博物馆协会航海博物馆专委会、漳州市龙海区委宣传部等	月港与海洋文化、航海活动的关系,港航文化与遗产保护,海丝历史与文化
7	"从西北到东南——丝绸之路与中国大运河"学术对话	中共宁波市委宣传部、宁波市文化广电旅游局（宁波市文物局）	海丝、陆丝、大运河三大线性文化遗产的共性和特性,宁波在河海交汇中的地位和作用

七、国际交流

航海具有全球性,航海类博物馆不仅要讲好中国航海故事,更要讲述中国与世界在航海方面的联动发展。国际交流一直是航海类博物馆的重要拓展业务。2023—2024年,航海类博物馆深度融入国际航海文博网络,与境外文博领域始终保持良性互动。

2023年,各馆与国际航海类博物馆积极建立联系、稳步推进合作,共开展国际交流项目19项。其中8项为展览交流,8项为会议研讨,3项为中国留学生博物馆的国际学生活动。就区域而言,国际交流项目主要集中在地中海、伊比利亚半岛、东亚和东南亚等地区,较2022年(主要集中在东亚地区)区域有所扩大。就形式而言,以展览交流为主,以会议研讨为辅,且多数会议内容聚焦于未来的业务合作或交流。

2024年,有14家海专委会员单位开展了国际交流活动,占比近30%;国际交流项目达到30项,相比2022年(6项)、2023年增长明显。除前文所述的20项展览合作项目外,本年度航海类博物馆国际交流活动还涉及课题研究、学术研讨、国际会议、交流联谊、人才交互培养等多个层面。例如中国航海博物馆等单位赴荷兰、比利时参加国际海事博物馆协会2024年会,推介海专委及中国传统舟船文化,在国际航海博物馆界发出中国声音,加强了与国际海事博物馆协会、国际知名航海类博物馆的联系。旅顺博物馆与日本北九州市立自然史·历史博物馆、韩国仁川广域市立博物馆共同开展东亚友好博物馆交流活动,三馆围绕三地的海洋文化、海神信仰及习俗、博物馆教育等主题展开交流,并就后续开展未成年观众教育体验项目达成共识。广州海事博物馆等单位举办的"文化的力量——中意友好城市文化联谊活动",邀请来自中国、意大利的专家学者近50人,就中意水下考古、非遗两个议题展开学术探讨与经验交流。和前两年相比,国际交流活动的范围除了东亚、东南亚、南欧、西欧,还扩展到中亚、东欧、北美、澳洲等地区。

博物馆是文明交流互鉴的窗口。当前,国内博物馆广泛开展国际合作,中外文博机构交流频繁,硕果累累。航海领域的中外合作亦有广泛前景,需要航海类博物馆将与国际航海文博机构的互动合作置于更为重要的战略地位,持续拓展对外交流的广度和深度,促进在展览、学术研究等方面的国际对话,为中外航海文明交流架起桥梁。

总体而言,2023—2024年航海类博物馆积极提升业务水平,拓宽服务边界,在博物馆建设、业务发展和公众服务上取得显著进步,实现总体优化、专项突出、特色鲜明的高质量发展,斩获各类奖项、荣誉共643项(含国家级179项),社会影响力和关注度亦持续攀升。展望未来,中国航海类博物馆需继续以服务国家战略和满足观众多元需求为基本点,着眼古今中外航海文明,扬优势补短板,发掘馆藏特色,建立优质品牌,用心讲好故事,竭力做好传承,以航海文化传播提升国民海洋文化自信,以航海类博物馆高质量发展助力中华民族伟大复兴。

[蔡亭亭,中国航海博物馆陈列展示部馆员,主要研究方向为博物馆展览、海洋文化遗产等。]

[崔夏梦,中国航海博物馆陈列展示部馆员,主要研究方向为陈列展览、世界航海史等。]

图书在版编目(CIP)数据

互鉴交融:开放视野下的航海历史与文化/上海中国航海博物馆编. --上海:复旦大学出版社,2025.7.
ISBN 978-7-309-18051-0
Ⅰ. F552.9
中国国家版本馆 CIP 数据核字第 20256JH255 号

互鉴交融——开放视野下的航海历史与文化
HUJIAN JIAORONG KAIFANG SHIYE XIA DE HANGHAI LISHI YU WENHUA
上海中国航海博物馆　编
责任编辑/高　原

复旦大学出版社有限公司出版发行
上海市国权路 579 号　邮编:200433
网址:fupnet@fudanpress.com　http://www.fudanpress.com
门市零售:86-21-65102580　　团体订购:86-21-65104505
出版部电话:86-21-65642845
上海盛通时代印刷有限公司

开本 787 毫米×1092 毫米　1/16　印张 24　字数 467 千字
2025 年 7 月第 1 版
2025 年 7 月第 1 版第 1 次印刷

ISBN 978-7-309-18051-0/F·3115
定价:150.00 元

如有印装质量问题,请向复旦大学出版社有限公司出版部调换。
版权所有　　侵权必究